新闻传播与媒介化社会研究论丛　总主编 罗以澄
新闻传播与媒介化社会关系研究书系　主编 罗以澄

# 法治视阈下大众传媒与政治文明建设研究

## Research on the Mass Media and the Political Civilization Construction under the Visual Threshold of the Rule of Law

强月新　赵双阁　著

WUHAN UNIVERSITY PRESS
武汉大学出版社

图书在版编目(CIP)数据

　法治视阈下大众传媒与政治文明建设研究/强月新,赵双阁著.—武汉:武汉大学出版社,2011.5
　新闻传播与媒介化社会研究论丛/罗以澄总主编
　新闻传播与媒介化社会关系研究书系/罗以澄主编
　ISBN 978-7-307-08541-1

　Ⅰ.法…　Ⅱ.①强…　②赵…　Ⅲ.大众传播—传播媒介—关系—社会主义政治学—研究—中国　Ⅳ.①G206.2　②D6

　中国版本图书馆 CIP 数据核字(2011)第 025353 号

责任编辑:黎晓方　　　责任校对:黄添生　　　版式设计:马　佳

出版发行:**武汉大学出版社**　　(430072　武昌　珞珈山)
　　　　(电子邮件:cbs22@whu.edu.cn　网址:www.wdp.com.cn)
印刷:荆州鸿盛印务有限公司
开本:720×1000　1/16　　印张:30.25　字数:431 千字　插页:1
版次:2011 年 5 月第 1 版　　2011 年 5 月第 1 次印刷
ISBN 978-7-307-08541-1/G · 1932　　　定价:60.00 元

# 国家 "985" 工程二期项目
# "新闻传播与媒介化社会创新基地" 课题

**新闻传播与媒介化社会研究论丛**

总　主　编：罗以澄

编委会主任：罗以澄

编委会委员：许汉生　石义彬　单　波

张金海　秦志希　强月新

王瀚东　吕尚彬

特邀编委：李良荣

**新闻传播与媒介化社会关系研究书系**

主　　　编：罗以澄

# 新闻传播与媒介化社会关系
## 研究书系·序

进入新时期以来，伴随着广播、电视、报纸、杂志的繁荣昌盛，以及网络等新媒介的勃兴和传播新技术的扩散，我国社会正在急剧地向媒介化社会转型。社会的媒介化趋势持续建构着我国政治、经济、文化等各个社会子系统，从而不断推进着中国社会的阶层分化与结构化，并迅速改变着我们的生活方式、思想观念、文化创造及跨文化传播的交流方式。如何理解新闻传播与媒介化社会的关联，认识媒介化社会的本质，寻求中国在媒介化社会的发展动力；如何解决媒介化社会政治文明、物质文明、社会发展所带来的问题，推进可持续发展的现代化进程，理应是当今中国社会发展急需解决的重大课题。因此，在2005年年初，武汉大学的"985"工程二期建设项目创设了"新闻传播与媒介化社会创新基地"，并设置了"新闻传媒与媒介化社会研究"的系列课题，在宏阔的学术视野上，开始致力于新闻传媒与媒介化社会这一重大课题的艰辛探究。现在推出的《新闻传播与媒介化社会关系研究书系》便是这一课题研究的初步成果。

本书系从历时性和共时性两个研究维度上，探索新闻媒介与社会改革的互动是如何推进中国社会向媒介化社会转型，以及新闻传媒又是如何形塑当代中国社会的结构及其要素的。其中，《中国社会转型下的传媒环境与传媒发展》一书集中于揭示在中国社会与传媒双重转型的过程中，社会转型与传媒转型之间的互动互构，从而形塑中国媒介化社会的内在机制；《法治视阈下大众传媒与政治文明建设》一书侧重于揭示在依法治国、民主和谐的视野下，新闻传媒与社会政治文明建设的互动与互促，从而推进社会的传媒系统与政治系统良性发展的内在机制；《媒介文化新视点》一书重在探究新闻传媒与社会文化进步之间的互动机制，揭示当下多元文化冲突与新闻传媒的文化责任；《跨文化传播的问题与可能性》一书则着重分析在今天的全球化与文化多元化背景下，新闻传媒跨文化传播的内在规律与机制；《报业数字化生存与转型研究》一书，侧重从产业发展的视角揭示了传播新技术的发展所导致的报业数字化生存与转型的内在机制；《传播新技术：影响与对策》一书侧重于探索传播新技术的发展和扩散对于社会变迁与转型的影响与促进，以及对于传媒生态的作用与优化机制。

从总体上看，这套书系在前瞻性、战略性、创新性三个方面具有一定的价值。

第一，前瞻性。《新闻传播与媒介化社会关系研究书系》的各部书稿，都不同程度地涉及对于新闻改革的历史进程与媒介化社会发展的演进逻辑的分析，但我们更重视对于新闻改革和媒介化社会发展的当下问题的解决，更重视对其未来的前瞻性研究与分析。例如，《中国社会转型下的传媒环境与传媒发展》、《传播新技术：影响与对策》等著作立足于和谐社会构建这一中国社会发展的目标范式，来审视中国的新闻传媒与社会转型的互动、互构机制，来探索新闻传播规律与社会发展规律如何达成和谐与契合，从而实现新闻传媒与社会的共生共荣。前瞻性探索，是这套书系的学术旨趣的重要方面。

第二，战略性。在今天的媒介社会化与社会媒介化情境下，我国的新闻传媒生态和发展态势正经历着前所未有的深刻而又剧烈的转型和变迁，新闻传媒的发展正处于市场化转型、数字化转型、民本化转型的关节点上。如何在有效地进行体制改革、机制创新，提高传媒竞争能力，把我国新闻传媒做大做强的同时，建构新闻传媒推进我国的政治文明进程、经济社会的可持续发展、文化的现代化转化的科学发展进路，营造和谐、健康的新闻传媒发展生态，把握好信息公开、传播自由和规范化调控的辩证关系，从而促进新闻传媒的社会公正的守望者、社会价值规范与社会共识的推进者、社会利益表达的枢纽站、社会冲突的减压阀等功能得以最佳发挥，是我国新闻传媒发展过程中急需解决好的宏观战略问题，这也正是这套丛书着力解决的核心问题。

第三，创新性。中国的新闻改革与媒介化社会发展趋势，是今天全球传播学者共同瞩目的学术问题，也是传播学研究领域的华人学派提升学术话语影响力的基础领域之一。这套书系是当今世界范围内首先推出的分析与解决"中国社会新闻传播与媒介化社会"这一复杂性问题的系列专著。其间，对我国新闻传媒改革与转型的概貌富有学理深度的呈现，对我国媒介生态与媒介发展的深度揭示，对我国新闻传媒与政治文明、文化转型、经济发展之间的互动关系的探究，对多元文化背景下新闻传媒实施跨文化传播的问题与可能性的观照，对传播新技术的创新与扩散给我国社会发展带来影响的分析等方面所形成的创新观点，希望能够给予人们以启迪。

这套书系是集体智慧的结晶，没有研究团队精诚合作的努力，没有全体作者和撰写参与者的创造性劳动，就不会有这套书系。作为这套书系的主编，我要向各位作者及参与者表示衷心的感谢。我还要向武汉大学出版社及其学术分社的领导、编辑表示诚挚的谢意，由于他们的鼎力支持，这套书系才得以如此迅速地顺利问世。当然，我也要向各位读者表示感谢，你们的接触和阅读，是书系价值实现的最终环节，你们的意见更是促进这套书系臻于完善、思想臻于深邃的重要源泉和动力。

罗以澄

2009 年 12 月于珞珈山

# 目　录

# 导　论

## 一、研究背景

### （一）中国政治文明建设的变迁

新中国政治文明建设可以追溯到中共第一代领导人毛泽东。虽然毛泽东没有明确提出过"政治文明"，但他提出的新民主主义理论、社会主义革命和社会主义建设理论却无不蕴含着政治文明建设的思想；尽管毛泽东在晚年错误地发动了"文化大革命"，但他所提出的人民民主专政、民主集中制、群众路线、党的建设等思想却奠定了我国建设政治文明和推进社会主义政治现代化进程的坚实基础。

#### 1. 以邓小平为核心的中共领导集体对政治文明建设的全面启动

邓小平在领导我国社会主义政治体制改革的过程中，也没有提出和使用过"政治文明"的概念，但他认识到经济的发展离不开政治的发展，经济体制改革没有政治体制改革的跟进就不可能成功，于是就在提出经济体制改革、强调"以经济建设为中心"的同时，明确提出了政治体制改革的任务，并对社会主义政治体制改革作出了规划和部署，主张通过改革原来政治体制中的弊端，进一步解放生产力，发展生产力，使社会主义政治制度的优越性充分发挥出来。这标志着我国社会主义政治文明建设的真正启动。

1982 年 9 月，中共召开第十二次全国代表大会。该会议制定了全面开创社会主义现代化建设新局面的纲领，提出了建设中国特色社会主义的总体思路。在十二大报告中第一次明确提出了"继续改革和完善国家的政治体制和领导体制"的任务，并列举了党和国家领导体制中权力过分集中、党政不分等弊端，提出必须实行"党政分工"。十二大之后，我国的经济体制改革全面展开。随后，政治体制改革滞后的严重现象日益显露，邓小平就指出："只搞经济体制改革，不搞政治体制改革，经济体制改革也搞不通……我们所有的改革最终能不能成功，还是决定于政治体制改革。""不改革政治体制，就不能保障经济体制改革的成果，不能使经济体制改革继续前进，就会阻碍生产力的发展，阻碍四个现代化的实现。"①

1987 年 10 月，中共十三大召开，第一次系统地阐明了社会主义初级阶段的理论，明确提出了党在社会主义初级阶段的基本路线，并依据这个理论和路线制定了全面改革的基本方针和行动纲领。同时，还从七个方面论述了政治体制改革的内容：实行党政分开、下放权力、机构改革、人事改革、建立协商对话制度、完善社会主义民主政治的若干制度、加强法制建设。以十四大为标志，我国政治体制改革全面开始启动。但是，苏东剧变和"六四"政治风波发生致使中央改变了预定的改革方案，"从着重解决原有体制的'总本根'——权力的过分集中转移到完善那些本来就比较好的原有体制如人民代表大会制度和政治协商制度等上来"②。

2. 以江泽民为核心的中共领导集体对政治文明建设的积极推进

以江泽民为核心的第三代中央领导集体在有中国特色社会主义政治建设的实践中，创造性地运用和发展马克思主义经典作家和毛泽东、邓小平有关社会主义政治建设的思想，提出了许多新观点、新思路，系统地阐发了社会主义政治文明的新理论。

1992 年 10 月，中共十四大召开。这次大会确立了邓小平建设有中国特色社会主义理论在全党的指导地位；大会根据邓小平视察南方讲话的精神，首次提出我国经济体制改革的目标是建立和完善

① 《邓小平文选》第 3 卷，人民出版社 1993 年版，第 164、176 页。
② 王怀超：《中国政治体制改革 24 年》，《中国经济时报》2003-04-22。

社会主义市场经济体制。同时，还强调政治体制改革的重点由十三大提出的党政分开、下放权力转变为法制建设和机构改革，强调进一步完善中国特色的各项政治制度。

1997 年 9 月中共十五大召开。大会着重阐述关于政治体制改革的立场和思路，提出了"发展社会主义民主政治"、"建设社会主义法治国家"的基本方针，提出到 2010 年要形成一整套有中国特色的法律体系。第一次提出"依法治国"的基本方略，确认"人权"概念，提出"尊重和保障人权"的任务；确认"人民主权"概念，提出"我们的权力是人民赋予的"，把监督和民主联系起来；强调不能把领导人的讲话当作"法"，不能把违背领导意志当作"违法"，任何个人意志不经过法律程序都不能成为治国准则；确立了"党必须在宪法和法律的范围内活动"成为党章的一项重要原则。

2002 年 5 月 31 日，江泽民同志在中央党校省部级干部进修班毕业典礼上指出"建设社会主义政治文明，是社会主义现代化建设的重要目标"，这是他继在党的十五大提出依法治国是社会文明进步的标志，在 2001 年 1 月全国宣传部长会议上提出"法治属于政治建设，属于政治文明"之后，又一次更加明确地提出了政治文明的问题，并将建设社会主义政治文明同发展社会主义民主政治联系起来。认为："发展社会主义民主政治，建设社会主义政治文明，是社会主义现代化建设的重要目标。必须适应经济发展和社会全面进步的要求，在坚持四项基本原则的前提下，继续积极稳妥地推进政治体制改革，发展有中国特色社会主义民主政治，巩固民主团结、生动活泼、安定和谐的政治局面。党的领导、人民当家做主和依法治国的统一性，是社会主义民主政治的重要优势。发展社会主义民主政治，最根本的是要坚持党的领导、人民当家作主和依法治国的有机结合和辩证统一。推进政治体制改革，要从我国国情出发，坚定不移地走自己的政治发展道路，坚持社会主义政治制度的自我完善和发展，我们要发展的是有中国特色社会主义民主政治，决不照搬西方政治制度模式，要着重加强社会主义民主政治建设，实现社会主义民主政治的制度化、规范化、程序化。"①

2002年11月中共十六大召开。大会第一次对中国建设社会主义政治文明做出了全面部署,并指出:"发展社会主义民主政治,建设社会主义政治文明,是全面建设小康社会的重要目标。必须在坚持四项基本原则的前提下,继续积极稳妥地推进政治体制改革,扩大社会主义民主,健全社会主义法制,建设社会主义法治国家,巩固和发展民主团结、生动活泼、安定和谐的政治局面。"② 同时还提出,必须做到九个方面的工作:坚持和完善社会主义民主制度;加强社会主义法制建设;改革和完善党的领导方式和执政方式;改革和完善决策机制;社会行政管理体制改革;推进司法体制改革;深化干部人事制度改革;加强对权力的制约和监督;维护社会稳定。

3. 以胡锦涛为总书记的中共领导集体对政治文明建设的深入阐发

以胡锦涛为总书记的中共领导集体在邓小平理论和"三个代表"重要思想指导下,根据新的形势和任务,特别是抗击"非典"斗争的重要启示,明确提出了科学发展观。科学发展观的核心是坚持以人为本,其目的是促进全面发展,其原则是保持协调发展。科学发展观的提出,极大地丰富了社会主义政治文明建设的内涵。

2003年9月,胡锦涛在中共中央政治局举行的第八次集体学习会议上强调:必须从全面建设小康社会的战略全局出发,充分认识社会主义政治文明建设的重要性,深刻把握社会主义政治文明建设的规律,继续积极稳妥地推进政治体制改革,扩大社会主义民主,健全社会主义法制,依法治国,建设社会主义法治国家,实现社会主义民主政治的制度化、规范化和程序化。他指出:高度重视

---

① 《江泽民"5·13"重要讲话学习读本》,中共中央党校出版社2002年版,第5~6页。

② 《中国共产党第十六次全国代表大会文件汇编》,人民出版社2002年版,第30页。

并不断推进社会主义政治文明，是我们党领导人民坚持和发展人民民主长期实践的必然结果，是全面建设小康社会的重要目标，是保持经济社会持续发展和国家长治久安的重要保证。他强调：坚持政治文明的建设方向，最根本的是要坚持党的领导、人民当家做主和依法治国的有机统一。这是执政党推进社会主义政治文明建设必须遵循的基本方针，也是我国社会主义政治文明区别于资本主义政治文明的本质特征。胡锦涛还指出：推进社会主义政治文明建设是一个内容广泛的系统工程，需要我们长期的努力。按照党的十六大提出的要求，要坚持和完善社会主义民主制度，丰富民主形式，健全民主程序，扩大公民有序的政治参与，保证人民群众依法进行民主选举、民主决策、民主管理和民主监督。要推进决策科学化、民主化，保证党和政府的各项决策符合人民利益，适应经济社会发展的实际。要根据改革开放和发展社会主义市场经济的需要，加快立法步伐，提高立法质量，坚持依法行政、公正司法，促进依法治国方略的落实，为全面建设小康社会提供有力的法律保障。要按照公正司法和严格执法的要求，积极稳妥地推进司法体制改革，保障在全社会实现公平和正义。要进一步转变政府职能，减少行政审批，改进管理方式，提高行政效率，努力形成运转协调、廉洁高效的行政管理体制。要以领导干部特别是主要领导干部为重点，以人财物的管理和使用为重点，以关键岗位和薄弱环节为重点，改革和完善监督机制，切实做到用制度管权、用制度管事、用制度管人，保证把人民赋予的权力切实用来为人民谋利益。

2007年10月中共十七大召开。大会提出：扩大人民民主，保证人民当家作主；发展基层民主，保障人民享有更多更切实的民主权利；全面落实依法治国基本方略，加快建设社会主义法治国家；壮大爱国统一战线，团结一切可以团结的力量；加快行政管理体制改革，建设服务型政府；完善制约和监督机制，保证人民赋予的权力始终用来为人民谋利益。这些任务和要求，是发展社会主义民主政治的重要举措，既有明确的具体目标，又有很强的指导性和操作性，为我们进一步发展社会主义政治文明指明了方向。

## （二） 中国传媒体制的变迁①

传媒体制就是传媒业的组织制度，它包括传媒业的所有制及行政隶属关系、内部结构、组织体系、人事制度等，其核心是传媒业相对于政府及执政党的角色定位。在中国，传媒制度实际上是政治制度的一个重要组成部分。中国传媒制度基本性质的核心原则是"大众传媒是'党和人民的耳目喉舌'"，并在政策规范上得到认可。

新中国成立初期，传媒"体制化"的制度安排是对苏联宣传规范和媒体制度的全面机械照搬，因而被韦尔伯·施拉姆等人将中国当时的传媒制度归属于"报刊四种理论"中的苏维埃-极权报刊理论（以前被翻译成苏联报刊理论），其理论的重要特征就是媒体属于国有并被严格控制，媒体只是作为国家的助手而存在。② 韦尔伯·施拉姆认为，这种传媒制度模式最突出的特征，就是媒体对整个国家体制和政治过程的完全"融入"，媒体不是游弋于政府体制之外的旁观者（stander-by）、监督者或所谓的"第四权力"、"第四等级"，而是被收编在政府体制之内，成为"整个政府的一部分"，如同"国家队伍中的一名士兵"。③ 也就是所谓的媒体的"机关属性"。这就意味着媒体的四大权力：媒体领导的任命权、重大事项的决策权、资源配置的控制权、宣传内容的终审权都被党政机关所控制。正基于此，中国大众传媒必须接受党的领导，必须在政治上与党中央保持一致，必须遵守党的宣传纪律，也就顺理成章。

---

① 本部分主要参阅童兵：《政治文明：新闻理论研究的新课题》，《新闻与传播研究》2003 年第 3 期；《突破体制瓶颈推进新闻改革——纪念中国新闻改革30 周年》，http://www. studa. net/xinwen/090725/14420332-2. html；李良荣、张大伟：《新闻改革与深化新闻改革——李良荣教授访谈录》，《甘肃社会科学》2007 年第 1 期；李良荣：《当前中国新闻改革的基本特点——纪念新闻改革 25 周年》，《现代传播》2004 年第 5 期。

② Werner J. Severin, James W. Tankard, Jr：《传播理论：起源、方法与应用》，郭镇之译，中国传媒大学出版社 2007 年版，第 266 页。

③ ［美］韦尔伯·施拉姆：《报刊的四种理论》，新华出版社 1980 年版，第176 页。

　　不过，随后出现过两次产业化改造的短暂历程。第一次是在1949年至1956年，从新中国成立到农业、手工业和资本主义工商业社会主义改造完成。这一时期，中央在报社实行"企业化经营"的方针，收到很好的效果，当时许多报社做到了经费自给。这段历史到1957年由于媒介生态的变动而中断了。第二次产业化进程发生在党的十一届三中全会之后，大致经历了三个阶段：1979年至1989年为第一阶段，新闻传媒实行"事业单位，企业化管理"的经营方针；第二阶段从1989年至1992年，体制改革停滞三年；第三阶段自1992年邓小平发表南方讲话至2000年，以"一业为主，多种经营"为原则。

　　在第一个阶段里，中国的新闻改革是从微观层面获得了一定的突破：恢复广告经营（1979年开始）、自办发行（1985年开始）、扩版扩台（1988年开始）、开展多种经营、制播分离、人事用工制度、工资奖金制度，等等，基本上形成多样化的报业结构；报台之间、报台与新华社之间的竞争已经展开；在一张报纸上有时可以听到反映不同意见和观点的声音，初现"多种声音，一个方向"的新局面。一些地区和传媒在一定程度上将一些先进理念在实践中进行了落实，试图建立多种新闻传播渠道，便于广开新闻信息资源，扩大报道面，加大信息量，利于新闻媒介之间和新闻工作者之间展开社会主义自由竞争；在新闻编辑方针同四项基本原则保持一致情况下，实行所有权和经营权分离，建立多种所有制形式和多种经营权形式的新闻机构；在坚持社会主义方向的前提下，放开经营自主权，让负实责的媒介编辑部自己对报道内容负责，同时享有完全的经营权。但是，由于1989年"六四"政治风波的发生，新闻体制改革戛然而止，造成连续三年的停顿。

　　在第三个阶段，1992年春邓小平视察南方讲话以及中共十四大首次提出我国经济体制改革的目标是建立和完善社会主义市场经济体制，真正解放了思想，使以改变新闻体制改革为核心的新闻改革征程又重新启航。伴随着经济体制改革的轰鸣声，我国传媒也一定程度上挤入了市场。不过，那时的媒体改革从整体来说是从下往上进行的。这一方面是因为当时中央对一些重大的改革确实没有经验，还没有完全顾及我们新闻体制的改革，另一方面则是当时新闻体制总体上还是比较健康的，因而中央主要是把握方向，但具体的做法，比如创新，统统都是媒体自下而上介绍经验、提供经验，然后推向全国。比如说从邮发一统天下到自办发行、扩版、增版，等等。同时，新闻改革还是靠观念拉动，当然体制改革也有一点，但总体上靠不断地破除陈旧观念，引进新的概念来拉动新闻改革。

在这个阶段中，以 1996 年为界，这年之前我国的新闻改革是微观方面的，如业务上的改进、体制上的改良、经营上的改善等，而之后则走向体制的改革，通过体制的改革来促进新闻事业的发展，如报业集团、制播分离、把媒体划分为经营性的企业和公益性的事业单位，等等。

2001 年以后，以组建媒介集团，做大做强广电产业为标志，我国开始启动媒介产业化的改革进程。1. 新闻单位的"可经营部分"转制为企业。国务院办公厅 2003 年除夕发布《文化体制改革试点中支持文化产业发展的规定（试行）》确认，党报、党刊、电台、电视台等重要新闻媒体和重要出版社的广告、印刷、发行、传输等可经营部分，可以剥离转制为企业。在确保国家绝对控股的前提下，允许吸收社会资本。2. 广播电视节目制作的企业化。广电总局 2004 年 2 月发布《关于促进广播影视产业发展的意见》提出："可以把电台、电视台、广电集团（总台）的除新闻宣传以外的社会服务类、大众娱乐类节目，特别是影视剧的制作经营从现有的体制中逐步分离出来，按照产业发展的方向和现代产权制度和现代企业制度的要求组建公司，实行所有权与经营权分离，自主经营、自负盈亏，依法纳税。"3. 电影制作向不同所有制开放。2004 年年初广电总局发布《关于加快电影产业发展的若干意见》，在要求国有电影单位加紧转制，按照现代企业制度实施公司制改造的同时，提出要努力扩大融资渠道，形成投资主体多元化，积极探索国有资本、集体资本和非公有资本等参股的混合所有制形式。4. 部分广播电视频道经营的企业化。广电总局发布的《关于促进广播影视产业发展的意见》还提出，对于产业经营前景比较好，具备企业化运作条件的，如体育、交通、影视、综艺、音乐、生活、财经、科教等频道频率，在确保频道频率作为国家专有资源不得出售，确保节目经营权和播出权牢牢掌握在电台、电视台手中的前提下，经批准可以组建公司。5.多数出版社和部分报刊转制为企业。中共中央、国务院 2006 年年初颁发的《关于深化文化体制改革的若干意见》明确了转制为企业的出版单位有除少数承担政治性、公益性出版任务的出版单位以外的一般出版单位和文化、艺术、生活、科普类等报刊社。据新闻出版总署官员透露，全国现有 527 家出版社，除各级人民出版社保留事业单位体制外，其他所有出版社都将转型为经营型企业单位。① 6.主要新闻单位事业性质不变。在大众传媒领域，当把以上这些分离出去、转制为企业后，剩下的就是主要的新闻出版单位了。2006 年《关于深化文化体制改革的若干意见》做出了可以认为是具有终局性的定论："党报、党刊、电台、电视台、通讯社、重点新闻网络和时政类报刊，少数承担政治性、公益性出版任务的出版单位实行事业体制。"上述所列新闻媒体，是我国新闻传播活动的主干，也是思想宣传阵地的核心，事关重大社会公共利益，当然要置于党和国家的直接管控之下。②

　　2009 年 7 月 22 日，国务院常务会议原则通过《文化产业振兴规划》，该规划指出要做好八项重点工作：一是加快发展文化创意、影视制作、出版发行、印刷复制、广告、演艺娱乐、文化会展、数字内容和动漫等重点文化产业。二是充分调动社会各方面力量，加快推进具有重大示范效应和产业拉动作用的重大项目。三是推动跨地区、跨行业联合或重组，培育骨干文化企业。四是统筹规划，加快建设一批产业示范基地，发展具有地域和民族特色的文化产业群。五是不断适应城乡居民消费结构新变化和审美新需求，创

---

　　① 《中国青年报》2004-04-06。
　　② 魏永征：《新闻传播法教程》(第二版)，中国人民大学出版社 2006 年版，第 390~391 页。

新文化产品和服务，扩大文化消费。六是发展文艺演出院线，推进有线电视网络、电影院线、数字电影院线和出版物发行的跨地区整合，繁荣城乡文化市场。七是积极发展移动多媒体广播电视、网络广播影视、手机广播电视等新兴文化业态，推动文化产业升级。八是落实鼓励和支持文化产品与服务出口的政策，扩大对外文化贸易。

上述传媒产业体制改革轰轰烈烈地开展，虽说是在市场经济体制改革下所进行的产业方面的革新，但是，传媒产业体制改革下传媒产业的蓬勃发展必然会对大众传媒在民主政治建设中所发挥的作用产生巨大而又深远的影响。当然，我们也必须承认，与热热闹闹、快速发展的媒体产业化进程相比，传媒业中核心的部分——新闻报道的改革显得迟迟疑疑，冷冷清清。

进入 21 世纪，危机报道和公共政策报道的突破给媒体带来新的生机，"非典"报道、"孙志刚事件"报道成为这两类报道的经典之作。危机报道虽然阻力重重，但毕竟已成为常态新闻报道，这不但是新闻业的成就，更彰显出新一届政府"执政为民"的理念。在当前乃至今后相当长一段时间内，时政报道的突破将成为中国新闻改革的重中之重，难中之难。

2004 年党中央提出了增强执政能力建设的伟大决策。在《关于加强党的执政能力建设的决定》中规定，各级党组织必须正确和有效地使用大众传媒，必须正确和有效地开发和利用新闻信息资源。从这个高度上，中央要求新闻传媒实行"贴近实际，贴近生活，贴近群众"三贴近新闻报道方针。该方针实质在于新闻报道要从人民的利益诉求出发，强调新闻报道的有用性和有效性，新闻报道必须落实到服务于人民群众的根本利益。三贴近方针的确定，实际上是从报道内容和报道形式上推进新闻改革所提出的新的要求。

党的十七大把"扩大人民民主，保证人民当家作主"作为坚定不移发展社会主义民主政治的首要任务。胡锦涛指出："人民当家作主是社会主义民主政治的本质和核心。要建立民主制度，丰富民主形式，拓宽民主渠道，依法实行民主选举、民主决策、民主管理、民主监督，保障人民的知情权、参与权、表达权、监督权。"①这"四权"是公民言论、出版自由的题中应有之意。当然，人民的知情权、参与权、表达权、监督权并不仅仅局限于大众传媒，但这"四权"与大众传媒的关联却是最为紧密。大众传媒是"四权"的载体和渠道，离开大众传媒，人民"四权"的实现是不可想象的。

　　2008 年 5 月 1 日，《中华人民共和国政府信息公开条例》正式实施。尽管该条例的内容存有很多不足，尚待未来判定《政府信息公开法》加以完善，且该条例并不是单独为大众传媒所制定，但是，根据该条例的规定，大众传媒的政治信息源第一次被法律加以确认和保障，大众传媒在时政报道方面获得了实质性的突破。无论是 2008 年抗击冰雪、"5·12"汶川大地震、奥运会，还是 2009年新疆"7·5"事件，中国政府都是对中外媒体全面开放，对采访、报道不设任何障碍。

　　总之，如今的中国传媒虽然仍隶属于政府，但开始具有了提供信息、普及知识、传达思想、凝聚公众意识、表达公众利益、甚至有限度地评判政府政策、制约政治权力的功能。易言之，中国传媒已经开始具有一定的"公共领域"功能。② 媒介制度的变迁已经并且必将会继续对形成中国市民社会的"公共领域"做出更大的贡献，因而也会对中国政治文明的进程产生重大影响。

_____

　　① 胡锦涛：《高举中国特色社会主义伟大旗帜　为夺取全面建设小康社会新胜利而奋斗——在中国共产党第十七次全国代表大会上的报告》，人民出版社 2007 年版，第 29 页。

　　② 当然，这种公共领域特性不完全等同于西方"公共领域"的特性，因为它仍隶属于中国政治权力。因此，中国传媒实现"公共领域"功能具有自身的特殊方式：从单纯的"宣传工具"到中介角色，从仅仅是"喉舌"到自觉地充当协调者、调停人。同时，中国传媒行使监督、制约功能也具有自身的特点：既是政治治理结构的一部分，又承担了国家与社会"中间领域"的角色。

## 二、研究缘起与意义

大众传媒是传播过程的基本组成部分，是传播行为得以实现的物质条件，是传播活动中传播信息的中介、通路和渠道。政治传播学认为，在民主社会，大众传媒是实现政治互动的重要机构，它既是沟通渠道，又承担着传播政治信息的任务。

媒介与政治之间的关联性古已有之。早在古罗马时代，尤利乌斯·恺撒当选为罗马执政官后不久，为了消解罗马元老院中的反对派压力，他发布命令说："今后元老院工作，务须每日公布。"从此，在罗马执政厅外立了一块涂有石膏的木板（后人称之为《每日纪事》），每天在上面书写文字，报告元老院的工作，此外内容有每天的出生和死亡情况、税收情况等等。①

大众传媒则从诞生之初，就与政治有着紧密的联系，如西方资产阶级革命之前争取新闻自由的斗争和出版物对资产阶级革命所产生的影响；中国在 1840 年之后资产阶级维新派和革命党人通过报刊来影响政治的奋斗历程。到了现代社会，随着传播技术的发展、公民文化素质的提高和社会民主化程度的加强，大众传媒更是深深地卷入到政治过程的每一个环节，成为政治舞台上的中心角色之一，对政治的各个方面，诸如政治变革、政治社会化、政治监督、政治发展以及公共政策等，都产生着深刻的影响。对于民主政治和大众传播的关系，我们也许可以这么说：虽然任何政治制度都离不开某种形式的政治传播，但民主制度与大众传播有着特殊的亲缘关系。从历史发展的逻辑来看，大众传播促成了当代民主制度的建立，而民主制度和民主生活也刺激了对大众传播的需求并推动了它对政治生活的介入，塑造了它参与政治的方式。现代国家正是走过了这样一条道路。

如今，在中国大陆"政治文明"早已成社科学界的热门话题，不同学科对其的广泛关注形成了不少有益结论。然而这种"繁荣"

① 汪凯：《转型中国：媒体、民意与公共政策》，复旦大学出版社 2005 年版，第 5 页。

的背后也存在不少瑕疵与隐忧，其中较为突出的至少表现在两个方面：一方面，单纯从法治的角度来分析大众传媒与政治文明建设的成果几乎还没有，已有的有关大众传媒与政治间关系的成果中虽然会涉及大众媒介与政治权力监督方面的内容，但很少有人从法律制度层面对其进行系统分析，因此存在不深入、不彻底等不足；另一方面，论述政治文明的作品比比皆是，但重点论述"政治文明与大众传媒"的却少之又少。在我们看来，政治文明是个宏大的论域，需要法学、新闻学、政治学等多学科交叉的规范论证，这是不言而喻的；同时，政治文明也是个历史的范畴，不能无指向、无语境地空谈，这也是显见的。

我们之所以选择这样一个题目和领域来作为项目研究及写作对象，主要是出于以下两个方面的思考。第一个原因是，首先，理论层面上出于对我国政治文明建设核心问题的思考。文明是一种崇高的社会理想。作为社会文明一个分支的政治文明建设，更是国内外政治家、思想家十分关注的问题。正如物质文明建设的任务是消灭贫困远离贫困、精神文明的任务是消灭愚昧远离愚昧一样，政治文明建设的任务是消灭特权、消灭集权、远离野蛮。政治文明建设的核心问题是权力文明。要想使我们的政治逐步远离野蛮、走向文明，那么权力的传递和权力的行使就成了推进我国政治文明建设必须思考的问题。权力是一种社会资源，是一种政治工具，它可以利国利民，也可以祸国殃民。面对权力的这种双重属性，如何探寻权力的理想运行模式和作用方式，防止权力对掌权者的腐蚀和对人民利益的侵害，使权力在安全的轨道上运行，便成了人类孜孜不倦的价值追求。由此，探讨诸如大众传媒在民主社会的地位如何，大众传媒民主功能如何发挥，大众传媒民主地位如何保障，等等，一言以蔽之，大众传媒在权力制约方面如何发挥功能、如何保障此功能的发挥，就成为我国政治文明建设核心问题中不可回避的内容和路径。其次，现实层面上出于对当下我们国家权力运行过程中出现的种种不文明行为（既有制度层面的，又有执行层面的）的焦虑以及对公众通过大众传媒进行政治参与所表现的热情感到欣慰。如SARS事件中，既有广东省政府宣传部门对新闻媒体发布信息的种种不当干涉，又有早就存在的政府处理类似事件的政府政策的约束；孙志刚事件中，既有公安系统中的个别蜕变腐化的干警违法办案，又有在我国施行多年的《城市流浪乞讨人员收容遣送办法》的消极作用。2007年的"重庆钉子户"、"厦门PX项目"、"无锡太湖蓝藻"、"山西黑奴工"、"陕西华南虎"；2008年的"温州赴美考察团"、"南京天价烟房产局长事件"、"张家港官太太团出国事件"、"贫困县县委书记戴52万元名表事件"、"云南躲猫猫事件"、"瓮安事件"、"林嘉祥事件"；2009年的"灵宝事件"、"70码事件"、"邓玉娇案"、"逮军事件"，等等，众多事件中所体现出的权力扭曲与公民政治参与的热情高涨。

第二个原因是，为了促进或者体现我国政治文明建设，大众传媒的法治化势在必行。从政治文明的最终指向和落脚点来看，政治文明就是权力运行的文明，就是对权力现象和权力控制进行法哲学思考和实证研究，不仅是建设社会主义法治国家、推进政治现代化的需要，而且也是建立社会主义市场经济体制、推进经济现代化的需要，没有对权力的制约就不会有文明的政治。所以，社会主义政治文明的发展，离不开行之有效的权力监督和制约，离不开全面完善的政府信息公开，离不开积极充分的公民参与，正确有效的权力监督、详细完备的信息公开、井然有序的公民参与是社会主义政治文明建设战略目标和发展的重要内容，也是社会主义政治文明实现理性发展的内在要求和必由之路。作为权利监督的重要组成部分，新闻舆论监督权、知情权都是一种普遍的、平等的民主权利，新闻舆论监督功能及其权利的形成、传媒搜集政府信息与参与决策的功能及其权利的形成都是与政治文明的发展过程相一致的，是政治文明建设的必要环节。而我国由于种种原因新闻立法迟迟未能出台，言论自由仅仅停留在宪法层面，新闻单位所从事的舆论监督活动深受政策或者管理部门的临时指示的制约，造成新闻自由的疲软、舆论监督权的缺失。虽然《政府信息公开条例》早已生效，但其上位法《档案法》、《保密法》的存在以及"公开为原则、不公开为例外"条款的缺失，使我国的政府信息公开工作很难彻底落到实处，人民的知情权很难高质量地实现。因此，进一步加强大众传媒的法制化研究、推动大众传媒法治化进程对建设社会主义政治文明具有理论和实践的双重现实价值。总而言之，本项目研究的任务，就在于从法治的维度揭示当代政治文明与大众传媒的关系，尤其是大众传媒立法之于当代政治文明的重大意义与重要价值。

研究本课题的意义如下：

第一，本课题的研究可以进一步推动政治文明研究的深入，为维护我国公民的基本人权提供基础。

在阶级社会中，直接掌握决策权和管理权的是由少数人所组成的政府及其官员，而不是人民。普通公民经常处于统治权力的支配之下，成为政府管理的对象。那么，社会的民主如何体现呢？很显然，民主就体现在公民对于他们委托出去的权力的制约中，体现在他们享有的一些能够起到制约作用的权利上。换言之，民主的实质在于以权利制约权力。我们衡量一个国家的民主发达程度，不仅要看它的法律所表明的统治权力的最终归属，更要看普通公民以权利制约权力的实现程度。① 这是政治文明的一个很重要的表现。而目前我们面临的问题是，公民所依法拥有的权利如何才能实现对国家机关拥有的权力进行有效制约。舆论监督权、知情权、参政权是三种普遍的、平等的民主权利，它们是对以权力大小和财产多寡分配监督权、知情权、参政权的否定。所以以舆论监督、信息公开、公民参政研究作为以权利制约权力研究的切入点，显然可以进一步推动政治文明研究的深入。

人权作为人类的基本价值追求是政治文明研究的重要内容，人权的实现程度集中地体现了社会发展的程度，从这个意义上说，是否有利于人权的实现也是评价一种政治制度先进与否的标志。人权是个人对国家的要求，也可以说是对政府可能对个人所作行为的限制。因此，自由权是人权的核心，而言论自由又是自由权的基础。如果公民享有言论自由，当其他某种权利受到不当压制时，他可以凭借自由的批评反对压制以恢复权利。而当没有言论自由时，这些

---

① 叶战备：《权力制约视角下的舆论监督》，南京师范大学 2006 年博士学位论文。

压制就难以引起公共舆论的反对。没有舆论监督，就等于公众失去了话语权，而话语权的丧失，参政议政就形同空中楼阁，意味着民主权利的丧失。当然，需要指出的是，知情权是作为言论自由的一个潜在权利或前提权利而存在，强调言论自由重要性的同时也必然是对知情权的重视，这是题中应有之意。因此，正是在这个意义上，加速舆论监督、信息公开、参政议政的理论研究以促进政治文明的实践发展，是维护我国公民人权的一项基础性、系统性的工程。

第二，本课题的研究可以进一步推动新闻法制的研究，为促进大众传媒法治化的进程提供理论支持。

由于关涉意识形态密切，国内任何一个其他领域都没有像新闻业立法这么艰难。新闻立法的呼声最早出现在刚刚拨乱反正、改革开放的1980年。1980年全国五届人大会议、五届政协会议期间，就有代表和委员提交新闻立法的提案。随后，中国社会科学院新闻法研究室的《中华人民共和国新闻法（试拟稿）》于1985年拟出；上海的新闻法起草小组于1986年11月拿出《上海市关于新闻工作的若干规定（征求意见稿）》；国家新闻出版署于1989年将《中华人民共和国新闻法（送审稿）》送到国务院请求审查。至此，作为20世纪80年代中国新闻立法活动高潮的结晶，著名的三个新闻法草案面世。1989年2月，国家新闻出版署署长杜导正宣布：新闻法草案将于年底提交全国人大常委会讨论审议。然而，1989年"政治风波"之后，新闻立法工作就完全停滞。不过，人大代表关于新闻立法的呼声，到今天为止，从未间断。面对新闻立法20年的停滞不前，我们可以将新闻立法分阶段进行，而将作为新闻立法核心内容的舆论监督、信息公开、知情权进行立法不失为目前新闻立法的破冰之举。所以，选择大众传媒法治化作为研究对象必然为促进新闻立法的进程提供理论支持。

第三，本课题的研究可以拓展政治文明问题的研究思路，为党和国家进一步开展政治文明建设开辟新的路径。

近些年来，由于某些官员或政府机关的不当或违法违规行为、重大决策失误行为、政治信息不公开行为等时常出现，导致群体性突发事件频出，造成某些地方官员与群众的关系非常紧张。这些都反映了我国政治文明问题的理论研究还不深入、不彻底。政治文明要想摆脱实践的困境，理论研究就必须开阔视野，把大众传媒纳入到政治文明的领域内进行研究。这不仅提升了大众传媒研究的政治学内蕴，而且可以拓宽政治文明问题的研究思路，走出使用传统政治学的经典分析模式，寻求以权利制约权力的新途径。

三、研究方法

采用什么样的研究方法关涉本书分析和论证的逻辑合理性和准确性，是本书能否得出科学结论的关键，而这又是由本书所研究的主旨和中心决定的。本书从法治语境下大众传媒与政治文明关系研究的需要出发，主要采用制度分析、比较分析、跨学科交叉研究法、概念分析法、历史分析法、案例分析法等分析方法来实现研究目标。

1. 制度分析

在任何场域中制度的力量都是关键的。也正基于此，任何学理分析和现实措施的架构都离不开制度分析。无论是经济基础还是上层建筑，对政治生活的影响实际上主要还是通过政治制度、法律制度来实现的。制度是社会政治生活的直接决定因素，作为政治生活的规范，其约束着人们的政治行为；作为政治生活的凝聚，其又是政治生活和政治文明的表征。因此，制度分析一直都是社会科学研究，尤其是政治研究不可或缺的主要方法。笔者把制度分析贯穿于本书的整个架构中，以试图找到大众传媒促进政治文明建设的有效方法。

2. 比较分析

比较分析是社会科学研究中使用得最多的方法。比较研究通常有两种不同的比较基础：纵向的历史比较和横向的行业及国家比较，通过对不同的信息类比、归纳、整理，最终形成一个判断性的价值链。本书利用比较分析法对政治文明、舆论监督、信息公开、知情权、公民参与等都进行了类比性的归纳，通过从历史和现实的深度类比分析，探寻一些值得反思、总结和借鉴的素材、经验和启示。

3. 跨学科交叉研究法

大众传媒既是新闻传播学研究的对象，又是一个政治学研究的课题，大众传媒的运作机制还涉及法学、伦理学的内容。本研究既是对政治文明建设中的大众传媒作用进行勾玄索要，分析其理论基础和本质意义，同时也是从法治的角度来研究大众传媒业广泛存在的舆论监督、信息公开、公民参与等问题。这一研究课题本身具有跨学科性质。在理论分析中，本书既从法学的角度揭示舆论监督权、知情权、参与权的本质属性，并对如何平衡围绕这些权利所构成的法律关系提出合理化建议，同时，又从政治学、新闻学、传播学的角度对大众传媒的特点及在政治文明结构中、社会结构中的作用和地位进行分析。

此外，本书还运用了其他一些研究方法，如用概念分析法，对"法治"、"政治文明"、"舆论监督权"、"知情权"、"信息公开"、"政治参与"等概念进行仔细梳理和分析；用历史分析法，追溯上述概念的起源和各国相关制度的发展等；用案例分析法，通过列举案例分析，既能诠释相应的法律精神和条文涵义，又能佐证相关理论观点，还能从案例中获得许多新的见解和认识；用图表分析法，直观、形象地显示数据背后的事务发展变迁规律。

四、本书的研究思路

本研究旨在从法治的视角考察我国信息时代中大众传媒与政治的互动发展，着力分析如何促进并保障大众传媒在政治文明建设中的作用及地位，并提出相应的对策及措施。

（一）本书的研究思路

考察大众传媒产生之后的各国政治发展状况，如何控制和利用大众传媒一直是各国统治阶级必须考量的重要内容。在现代政治活动中，控制与利用大众传媒早已经成为最为常见的政治行为之一，一旦缺失了这种行为或者对该类行为缺乏合法性的支撑，导致政治活动和政治行为难以实现或达到既定目标也就会不可避免。与此同时，在如今民主政治大的背景之下，政府及其公务人员也成为大众传媒经常性进行监督报道的重点对象，大众传媒通过一些揭露性的批评报道吸引读者、扩大事件的影响力，提供公民政治参与的公共平台，形成强大的舆论场，迫使政府规范行政、依法行政、科学行政、民主行政。可以说，在当代各个民主国家中，大众传媒业已成为"社会制约权力"的集中体现。因此，通过对大众传媒与政治之间相互关系在法律层次上的固化进行有效分析、找出对策，无论是对我国政治文明的建设还是对大众传媒业的健康发展都具有重大的理论及实践意义。

本研究将在充分借鉴和吸收前人的研究成果的基础之上，从法治的视角审视我国信息时代中大众传媒与政治文明的互动发展，属于跨学科研究，因而综合运用了新闻学、传播学、政治学、法学等多学科知识。也可以说，本书研究所凭借的主要理论基础是新闻传播学、政治学、法学等领域已有的理论与实践成果。新闻传播学的知识为我们考察大众传媒的运作规律提供了坚实的理论基础，如媒介皮下注射理论、有限效果理论、议程设置理论等；政治学的知识为我们把握当前我国政治体制改革特别是政治文明建设的总体认识提供高屋建瓴的指导方针；法学的知识为我们解决大众传媒促进政治文明建设方面提供了制度的保障，同时，法治作为本研究的视角确实起到了将大众传媒与政治文明沟通起来的桥梁作用，当然，我们也并不否认大众传媒体制、大众传媒法的建设本身就是现代政治文明建设的一部分、一种表现。

另外，本项研究力图在政治文明和大众传媒的发展之间寻找一个良好的机制，既保证大众传媒的相对独立性，即充分发挥其对政治权力的制约能力，在政治领域充分发挥大众传播的能动性，使之在社会进步和政治发展过程中发挥积极作用，推动社会主义政治文明建设的历史进程，又能充分发挥社会主义政治文明建设的反作用力，依靠政治体制改革的深入发展、民主法治的逐步完善，推动大众传媒的立法突破和大众传媒业的蓬勃发展。而这种良好机制的建立离不开我们对大众传媒与政治文明相互关系的准确把握，以及通过制定完备的制度来加以巩固。因为，民主社会同时也应当是一个高度法治的社会，通过创建先进的法律制度赋予传媒以自由并规定其合法活动的空间，通过创建文明的政治制度确立政治权力的权威、界定政治权力行使的范围，是保证大众传媒与政治之间的平衡和协调并在它们之间建立有利于社会发展进步的良好机制的最重要且最有效的方式和途径。

（二）本书的结构安排

本书共分四章。第一章是有关法治、传媒与政治文明的基本概念及其三者之间关系的内容；第二章是有关舆论监督法治化的问题；第三章是有关政府信息公开制度的构建问题；第四章是有关传媒社会中公民政治参与体制的构建问题。

这四章之间存有什么样的内在逻辑关系呢？在第一章中，我们首先对政治文明作了一个概括，尤其是在"政治文明的战略目标"部分中指出，政治文明建设具有政治民主化、政治法治化、政治制度化、政治科学化等四个战略目标。可以说，正是这四个战略目标将这四章内容统一在政治文明建设的范畴之内。因为，我们通过对比发现，四个战略目标的内涵及实现途径①与大众传媒在政治领域发挥的积极作用②具有高度的一致性，而这种一致性恰恰正是大众

① 政治民主化强调人民群众对政治的享有和运用，人民群众真正成为国家的、社会的主人，通过各种途径和方法参与对国家事务、经济、文化和社会事务的管理，依法逐步扩大政治参与；政治法治化要求各政治主体，尤其是政府行政机关，都以宪法和法律为依据从事与自身职责相称的活动，任何违宪或违法的行为都会受到法律制裁，即以宪执政、依法行政、司法独立等；政治制度化建设的重点在于：完善政治参与机制、完善决策机制、深化干部人事制度改革、加强对权力的制约和监督；政治公开化（规范决策程序、增强决策透明）、政治清廉化（提高公众参与、强化监督机制）是实现政治科学的有力保障。

② 舆论监督功能、信息公开功能、政治参与功能是大众传媒最为主要的三大功能。

传媒与政治文明建设之间建立联系的内在逻辑，换言之，大众传媒政治功能的发挥与政治文明建设所希望实现的目标具有天然的不谋而合性。如此一来，在第一章的统领之下，我们从三个方面：舆论监督、信息公开、政治参与，分别分析了大众传媒何以能、如何能实现政治文明的建设，就成为我们分析大众传媒与政治文明建设相关内容的最佳结构安排。同时，由于法治既是我国政治文明建设的根基又是我国政治文明建设的重要保障，在分析大众传媒实现政治文明战略目标过程中必然离不开法治，而我国大众传媒业自身既对法治的要求如饥似渴，又对法治建设具有不可替代的作用（第一章第四节中对该作用有所分析，另外，可以说，第二章、第三章、第四章的内容都是对该作用的详细论述），所以，法治精神也就成为贯穿本项研究的一条主线。也正基于此，我们在本书标题中强调本项研究是在法治视阈下进行的。

　　另外需要特别说明的是，政治参与的形式通常包括投票、选举、参与政治社团、与官员接触、游行等等，但是鉴于大众传媒在实现公民政治参与的实践和我国大众传媒法治化建设的弱点与重点，我们在本书中只选择法律参与和决策参与详加论述。法律参与一般包括立法参与、司法参与、普法参与、守法参与等四个方面，但是，由于在后两项中，探讨大众传媒参与与该节所探讨的主旨存有不一致性，所以，本研究项目中，我们对后两项内容加以回避。另外，我们还理应对选举参与加以观照，但是，由于我国《选举法》第 2 条规定①，除了基层代表由选民直接选举外，基层以上的人民代表都是由间接选出，所以，在我国很难出现像美国总统大选时，大众传媒参与到选举过程的每一个环节的场景，即使在每次各级人民代表大会召开前后，大众传媒也参与报道，但这种参与充其

---

　　① 《全国人民代表大会和地方各级人民代表大会选举法》第 2 条规定："全国人民代表大会的代表，省、自治区、直辖市、设区的市、自治州的人民代表大会的代表，由下一级人民代表大会选举。不设区的市、市辖区、县、自治县、乡、民族乡、镇的人民代表大会的代表，由选民直接选举。"

量是在统一思想情况下对大会的胜利召开进行一定程度上的"宣传"。没有政治演讲、没有施政纲领的陈述、没有政治广告，所没有的这些事项都是大众传媒能够"施展拳脚"的事项。基于此，对我国大众传媒参与民主选举的探讨既缺乏法治环境的支撑，又缺乏实践案例的佐证，所以，我们在第四章有关政治参与的内容论述中也就将"大众传媒与民主选举参与"加以回避，不再对其论述。不过，该部分的缺失，在总体上对于本项研究确实是一种很大的遗憾，希望以后随着社会主义政治文明建设的不断深入，将来我们的研究能对其加以弥补！

# 第一章 法治、传媒与政治文明

## 第一节 政治文明概述

### 一、政治文明的含义

政治文明是源于政治和文明共同演绎出的一个广阔、深厚而又开放的范畴，所以，要透析政治文明，首先就要对政治和文明分别作出探讨。

#### (一) 文明的含义

文明是与蒙昧、野蛮、专横等概念相对应的一个概念。从广义上讲，所谓文明，一般是指人类社会进步的、美好的东西，是人类社会进步的状态，是人类改造客观世界和主观世界积极成果的总和。因此，无论从哪种意义上去考察和分析，文明都是人类认识、改造自然和社会，提高和完善自身的积极成果和进步状态。① 正基于此，我们可以从以下几方面予以理解和把握。

第一，文明是一个历史范畴。文明并不是从来就有的，而是人类发展到一定历史阶段的产物。② 这种意义上的文明是与野蛮、未开化、原始、兽性相对的，往往与文化、教育、艺术等的发达相联系，这种文明有先进与落后之分，优劣之别。恩格斯在

---

① 孙向军等：《走向中国政治文明——社会主义政治文明论》，江西高校出版社 2006 年版，第 99 页。

② 参见朱新山：《政治文明的科学内涵与发展逻辑浅析》，《毛泽东邓小平理论研究》，2003 年第 6 期。

《家庭、私有制和国家的起源》一文中肯定了摩尔根对社会发展阶段所作的划分，即人类社会的历史划分为三个时期：蒙昧、野蛮、文明三个时期。恩格斯曾这样指出："从铁矿的冶炼开始，并由于文字的发明及其应用于文献记录而过渡到文明时代。"① "文明时代是社会发展的一个阶段，在这个阶段上，分工，由分工而产生的个人之间的交换，以及把这两个过程结合起来的商品生产，得到了充分的发展，完全改变了先前的整个社会。"② 恩格斯还专门在对空想社会主义者傅立叶把社会历史划分为蒙昧、宗法、野蛮和文明四个发展阶段进行评论时，虽然将三种奴役制度均纳入"文明时代"，但认为文明并不是私有制度的专利和独特现象，在认真剖析了资本主义制度的矛盾性、反动性与虚伪性的基础上，认为随着文明的发展，将会有比私有制更高级的文明形态，他在《家庭、私有制和国家的起源》中专门引用了摩尔根《古代社会》中的一句话，即："管理上的民主，社会中的博爱，权利的平等，普及的教育，将揭开社会的下一个更高的阶段，经验、理智和科学正在不断向这个阶段努力。"③ 因此，文明是人类社会不断进步的过程和状态。人类的文明发展是持续不断、永不停歇的，呈现出从低级向高级逐渐推进的过程。不过，文明的演进又表现出明显的阶段性的特点，不同的历史阶段会有不同的文明形态，如资本主义文明和封建社会文明的区分。

第二，文明是一个实践范畴。文明是人类改造自然和改造社会（客观世界和自身世界）的积极成果，也表示着人类社会物质、精神等的不断发展和进步状态。实践是人类特有的存在方式，而劳动是实践的基本形式。人类就是通过创造和使用工具从事改造自然的劳动，才使自己从动物界脱离出来，确立起对自然的主体地位，即成为自然界的主人。当人使用工具"作用于他身外的自然并改变

---

① 《马克思恩格斯选集》，第 4 卷，人民出版社 1972 年版，第 21 页。
② 《马克思恩格斯选集》，第 4 卷，人民出版社 1972 年版，第 170 页。
③ 《马克思恩格斯选集》，第 4 卷，人民出版社 1972 年版，第 175 页。

自然时，也就同时改变他自身的自然"①，因为人在改造客观世界的过程中使自己的需要和能力得到了全面发展。马克思曾把文化的发展、海上贸易的扩大、农业和手工业的发展、劳动的分工和结合，等等，都视为文明的应有之义。恩格斯也曾把人类社会所出现的一切物质财富、精神财富看做文明的内容。他在《家庭、私有制和国家的起源》一文中指出，人类创造的物质财富和精神财富的社会形式同文明直接联系，三大奴役形式与三大文明时期相适应。② 人类改造自然界的物质成果就是物质文明，它表现为人们物质生产的进步和物质生活的改善。在改造客观世界的同时，人们的主观世界也得到改造，社会的精神生产和精神生活得到发展，这方面的成果就是精神文明，它表现为教育、科学、文化知识的发展和人的思想、政治、道德水平的提高。当然物质文明和精神文明还不能包括人类文明的全部，还有人类改造社会关系和处理人际关系的实践，这方面的成果就是政治文明。也就是说，任何社会形态都是一定的经济、政治和文化的统一体，社会的基本结构分为经济、政治和文化三个方面。相应地，人类社会的文明结构也划分为三个部分，即物质文明、政治文明和精神文明。总之，"文明是实践的事情，是一种社会品质"③。

第三，文明是一个社会范畴。这是文明的本质属性。文明的这种本质属性，是由人的本质属性决定的。人在本质上是一种社会存在物。社会性是人的本质属性。马克思说："人是最名副其实的政治动物，不仅是一种合群的动物，而且是只有在社会中才能独立的动物"④。人类要使自己真正成为自然界的主人，就必须使劳动成为具有社会联合性质的自由自觉的活动。于是，人在劳动和交往中扬弃了人的自然存在而成为了社会存在物，这就决定了人类创造历

---

① 马克思：《资本论》第 1 卷，人民出版社 1975 年版，第 202 页。

② 《马克思恩格斯选集》，第 4 卷，人民出版社 1972 年版，第 172 页。

③ 《马克思恩格斯选集》，第 1 卷，人民出版社 1965 年版，第 666 页。

④ 《马克思恩格斯选集》，第 1 版，第 46 卷上册，人民出版社 1979 年版，第 21 页。

史的文明活动不可能是一种孤立的个人活动，而只能是一种共同的社会活动。①

第四，文明是一个区域范畴。文明是指一个民族、一个国家、一个地域或具有共同精神信仰的群体的文化遗产、精神财富和物质财富的总和，即指特定文明类型中的文明系统，如"美国文明"、"儒家文明"，等等。毛泽东曾提出"世界文明"的概念，并把中国看做是"世界文明发展最早的国家之一"。这实际上是把文明作为总体状态，视为社会形态在特定时期、地区的表现，是"一个民族应付他们环境的总成绩"②。在"古希腊文明"、"两河流域文明"、"中华文明"、"伊斯兰文明"、"西方文明"等用语中，文明既可以指特定历史阶段的某一社会，也可以指该社会的特定历史延续。③

第五，文明是一个人权范畴。在世间万物中，人是最根本的。远在古希腊时期就有智者说过："人是万物的尺度，是存在的事物存在的尺度，也是不存在的事物不存在的尺度。"④ 离开了人，一切将变得毫无意义，人的生命、人的价值、人的意义和作用使得尊重和保障人权就成为必要和必然。因此，近代西方人权思想的集大成者卢梭主张人与生俱来就拥有不可让渡的基本人权："一个人如果放弃人权，就是放弃做人的资格。"⑤ 然而，人权思想和人权保障制度不是随着人类社会的产生而产生的，而是人类社会的政治思想、政治制度等发展到一定历史阶段的产物。自从古代的权利观念转化为近代的人权思想后，保障人权就是世界上进步国家政治生活

---

① 王振亚等：《政治文明与当代中国政治发展》，人民出版社 2006 年版，第 13 ~ 14 页。

② 胡适：《现代评论》(1926 年)，第 4 卷，第 38 页。

③ 参见郑慧：《政治文明：涵义、特征与战略目标》，《政治学研究》2002 年第 3 期。

④ 转引自阎国忠：《古希腊罗马哲学》，北京大学出版社 1983 年版，第 138 页。

⑤ ［法］卢梭：《社会契约论》，商务印书馆 1962 年版，第 13 页。

中亮丽的风景线。① 从近代开始，人权不仅获得法律思想家的赞扬和歌颂，而且受到政治实践家的青睐和推崇，认为一个"社会的全部职责在于确保个人自由得到尊重"②，任何文明的基本特征都在于尊重人的尊严。现如今，人权的价值得到世界人民的普遍认同，保障人权成为最流行的政治术语，成为各国政治文明建设的根本目的。现代国家确认人民主权、构建政治制度、实行权力均衡制约、采取依法治国，最终都是为了保护公民的人权。

（二）政治的基本含义

将"政治"与"文明"结合使用，旨在强调政治不能脱离文明整体和政治进程的演变、进化属性，属于价值范畴，与政治无序、政治愚昧、政治落后相对应，强调政治与社会文明相适应。

那么如何界定"政治"呢？

"政治是人类生存的一个不可避免的事实"③，是人类的生存方式。但是，政治并不是人类与生俱来的，而是人类历史发展到一定阶段产生的一种重要的社会现象。这一社会现象非常复杂，各时代的政治家、政治学家都从不同的角度和不同侧重点对它作出各种论述，如追溯人类对政治的理解，曾出现的经典论述有神权论政治、道德论政治、权力论政治、管理论政治、利益论政治、阶级论政治等等，但只有无产阶级的革命导师提出的利益论政治才将政治的本来面貌揭示出来。

马克思恩格斯指出："随着城市的出现也就需要有行政机关、警察、赋税等等，一句话，就是需要有公共的政治机构，也就是说需要政治。"④ 列宁认为："政治是经济的最集中的表现"⑤；"政治

---

① 何士青：《政治文明的法学解读》，中国社会科学出版社 2004 年版，第43 页。

② 转引自沈宗灵：《现代西方法理学》，北京大学出版社 1992 年版，第93页。

③ ［美］罗伯特·达尔：《现代政治分析》，王沪宁、陈峰译，上海译文出版社 1987 年版，第6 页。

④ 《马克思恩格斯选集》，第1 卷，人民出版社 1972 年版，第56 页。

⑤ 《列宁选集》，第4 卷，人民出版社 1972 年版，第416 页。

就是各阶级之间的斗争，政治就是反对世界资产阶级而争取解放的无产阶级的关系"①，"政治就是参与国家事务，给国家定方向，确定国家活动的形式、任务和内容"②。既然国家是文明时代的标志，而政治是对国家事务的参与、管理，那么，显然政治是人类走向文明的产物。政治随国家的需要而产生，伴随国家的发展而发展，国家的出现标志着人类政治文明的开端。政治生活不仅是人生活的组成部分，而且是人生活的核心内容。亚里士多德很早就指出：人类在本性上是一个政治动物③，不像其他动物，他赋有 logos 即理性，能够区别善恶，自己治理自己。④ 马克思的一个非常重要的论断也常被人们忽视，这就是："人是最名副其实的政治动物，不仅是一种合群的动物，而且是只有在社会中才能独立的动物。"⑤ 显然，马克思主义经典作家从不同层面、不同角度深刻揭示了"政治"的本质内涵，并指出了文明、国家、政治之间的本质的关联性。

同时，作为一个动态概念，政治在不同历史阶段会有不同的要求，即所有的政治都面临着它们必须解决的基本问题，这些问题构成了政治的内容。例如，当十月革命胜利后无产阶级夺取了国家政权，列宁指出："现在我们主要的政治应该是：从事国家的经济建设，收获更多的粮食，供应更多的煤炭。"在改革开放和现代化建设时期，邓小平指出："社会主义现代化建设是我们当前的最大政治，因为它代表着人民的最大的利益、最根本的利益。"江泽民也指出："经济是基础，解决中国的所有问题，归根到底要靠经济的发展。从这个意义上说，集中力量把经济搞上去，实现中国的现代化，本身就是最大的政治。"⑥ 现代政治学认为，人类政治发展到今天，有五个重大的问题处于政治的核心：一是国家与成员的关系，即公民资格问题；二是权威的来源及其正当性问题；三是政府

① 《列宁选集》，第4卷，人民出版社1972年版，第370页。
② 《列宁文稿》，第2卷，人民出版社1978年版，第407页。
③ 亚里士多德：《政治学》，商务印书馆1965年版，第7页。
④ 斯东：《苏格拉底的审判》，三联书店1998年版，第44页。
⑤ 《马克思恩格斯选集》，第46卷上，人民出版社1979年版，第21页。
⑥ 江泽民：《关于政治》，人民出版社1996年版，第2页。

职能的范围问题；四是权力的制度化问题；五是国家之间的关系问题。没有人能够建立一个不面对这五个问题的政治，任何国家都要将其对这些基本问题的回答以制度化的形式固定下来。哪里出现了这些问题，哪里就有政治；哪里有政治，哪里就有这些问题。①

（三）政治文明的含义②

对政治文明这一范畴，我国学术界有不同的认识，形成了诸多不同的观点，有代表性的主要有以下几种：

1. 民主、自由、平等、解放的实现程度说。③ 2. 政治成果总和说。④ 3. 静态、动态说。⑤ 4. 政治进步说。⑥ 5. 政治制度进步说。⑦ 6. 政治社会形态说。⑧ 这种观点实际上与前一种观点十分相似，其所说的政治社会形态以及所包括的内容均属于政治制度的范畴。7. 狭义广义说。这种观点将政治文明区分为广义的政治文明与狭义的政治文明，认为狭义的政治文明概念同制度文明概念可以说是重合的；广义的政治文明是包括政治制度文明、政治思想文明和政治活动文明在内的涵义更加广泛的概念。⑨ 上述七种观点，既有共同之处，诸如政治文明是一种复合形式，即认为政治文明并非

① 莱里斯·里普森：《政治学的重大问题——政治学导论》，华夏出版社2001年版，第15页。转引自孙向军等：《走向中国政治文明——社会主义政治文明论》，江西高校出版社2006年版，第98页。

② 参见郑慧：《政治文明：涵义、特征与战略目标》，《政治学研究》2002年第3期。

③ 《中国大百科全书·政治学卷》，中国大百科全书出版社1992年版，第504～505页。

④ 李良栋：《21世纪的社会主义与人类的政治文明》，《科学社会主义》2001年第1期。

⑤ 虞崇胜：《浅议政治文明建设》，《武汉大学学报》2000年第1期。

⑥ 冯举等主编：《社会主义政治文明》，西南财经学院出版社1990年版，第10～12页。

⑦ 张永强：《论社会主义政治文明及其与社会主义精神文明的关系》，《青海社会科学》1997年第5期。

⑧ 王中兴：《必须实现和加强政治文明建设》，《理论学习与研究》1997年第1期。

⑨ 刘李胜：《制度文明论》，中共中央党校出版社1998年版，第38页。

单一结构，蕴含着诸多要素，有丰富的内容；但它们也有差异性，强调的侧重点有所不同，有的集中于政治制度，有的集中于人类政治权利的实现和解放程度，如此等等。就分析的方法而言，有的观点侧重于制度分析法，有的运用动静观察法，有的从广义狭义两个视角予以说明。不容否认的是，这些观点都有一定的合理性，为我们科学地界定政治文明的涵义奠定了一定的理论基础，提供了不少方法。然而，仍有进一步探讨的必要性。

其中，"民主、自由、平等、解放的实现程度说"从人们在一定社会形态中关于民主、自由、平等、解放的实现程度来分析、界定政治文明，并揭示了政治文明与社会文明的关系，从多方面论述了政治文明的具体表现，高度概括了政治文明的核心及其阶级性和动态性特征，无疑抓住了政治文明的本质。政治文明说到底是要有利于人的各种权利的实现和全面发展，政治制度的文明是政治文明的重要形式和根本保证，国家政治制度是政治文明的核心。也正是由于国家政治制度的不同，使得政治文明显示出不同的属性和类型。然而由于政治的复杂性，决定了政治文明具有复杂的内容。也就是说，政治文明所蕴含的内容不仅仅是人们的各种权利实现和解放程度，也不仅仅限于政治制度。除此以外的政治现象，如政治关系、政治行为、政治意识的文明等，都是政治文明家族的成员，而且在一定的历史条件下，在一定的历史时期，这些政治现象的文明显得相当重要，并影响政治文明整体的实现程度和传承，以及政治文明内容与形式的统一，更为主要的是还制约着其他方面政治文明发展的方向，决定着政治文明以至整个社会文明是否有足够的资源与条件。

"静态、动态说"从静态和动态两个视角和侧面分析政治文明，这较之很长时期以来人们习惯于用静态的方法分析、考察政治现象而言，是一个进步。这种观点不仅将人类社会的全部成果而且将政治意识文明、政治制度文明、政治行为文明都视为政治文明整体的组成部分，拓展了政治文明的内涵。无论是从历史发展纵向的视角，还是从横向的内在结构概括政治文明的内涵，较之"民主、自由、平等、解放的实现程度说"在内容上有所丰富。然而不容忽视的是，对政治文明的观察、概括，静态与动态只是诸多方法中的一种。用不同的方法透析，政治文明就会有不同的内容，诸如用宏观与微观的角度分析，就会揭示出政治文明的不同内容和表现形式，国家制度的文明与公民个人政治心理和政治行为的文明就是用宏观与微观两个方面区分和概括的。再如，从隐性与显性的角度分析，就会发现，能够看得见、摸得着的政治文明与隐藏在人们心理深处、历史积淀而来的政治文明有不同的属性、功能和表现形式。

"政治进步说"从发展的角度界定政治文明，将政治文明界定为政治进步的状态和成果，将政治文明概括为政治制度、政治关系、政治组织、政治活动、政治思想和政治管理技术的进步，并将政治进步的目标确定为政治科学化、政治民主化、政治社会化、政治公开化和政治现代化等。这种界定表面上较为全面、周密。这里值得思考的问题是，如何理解和把握政治进步？在这个问题上，有两个方面必须论述清楚，那就是政治进步本身的标准是什么，政治进步同社会其他方面相适应的程度如何判定。进步是相对于落后而言的，先进与落后究竟如何区分，标准是什么，那么就有一个政治本身的相互比较，以及政治在多大程度上与社会生产力乃至对整个社会相适应，并能保证、促进其发展的问题。"文化大革命"期间脱离开经济、社会的发展谈政治形式的变换，导致灾难性后果，其教训是极为深刻的。此外，一个社会的政治文明程度，从根本上讲，依赖于这个社会政治主体的素质与能力，政治主体是政治文明的基础、前提和根本保证，因而政治文明不能缺少政治主体的进步。

"政治制度进步说"和"政治社会形态说"似乎受制度分析方法的影响，将政治文明等同于政治制度文明，或者说把政治制度文明视为政治文明的主要内容。从表述方法上看，"政治社会形态说"将政治文明判定为人们在改造社会实践中依据一定的经济社会形态并为一定的经济社会形态服务所创造的政治社会形态，但是从其所包括的内容分析，实际上是政治制度。政治制度作为社会政治规范体系的总和，也有其内在的结构，如根本政治制度、具体政治制度和专门（特殊）政治制度，但政治制度本身无论如何复杂，在社会政治现象当中多么关键，对其他现象有多么重要的作用，政治制度并不是政治现象的全部。政治制度的形成、运作以及实现，不仅离不开其他政治现象的支撑和相互配合以及相互之间的互动，而且如果没有其他政治现象的文明，政治制度的文明就只是一个空壳，而且难以实现，终将蜕变为其他属性的政治制度。此外，"政治社会形态说"还运用经济决定政治、政治服从经济的观点分析政治文明，忽略了政治与经济辩证关系的具体运用。最有力的例证是，社会主义的政治文明与经济社会形态的实际关系，就是先建立了社会主义的政治文明，然后在这一政治文明的保护下，改造旧的经济形态和经济关系以及社会关系，进而建立起社会的其他文明。

我们赞同郑慧教授的观点，政治文明作为整个社会文明的有机组成部分，是人类自进入文明社会以来，改造社会、实现自身完善和提高过程中创造和积累的所有积极的政治成果和与社会生产力发展需要相适应的政治进步状态。这一定义的意义和价值在于：其一，政治文明既然是改造社会、实现人类自身完善和提高的所有积极的政治成果和适应生产力需要的政治进步状态，那么它就应当将政治现象的方方面面都囊括于政治文明之中，政治主体、政治关系、政治意识、政治行为、政治制度等政治现象的文明均构成政治文明的不可分割的部分。特别是这一定义强调了人类自身进化的积极政治成果，就不仅要将人或者说人的政治文明化程度考虑在内，而且不能简单地将人们作为一个权利的享有者，将他们的权利实现程度和解放程度作为政治文明的一个标志，更为重要的是应强调人——政治权力主体（从本原上讲）在社会政治生活中的地位和作用以及他们的文明程度。

其二，这一定义指出，政治文明包括所有的积极政治成果。这不仅强调政治文明的历史继承性，更为主要的是强调了人类以及人类社会演进过程中出现的成果有积极与消极之分。事实上，在人类社会的演变和人类自身的进化过程中，所有成果并不都是与历史前进的方向相一致的，野蛮、消极、反动的东西总是沉渣泛起，有的还积沉为一种无形的落后愚昧的东西，长时期毒害人类。如果将这种成果视为政治文明，当然既不合理，也不科学。

其三，这一定义揭示了政治文明与社会生产力发展的关系，为衡量、判断、把握政治文明提供了一个客观的依据，也使较为抽象的政治文明这样一个概念成为可验性的、具体性的、有判别标准的范畴。

## 二、政治文明的结构

正因为政治文明的丰富内涵，决定了政治文明内在的结构性和多元性。对此学界曾出现过一阵研究热潮，不过，至今尚没有形成广泛的共识。其中具有代表性的观点有下列几类：第一，从政治和政治学角度，有些学者认为政治文明包括文明的政治理念、文明的政治制度和文明的政治行为三个组成部分。① 有学者指出，政治文明不仅仅指政治制度文明，它还包括政治思想、政治道德、政治觉悟、政治观念、政治行为等；② 还有学者把政治文明分为政治思想、政治制度、政治行为三个层次，政治思想即政治意识形态，政治制度包含国家政治上层建筑机构，国家制定的制度、法律、政策及其运行方式，政治行为指公民个人或政治集团势力如政党等政治团体的政治活动。③ 也有学者指出，政治文明体现在政治理念文明、政治制度文明、政治组织文明和政治行为主体文明。④ 第二，从政治现象角度，有学者认为政治文明的体系结构大致上应由政治文明、政党文明、法治文明和公民文明四个范畴构成。⑤ 更有学者提出，除了政治理念、政治制度外，政治文明不应当包括政治行

---

① 虞崇胜：《论政治文明的三维结构》，《社会科学》2002 年第 12 期；李玉福：《论中国现代政治文明的结构体系》，《政法论坛》2003 年第 4 期；王一程：《努力建设社会政治文明》，《光明日报》2002-08-03。

② 高放：《关于"政治文明"的探索回顾及理论新识》，《新长征》2003 年第 4 期。

③ 许耀桐：《关于社会主义政治文明的若干思考》，《国家行政学院学报》2002 年第 5 期。

④ 孙向军等：《走向中国政治文明——社会主义政治文明论》，江西高校出版社 2006 年版，第 108 页。

⑤ 许耀桐：《政治文明与民主政治》，《社会科学战线》2003 年第 4 期。

为，而应当增加政治组织和政治设施。① 第三，从系统论角度，有学者提出政治主体文明、政治关系文明、政治意识文明、政治行为文明、政治制度文明五个组成部分的观点。② 高中伟、羊绍武对此赞同。③ 田川基本认同该观点，只是将"政治关系"修改为"政治客体"。④ 陈仲则认为政治文明应该由政治主体文明、政治制度文明、政治生态文明等三大系统构成，每个大系统下面又有许多子系统。⑤ 第四，从多维视角，有学者认为政治文明包括政治理念文明、政治行为文明、政治手段文明、政治体制文明等。⑥ 更有学者提出政治文明建构的基本要素为：体制、制度、主体、思想、原则；在民主政治建设特别是政治改革的具体运作中，应当对五个要素系统及其所构成的大系统进行立体整合。⑦

可以看出，对于该问题的认识真是"横看成岭侧成峰"，不同的视角会有不同的"感受"。但是，我们以为，无论对政治文明作出何种建构，有一个最为基本的事实我们必须承认：政治文明是人类所创造的全部文明成果在政治生活领域中的体现。正基于此，一切被人类政治领域所涵盖的要素的进步和发展及其有益成果都应属于政治文明范畴。而其中最基本的或者说最主要的，应当包括文明的政治主体、文明的政治关系、文明的政治理念、文明的政治制度、文明的政治行为等五方面要素。这五个要素相互联结、相互影响、相互制约，构成了一个统一的政治文明整体系统。其中，每一

---

① 郭榛树：《政治文明的内涵探析》，《理论探讨》2003 年第 2 期。

② 郑慧：《政治文明：涵义、特征与战略目标》，《政治学研究》2002 年第 3 期。

③ 高中伟、羊绍武：《社会主义政治文明：体系构成要素及建设重点》，《西南民族大学学报》(人文社会科学版) 2003 年第 11 期。

④ 田川：《政治文明的内在结构与外在关系分析》，《中国特色社会主义研究》2004 年第 2 期。

⑤ 陈仲：《法治与政治文明关系论纲》，《四川文理学院学报》(社会科学版) 2006 年第 6 期。

⑥ 黄卫平：《社会主义政治文明与中国社会主义现代化》，《马克思主义与现实》2002 年第 4 期。

⑦ 那述宇：《政治文明建构的要素分析》，《政治与法律》2003 年第 2 期。

个要素都以其自身所特有的意义和地位影响和推动着政治文明整体的发展。

**（一）文明的政治主体**

政治文明离不开创造文明的政治主体，因此，文明的政治主体作为政治文明的核心和关键也就成为多数学者的共识。政治文明主体既包括具有政治意识和独立人格的个体，如普通公民、政治家或政治领袖等，也包括以共同政治信仰、共同政治准则和规则、纪律而组成的政治组织，还包括基于共同根本利益而形成的政治群体，如公民集体或整体、阶级和阶层、政党与利益团体、国家与政府、民族以及国际组织与国际社会等。在人类政治活动中，全部政治行为和现象都是政治主体的行为和现象。换言之，政治主体之间的互动及其行为构成了人类全部政治生活，形成了各种复杂的政治现象及政治关系。"一切科学对于人性或多或少有些关系，任何学科不论似乎与人性离得多远，它们总会通过这样那样的途径回到人性"，"关于人的科学是其他科学的唯一基础。"① 在人类政治生活中，政治主体在政治制度的规范下和政治目的的驱动下，从事政治行为，维护和谋求根本性的利益。正像孙中山先生所言："政就是众人之事，治就是治理，管理众人之事就是政治。"

政治主体的属性决定了政治文明的属性，即政治主体的文明程度在很大程度上决定政治文明的状况。不过，作为人类文明重要组成部分的政治文明，其最终目标是通过政治主体全面发展充分保障广大人民群众实现宪法所规定的人权。从理论上分析，文明的政治主体不仅应该具有较高的政治素质、政治能力、政治智慧，并尊重和崇尚人类共同的现代政治文明基本原则，更应具有较高的自我约束和自我管理能力，自觉地依照法定程序行使宪法、法律所赋予的权力和权利，杜绝政治行为的违规、违法性。

**（二）文明的政治关系**

马克思主义认为，一个社会政治的本质内容就是各政治主体在

---

① ［英］休谟：《人性论》，商务印书馆1980年版，第6、8页。

获取和维护各自利益或所代表的利益而进行的各种活动中形成的彼此之间的复杂关系。政治关系实际上集中地反映利益关系。① 换言之，由于人类政治现象的本质内容表现为政治关系，都是政治关系的外化和具体表现形式，政治关系的发展变化必然引起其他政治现象的发展变化，从而引起整个社会政治形态的发展变化。因此，能否合理地理顺、配置好各种政治关系，不仅从宏观上影响和制约政治关系格局和结构，微观上关系到政治主体的合理定位和潜能的发挥，而且影响和制约人们的各种利益关系以及权利与义务关系的格局和结构，包括人们的经济关系、思想文化关系和各种社会伦理关系等，即关系到各自利益的满足程度和政局的稳定。所以，文明的政治关系必然要求各个政治主体定位清晰合理、权力（权利）和责任（义务）明确，发生冲突也能有效协调，呈现一种"斗争"有序、活泼稳定的政治局面。

当然，一旦做不到上述要求，政治生活中就会出现以政治主体越位、错位为表现的混乱现象，就会造成社会矛盾激化、社会秩序失范、政治格局动荡的不良后果。那么，我们应采取何种方法或手段对政治关系加以调整呢？由于政治主体及其行为的多元性和多样性导致政治关系表现出错综复杂性，调整政治关系的方法和手段也必然相应呈现出复杂性，例如以强制力为后盾的行政、法律手段、意识形态、道德教化、组织的设置与调整、机构的变化（包括撤换或职责的转换），等等。但是，无论采取何种方法或手段，我们都要保证调整政治关系的目的在于使其更加适应生产力发展的要求和更加有利于民众的福祉。

（三）文明的政治理念

政治理念是政治主体对政治的起源、政治的目的、政治的本质、政治的合法性基础、政治关系以及政治发展等方面的根本认识、价值取向与经验总结，它既体现为潜在的政治文明，又表现为

---

① 郑慧：《政治文明：涵义、特征与战略目标》，《政治学研究》2002 年第 3 期。

显性的思想观念形态；① 既对建立和维护相应的政治制度、指引政治主体进行政治活动、确定和实现政治目的有着巨大的指导作用，又直接制约着政治文明的发展进程。因此，可以说政治理念的文明程度很大程度上决定着特定社会政治制度文明与政治行为文明的性质与发展水平，也是衡量政治文明发展水平的一个重要指标，是政治文明的灵魂。②

　　政治理念的确立在人类政治文明的建设发展中往往具有不可替代的优先地位，"所有的政治实践的开始，是一种把事物看作是它们应该如何的观念"③。所以，中外历史上基本上都是先有某种政治理念，然后在这种政治理念的指引下制定相应的政治制度，最后在这种政治制度规范下通过政治主体的政治行为将政治理念贯彻出来。资本主义政治文明的基本政治理念有：自由、平等、博爱、民主、法治、公平、公正、人权等；我国社会主义的基本政治理念有：人民当家作主、党的领导、依法治国、"三个代表"、科学发展观，等等。总体而言，每种理念都是不同国家在不同时期分别形成的各自独特的政治理念，都是某个阶段文明的政治理念所不可或缺的，但是，我们发现这些理念不论通过什么词汇来表达，最终的落脚点都在于人，在于人权的最大化保护。如此看来，现代社会，以人为本、人权价值得到了世界人民的普遍认同，尊重和保障人权成为世界政治发展和各国政治文明建设的核心价值理念。

**（四）　文明的政治制度**

　　文明的政治制度是政治文明价值理念的最为重要的载体和体现，是政治文明建设的核心和保障，但政治制度的建立并不仅仅是为了表达政治理念，而是为了规范政治行为。马克思认为，制度是社会经济关系的产物，是"具有规定和管理一切特殊物的、带有

---

　　① 孙向军等：《走向中国政治文明——社会主义政治文明论》，江西高校出版社2006年版，第111页。

　　② 参见李龙主编：《政治文明与法治国家》，武汉大学出版社2007年版，第31页。

　　③ ［美］莱里斯·里普森：《政治学的重大问题》，华夏出版社2001年版，第18页。

普遍意义的'特殊物'"。"制度是一个社会的游戏规则，更规范地说它们是为决定人们的相互关系而人为设定的一些制约。"① 因此，政治制度在这文明建设中具有其他要素不可替代的地位：其一，从政治的社会功能看，制度是实现政治功能的最基本手段；其二，从政治的关系系统看，制度是构建政治关系系统的基础；其三，从政治的科学要求看，制度是政治客观性和规律性的重要切入点。从政治文明的其他要素来看，政治制度是连接文明政治理念和文明的政治行为的纽带，是政治理念的规则化和政治行为的规范。②

政治制度大体可分为基本政治制度、根本政治制度、具体政治制度和法律制度几个部分。基本政治制度表明特定政治形态、政治体系的本质特征和特定历史阶段的政治文明的性质。根本政治制度即通常所说的政体或公共权力结构，主要指公共权力中的立法、行政以及司法等权力的配置、相互关系和运行机制。具体政治制度是指基本政治制度的具体实现形式，即政治体制，包括政治组织机构系统及其运行规则或规章制度（也包括公民政治行为、规章制度等）。法律制度也是政治制度的重要组成部分，因为法律制度使政治成为制度，任何政治制度都是以法律形式固定下来的政治生活的规范和规则。③ 且现代政治是民主政治，民主政治驱动广泛的政治参与，而广泛的政治参与要求法律的、制度的和程序的保障。因此，可以说法治是现代政治制度文明的根本体现，其要求现代政治必须在以宪法为中心所构筑的法律体系框架下进行，即依法治国。对于政治制度的疲软我国是有惨痛教训的，对于"文化大革命"，邓小平总结说，这固然与领导人个人的品质和作风有关，但制度问题更带有"根本性、全局性、稳定性和长期性"④。

---

① ［美］塔尔科特·帕森斯：《现代社会的结构与过程》，光明日报出版社1988年版，第141页。

② 李龙主编：《政治文明与法治国家》，武汉大学出版社2007年版，第37页。

③ 杨弘、刘彤：《论政治文明的构成要素及其相互关系》，《社会科学战线》2005年第1期。

④ 参见《邓小平文选》第二卷，人民出版社1983年版，第333页。

### （五）文明的政治行为

文明的政治行为不仅是文明的政治主体、文明的政治理念、文明的政治制度、文明的政治关系在实践中的具体展现，而且是折射整个政治文明的标尺。政治行为是指各类政治主体在某种政治理念的指引下，为了实现某种政治目的，在人类的政治生活、活动中所呈现出的各种表现。政治离不开政治主体，更离不开政治主体遵循政治制度有所为或有所不为。政治行为的方式是多种多样的，包括政治斗争行为、政治统筹行为、政治整合行为、政治协调行为、政治统治行为、政治管理行为和政治参与行为，等等。在现代，政党特别是执政党，作为最主要的政治文明主体，一般说来，其政治行为主要表现为政治领导、政治统治、政治决策、政治协调以及社会整合等；政府政治行为主要表现为政府代表国家对社会进行政治管理；政治团体和社会团体以及公民的政治行为主要表现为政治参与。① 由于政治主体的多元性，也就决定了政治行为文明程度的评判的多标准性，不同的政治主体有不同的要求，如政治决策的民主化、政治参与的有序化和政治斗争的非暴力化，等等。不过，我们也可以发现，无论对政治行为的要求怎样不同，都离不开一个宗旨：推动政治发展及政治现代化进程，代表最广泛的人民群众利益。

### 三、政治文明的战略目标

建设政治文明，需要有目标。因为，目标是方向，只有在目标的统领下，我们才能有的放矢地、积极有效地开展各项工作，推动中国政治现代化和政治文明的进程。所以，政治文明战略目标的确立对于政治文明的建设至关重要。

### （一）政治民主化

政治民主化就是一个国家实现政治民主的过程，在我国，就是建设有中国特色的社会主义民主，实现社会主义政治民主的过程。

---

① 杨弘、刘彤：《论政治文明的构成要素及其相互关系》，《社会科学战线》2005年第1期。

具体来说，社会主义政治民主化，就是要使政治日益为人民群众所享有和运用，人民群众真正成为国家的、社会的主人，通过各种途径和方法参与对国家事务、经济、文化和社会事务的管理，依法逐步扩大政治参与。其丰富的内涵可以从以下三个方面加以把握：其一，人民主人翁地位的确立，即人民平等享有管理国家、管理社会事务的权利，人民各项民主权利都能得到切实的保障，如不但在法律法规上确立公民参与政治的途径和方法，还要为公民从事政治参与提供物质帮助，更要为公民配置参与政治言论责任豁免的权利；其二，政治参与的真正实现，即公民要具有良好的政治素质、较高的政治参与度和政治认同，可以依法成立各种社会自治组织；其三，民主法制化，民主的推行要受到制度的保障和法律的保护。

政治民主化是我国社会主义现代化的要求。改革开放后，党和国家把发展社会主义民主置于非常重要的战略地位，明确指出没有民主就没有社会主义的现代化。当然，没有社会主义的现代化，社会主义政治文明也就无从谈起。那么，如何推进社会主义民主建设呢？在我国目前，政治民主化离不开经济基础建设、社会基础建设、制度建设和政治教育建设，我们"必须从中国国情出发，坚持走自己的路，逐步实现民主的制度化和法律化，不断完善我国的各项民主制度和运行机制，在共产党的领导下，真正支持人民群众当家做主，实现民主选举、民主决策、民主管理、民主监督，保证人民依法享有广泛的权利和自由"①。

（二）政治法治化

法治是相对于人治而言的一种治国理念和治国方略，是衡量一个现代国家是否文明的标准。刘翰先生曾指出："现代政治文明需要解决的三个问题——国家公共权力与个人自由界限的制度设计、国家公共权力之间的权力制衡、个人自由与权力之间的冲突界

① 郑慧：《政治文明：涵义、特征与战略目标》，《政治学研究》2002年第3期。

限——都必须依据法治要求才能获得良好解决。"① 可以说，在人类治国方略发展史上，以法律保障、促进政治文明，是人类社会政治文明发展的基本规律和内在要求。因此，离开法治，民主就不可能制度化、规范化，宪政就不可能成立，权力的滥用就不可能得到有效遏制，自由、平等、人权就不可能得到有效保障。

政治法治化要求各政治主体，尤其是政府行政机关，都要以宪法和法律为依据从事与自身职责相称的活动，任何违宪或违法的行为都会受到法律制裁，即以宪执政、依法行政、司法独立等。当然，政治法治化的首要任务就是要法制化，即根据法治理念和原则，建构以尊重人的人格、尊严、自由、进取精神和合理要求为特征的法律体系，明确定位各政治主体的法律地位、配置权力（权利）和责任（义务），平衡各种政治关系，规范各种政治行为，最终实现公共权力的规范运行和公民权利的有效保障。

（三）政治制度化

政治制度化，是指把社会主义民主的内容和程序、科学的政治理念、政治体制改革中取得的理论成果和实践成果，以法律、制度的形式固定下来，形成对政治主体的政治行为长期有效的约束和限制，使其有序化、合法化，形成一种有效的政治运行秩序，保证社会的稳定。在社会主义条件下，政治制度化就是指，把我国广大人民群众在党的领导下，通过各种途径和形式管理国家事务，管理经济、文化事务，管理社会事务的权利予以宪法和法律的规定和保证；把社会主义民主的内容、程序逐步制度化、法制化；把社会主义建设所取得的理论成就以制度、法律的形式固定下来；使这种制度和法律不以领导人的改变而改变，不以领导人看法和注意力的改变而改变；使社会秩序和权利的实现表现出某种进步状态，以防止"长官意志"和其他因素对民主政治建设的干扰，切实推动社会主

---

① 《刘翰文集》，上海辞书出版社 2005 年版，第 430 页。

义民主政治的发展。①

我国目前政治制度化建设的重点在于：其一，完善政治参与机制，提高公民的政治意识与政治素质，扩大公民有序的政治参与。保证公民依法实行民主选举、民主决策、民主管理和民主监督。其二，完善决策机制，推进决策科学化民主化，建立重大事项社会公示制度和社会听证制度，完善专家咨询制度，实行决策的论证制和责任制，防止决策的随意性。其三，深化干部人事制度改革，扩大党员和群众对干部选拔任用的知情权、参与权、选择权和监督权。其四，加强对权力的制约和监督，重点加强对领导干部特别是主要领导干部的监督，建立结构合理、配置科学、程序严密、制约有效的权力运行机制。

**（四）政治科学化**

人类政治文明的历史发展表明，政治民主化和政治科学化是相辅相成、相得益彰的。没有政治的民主化，就不可能出现政治的科学化；同样，没有政治的科学化，政治的民主化也不可能克服自身的不足或缺陷，最终导致偏离正确轨道的结果。政治民主化，它解决的是如何实现、保障人民当家做主的问题，解决如何使少数服从多数的问题，但多数并不意味着这种政治制度下所做的决策就绝对正确和合理；况且，我国各类政治主体的素质又是良莠不齐，个人主义、官僚主义盛行，这种情况下产生的政策的可行性、合理性、合法性都会大打折扣，因此，我们强调政治的科学化也是满足现实呼唤的一种需要。那么，如何实现政治科学化呢？我们以为，政治公开化（规范决策程序、增强决策透明）、政治清廉化（提高公众参与、强化监督机制）是实现政治科学的有力保障。

1. 政治公开化

政治公开化就是通过各种方式和途径将除涉及国家机密以外的一切政治活动向公众开放，使"人民公仆"的任何公务行为都纳

---

① 王丽：《论社会主义政治文明建设的主要目标和发展路径》，新疆师范大学 2004 年硕士学位论文。

入到公众的视线之内。尽管我国还没有明确规定政府信息"公开是原则，不公开是例外"，但是，2008 年 5 月 1 日生效的《政府信息公开条例》已将我国政治公开纳入到了制度范畴、常规形态。虽然，政治公开的提出到实施在我国没有几年时间，距离发达国家政治公开水平还有很长一段路程要走，但是，近几年，尤其是2008 年奥运会后，我国政府在政府信息公开方面取得了很大的成绩，同时也获得了大量的经验教训。由此，广大民众也实现了知政，并积极地议政和参政。实践从正反两方面都证实了，没有政治公开，政治民主就无从谈起，政治清廉更是天方夜谭，政治科学简直是一种奢望。

2. 政治清廉化

政治清廉是相对政治腐败的一个词汇。腐败对应的是虚假，科学对应的是真理，因此，政治腐败环境下，不可能出现政治科学的景象。而政治清廉与政治科学之间却存在千丝万缕的联系，虽然我们不能说政治清廉必然带来政治科学，但可以说政治科学必然需要政治清廉的环境。如何实现政治清廉呢？就是建立健全权力的制约、监督机制，通过信息公开，对权力实施强大、有效的监控和制约，遏制和消除一切权力异化和腐败现象，力促权力主体洁身自好。

# 第二节　法治与政治文明

## 一、法治的含义及原则

### （一）法治的含义

1. 法治之渊源

法治首先是一个历史概念，或者说，法治应该首先被看做人类的一项伟大成果，这种黑格尔式的视角对我们理解法治概念的背景和基础不无裨益。追寻法治思想的源头，最早可以追溯到古希腊。古希腊众多思想家如赫拉克里特（Herakleitos）、德谟克里特（Demokritos)、柏拉图等都对法治问题进行过论述，但是，西方政治法律思想史上明确地、系统地论述法治理论的第一人却是亚里士多德。在亚里士多德看来，虽然"人在达到完美境界时，是最优秀的动物，然而一旦离开了法律和正义，他就是最恶劣的动物"。他明确提出，"法治应当优于一人之治"，"法律应在任何方面受到尊重而保持无上的权威"，"法治应包含两重意义：已成立的法律获得普遍地服从，而大家所服从的法律又应该本身是制定的良好的法律"。①

　　亚里士多德的法治理论作为西方法治思想的启蒙，对西方政治的发展产生了非常深远的影响。因为，从西塞罗的"官吏是会说话的法律，而法律是沉默的官吏"② 到洛克的"政府所有的一切权力——不应该是专断的和凭一时高兴的，而是应该根据既定的和公布的法律来行使"③；从戴雪提出的"法的统治"到拉兹提出的法治八项规则；从哈耶克提出的法治三原则到美国法学家富勒、芬尼斯提出法治八原则，再到罗尔斯提出的法治四准则，等等，无不透射出亚里士多德的法治思想的光辉。尤其是洛克，作为欧洲资产阶级启蒙运动的先驱，不仅提出了法治原则，而且认为要实行法治，就必须分权，率先提出了资产阶级的分权理论。另外，法律面前人人平等也是洛克的法治理论的组成部分。他说："法律一经制定，任何人也不能凭他自己的权威逃避法律的制裁。"④ 法国资产阶级思想家卢梭指出："统治者是法的臣仆，他的全部权力都建立于法律之上"，"他若强制他人遵守法律，他自己就得更加严格地遵守法律"⑤，"任何人都不能自以为高于法律之上"，如果"有一个人

---

　　① 〔古希腊〕亚里士多德：《政治学》，吴寿彭译，商务印书馆 1965 年版，分别是第 9、167、192、199 页。

　　② 〔古罗马〕西塞罗：《国家篇法律篇》，商务印书馆 1999 年版，第 215 页。

　　③ 〔英〕洛克：《政府论》（上篇），商务印书馆 1983 年版，第 86 页。

　　④ 转自孙向军等：《走向中国政治文明——社会主义政治文明论》，江西高校出版社 2006 年版，第 272 页。

　　⑤ 〔法〕卢梭：《论政治经济学》，商务印书馆 1962 年版，第 9 页。

可以不遵守法律，所有其他的人就必须会受这个人的任意支配"①。由此我们可以看出，卢梭将依法治理民主共和国作为其追求的一个重要目标，他强调法治对于民主国家的必要性，指出法律是治国的根本依据，主权者只能根据法律行为，依法治为转移，一个国家如果不以法律为治，就没有政治自由和平等，就必然导致专制政治。他认为，凡是实行法治的国家，无论它的政体如何，都可以叫做共和国；反过来也一样，凡是共和国都必须实行法治，"国家构成的基本要素不是官员而是法律"②。法国另一位思想家孟德斯鸠也曾批判过专制政体，认为专制政体的性质是：一个单独的个人依据他的意志和反复无常的爱好在那里治国，在专制国家里，法律仅仅是君主的意志而已。③ 法国资产阶级革命家罗伯斯庇尔曾指出："人民是主权者，政府是人民的创造物和所有物，社会服务人员是人民的公仆"，"法律是人民意志自由而庄严的表现。"④

　　人类步入近代以来，不论是英国以普通法为背景的法治传统，还是法国以强调行政法律关系特殊性为特征的法治国家（état de-droit），或者是德国的明确地将法与国家连接起来，以国家意志为核心的法治国（Rechfssfaat），它们的法治实践围绕的中心问题都是公共权力与公民权利之间的关系问题。1885 年，英国宪法学家戴雪（Albert Venn Dicey）在他的《英宪精义》一书中以英国的宪政实践为基础，对英国的法治原则作了经典的系统阐述；1）法律在社会生活中具有至高无上的地位，任何机构、任何个人都不得具有可以凌驾于法律之上的任何特权；同时，社会成员也不受任何专横权力的限制，不得因从事法律所未禁止的行为而受到惩罚；2）法律面前一律平等，社会生活中的所有权利义务关系（包括行政

---

　　① ［法］卢梭：《论人类不平等的起源和基础》，商务印书馆 1962 年版，第52 页。

　　② 转自谷春德、吕世论：《西方政治法律思想史》，辽宁人民出版社 1980年版，第 390 页。

　　③ ［法］孟德斯鸠：《论法的精神》，商务印书馆 2004 年版，第 23、79 页。

　　④ ［法］罗伯斯庇尔：《革命法制与审判》，商务印书馆 1965 年版，第 138页。

法律关系）都必须通过普通法院进行裁决；3）宪法不是个人权利的渊源，相反，个人权利是宪法产生的根据。① 1959 年，在印度德里召开的国际法学家大会上通过的《德里宣言》宣布了法治的 4 条基本原则：1）立法机构的任务是创造并保障维护个人尊严的各种条件，并使《世界人权宣言》中的各项原则得以实施；2）规范行政权力，同时保证一个有效率的政府来维持法律秩序；3）要有正当的刑事程序；4）司法独立和律师自由。该法治四原则显然是以三权分立的政制架构为基础的，有其片面性，但它把法治与人权保障相钩连，凸显了法治实质正义的重要性和法治对实在法的批判精神。但是，英国法学家约瑟夫·莱兹（Raz. Joseph）却对《德里宣言》的法治原则提出了批评，他认为，《德里宣言》的法治原则将法治等同于良法之治是一种误解。在他看来，法治仅仅是一种法律制度所拥有的、并借以评判自身的德性之一，它不能与民主、正义、平等、人权以及尊重个人或人类尊严相混淆。一个建立在否认人权、广泛贫困、种族隔离、性别歧视、宗教迫害基础之上的非民主的法律制度，可能比任何更为文明的西方民主制度更加遵循和符合法治的要求。法治只不过是一种法律制度所应当符合的标准或理想，而且总体来讲还是一种消极价值，因为法治的实现主要依赖于政治制度和社会生活中其他制度环境。② 在莱兹看来，法治虽然主要是用来限制公共权力和保护公民权利的，但它有时可能会对公民权利造成极为严重的系统性侵害，因为追求并符合法治的法律制度也可能服务于恶的目的。正如哈耶克警醒人们要防止人类文明通往奴役之路一样，莱兹提醒人们要警惕法治的陷阱，他认为"对法治既不能不加深究地信以为真，也不能盲目地主张"③。

在中国历史上，曾发生过长期而激烈的"人治"与"法治"

① ［英］戴雪：《英宪精义》，雷宾南译，中国法制出版社 2001 年版，第 244～245 页。

② 赵承寿：《论政治文明与中国社会主义法治》，《北京联合大学学报》（人文社科版）2005（9）。

③ 参见约瑟夫·莱兹：《法治及其德性》，郑强译，载夏勇：《公法（第 2 卷）》，法律出版社 2000 年版，第 88～104 页。

之争。儒家主张"人治",强调以礼治国,隆礼抑法,施行"仁政"。法家主张"法治",强调赏善罚恶,一断于法,为人君者,须抱法处势,使人人急功近利,以求富国强兵。如法家学说的代表人韩非子在《韩非子·难三》中指出:"法者,编著之图籍,设之于官府,而布之于百姓者也。"在《韩非子·定法》中认为,"法者,宪令著于官府,刑罚必于民心,赏存乎慎罚,而罚加乎奸令者也","君无术则弊于上,臣无法则乱于下,此不可一无,皆帝王之具也"。法家所提出的"重法而法"、"缘法而治"、"任法而治",主张运用法律来治理国家,是与儒家提倡的人治相对立存在的。但是这样的法治,与古希腊思想家提倡的法治,与西方近代政治文明中的法治,与我们今天所讲法治有着本质的不同。因为,韩非子关于法治思想的核心是"人治",法治的根本目的是通过以法治民而维护君主至上的封建专制统治。

2. 法治的内涵

法治是法律史上一个经典概念,也是在当代中国重新焕发光彩的一个法律思想,作为经典概念,法治蕴含丰富,即使在标榜法治传统的西方亦不曾有过一个公认的定义。

那么,现代法治到底包括哪些基本内涵呢?

《牛津法律大辞典》中认为:"它意指所有的权威机构、立法、行政、司法及其他机构都要服从于某些原则。这些原则一般被看作表达了法律的各种特性,如:正义的基本原则、道德原则、公平合理诉讼程序的观念,它含有对个人的至高无上的价值观念和尊严的尊重。""在任何法律制度中,法治的内容是:对立法权的限制;反对滥用行政权力的保护措施;获得法律的忠告,帮助和保护的大量的和平等的机会;对个人和团体各种权利和自由的正当保护;以及在法律面前人人平等。""它不是强调政府要维护和执行法律及秩序;而是说政府本身要服从法律制度,而不能不顾法律或重新制定适应本身利益的法律。"①

《布莱克法律辞典》认为,"法治是由最高权威认可颁布的并

----

① 《牛津法律大辞典》,光明日报出版社 1988 年版,第 790 页。

且通常以准则或逻辑命题形式出现的，具有普遍适用性的"法律原则"；有时被称为"法律的最高原则"，"要求法官制定判决时，只能依据现有的原则或法律而不得受随意性的干扰或阻碍"①。

德国《布洛克豪斯百科全书》第15卷认为："法治国家的要素有如下内容：颁布在法律上限制国家权力（尤其是通过分权）的成文宪法；用基本法规来保障各种不容侵犯的民众权利；法院从法律上保护公民的公共与私人权利不受国家权力的干涉；在因征用、为公献身及渎职而造成损失的情况下，国家有赔偿的义务：法院独立，保障法官的法律地位，主张刑法有追溯效力，最后是行政机关的依法办事原则。"

中国社会主义市场经济体制的确立，为法治实践带来了春天，学者们对法治含义进行了广泛而深入的探讨，并获得了重大发展。如沈宗灵先生认为，法治的核心问题是依法办事。② 孙国华先生指出，法治是一种贯彻法律至上、严格依法办事原则的治国方式；与一定的民主制度有直接的联系和共生性，它首先强调的是统治者要依法治理国家，反对依靠统治者的个人任性来治理国家。③ 张文显先生说得更清楚，法治表征治国方略或社会调控方式，是融合多重意义的综合观念，是民主、自由平等、人权、理性、文明、秩序、效益和合法性的完美结合。④

考察法治思想之源流，纵观国内外学者们有关法治之观点，我们以为，法治是一个多义、多层次的概念，在理念层面上，主要是指统治和管理国家的理论、思想、价值、意识和学说；在制度层面上，主要是指概括了法律制度、程序和规范的各项原则；在运作层面上，主要是指法律秩序和法律实现的过程及状态。简言之，法治

---

① J. Finnis, Natural Law and Natural Rights, Oxford Uninersity Press, 1980 (1). 270.

② 沈宗灵：《法理学》，北京大学出版社 1994 年版，第 185 页。

③ 孙国华：《法理学教程》，中国人民大学出版社 1994 年版，第 301、305 页。

④ 张文显：《法哲学范畴研究》，中国政法大学出版社 2001 年版，第 151 ~ 156 页。

是一种统治阶级按照民主原则把国家事务法律化、制度化，通过法律组织和运行国家权力以保障和实现公民权利保持稳定秩序和促进社会发展的治国主张、制度体系和运行状态。作为一种治理国家基本方式，法治与现代社会的制度文明密不可分，在任何现代性的法律中，都意味着对政府权力的限制，对权力滥用的防范措施，对公民自由与权利的平等保护，等等；意味着政府的立法、行政、司法以及其他机构的活动必须服从法律的一些基本原则：人民主权原则、人权原则、正义原则、公平合理且迅捷的程序保障原则，等等。

### （二）法治的基本原则

法治原则实际上是人们对法治社会中制定和执行法律应遵循的指导思想的抽象地概括。由于不同民族历史条件和不同文化传统的人们对法治社会的目标构建存有不同的追求，所以，法治原则并非一成不变，其具有相对性。这表现在不同时代法治实践的不同，或对法治原则有不同的理解，中西方学者对法治原则的不同归纳从另一侧面证明了这一点。

西方学者率先提出了法治原则问题。英国学者拉兹提出法治八项原则：法不溯及既往，应公开明确；法律应相对稳定；特别法的制定应受公开、稳定、明确的一般规则指导；保障司法独立；遵守自然正义原则；法院应对议会和行政立法等的执行握有审查权；法院应易于接近；预防犯罪的机构在行使裁量权时不得滥用法律。①美国学者富勒也提出了八项法治原则：法律的一般性；法律的公布；适用于将来而非溯及既往；法律的明确性；避免矛盾；法律不应要求不可能实现的事；法律的稳定性；官方行动和法律的一致性。② 罗尔斯在《正义论》中归纳了四项法治原则：应该意味着能够；类似情况类似处理；法无明文不为罪；一些自然正义的准

---

① 沈宗灵：《现代西方法理学》，北京大学出版社 1992 年版，第 215 页。

② 时显群：《西方法理学研究》，人民出版社 2007 年版，第 260～263 页。

则。① 英国学者哈特、美国学者德沃金、德国学者纽曼等对法治原
则问题都有不同论述。

国内学者也提出了不完全一致的社会主义法治原则。山西大学
赵肖筠等提出，我国要实行法治，法律至上、司法公正和保障人权
应是其基本原则。② 西北政法学院严存生认为，当前在我国应着重
强调和重新理解的法治原则有六个：法律至上原则或宪法至上原
则；唯法是裁原则；可行性原则；普遍性原则；自治性原则；自然
正义原则。③ 中国社科院刘海年提出了社会主义的 10 个法治原则：
民主原则；人权原则；自由原则；平等原则；法律至上原则；依法
行政原则；司法独立与司法公正原则；权力的制约与监督原则；秩
序原则；党的领导原则。④ 苟欣文等人认为建设中国特色的法治原
则有：民主、平等、自由原则；保障人民权利和制约监督权力原
则；法律至上原则；依法行政原则；司法独立与司法公正原则；改
进和加强的领导原则。⑤ 中国社会科学院博士后高振强指出法律至
上原则、司法公正原则、人权原则，是资本主义和社会主义共同坚
持的法治原则。社会主义原则、党性原则等是社会主义特有的政策
性法治原则。和谐原则、科学原则，以及科学、民主与法治相统一
原则，党的领导、民主与法治相统一原则，是中国特色社会主义特
有的法治原则。⑥

纵观中西学者所提出的法治原则，我们发现西方学者都重视法
律与政治分离，实行分权；将程序视为法律的中心；强调法律的普

---

① 罗尔斯：《正义论》(中译本)，中国社会科学出版社 1971 年版，第225～
226 页。

② 赵肖筠，郭相宏：《法治原则述要》，《法学评论》，1998 年第 4 期。

③ 严存生：《论法治原则与我国的法治实践》，《甘肃政法学院学报》，1999
年第 1 期。

④ 刘海年：《略论社会主义法治原则》，《中国法学》，1998 年第 1 期。

⑤ 苟欣文等：《政治文明的法治根基》，江西高校出版社 2004 年版，第
109～120 页。

⑥ 高振强：《论中国特色社会主义的法治原则》，《河南省政法管理干部学
院学报》，2008 年第 3 期。

遍性、一般性；强调对法律的严格服从与忠诚等。如此认识无疑会对培养法律的自治性和独立性，建构法律的形式合理性有极其重要意义，但它的缺陷也是明显的：（1）它的法条主义趋向导致法律思维脱离社会现实；（2）规则的适用排除了对目的、需要、结果的考虑，规则模型带有现代官僚政治的理性气质；（3）程序中心主义加剧了程序正义与实质正义的紧张，导致人们的公正预期受挫，从而使人们对程序正义的公正性产生怀疑。① 也正基于此，我国学者在充分吸取西方法治国家的经验与教训前提下，追求法律自治品格时，更重视规则和政策的内涵价值，从而寻求法律制度自我矫正的机制，发挥法律、道德与政策的共同作用。所以，我国法治建设中也就不能不加批判地全盘接受西方的法治原则，而要根据国情进行选择和重新理解。况且，党的十五大明确地提出了依法治国方略和建设社会主义法治国家的目标，并明确宣示了一系列社会主义法治原则。党的十六大、十七大都重申了这些原则。

1. 法律至上原则

法律至上原则的思想是在经历了贤人治国的痛苦以及由此而生的对人性与权力本质的深刻反思之后的明智选择。柏拉图曾指出："如果一个国家的法律处于从属地位，没有法律权威，我敢说，这个国家一定要覆灭。"② 亚里士多德也认为法治的重要含义之一是法律获得普遍的服从。洛克也主张："法律一经制定，任何人也不能凭自己的权威逃避法律的制裁；也不能以地位优越为借口，放任自己或任何下属胡作非为，而要求免受法律的制裁。公民社会中的任何人都是不能免受它的法律的制裁的。"③ 美国著名思想家潘恩主张在自由国家中法律便应说成国王。④

---

① 参见［美］诺内特、塞尔兹尼克著，张志铭译：《转变中的法律与社会：迈向回应性法》，中国政法大学出版社1994年版，第61~68页。

② 转引自法学教材编辑部：《西方法律思想史资料选编》，北京大学出版社1983年版，第25页。

③ ［英］洛克：《政府论》（下），商务印书馆1964年版，第59页。

④ 苟欣文等：《政治文明的法治根基》，江西高校出版社2004年版，第115页。

作为一个最重要的法治原则，法律至上虽然是资产阶级学者提出的，但它本身的科学性、合理性超越了提出者的阶级局限，使其成为全人类共享的制度成果。因此，我国历部《中华人民共和国宪法》都有如此规定，现行宪法以法律的形式确认了中国各族人民奋斗的成果，规定了国家的根本制度和根本任务，是国家的根本大法，具有最高的法律效力。全国各族人民、一切国家机关和武装力量、各政党和社会团体、各企业事业组织都必须以宪法为根本的活动准则，并且负有维护宪法尊严、保证宪法实施的职责。根据宪法的规定，结合我国的现实情况，在党的十五大报告中明确提出了"依法治国，是党领导人民治理国家的基本方略"①。随后的十六大报告、十七大报告都强调，保护宪法和法律的尊严，坚持法律面前人人平等，任何人、任何组织都没有超越法律的特权。这些都清楚地说明，建设社会主义法治国家的关键是树立法律的至高无上的权威。

法律至上是指在国家生活和社会管理中"法律成为任何组织和个人都必须遵守的不可侵犯的力量，取得高于其他成文规范效力和支配地位"②。简言之，在法治国家法律具有极大的权威，没有任何个人或组织可以凌驾于法律之上。基于此，我们以为，法律至上应当包括两方面的内容：其一，一切社会主体，如公民、社会团体和组织及国家机关等，都必须把法律奉为一体遵行的最高行为准则，严格依法守法，在法律规定和许可的范围内活动，不得违背法律或者规避法律，更不能凌驾于法律之上，否则均将受到法律的制裁。其二，各种社会团体和组织，如政党、宗教组织、学术团体、民间机构等，为其自身活动所制定的内部规则、章程以及作出的各种规定、计划、纲领等，都必须遵守、服从宪法和法律并与之保持

---

① 十五大报告指出："依法治国，就是广大人民群众在党的领导下，依照宪法和法律的规定，通过各种途径和形式管理国家事务，管理经济文化事业，管理社会事务，保证国家各项工作都依法进行，逐步实现社会主义民主的制度化、法律化，这种制度和法律不因领导人的改变而改变，不因领导人看法和注意力的改变而改变。"

② 谢鹏程：《论当代中国的法律权威》，《中国法学》1995 年第 6 期。

一致，如有违反或抵触则应加以纠正。所以可以说，法律是否至上，是法治和人治的分水岭，是法律统治是否实行的一个基本标准。

2. 民主、自由、平等和保障人权原则

法治是民主与法制的结合，"法治是一种民主的法治模式，又常常被理解为以'民主为基础和前提的法制'。法制历来具有多样性，通常可分为专制的法制和民主的法制两大模式。法治的基本含义是法制必须以民主为社会条件和制度基础。法制并不必然是民主的，法制可以与专制结合，成为专制的工具。——真正意义上的法治是以民主为社会条件和制度基础的法治模式"①。法治以民主为前提、为基础，法治是民主的产物。所以，一方面，法律是民主的产物，没有民主就不会出现保障人权的法律，更不会有法治；另一方面，法治的顺利运行是民主的产物，离开民主，以权压法、以言代法、以钱践法等现象就会发生，法治的运行也就不可能顺利进行。因此，当代各国法治无不以民主制度为基础和条件，我国也不例外。社会主义法治国家应当建立在社会主义民主的基础上，要坚持社会主义法治的民主原则，实现民主的法制化和法制的民主化。邓小平曾说："没有民主就没有社会主义，就没有社会主义现代化。"② 民主，归根结底主要是一种国家形态，一种国家形式，其本质是国家制度问题。现代民主的精髓是人民主权，社会主义民主的本质是人民当家做主。我国宪法规定，国家的一切权力属于人民，人民行使国家权力的机关是全国人民代表大会和地方各级人民代表大会。人民通过自己选出的代表组成全国的和地方的人民代表大会，制定宪法、法律和法规，选举和决定国家工作人员，并通过他们管理国家事务，管理经济、文化和社会事务。现代民主的主要内容包括："公民的民主权利、国家的民主体制、政治运作的民主

---

① 张文显：《法理学》，法律出版社 1997 年版，第 237 页。
② 《邓小平文选》（第 2 卷）人民出版社 1994 年版，第 168 页。

程序和国家机关及其工作人员的民主方法。"①

平等是现代法治的内在要求，是社会主义应有之义。平等与自由都是社会主义的本质特征。法治所要求的平等是通过宪法和法律确认公民享有平等的法律地位和与之相应的平等权利；公民的权利受法律的平等保护，任何人不得超越于法律之外，凌驾于法律之上。我国宪法规定："中华人民共和国公民在法律面前一律平等"，"中华人民共和国各民族一律平等"，"年满十八岁的公民，不分民族、种族、性别、职业、家庭出身、宗教信仰、教育程度、财产状况、居住期限，都有选举权和被选举权"。宪法还规定："任何公民享有宪法和法律规定的权利。"为使宪法的规定得到实施，国家还制定了选举法、婚姻法和民族区域自治法等法律，对不同民族、不同性别和不同状况的公民的平等权利作出了具体规定。

自由是社会主义法治原则不可或缺的重要内容，也是社会主义政治的真正目的。我国宪法详尽地规定了公民的各项自由和权利，如中华人民共和国公民有言论、出版、集会、结社、游行、示威的自由；中华人民共和国公民有宗教信仰自由；中华人民共和国公民的人身自由不受侵犯，等等。自由被看做宪法原则。社会主义市场经济要求人们在经济上、政治上和文化上有更大的自由，因为只有人们能够自由地安排自己的人身和财产，个人的思想和行为不再受到干涉，其创造性才能得到充分发挥，竞争机制才能形成，科学文化才能长足进步。② 当然，自由以不妨害他人的、集体的和社会的自由和利益为限度，充分的自由必须用完善的法制加以保障。从这个意义上说，"自由是做法律所许可的一切事情的权利"③，我国社会主义市场经济条件下法制的完善又必然为这种自由的实际享有提供更加切实的保障，使自由变得更加现实。

---

① 苟欣文等：《政治文明的法治根基》，江西高校出版社 2004 年版，第 109 页。

② 刘海年：《略论社会主义法治原则》，《中国法学》1998 年第 1 期。

③ ［法］孟德斯鸠：《论法的精神》（上册），商务印书馆 2004 年版，第 183 页。

　　法治具有多方面价值，包括正义、秩序、民主、效益、人权等，其中人权是法治的终极价值，是法治的基础与归宿。因为，"法治的价值基础和取向至少应当包括：（1）法律必须体现人民主权原则，必须是人民根本利益和共同意志的反映，并且是以维护和促进全体人民的综合利益为目标的。（2）法律必须承认、尊重和保护人民的权利和自由。（3）法律面前人人平等。（4）法律承认利益的多元化，对一切正当的利益施以无歧视性差别的保护"①。罗尔斯曾经指出："某些法律和制度，不管它们如何有效率和有条理，只要它们不正义，即必须加以改造或废除。每个人都有一种基于正义的不可侵犯性，这种不可侵犯性即使以社会整体利益之名也不能逾越。……允许我们默认一种有错误的理论的唯一前提是尚无一种较好的理论，同样，使我们忍受一种不正义只能是在需要用它来避免另一种更大的不正义的情况下才有可能。作为人类活动的首要价值，真理和正义是绝不妥协的。"②"正义只有通过良好的法律才能实现"，古老的法学格言表明法律与正义的密切关系。但是，正义在法律中的重要体现是将人权具体化为公民权利，并对公民权利与义务进行合理分配，正如博登海默所说："一个社会体系的正义，本质上依赖于如何分配基本的权利义务。"③所以，脱离人权观念，即使有法律制度，也不会是法治，而只能是借助法律制度的人治。没有人权内容的法律不是良法，其实施只能带来对人权的侵害而非对人权的保障，这已成为颠扑不破的真理。因此，将人权作为法律的终极价值，将法律作为保障人权的根本手段就成为当代法治国家的普遍做法。充分实现和切实保障人权不仅是人类长期以来共同追求的伟大理想和崇高目标，也成为建设我国社会主义法治的重要目标和核心内容。党的十五大报告指出：保证人民依法享有广

----

　　①　张文显：《法学基本范畴研究》，中国政法大学出版社1993年版，第288页。

　　②　［美］约翰·罗尔斯：《正义论》，何怀宏译，中国社会科学出版社1988年版，第1～2页。

　　③　何士青：《政治文明的法学解读》，中国社会科学出版社2004年版，第76页。

泛的权利和自由，尊重和保障人权，这是新中国成立以来我党正式文件中第一次明确提出尊重和保障人权，十六大、十七大报告又重申了这一点。2004年3月14日通过的宪法修正案第一次将"国家尊重和保障人权"正式写入宪法，使我国人权保障获得了最高层次的认可。

3. 依法行政和监督制约权力原则

依法治国的重点在"治官"而非"治民"，所以依法行政也就成为依法治国的关键。所谓依法行政，是指行政机关行使管理国家公共事务的行政权力，必须依据体现人民意志的法律。法律是行政机关据以活动的标准，是公民对行政机关活动评判的标准和行政机关违法并造成对公民损害时实行救济的标准。① 依法行政要求，任何行政机关的产生必须依法设立，任何行政职权的产生、行使、授予、委任及其运用都必须依据法律，行政机关职权与职责相统一，任何非依法行使职权都要承担相应责任。行政职权本身具有易于扩张和滥用的倾向，特别是在现代社会中，随着国家公共职能的日益扩大，从国家事务的管理到公民的日常生活，行政权几乎深入到了社会生活的每一个方面。因此，严格依法行政，有效地控制行政权，对于保护公民权利免受专制权力的侵害和维护法治来说是至关重要的。党的十五大报告指出，一切政府机关都必须依法行政，切实保障公民权利，实行执法责任制和评议考核制，十六大、十七大报告也都指出要加强对执法活动的监督，推进依法行政。所以，为了实现既能保护公民权利，又能使行政机关在公务中有章可循，做到依法行政，我们一方面，除严格贯彻执行我国《行政诉讼法》、《国家赔偿法》、《行政处罚法》、《行政复议法》等这些大法外，还必须遵守各自行政法规、规章；另一方面，在观念上，我们还要树立立党为公、执政为民的民主观念，高举"三个代表"重要思想，使依法行政作为法治的重要环节在依法治国中发挥核心作用。

权力既是维护政治秩序、达到政治昌明的有力保障，又存在破坏政治秩序、导致政治野蛮的危险，即权力不受制约和监督必然导

---

① 刘海年：《略论社会主义法治原则》，《中国法学》1998年第1期。

致滥用和腐败。英国历史学家阿克顿说过：权力导致腐败，绝对的权力导致绝对的腐败。孟德斯鸠也曾说过："一切有权力的人都容易滥用权力，这是万古不易的一条经验，有权力的人使用权力，直遇到有界限的地方才停止。""要防止滥用权力，就必须以权力制约权力。"① 因而赋予治理国家的人以巨大的权力是必要的，但是也是危险的。只有对权力进行规范、制约，使其在规定的范围内合理运行，才能发挥其积极作用，防止滥用权力。所以，控制权力的目的是为了防止任何权力凌驾于法律之上，以保障法治的权威性和至上性，并基于人民主权和社会契约的观念，以保障人权和基本自由。从理论上讲，对权力的制约通常采取三种形式：第一种权力制约模式是以规范制约权力，权力的行使始终被置于某种规范之下，这种规范可以是成文法规范，也可以是先例或惯例，甚或是普通的习惯，这种权力制约模式只能在已经具有法治传统的国家才可以施行，英国的权力制约模式就是如此；第二种权力制约模式是以权力制约权力的模式，即依据权力的性质和运作的目的，将其分割为各自独立的几个部分，各部分相互制衡，以防止权力的恶性膨胀和滥用，也叫分权制衡，它以孟德斯鸠的"三权分立"理论为基础，美国的政治架构是这种理论的经典诠释；第三种模式是以权利制约权力的模式，它的典型形式是一种议行合一的政权结构模式，往往以卢梭不可分割、不可代表的"人民主权"学说为理论基础，或与这种理论有着千丝万缕的联系。社会主义国家中的"人民民主"制吸收了其中的一些合理要素。

在总结和借鉴历史经验基础上，我国的人民代表大会制度在国家权力的配置上实现了合理分工，贯彻了制约和监督的社会主义民主原则。人民代表大会由民主选举产生，对人民负责并受人民监督。国家行政机关、司法机关由全国人民代表大会产生，对全国人民代表大会负责，受全国人民代表大会监督。在行政机关与司法机关，以及在司法机关的审判机关和检察机关之间，既分工负责的相

---

① ［法］孟德斯鸠：《论法的精神》（上册），商务印书馆 2004 年版，第 184页。

互配合，又相互制约和相互监督。党的十五大报告中说："我国实行的人民民主专政的国体和人民代表大会政体是人民奋斗的成果和历史的选择，必须坚持和完善这个根本政治制度。"其中就包括了完善对权力的制约和监督制度。我国宪法规定，国家的一切权力属于人民。人民有效地行使对国家权力的制约和监督，就可以避免社会主义事业陷入"人亡政息"的历史周期率。早在 1945 年毛泽东同志在回答黄炎培先生提问时，就曾明确指出我们已经找到新路，我们能跳出"人亡政息"这个历史周期率。这条新路就是民主。只有让人民来监督政府，政府才不敢松懈。只有人人起来负责，才不会人亡政息。① 从理论上和制度设计上说，我国的人民代表大会制度是优越的，贯穿了对国家权力的制约和监督。② 为了贯彻法治原则，强化对国家机关的制约和监督，我们应特别强调要完善监督法制；加强对宪法和法律的监督；加强对党和国家方针政策的监督；加强对行使国家权力的监督；加强与民主党派间的相互监督；加强各群众团体的民主监督；加强群众监督和舆论监督；加强对各级干部特别是领导干部的监督等。其中，我们应重点强调实现以"权利制约权力"，即以公民享有的宪法和法律所赋予的各项权利，尤其是监督制约权利来制约国家权力。像我们第二章中所论述的舆论监督就是制约监督权力的表现形式之一。

4. 司法独立和司法公正原则

近代意义的司法独立思想最先萌芽于英国，主要是为了遏制王权对司法活动的随意干涉。其基本含义是司法机关独立于政府，只对宪法和法律负责，法院依照法律独立行使审判权，不受任何机关、团体、组织、个人和政治势力的影响和干涉。孟德斯鸠在其《论法的精神》一书中系统地对三权分立理论进行了经典阐述，从理论上确立了司法独立的原则。美国宪法的制定者则在美国宪法中

① 黄炎培：《延安归来》，载《八十年来》，文史资料出版社 1982 年版，第 148 页。

② 刘海年：《略论社会主义法治原则》，《中国法学》1998 年第 1 期。

第一次通过成文法的形式对司法独立原则作出了具体规定。① 随后该原则被民主各国宪法所普遍采用，还成为国际文献的一项重要内容。② 因此，目前司法独立也就成为现代法治的一项重要原则、一个民主国家的重要基础、一个现代政治制度的重要特征。从各国的司法实践来看，司法独立一般包括以下几个方面：首先，它要求法院与立法部门分开，以防止同一主体既是立法者又是裁判者这一弊端可能导致的专横。其次，它要求法院与政府的司法行政部门分开，这是保证刑事司法公正的前提条件，也是现代社会保护公民基本权利的要求。在设有独立检查制度的国家，法院必须与检察系统独立。比如说，在我国，公、检、法应是三家，而不是同一司法机关的三个不同职能部门，过去所谓公、检、法联合办案是没有法理依据的，不符合司法独立的原则，在实践中也是极为有害的。再次，司法独立的关键是法官独立，亦即法官独立地进行裁判活动，只服从于法律，不受政治、强力等任何外部压力的影响，甚至不受其他法官的影响，不同级别的法院的法官所做出的判决，其效力虽有所不同，但在法官之间，不存在行政机关中下级服从上级的科层制。③ 汉密尔顿认为："法官的独立是保卫社会不受偶发的不良倾向影响的重要因素。"④

　　司法独立与司法公正在司法活动中是前因后果的关系，即前者为后者的条件，后者为前者的结果，它们都是实现国家法治的重要保障。在法治国家，司法制度的终极价值在于实现司法公正和维护社会正义，司法的公平与正义也就成为一个国家民主、文明程度的重要标志。因此，司法是否公正，主要依赖于司法是否独立。在我

---

① 美国宪法第三条中规定："最高法院和低级法院的法官，如果尽忠职守，应继续任职，并按期接受奉给作为其服务之报酬，在其继续任职期间，该项奉给不得削减。"

② 1995年联合国通过了《关于司法机关独立的基本原则》。

③ 赵承寿：《论政治文明与中国社会主义法治》，《北京联合大学学报》（人文社会科学版）2005年9月。

④ ［美］汉密尔顿、杰伊、麦迪逊：《联邦党人文集》，程逢如译，商务印书馆1961年版，第394页。

国，宪法明确规定，人民法院、人民检察院依照法律独立行使职权，"不受行政机关、社会团体和个人的干涉"。为了贯彻这一宪法原则，人民法院组织法和人民检察院组织法还作出了更加详细、更加具有操作性的相应规定。不过，由于种种原因，公民对我国司法实践的现状颇有微词，司法独立原则的贯彻与实现却困难重重。正基于此，以推进司法独立的司法体制改革也就成为我国势在必行的长期规划，建立能与司法独立原则相适应的法院体系、法官任免制度，实现法官、法院理性化，最终实现司法公正。

## 二、法治与政治文明的关系

### (一) 从渊源来看，政治文明孕育着法治的内涵

人类社会在血与火的洗礼中，度过了漫长的蒙昧时代和野蛮时代，最后终于迈进了文明时代。而法律就是人类摆脱野蛮拥抱文明的具体产物。不过，有法律并不一定有法治，在专制制度下也有法，甚至有相当完备的法律制度，但在那里，法只是治民之端、治民之具，而非治吏之本，法律统治无从谈起。例如，在伯里克利时代的雅典，虽然民主成了主要的政治生活方式，法律受到崇拜成了社会生活的普遍准则，政治环境宽松，整个城邦呈现出一片自由、和谐的景象，但是古希腊拥有的并非是真正意义上的法治，因为奴隶制毕竟属于等级特权社会，奴隶还是"会说话的工具"。而在"上帝主宰一切，世俗的生活必须服从于精神的生活，政治必须隶属于宗教，人法必须依附于神法，君权必须受命于教权"① 的封建社会，甚至连古希腊式的"朴素法治"思想和实践也日渐式微。随着世界各地民主革命的风起云涌，各国政治的文明程度普遍得到了提高，民众的权利也得到了扩大并在法制方面显现出来。现代意义上的法治就伴随近代资产阶级政治文明的产生而产生了，并作为资产阶级政治文明的组成部分而出现了。

1. 政治理念文明蕴含着法治的价值追求

---

① 张宏生、谷春德：《西方法律思想史》，北京大学出版社 1990 年版，第49 页。

政治文明反映的是人类政治生活的进步状态，一切野蛮和落后的政治理念都不能是文明的政治理念，如那种崇尚强权，允许特权，表现剥削，张扬两极分化的政治理念导致的必然是一幅恐怖、血腥、万马齐喑的政治状态，是必然被抛弃的政治状态，这种政治理念当然不是文明的政治理念。文明的政治理念是什么呢？对此，学者们做出如下的回答：公平、公正、正义、权利、义务、责任、自由、自主、平等、人权等，而这些文明的政治理念早在近代民主革命时期就被资产阶级国家的法律，尤其是宪法所确立。其实，近代思想家们以自然法的思想，还提出了社会契约、天赋人权、主权在民、有限政府等观念。这些观念逐步获得了资产阶级和民众的接受，并通过立法的形式将其加以固化。除此之外，在当代政治文明的运行理念上，世界各民主国家都能崇尚民主和法治，确立法律面前人人平等，正确认识和处理公民权利和国家权力的关系，规范和限制国家权力，确认和保障公民权利，树立宪法至上、法律权威的意识，使法治意识成为指导人们社会行为的主流意识。由此，我们可以看出，政治文明与法治虽有外在形式的不同，却无本质上的差异，它们价值取向在本质上是一致的，即政治理念文明中蕴含了法治的价值。

2. 政治制度文明贯穿着法治的基本原则

政治制度是由一系列的约束和限制人们在社会生活中的政治关系和政治行为的规则构成的总和，是为维护和增进公共利益而限制、调节、疏导各个阶级、集团或个人的政治活动的规则体系，它主要通过宪法、组织法、行政法等有关法律规范确认，即以公民的自觉遵守来维持，又通过强制力来保障实施。政治制度的文明完全可以从政治制度安排的设计者所依据的权力运行原理和界定原则加以体现，而这些原理和原则毫无意外地也是法治文明的原则，如人民主权原则、权力分立原则、权力制约原则、保护人权原则等都被随后颁布的宪法所确认，具有崇高的法律地位和效力。政治制度文明的灵魂在于有衡，政治制度的"有衡"包括两层涵义：其一，不同权力之间的相互制衡；其二，不同权利之间的相互均衡。制衡是为了防止权力滥用，均衡是为了防止无谓的权利冲突。一项先进的政治制度，往往内涵了权力制衡和权利均衡的精神。① 法治的最本质的特征和根本要义就是制约权力，其内在机理就是权力与权利的和谐态势，依法治国的关键在于依法治"权"而非依法治"民"。因为法治作为与人治相对立的治国模式，其工具性价值就是要消除治者个人对治权的专断与滥用，使治权符合人民主权。人们普遍认为，最有效的法治意味着不仅行政机构的权力，而且立法机构的权力，都要受到宪法和法律的限制。② 因为，作为一种制度，宪政包括宪法至上、权力制约、保障人权、自由、平等、民主等内容，它是对专制制度的否定。

3. 政治行为文明体现着法治的基本理念

政治行为是人们在特定的利益基础上，围绕着政治权力的运行和政治权利的实现而展开的社会活动。作为政治关系的直接动态表现，政治行为包括政治斗争、政治管理、政治统治和政治参与等多种形式。③ 政治行为文明不仅是政治理念文明、政治制度文明和政治组织文明在实践中的具体展现，而且是折射整个政治文明的标尺。因此，也只有将各种政治行为，特别是有关权力、权利等重大利益的行为，纳入到法律制度之中，使之按一定的固定程序进行，才能被称其为"文明"，完全可以说，没有法律规定和法治秩序就没有政治行为文明。在调整政治行为中形成的"权力法定、权利推定"的法治原则，早已成为法律界定权利与权力关系的一条定律。从某种意义上来看，政治行为的有序性与法治追求的基础性价值——法治秩序价值的通谋，正是人类行为（起主要作用的是政治行为）对秩序的追求才导致了法律的产生和对法治的需求。因为秩序本身就是规则的外在体现，这些规则除了习惯、道德、宗教等柔性的外，还有一些具有权威性与强制性，以国家强制力保证实

---

① 参见虞崇胜：《论政治文明的内在灵魂》，《湖北行政学院学报》2002 年第 3 期。

② 参见［英］W. 詹宁斯：《法与宪法》，龚祥瑞、侯健译，三联出版社1997 年版，第 42 页。

③ 汪习根：《法治与政治文明关系三论》，《政治与法律》2004 年第 2 期。

施的法律。法治的外在功能就是为了促使社会制度、结构与关系达到和谐统一、界限明晰、稳定连续的状态，防止人治下因朝令夕改、权大于法而带来的混乱与无序，法治是秩序的象征。当然，法治所要求的秩序只能是理性、正义、具有价值性的文明的秩序，其基本内容体现为如下一些共识：立法民主化并以保障人权为宗旨；法律面前人人平等；法律至上，任何组织和个人都必须服从法律，严格依法办事；权力的范围受限制，行使权力要遵守正当法律程序。而作为政治文明最基本要求的政治行为合理运行、政治秩序理性构建，完全体现了法治秩序的这些价值指向。

## （二）从外在呈现来看，法治是政治文明运行的基本方式

法治设定了政治权力文明运行的制度架构，达到防治权力专断与野蛮的预期效果。从实施机制上看，法治通过对权力的制约来保证公民的权利，维护社会的公共秩序，保持社会和谐有序发展，提升政治文明水平。法治既要理性地塑造正义而高效的良法体系、剔除恶法亦法的人治观点，又必须精心培育社会主体崇尚法律权威的美德，并建立起具有至上性、正义性、免受外界干预的权力运行机制。一言以蔽之，法治的核心要义在于如何确立国家得以有效治理的最高依据与规则。在法治的内在运行机制和价值取向上，实现权利主体和权力主体之间关系的合理定位，厘清治者与被治者或依法治民与依法治权的关系。法治含有如何实现其内在价值与外在追求的机理，是社会正义与理性秩序之价值选择和制度安排的统一体。而制度安排包括权利的确定、强化、权威保障制度和权力的法律限定、规制制度两方面，可简化为权利与权力关系的理性选择和合理定位。法治制度下的依法制约权力机制是政治文明得以实现的关键。

政治的主要问题是政权问题，即权力的来源与根据、权力按什么原则、依什么方式运行。而法治能够有效地解决这些问题。权力的运行要求规范有序、保持连续性，而法律明确稳定，能很好地满足这个要求，因此权力运行的方式只能是权力的法治化。具体言之，权力具有命令与服从的基本属性，既可以借此强有力地维持正当运行，又可能无限地对外扩张与膨胀。为了抑制权力之恶性，弘

扬其善性，就必须消除权力的混沌状态，对它加以拆分，建立"有限的、分立的和负责任的"权力架构。具体说来，权力运行的法治化表现在以下三方面：1）权力取得的合法化。对任何国家权力的获得与享有，都必须要有法律上的授权，从法律中获得其渊源，由法律所确认；任何无法律依据或得不到法律支持的所谓权力，无论其是外来的或是自封的，都是无效的、不现实的，从根本上违背法治原则的。也就是说，在权力体系中的任何一级权力形式的确认都必须法治化、程序化。就基本权力而言，应有宪法这一国家根本大法的规范确认；就非基本权力而言，则必须有由宪法所派生的基本法律规范来授予。2）权力行使的法定化。权力所及的范围不能超越法律规定界限，否则便是越权甚至是特权；权力行使的方法必须合乎法律的要求，否则就构成侵权或者滥用权力。3）权力矫正的法定化。权力运行不管是从实体意义上还是在程序意义上讲，都应依照法律设定的轨道前进。① 法治原则在实践中的巨大作用既表现在依法限制权力的运行上，又表现在对一切偏离法律规范的行为进行矫正、治理，即进行宪法审查、司法制裁等方面，还表现在这些矫治权力滥用行为本身的程序化、规范化与法制化上。②

## 三、法治在我国政治文明建设中的地位和作用

政治文明是人类政治活动的进步状态和人类改造社会的进步政治成果的总和，法治作为政治文明的重要组成部分，是现代化社会的组织形式和治理国家的方略，是人类社会进步和文明的标志，也是衡量一个社会政治现代化程度的重要标志。在人类政治文明发展史上，法治始终伴随着政治文明的进步而进步，政治文明的发展必定促进法治文明的发展。同时，法治在政治文明体系中又占据着独特的地位，法治是政治文明的重要标志。在当代社会主义条件下，研究法治在政治文明建设中的地位与作用，对于我们更好地利用法

① 汪习根：《法治与政治文明关系三论》，《政治与法律》2004 年第 2 期。
② 参见李龙：《依法治国——邓小平法制思想研究》，江西人民出版社1998 年版，第 225 页。

治调节社会主义的政治关系及其背后的经济关系，规范各政治主体的政治行为，推动社会主义政治文明不断向前发展，具有重要的意义。

**（一）法治是我国政治文明建设的根基**

法治追求政治民主、社会正义、保障人民权利、规制权力，把有法可依、有法必依、执法必严、违法必究的原则尊崇为治国方略，其与将民主、正义、公平、理性作为价值取向，将政治运行的民主化、制度化、法治化作为核心内容的社会主义政治文明，在价值理念上是一致的，都以正义为宗旨、以民主为核心、以公平为原则、以理性为根本。法治的要义是"良法之治"，法治的基本内容是立法的民主性、科学性，执法的统一性、规范性，守法的普遍性、自觉性，司法的公正性、权威性。从正义的角度讲，立法分配正义，执法实现正义，守法遵循正义，司法救济正义。从政治的视角看，立法确定政治结构，执法落实政治机制，守法体现政治状态，司法保障政治秩序。所以，在一定意义上可以说，民主政治必以法治为基础，只有在法治得到尊重时，民主政治的发展才是健康的、持久的。因为，专制的出现并不在于权力掌握在一人、少数人还是多数人之手，而取决于权力行使者的活动是否受到事先公布的、可预测的良好法律的制约，法治意味着权力者必须按照正当的合法程序的原则来行使权力，它既可保障多数人的民主权利，又能保障少数人的权利免遭多数人的侵犯。真可谓，失去法治，民主成为泡影，专制和无政府主义势必乘虚而入；脱离法治的人权势必成为空中楼阁，人权必遭践踏；脱离法治的权力势必得不到有效的制约而被滥用，政治的稳定也就成为奢望。基于此，我们完全可以重温康德曾对法治地位所进行的阐述："大自然迫使人类去加以解决的最大问题，就是建立一个普遍法治的公民社会——因为唯有通过这一任务的解决和实现，大自然才能成就它对我们人类的其他目标。"①

---

① ［德］康德：《历史理性批判文集》，商务印书馆 1997 年版，第 9 页。

### （二）法治是我国政治文明发展的显著标志

政治文明作为人类社会的进步形态，不仅表现为政治理念先进、政治制度民主、政治行为理性，更不能仅仅成为政治理想、政治宣言、改革口号，而是必须通过法律确立为具体的政治制度，演化为现实的政治秩序。所以，在政治文明中，法律制度被看做基石，政治理念只有内化为制度才能起到规范政治行为的作用，政治行为也只有在制度范围内才能建立起良好的政治秩序。具体而言，制度文明，特别是法治在政治文明系统中起着组织、协调和整合的作用，它不仅落实政治理念，而且规范政治行为，还能建立政治秩序，是确认政治改革成果的基本形式，是政治文明结构中的关键部位，在政治文明发展进程中发挥着至关重要的作用。可以这样说，没有民主政治制度，就不可能建立现代政治文明，更不可能建立社会主义政治文明。邓小平同志曾经精辟地阐明了发展民主政治的正确途径：“必须使民主制度化、法律化，使这种制度和法律不因领导人的改变而改变，不因领导人的看法和注意力的改变而改变。”①并强调：“领导制度、组织制度问题更带有根本性、全局性、稳定性和长期性。这种制度问题，关系到党和国家是否改变颜色，必须引起全党的高度重视。”② 当前我国的政治文明建设、特别是政治体制改革，主要内容就是制度创新，可以说，社会主义政治文明只有落实到制度建设上才能取得实效并巩固已取得的成果。

上述法律制度在政治文明建设中的重要作用相对于法治是政治文明的显著标志显得尚欠明显，我们对此问题的认识，还需理解法治作为政治文明的制度形态和秩序形态，不仅是政治文明丰富内涵的集中体现，而且是承载政治文明成果的显著标志。现代法治模式已将下列特征内化为本质属性：（1）以民主政治为前提，与民主共和相贯通，保障人权，反对专制和暴政。（2）法律具有至上权威，在国家和社会生活中起主导性的调整作用。正如潘恩所说：

---

① 《邓小平文选》，第二卷，人民出版社 1994 年版，第 146 页。
② 《邓小平文选》，第二卷，人民出版社 1994 年版，第 333 页。

"在专制政府中国王便是法律，在自由国家中法律便应成为国王。"①（3）坚持法律面前人人平等，法律无差别适用，反对各种形式的特权。（4）实行权力制约，政府和官员行为必须符合法律的要求，禁止滥用权力，否则必遭法律的否定性的评价与追究。（5）坚持权利本位。由此可见，法治与政治文明相契合，集中体现了人类追求政治民主、社会正义、保证公民权利所取得的成就，反映了人类在构建有序化的社会组织和社会秩序的目标下追求自由、平等的共同要求，是进步的、健康的、和平的、宽容的政治文明的显著标志。②

**（三）　法治是我国政治文明建设的重要保障**

诚如上述，法治的精义在于"法律至上"，"法律面前人人平等"，从一定程度上，法律的地位和作用决定着国家的命运。"如果一个国家的法律处于从属地位，没有权威，我敢说，这个国家一定要覆灭，然而，我们认为一个国家的法律如果在官吏之上，而这些官吏服从法律，这个国家就会获得诸神的保护与赐福。"③法治和民主紧密相连，我们知道，没有现代民主对专制独裁的胜利，就没有宪政，但另一方面，没有对大众社会中"大多数人专制"这一"民主利维坦"的抑制，宪政也会被摧毁。这已被法国大革命、中国的"文化大革命"等"民主""人民"名义下的残酷悲剧所证实。因此，法律作为由国家强制力保障实施的行为规范，是维护社会秩序的基本方式。学者们既中肯又形象地将法律形容为社会关系的调整器、社会冲突的调节器、正当利益的保障器、越轨行为矫正器等等，深刻地体现了法治的社会功能的实际作用。在法治的诸多功能中，规范功能和保障功能对于政治文明的建设具有特别重要的作用。因为，法治的规范功能具有指引、教育、评价等作用，指导人们如何自由行为；法治的保障功能具有安抚、保护、制裁等作

---

① 　［美］潘恩：《潘恩选集》，商务印书馆1982年版，第35~36页。

② 　参见何士青：《政治文明的法学解读》，中国社会科学出版社2004年版，第173页。

③ 　《西方法律思想史资料选编》，北京大学出版社1983年版，第25页。

用，告诫人们应当约束行为。孟德斯鸠曾说："自由是做法律所许可的一切事情的权利。"① 黑格尔曾感慨："法的体系是实现了的自由的王国。"② 马克思也曾比喻："法典就是人民自由的圣经。"③ 由此可见，人的行为，包括政治行为只有在法律规定的范围内才存在自由。每个社会成员都要受到法律的保护和约束，任何人或任何组织的行为和活动都要纳入法治的轨道，使社会在严密的规范化和制度化的良性运行中，形成一种稳定有序的状态，这是法治的要求，也是国家政治趋向文明的表现。④

具体来说，法治作为政治文明的根本保障，是消灭专制主义、限制自由裁量、建立权力运行秩序的重要手段，其发挥作用主要体现以下几个方面：

1. 法治是具有理性化的政治。法治是人类理性的产物，能有效防止执政者的偏私。法治具有稳定性、连续性，不因领导人的改变而改变，不因领导人看法和注意力的改变而改变。法治意味着权力者必须按照正当的合法程序的原则来行使权力，它既可保障多数人的民主权利，又能保障少数人的权利免遭多数人的侵犯。亚里士多德正是在反思和批评他的老师柏拉图所崇尚的"哲学王"式的"贤人政治"主张时提出了"法治应当优于一人之治"的观点，他认为，法律是没有感情的，而人类的本性（灵魂）难免有感情，"单独一人就容易因愤懑或其他任何相似的感情而失去平衡，最终损伤了他的判断力；但全体人民总不会同时发怒，同时错断"。因此，"谁说应该由法律遂行其统治，这就有如说，惟独神祇和理智可以行使统治；至于谁说应该让一个个人来统治，这就在政治中混入了兽性的因素，虽最好的人们（贤良）也未免有热忱，这就往

---

① ［法］孟德斯鸠：《论法的精神》（上册），张雁深译，商务印书馆 2004 年版，第 183 页。

② ［德］黑格尔：《法哲学原理》，范扬、张企泰译，商务印书馆 1996 年版，第 10 页。

③ 《马克思恩格斯全集》（第一卷），人民出版社 1956 年版，第 71 页。

④ 姜伟：《法治与社会主义政治文明建设》，《中共中央党校学报》2003 年 8 月。

往在执政的时候引起偏向。法律恰恰正是免除一切情欲影响的神祇和理智的体现"①。法制通过对权力的规制，使权力的运行摆脱了野蛮、任性的状态。从一定意义上说，一部人类政治文明的发展史就是日益以理性的态度来推进政治生活的历史。

2. 法治是具有强制性的政治。法律是由国家权力机关制定或认可并由国家机关保障实施的肯定的、明确的、普遍的规范，具有至上权威性，在国家或社会生活中起主导性的调节作用。因此，法律对文明政治行为的肯定，对不文明政治行为的处罚，都是以国家机关作为后盾，具有国家强制力，法治的这种刚性正是防止不文明政治行为、形成文明政治行为的根本保障。

3. 法治是具有规范性的政治。法治能够保证权力合法产生、规范运作。法治的重要意义，正在于"通过规定掌握不同权力资源的各个主体的权力界限、权力的配制、权力的社会结构（单向或双向的）、权力关系、权力的组织和协调、权力运行的起点和终点，建立权力运行秩序，即使权力运行规则化、制度化"②。法律面前人人平等，只有具有普遍性、强制性、规范性，并以公正为内在要求的法律，才能使各种政治力量（包括阶级和阶层）利益得到合理、公正的分配与保障，使它们之间的相互关系和谐与协调，使政治秩序趋向文明。所以，法治通过规定权利义务的形式，为政治运行和政治活动提供了一整套行为规范和标准，从而保证政治运行和政治活动的有序化、规范化和程序化。

# 第三节　大众传媒与政治文明

## 一、大众传媒的宪政地位

### （一）新闻自由是民主的逻辑起点

纵观人类发展史，我们发现，人类对自由的孜孜追求贯穿了文

---

① ［古希腊］亚里士多德：《政治学》，吴寿彭译，商务印书馆 1965 年版，第 167、164、168～169 页。

② 王子琳：《法律社会学》，吉林大学出版社 1991 年版，第 54 页。

明社会发展的全过程，且在民主国家众多先进理念中，自由是最被推崇的价值追求，没有什么能够与自由相提并论。尤其在西方，既有理论上对"自由"做出的丰功伟绩，标志着当时最为先进的政治文明成果，如弥尔顿的《论出版自由》、密尔的《论自由》以及洛克的《论宗教宽容》等等，又有在实践中经过长期的政治斗争、社会运动、政治改良而最终以法律和制度的形式实现的"自由"的论述。

纵观"自由"思想发展史，我们发现，自由是一个历史范畴，在一个民主社会里，自由的内涵极为丰富，范围涉及方方面面，既有政治自由、经济自由、文化自由，又有社会自由、个人自由、公民自由等等，在不同的历史时期不同的社会对这些自由所强调的重点也会迥然有别。但是，"有一种自由必不可少，而且必须格外加以保障，就是新闻自由。这是因为只有新闻自由才能使各种对立的看法进行辩论。不管民主的定义是什么，没有新闻自由，民主本身就无法存在"①。尤其是，自1791年美国第一修正案将媒体行为纳入到宪法保护范围之列，新闻自由就被赋予了全新的内涵，美国民主也因此而具备了现代政治的特点。媒体的宪政化与保护新闻自由的民主之间互为前提、相得益彰，新闻自由得不到宪法保护的社会不是一个民主社会，同样地，民主社会如果没有新闻自由，这个社会充其量是一个少数人统治的社会，民主也是假民主。

1. 宪政框架下的新闻自由能够很好地保护其他自由权利②

美国政治哲学的来源之一是不列颠的思想，托马斯·杰斐逊、麦迪逊、汉密尔顿等立宪者们大多深受洛克等经验主义政治哲学家的影响。自由在美洲大陆基本上是可以简化为四种形态：第一是政治自由，它指的是参与公共事务的权利；第二是公民自由，它指的是保护个人人身和财产不受政府侵犯；第三是个人自由，即个人凭

---

① [美]希尔斯曼：《美国是如何治理的?》，商务印书馆1986年版，第390页。

② 参阅谢岳：《大众传媒与民主政治》，上海交通大学出版社2005年版，第21~22页。

着良心行事的自由；第四是宗教自由，它指的是新教徒有权按自己选择的方式来祈祷上帝。① 这四大自由权利实际上又可以分为两类，即思想言论自由权和行动自由权。关于这两类自由的关系，约翰·密尔在《论自由》里说得非常明白。他指出，人类应当有自由去形成意见并且无保留地发表意见，这个自由若得不到承认，或者若无人不顾禁令而加以力主，那么在人的智性方面并从而也在人的德性方面便有毁灭性的后果；即使是意见，当发表意见的情况足以使意见的发表成为指向某种祸害的积极煽动时，也要失去其特权的。在现代民主国家，人的思想言论自由与行动自由是完整自由权利的两个部分，若要得到这个完整的自由权利，媒体的自由权利则是必不可少的。

在一个多元化社会中，一方面，人们希望通过制度化的表达渠道影响政府，以便自己的利益需求能够得到满足，另一方面，人们希望表达利益渠道的多样化。一般而言，利益集团和政党是最有效和最常见的形式，但是，即便是在像美国这样的多元社会，政治利益表达无论如何也需要媒体来传递信息，它既为公众表达需求同时又为政府反馈信息，可以这样说，媒体是公众的"喉舌"。媒体之所以能够扮演这种"喉舌"角色，宪法保护是基本前提。因此，如果媒体失去宪法的保护，媒体行动没有新闻自由，公众其他权利的实现是相当困难的。公民参与政治事务在许多国家都早已为宪法以及相关法律所规定，但是，由于这些国家新闻自由的程度较低，媒体获取政府行动信息的权利、批评政府的权利，都十分有限，结果，公众即使有广泛的选举权等政治权利，但是，他们影响政治的能力正是由于缺乏新闻自由而大打折扣。美国由于新闻自由的程度相对较高，公众通过媒体获取政府信息的质和量都在非民主国家之上，人们选择自己代表的能力、影响政府政策的程度，能够较好地接近真实，因此，政治自由权由于新闻自由而得到比较充分的实现，否则政治自由只能停留在宪法条文中。

---

① ［美］埃里克·方纳：《美国自由的故事》，商务印书馆 2002 年版，第 28 页。

## 2. 宪政框架下的新闻自由使得媒体能够成为民主制度的一部分

作为一类社会组织的大众传媒，虽然在中国不能称为立法、行政、司法之外的"第四种权力"机构，但是，大众传媒自改革开放以来在我国大力促进民主法治进程中所起到的积极作用却是有目共睹的，尤其在弥补我国权力制约制度框架之不足，确保公共权力的合法、有效之行使方面成绩斐然。同时，大众传媒是公民知情权实现的重要载体，大量的政治信息主要通过媒体传输给社会个体；大众传媒是公民意见发表权、监督权实现的重要渠道，在提高公民政治参与、民主决策的广度和深度方面有着独特的作用；大众传媒是对公民进行民主意识培养和民主技能教育训练的有效途径，已成为个体政治社会化的首要因素。独立的大众传媒通过为社会提供公共的信息通道，将政府与公众连接在一起，使得公共政策的制定由传统做法上的官僚把持变成现今时代的多元参与，媒介的存在实现了政府体系与外部的开放性沟通，实现了政治精英与普通民众之间的经常性互动。从这个意义上讲，大众传媒已成为现代民主政治不可分割的一部分。

建设社会主义民主政治是中国政治体制改革的目标。改革开放以来，中国虽然陆续采取了一系列卓有成效的改革措施，如党政关系规范化、消除个人集权、健全权力监督体制、完善人民代表大会制度等等，但是应该看到，我们的民主建设还存有严重不足，即其重心仅放在国家政治生活领域，仅注重通过政治制度建设、国家权力之间的制约等来实现民主的目标。因为，社会主义民主不仅需要政治制度建设、国家权力之间的制约，还需要在国家政治生活领域之外关注民主的社会基础问题，通过发挥社会性因素的作用，建立民主制度必需的社会机制来完善民主制度。基于此，社会主义民主在当代中国发展成为一种新的模式——参与——治理型民主。在该模式下，民主的主体即决策参与者扩大到公民和社会组织，范围也扩展到政治、经济、文化各个领域；民主的实现形式也从传统的政府为主的"统治"模式，转变为政府和社会组织、社会力量共同参与的"治理"模式。相应地，在考虑权力制约问题时，也不能仅仅局限于国家政治生活领域，而需要考虑整个社会领域，将社会组织和社会力量作为权力制约的新生力量加以利用，就是"以社会制约权力"。而作为社会组织和社会力量中最为重要的一部分，拥有广泛群众基础的大众传媒在"以社会制约权力"中发挥了重大作用。因为，社会对国家权力监督和制约的实现，很大程度上是离不开大众传媒的积极参与的。具备独立性且坚持社会责任、享有充分新闻自由的大众传媒将在我国民主政治建设中发挥更大的、至关重要的作用。

而美国媒体自从实现大众化之后，"第四种权力"的角色就开始逐渐地形成，在社会急剧变革的过程中，成功地履行了权力监督者的职责，媒体通过自身的努力，将政治生活和社会生活中的阴暗面暴露在阳光之下，净化了公共生活的环境，因此，逐渐赢得公众的信任，公众也认同媒体的这一角色，人们大多认为，媒体能够成为他们的代言人，监督自己的代表是否在很好地行使委托的权力。美国的媒体如果从"第四种权力"的角度观之，它至少在两个方面监督具有决定性意义：首先，监督公共权力行使者的行为，因为公共官员是权力的直接行使主体，因此，监督公共权力首先就是监督行使公共权力的人，就是将这些主体的行为限定在特定的范围之内，公共权力才能实现最小限度的非公共化；其次，监督民主制度的运行，这是媒体监督的延伸意义，在超大政治共同体之中，权力虽然在制度的框架内运行，但是，公共权力的腐败有时就是以制度的形式表现出来的，而这种情况一般公众是难以辨别的，因此，媒体这时的责任是让公众发挥各自的智识，判别什么是民主的、什么是非民主的。从上述两个意义上看，媒体事实上已经成长为美国民主制度的一部分，它一方面促进民主制度的有效运作，另一方面，在根本意义上，维护民主制度显得更为重要。①

3. 宪政框架下的新闻自由是民主的必要条件

在古典民主理论中，由于历史的原因媒体没有得到政治学家的

———————

① 谢岳：《大众传媒与民主政治》，上海交通大学出版社 2005 年版，第 22 页。

注意，但是最早从民主的角度论证表达自由的重要性的人却是荷兰著名的哲学家斯宾诺莎。他指出："在所有政体之中，民主政治是最自然，与个人自由最结合的政体。在民主政治中，没人把他的天赋之权绝对地转付于人，以至对于事务他再不能表示意见。"① 政治的真正目的是自由，"决不是把人从有理性的动物变成畜生或傀儡，而是使人有保障地发展他们的心身，没有拘束地运用他们的理智"②。随着媒体技术的逐渐成熟，政治学家普遍认为，现代民主如果没有媒体的介入那是不可想象的，当然，媒体介入的前提就是它必须享有真正的新闻自由，否则，媒体与民主之间所有的假设都无法成立。③

新闻自由之所以被视为民主国家的基础，是因为它对民主意见的形成起到至关重要的保障作用。新闻自由不仅仅是个人发展其健全人格的重要因素，也是社会促进其分工合作，以谋求全体福祉的主要条件。民主政治是以理性和民意为基础的，而发扬理性和民意则需民主自由为前提。所以近代民主政治固然与新闻自由齐头并进，无分轩轾，而新闻自由却被作为衡量一个民主国家民主进程的标准。可以说，"民主本身不是自由，但是它却是保障自由的最为重要的手段"④。反之，自由本身也不等于民主，但它却是民主社会不可或缺的条件之一。套用美国政治学家科恩的一句话"在一个社会中把言论自由限制什么程度，也就同样程度上限制了民主"⑤，我们认为，新闻自由直接影响到民主的参与广度和深度，

---

① ［荷］斯宾诺莎：《神学政治论》，温锡译，商务印书馆 1963 年版，第 219 页。

② ［荷］斯宾诺莎：《神学政治论》，温锡译，商务印书馆 1963 年版，第 272 页。

③ 谢岳：《大众传媒与民主政治》，上海交通大学出版社 2005 年版，第 33 页。

④ ［英］弗里德利希·冯·哈耶克：《法律、立法与自由》，邓正来等译，中国大百科全书出版社 2000 年版，第 273 页。

⑤ ［美］科恩：《论民主》，聂崇信等译，商务印书馆 1994 年版，第 141 页。

国家维护新闻自由的条件不应容许有任何例外。若要保持民主，新闻必须自由。批评的自由、发表反对意见的自由，不论如何不受欢迎，尽管可能有害或违反常情，但在民主国家中是绝对不可少的。雨果·布莱克法官在巴伦布拉特诉美利坚合众国案中发表的著名反对意见中也认为："第一修正案意味着我们政府保存自己合乎宪法的唯一途径是让人民享有充分可能的自由，按自己的决定来赞扬、批评、讨论政府的全部政策；如果他们愿意，甚至可以提出政府最基本的、被认为当然的主张是错误的，应该加以改变。这是共和国安全所系，也正是宪法政府的基础。"①

**（二）新闻自由的宪政理论基础**

自大众传媒问世以来，新闻自由就成为大众传媒传播规律的外在表现，也是大众传媒与广大民主人士历来重视的对象。可以说，新闻自由的产生既源于民主政治、政治文明的客观现实需要，又建立在深厚的宪政理论基础之上。

1. 人民主权理论

民主的基本含义是"人民的统治"。因此，民主理论潜在地预设了一个理论前提：人民主权。从根源上讲，人民主权论的历史可以追溯到雅典民主时期，史学界一般认为，公元前 462 年改革之后，雅典政体形成了以"主权在民"为特征的民主政体。② 该种民主形态仅仅是一种近似的人民主权，与成熟的人民主权理论差别巨大，原因在于其"公民"资格的限制，正如贡斯当所揭示的，在雅典，一个"雅典人"是一种特权："蛮族是奴隶，而希腊人是自由人。"

现代意义的人民主权理论兴起于启蒙时代，它的诞生标志着政治文明迈向了高级阶段，历经洛克、卢梭等人的构思和锤炼、发展和完善，并在法国大革命期间成为一种政治实践，业已形成一套完

---

① 巴伦布拉特诉美利坚合众国案，360 U. S. 109，1959。

② 廖学盛：《公元前 6—4 世纪雅典民主政治的若干问题》，载日知主编《古代城邦史研究》，人民出版社 1989 年版；顾赛斋：《论雅典奴隶制民主政治的形成》，《历史研究》，1996 年第 4 期。

整的理论体系。可以说，从人民主权理论思想家的观念中，不同的思想家可能对实现人民主权的方式有不同的见解，但在主权归属于人民这一点上基本没有异议，并对人民主权论的核心内容达成共识，即人民是主权的最终拥有者，政府的权力来自人民，政府的建立应该经人民同意，政府权力应受人民的监督。在政府与人民的关系中，人民是主人，国家机关及其工作人员只是受托者。既然人民是主人，政府和官员是受托人、是仆人，人民群众运用舆论监督政府及其工作人员，要求他们正确行使人民赋予他们的权力，积极为人民服好务，不懈怠，则是非常正当的事情。也正基于此，我们可以从以下几方面分析人民主权论与新闻自由的渊源关系。

（1）人民主权论强调人民拥有主权，拥有国家权力，这为新闻自由制度下人民通过大众传媒制约国家权力提供了合法性的基础。在新闻自由条件下，大众传媒为什么能够制约国家权力？原因在于，从根源上讲，国家权力的拥有者是人民。权力的拥有者对权力的行使过程实行制约，应该是合乎情理的。这实际构成了新闻自由的理论逻辑基础，而在现实中则为人民通过大众传媒参政议政、批评监督国家机关及其工作人员提供了政治哲学层次上的合法性支持。

（2）人民主权论强调政府的权力来自人民的授权和委托，这是新闻自由得以存在的前提。大众传媒之所以能够对国家权力形成制约，是因为政府的权力是人民授予的，是人民委托政府代理行使的。在这种委托—代理关系中，人民处于主动地位，是授权者，政府等机构是受委托者，处于被动地位，是代理人的角色，委托者自然可以行使对代理者监督和制约的权力，代理者还必须自觉接受这种监督和制约。

（3）人民主权论作为整个民主理论的基础，同样是新闻自由的宪政基础。人民主权论与民主的核心——人民的权力、人民的统治由于实质内容相差无几，常常被相提并论。无论卢梭的激进人民主权论还是洛克委托代理式的人民主权论，都存有一个共同的目标，即将权力最终归属于人民，以此来体现人民的权力、人民的统治。从该点来说，人民主权论无疑是整个民主理论的逻辑基础，现代民主在此基础之上推演出了一系列理论和制度安排。而新闻自由作为现代民主在参政议政、批评监督方面的一种理论，一种具体的制度安排，必然是以人民主权论为基础的。

2. 权力制约理论

权力制约理论经历了一个从纯粹分权到分权制衡再到社会制约权力的发展过程。权力制约思想由来已久，最早可以追溯到古希腊亚里士多德。不过，亚氏只是提出权力机构的分工而非现代意义上的权力"相互制约"的概念。他指出，一切政体都有三个要素作为构成的基础，一个优良的立法家在创制时必须考虑到每一要素，怎样才能适合于其所构成的政体。他把政府分为人民大会、元老院和执政官三部分，认为人民大会是民主政体的因素、元老院具有贵族政治的因素、执政官是君主政体的因素。国家权力的这三个方面要相互配合、彼此合作，才能保证一个均衡、稳定、正常的国家结构和政治秩序样式。这种分权论开创了西方权力制约思想的先河，为分权理论的形成奠定了关键要素。

随后，罗马时期的波里比阿在对纯粹分权反思的基础上，将"制约"思想加入进来，提出权力制衡观点。他认为，在罗马政体中，执政官的权力是君主政治原则的体现，元老院的权力是贵族政治原则的体现，人民大会是民主政治原则的体现。国家的这三种机关相互牵制，以达到平衡，防止了某一种权力无限扩张，从而可以避免政治的变质。

作为近代分权学说倡导者的洛克在其《政府论》中将国家权力分为立法权、执行权和对外权三种。他认为这三种权力必须分立且相互制约，彼此协同，立法权地位最高，行政权和对外权处于次要和服从低位，行政权对立法权也有制约作用。① 其后，孟德斯鸠在总结洛克分权理论的基础上，对"分权制衡"机制作出了重大贡献，在理论上建立起比较完善的"以权力制约权力"模式。他认为，即使在民主制度下，如果国家权力过分集中，超出了人民的控制范围，来自人民的国家权力也会蜕变为专制的统治人民的强

① ［英］洛克：《政府论》下篇，商务印书馆 1964 年版，第 55 页。

权。因此，国家必须分权。于是，他把国家权力分成立法权、行政权和司法权。另外，他还主张权力的相互制约，"从事物的性质来说，要防止滥用权力，就必须以权力制约权力"①。具体办法就是，通过法律的方式，规制权力，防止权力的滥用。

洛克和孟德斯鸠的思想在美国杰斐逊等人那里不但得到了丰富，而且还完成了从理论到实践的转变。他们将"分权制衡理论"具体运用到国家机构的创建和联邦制度的制定中，创立了双重分权、立体制衡的体制。该体制不仅使政府中立法、行政、司法三权分立、平行制衡，还在联邦政府与州政府间实行分权与制衡。他们指出："在美国的复合共和国里，人民交出的权力首先分给两种不同的政府，然后把各政府分得的那部分权力再分给几个分立的部门。因此，人民的权力就有了双重保障。两种政府将互相控制，同时各政府又自己控制自己。"同时，他们还认为："防止把某些权力逐渐集中于同一部门的最可靠办法，就是给予各部门的主管人抵制其他部门侵犯的必要法定手段和个人的主动。在这方面，如同其他各方面一样，防御规定必须与攻击的危险相称。野心必须用野心来对抗。人的利益必然是与当地的法定权利相联系。用这种方法来控制政府的弊病，可能是对人性的一种耻辱。但是政府本身若不是对人性的最大耻辱，又是什么呢？如果人都是天使，就不需要任何政府了。如果是天使统治人，就不需要对政府有任何外来的或内在的控制了。在组织一个人统治人的政府时，最大困难在于必须首先使政府能管理被统治者，然后再使政府管理自身。毫无疑问，依靠人民是对政府的主要控制"②。

随着权力制约理论的深入发展，以社会制约权力得到了政治学家们的青睐。在政治思想史上，托克维尔首次认识到公民社会是民主化的一个重要因素所在。他在考察完美国民主制度后发现，虽然

①　[法] 孟德斯鸠：《论法的精神》（上册），商务印书馆 2004 年版，第184 页。

②　[美] 汉密尔顿、杰伊、麦迪逊：《联邦党人文集》，程逢如等译，1980年版，第 265～266、264 页。

三权分立的体制是绝对必要的，但并不足以能够使一个国家既享受自由又拥有民主，不足以保证个人和社会不受国家权力的侵蚀。因为以制度、法律制约权力的方法，强调的是政府内部的权力分立和制衡，这种方法不能给分散的个人提供抗衡国家权力侵蚀的力量。所以他提出利用独立的报刊、乡镇自治组织、政治结社，甚至宗教、独立的律师等社会力量，对国家权力产生"社会制衡"作用。他说："再没有比社会情况民主的国家更需要用结社自由去防止政党专制或大人物专权的了。""如果人们之间不能随时仿造出类似的社团，我看不出有任何可以防止暴政的堤坝。"①

达尔在托克维尔的基础上，又将权力制约理论向前推进了一大步。达尔认为，对于制约权力滥用，防止暴政的产生而言，社会基础条件比宪法性因素更为重要。他所反复强调的社会基础条件就是各种独立的社会组织。他说，"一个国家，无论从世界范围来看它是多么的小，都需要各种各样的独立社团和组织，也就是说，需要一个多元的市民社会。"②"独立的社会组织在民主制中是非常值得需要的东西，至少在大型的民主制度中是如此。一旦民主的过程在诸如民族——国家这样大的范围内被运用，那么自主的社会组织就必定会出现。"③他认为，相对独立的组织的存在，有效地肢解了国家权力，导致政府与公民的相互控制，抑制政府专制独裁权力的滥用，从而有效保障公民的自由。

进入现代后，罗素、丹尼斯·朗、达尔、波谱尔、亨廷顿、阿尔蒙德、伊斯顿、西蒙、哈耶克、罗尔斯、诺齐克、哈贝马斯等思想家的传承和创新，使得权力制约理论以一种更加系统和独到的方式得以发展。

纵观上述权力制约理论，对权力的制约应包括三种方式，一是

① ［法］托克维尔：《论美国的民主》（上卷），董果良译，商务印书馆 1988年版，第 217 页。

② ［美］罗伯特·达尔：《论民主》，李柏光、林猛译，商务印书馆 1999 年版，第 126 页。

③ ［美］罗伯特·达尔：《多元主义民主的困境》，尤正明译，求实出版社 1989 年版，第 1 页。

以权力制约权力；二是以权利制约权力；三是以社会制约权力。权力制约理论为新闻自由或大众传媒的监督功能提供了坚实的理论基础，一方面，在法律层次上新闻自由是一项民主权利，法律制度对其确认就是对"以权利制约权力"的满足；另一方面，在实践层次上新闻自由是一种手段，公民通过媒体自由地行使言论自由或媒体自由地从事舆论监督就是对"以社会制约权力"的践行。

3. 言论自由理论

新闻自由与言论自由理论密切相关，言论自由是新闻自由的最直接的理论依据。

在古希腊雅典城邦，人们对参加公共政治生活充满了热情，崇尚理性，热衷于自由辩论。可以说，正是古希腊有关自由辩论、公民独立的理性能力及其参与政治生活的权利、政府与公民关系等方面的实践与政治学说，为以后的文艺复兴、启蒙运动、资产阶级革命等时期争取言论自由、出版和新闻自由的斗争提供了丰富的思想资源。

近代意义上的"言论自由"理念最早起源于约翰·弥尔顿。1643 年，英国国会宣布恢复特许制，规定国会具有管制出版的最高权力，并实行出版检查的措施。1644 年，英国著名的政论家、诗人约翰·弥尔顿因出版书籍引起纠纷，被传到议会答复质询。他在议会作了长篇演讲，系统地阐述了言论自由主义思想，这篇演讲就是西方言论新闻自由的奠基之作——《论出版自由》。他认为："让我有自由来认识、抒发己见，并根据良心作自由的讨论，这才是一切自由中最重要的自由。"这种自由是"一切伟大智慧的乳母"。他认为，真理是通过各种观点、意见和思想的公开辩论和自由竞争获得的，不是权力赐予的。他说："虽然各种学说流派可以随便在大地上传播，然而真理却已经亲自上阵；我们如果怀疑她的力量而实行许可制和查禁制，那就是伤害了她。让她和虚伪交手吧。谁又看见过真理在放胆地交手时吃过败仗呢？她的驳斥就是最好的和最可靠的压制。""真理和悟性绝不能像商品一样加以垄断，或凭提单、发票，掂斤播两地进行交易。"历史早已证明，权力对思想的压迫和垄断，实际上愚弄的是人类自身，导致愚昧盛行。

"杀人只是杀死了一个理性的动物，破坏了一个上帝的像；而禁止好书则是扼杀了理性本身，破坏了瞳仁中的上帝圣像。"①

紧随其后，英国思想家和哲学家约翰·洛克于 1687 年在《人类理解论》中从人类知识的起源、可靠性和范围，引申论证了思想言论自由的合理性。他还在《论宗教宽容》中对英国封建教会和长老派的宗教偏见及迫害政策进行了鞭笞，并提出实行政教分离和信仰、言论自由，被认为是西方思想史上对思想和信仰自由的最早的系统阐述。另外，荷兰著名哲学家、政治思想家斯宾诺莎也认为思想和言论自由是个人最珍贵的权利。"我们幸而生于共和国中，人人思想自由，没有拘束……自由比任何事物都为珍贵。我有鉴于此，欲证明容纳自由，不但于社会的治安没有妨害，而且，若无此自由，则敬神之心无由而兴，社会治安也不巩固。"况且，"强制言论一致是绝不可能的，因为，统治者们越是设法削减言论的自由，人越是顽强地抵抗他们"。"即令自由可以禁绝，把人压制得除非有统治者的命令他们都不敢低声说一句话；这仍不能做到当局怎么想，人民也怎么想的地步。"因此，"我们深信，最好的政府会容许哲理思辨的自由，正不亚于容许宗教信仰的自由"②。

从法制角度阐述言论自由理论的第一人是法国雅各宾派领袖罗伯斯皮尔。他极力主张：除了思想能力之外，向别人表达自己思想的能力，是人有别于动物的最惊人的品质。这个能力同时又是人创造社会财富的不朽天职的标志，是社会的联系基础、灵魂和工具，是改造社会，使人的社会能力、知识和幸福达到可能达到的最高程度的唯一手段。基于此，借助言论、文字或者出版物来表达自己思想的权利是不能用任何方式加以束缚或限制的。因此，他建议，由国民议会迅速为言论出版自由颁布法令并宣布三条最高原则：①每

---

①　[英] 约翰·弥尔顿：《论出版自由》，吴之椿译，商务印书馆 1958 年版，第 5-56 页。

②　[荷] 斯宾诺莎：《神学政治论》，温锡增译，商务印书馆 1963 年版，第 12、275、274 页。

个人都有权以任何方法发表自己的意见，出版自由不受任何形式的拘束或限制；②凡是侵犯这种权利的人，应该被认为是自由的公敌，并处以将由国民议会规定的最高刑罚；③凡是受到诽谤的正派人可以提出诉讼，以便得到因诽谤所蒙受损失的赔偿，赔偿方法将由国民议会另行规定。①

　　而在北美大陆第一个提出对言论自由进行立法的人是资产阶级革命的灵魂人物——托马斯·杰斐逊。他以一种更为深刻和更具现实意义的方式推动了言论自由主义理念和实践的发展，并将言论自由与新闻自由直接联系了起来。他在《独立宣言》里写道："我们认为这些真理是不言自明的：人人生而平等，他们被造物主赋予（某些）不可转让的权利，其中有生命权、自由权以及追求幸福的权利。"他认为，自由包括言论自由是一种"天赋权利"，不可剥夺；新闻出版自由是言论自由的具体体现，因此必须得到保护。他说："我们这个政府的根本原则是什么？是传播知识并付诸公众理性谴责一切弊端；保障宗教自由；保障新闻出版自由，并保护人身自由。"② 因为，"我相信人民的正确判断力将永远被看做是最精锐的军队。他们也许一时会被引入歧途，但是很快就将自我纠正过来。人们是其统治者惟一的监督者；甚至他们的错误也有助于促使统治者恪守他们制度的真正原则。过于严厉地惩罚这些错误，将会压制公共自由的惟一保障。预防此类对人民的不合常理的干预的办法，就是通过公共报纸的渠道，向人民提供关于他们自己事务的全部信息，并且力争使这些报纸渗透到全体人民群众中间。民意是我国政府赖以存在的基础，所以我们首要的目标就是要保持这种权利；若由我来决定我们是要一个没有报纸的政府，还是没有政府的报纸，我会毫不犹豫地选择后者"③。所以 "……我们的第一个目

---

　　① ［法］罗伯斯皮尔：《革命法制和审判》，赵涵舆译，商务印书馆1965年版，第50~68页。

　　② ［美］彼得森编：《杰斐逊集》，刘祚昌、邓红风译，生活·读书·新知三联书店1993年版，第53页。

　　③ ［美］埃德温·埃默里、迈克尔·埃默里：《美国新闻史》，展江译，中国人民大学出版社2004年版，第100页。

标是给人打开所有通向真理的道路。迄今为止，找到最好的方法便是新闻自由……必须肯定，打开通向真理的门户，巩固用理性来考验每一件事情的习惯，是我们能传给我们的继承者的最有效的约束物，以这种约束来防止他们用自己的意见约束人民"①。

另外，杰斐逊还强调，言论出版自由，不仅包括客观报道新闻事件和发表正确意见的自由，而且还包括说假话、造谣和诽谤的自由。他表示："他们（联邦党人）让自己的报纸充斥着谎话、诽谤和狂言……我们正在进行这样的实验，看一看不借助强制，光凭自由讨论，是否不足以宣传和保护真理，是否不足以使政府在行动和观点方面保持纯洁和正直……我将保护它们撒谎和诽谤的权利。"②

杰斐逊不单单论证了公民应该享有言论出版自由，而且还为保障言论出版自由提出解决方案，就是要用国家根本大法的方式将言论出版自由确定下来并予以保护，禁止国会或政府的立法或行政措施对其剥夺或限制。在他的努力之下，《权利法案》成为美国保障新闻自由最权威的法律文件。

英国思想家密尔汇集欧洲启蒙思想之精华，于 1859 年出版了《论自由》一书，全面论述了言论思想自由与个性解放对于人类社会文明发展的巨大功绩，抨击了宗教和封建专制制度对言论思想自由的危害，将言论自由主义的理论提升到了一个前所未有的高峰。密尔认为，无论是用人民的名义，还是用政府的名义来压制言论和思想自由，"这种权力本身就是不合法的，最好的政府并不比最坏的政府较有资格来运用它。假定全体人类减一执有一种意见，而仅仅一个人执有相反的意见，这时，人类要使那一人沉默并不比那一人（假如他有权力的话）要使人类沉默较可算为正当。如果一个意见是除对所有者本人而外便别无价值的个人所有物，如果在对它的享用上有所阻碍仅仅是一种对私人的损害，那么若问这损害所及

---

　　① ［美］彼得森编：《杰斐逊集》，刘祚昌、邓红风译，生活·读书·新知三联书店 1993 年版，第 33 ~ 34 页。

　　② ［美］埃德温·埃默里、迈克尔·埃默里：《美国新闻史》，展江译，中国人民大学出版社 2004 年版，第 100 页。

是少数还是多数，就还有些区别。但是，迫使一个意见不能发表的特殊罪恶乃在它是对整个人类的掠夺，对后代和对现存的一代都是一样，对不同意于那个意见的人比对抱持那个意见的人甚至更甚。假如那个意见是对的，那么他们是被剥夺了以错误换真理的机会；假如那个意见是错的，那么他们是失掉了一个差不多同样大的利益，那就是从真理与错误冲突中产生出来的对于真理的更加清楚地认识和更加生动的印象。"因此，他强烈谴责宗教和封建专制者对言论自由的迫害与压制，并指出"历史上富有迫害行为压灭真理的事例。即使不是永远压灭，也使真理倒退若干世纪"。

不过，密尔并不将言论自由看做是绝对的、无条件的，他声明自己不是硬性主张只要无限制地实行言论自由，就可以制止宗教和哲学上的宗派主义祸害。相反，他也看到，容易狭隘的人对于真理认真起来时会竭力主张，反复教导，以致认为世界上别无其他真理。因此，密尔肯定"一切意见是应当许其自由发表的，但条件是方式上须有节制，不要越出公平讨论的界限"，且"个人的自由必须约制在这样一个界限上，就是必须不使自己成为他人的妨碍"。因此，密尔主张"即使是意见，当发表的情况足以使意见的发表成为指向某种祸害的积极煽动时，也要失去其特权的。比如有个意见说粮商是使穷人饱受饥饿的人，或者说私有财产是一种掠夺，这种意见假如仅仅在报纸上流传，那也不应达到妨害，但如果是对着一大群麇集在粮商门前的愤激的群众以口头方式宣讲或者以标语方式宣传，那就可加以惩罚而不失为正当。"①

## 二、大众传媒的政治功能②

### （一）大众传媒的舆论监督功能

西方传统的自由主义理论认为，媒体在民主社会中首要扮演的

---

① ［英］约翰·密尔：《论自由》，商务印书馆 2008 年版，第 19～20、33、62、66、65 页。

② 本项内容是由武汉大学新闻与传播学院 2008 级硕士生王洁所写。

角色便是"watchdog role of the media"（媒体的看门狗作用），指媒体应该对国家政府部门实施监督，无所畏惧地揭露滥用官方权威的行为。该理论认为这一"看门狗"的功能在重要性方面压倒了媒体的其他功能。① 随着媒体产业股东和管理者的经济权力对媒体的影响日益明显，媒体监督的对象扩展为公共权力和私人权力，或者说应当同时监督政府权力机构和经济集团的权力滥用。中国学者展江对舆论监督的表述为："舆论监督是指新闻媒介代表公众（公民）对权力运作尤其是权力滥用导致的腐败进行的监督。"

　　媒体通过调查和揭露官员滥用职权的行为，引起公众舆论的关注并由此给相关部门施压来履行服务社会、维护公民利益的使命。新闻媒体最早在英国和美国被确立为"第四等级"和"第四权力"的地位，虽然事实上媒体的权力与行政、立法和司法机关不可比拟，要进行揭露监督报道也面临非常多的阻碍，但是目前来看，其对政府的长期监督被公认为是世界上最为有效和制度化的。西方社会中这方面的典型例证是美国总统尼克松执政时期"水门事件"的曝光，《华盛顿邮报》的两位年轻记者鲍布·伍德沃德和卡尔·伯恩斯坦坚持追查出事实真相，揭露了白宫与水门事件之间的联系，最终导致尼克松的下台。美国社会学家麦克尔·苏德松在《美国人记忆中的水门事件》一书中这样描述道：媒体用水门丑闻制造了新闻神话。

　　近年来西方社会其他较有知名度的舆论监督案例还有：伊拉克战争后，2003 年 5 月 29 日，英国广播公司 BBC 第 4 电台著名时事节目《今天》援引一名"匿名英国高级情报官员"提供的消息，指责英国政府将伊拉克大规模杀伤性武器问题扩大化，以此误导英国民众，说服民众同意英国参加对伊战争。自此至 2004 年将近一年时间，英国媒体铺天盖地的报道使得布莱尔政府陷入情报门的政

---

　　①　［英］詹姆斯·卡伦：《媒体与权力》，史安斌，董关鹏译，清华大学出版社 2006 年 7 月版，第 280 页。

治危机中。① 美国政府的伊拉克情报有假也是由《纽约时报》等美国新闻媒体最早揭露的，由于新闻媒体的积极参与而推进了关于"美国情报门"调查工作的开展和相关秘密信息的揭露。2005 年法国周刊《鸭鸣报》以报道《盖马尔的住宅不省钱》率先揭露盖马尔占用大量公共资源，财产申报不明，在媒体上撒谎愚弄公众的"豪宅丑闻"。其后《解放报》等媒体继续跟进，迫使法国前财长埃尔维·盖马尔（Hervé Gaymard）最终辞职。

　　而在中国，社会转型过程中严重的贪污腐败造成的政治混乱可能会中断国家的现代化进程已经成为学界的共识，媒体的舆论监督则有着更为特别的意义。在透明国际②所编制的清廉指数报告中，中国的分数一直处于较低位……清廉指数给各国腐败情况从 0 分到 10 分之间记分，2008 年中国获得 3.6 分，在 180 个国家或地区中排名第 72 位。③ 如今对于中国腐败案件高发的状况，公认的一大原因就是对经济与行政权力的监督乏力。"绝对的权力倾向于绝对的腐败"，制约权力，让媒体代行民众的知情权和批评权，以此监督政府行为。媒体的客观报道可以将腐败丑行暴露在光天化日之下，或者为司法机构惩治腐败提供线索，寻找证据。媒体的评论则是社会良知和多种智慧的体现物，它有利于形成反腐败的强大舆论。④

---

　　① 展江，张金玺等：《新闻舆论监督与全球政治文明》，社会科学文献出版社 2007 年版，第 88～89 页。

　　② 透明国际（Transparency International）即"国际透明组织"，简称 TI，是一个非政府、非盈利、国际性的民间组织。"透明国际"于 1993 年由德国人彼得·艾根创办，总部设在德国柏林，以推动全球反腐败运动为己任，今天已成为对腐败问题研究得最权威、最全面和最准确的国际性非政府组织，目前已在 120 个国家成立了分会。它的研究结果经常被其他权威国际机构反复引用。参见 http：//www. transparency. org。

　　③ 数据来源于透明国际网站 http：//www. transparency. org。

　　④ 展江：《新世纪的舆论监督》，《青年记者》2007 年第 11 期。

### （二）大众传媒传递政治信息，提供讨论平台和公众政治参与渠道

首先，大众传媒是发布信息的职业机构，能够成为民主制度建设的传递信息和进行讨论的中介手段。大众传媒一方面向广大公众传递重要政治信息，使其能够在掌握必要信息后更好地进行政治参与，也有利于政策的顺利推行和实施。只有运用各种方式使公民对政治事务知识有所了解，对政治运作过程、运作规则和运作结果都能有透明公开的认识，才能保证公民正常行使权利，也才能帮助公民更好理解政府决策。现代社会中，政治家与公众之间存在着不同程度的信息不对称的问题，损害了民主政治的本质。而公众可以通过追踪大众传媒来获取政治信息，可以借助媒体上越来越多的意见领袖，如专家、学者等，进一步获取对信息的分析、判断和整合。另一方面，大众传媒通过将公众的意见信息和政策实行情况传递给政府，从而使得决策层能够了解和掌握社会的实际状况，进而调整和矫正决策与行为，更有效地促成"上情下传和下情上达"的政治沟通。

其次，公民可以通过大众传媒所提供的各种方式和渠道发表自己的看法，并参与讨论提出建议，从而有助于事物的全貌以及相关的不同观点都得以呈现。比如公民可以给报纸和杂志媒体写稿、写信、拨打热线电话、参与谈话节目、发短信、上网发帖、参与网上投票、写博客等各种方式进行公共讨论。这样虽然不能保证讨论产生的结果是最完美的，但它毕竟更容易产生出理性的和公平的结果，从长远来看，也有利于培养出理性和积极自主参与的公民。

当代中国，常常是传统媒体和网络媒体互动使得媒体成为公众自由讨论公共事务、发表政治见解、进行政治参与的活动场所：或者是传统媒体首先向公众透露出信息，继而形成一个有意义的话题，继而网络论坛对这个话题进行热烈的讨论，并形成比较一致的、强大的民意，最后由传统媒体报道和反映民意。或者是公民先通过网络媒体提供新闻素材，引起网友的关注和热议，传统媒体再继续跟进，并进行舆论引导。最终都是舆论引起相关部门的注意，并对其造成压力，从

而推动了政府对所讨论问题的解决。2008 年瓮安事件①，2007 年至 2008 年的华南虎事件②，2009 年的躲猫猫事件③等，都是传统媒体与网络力量的互动合力才产生强大的舆论效果，推动事情的发展和最终解决。

### （三）大众传媒是政治社会化的重要途径

什么是政治社会化？英国学者 K. P. 兰顿认为："政治社会化是人们把自己所属的社会团体对社会的信仰和观念融合到自己的态度和行为模式中去的过程，是政治社会代代相传政治文化的方式。"格林斯坦认为："政治社会化包括生活史上每一阶段中，正式和非正式的、有意的和无计划的政治上社会态度的学习。何种政治学习不仅包括明显的政治学习，也包括影响政治行为意义上的非政治学习，如政治上社会态度的学习，即政治人格特征的学习等。"④ 前人从不同角度对政治社会化下了不同的定义，我们赞同以下定义：政治社会化对于个体而言，是一个人特有的政治态度、

---

① 2008 年 6 月 22 日，贵州瓮安县中学生李树芬意外死亡。由于对瓮安县公安局的死因鉴定结果不满，6 月 28 日，少数不法分子趁机打砸县政府和县公安局办公室，焚烧车辆，百余名警察受伤。从 22 日到 28 日的几天时间里，网友将视频上传网络，大量小道消息活跃在网络上。29 日下午，新华网社会频道发布消息，全国各大网站均予以转载。7 月 1 日晚，贵州省人民政府新闻办公室召开新闻发布会，当地政府及警方负责人就瓮安 "6·28" 事件答记者问。全国各大媒体也继续跟进报道。由于信息的公开流通，事件得到了妥善解决。

② 2007 年，陕西省林业厅宣布周正龙拍到华南虎照片。但照片被网民看出破绽，引发质疑。新浪网、新华网、网易、腾讯、搜狐等各大网站推出 "华南虎事件" 专题，包括事件回顾以及各传统媒体对该事件的报道等；《南方都市报》出号外《周老虎事件追踪》；中国中央电视台从 2007 年起在综合频道、新闻频道、经济频道都对该事件进行过报道。面对公众和网民的集体打假和不懈追问，"纸老虎" 终究现形，周正龙服刑认罪。

③ 2009 年 2 月 8 日 24 岁云南男子李乔明在晋宁县公安局看守所受伤，送院后不治身亡，事后警方称其是和狱友玩 "躲猫猫" 致死。经媒体报道后，在网络上迅速发酵，众多网民纷纷质疑，云南省委宣传部组织事件真相调查委员会，并公开面向社会邀请网友和社会人士参与调查。

④ 张昆：《大众媒介的政治社会化功能》，武汉大学出版社 2003 年版，第 5～6 页。

政治情感、政治价值观和政治认知模式的形成过程；对社会来说，政治社会化是一定政治文化传播和延续的过程。①

大众传媒的政治社会化功能体现在以下五大方面：

（1）大众传媒传播与传承政治文化。

虽然 K. P. 兰顿定义的政治社会化并不全面，但不可否认政治文化信息的传播是政治社会化进程中重要一环。政治文化通过传媒不间断地出版和播出，不间断地被继承、扬弃、融合。而且，与其他渠道相比，报纸、出版、广播、电影、电视以及互联网对知识与文化的传播，具有更强的广泛性和普及性。因为在大众传播时代，传媒是文化进行变动和延续的重要载体。社会成员可以经由大众传媒提供的各种渠道获得政治知识、政治观念、政治情感和政治信仰，经过感性与理性、自发与自觉地内心统一，进而形成自己的政治态度，这是横向传播；从社会发展的纵向角度看来，政治文化的认同总是通过一定的传输渠道（包括书籍、报刊等）传向历史的后来者，从而完成政治文化的传递，确保文化的连续性。

（2）大众传媒有助于现代政治价值观的构建

大众传媒将已经制作好的具有一定政治价值观的信息传达给受众，在个体受众的心理世界构建现代的政治价值体系，即爱国主义理念、国家民族的统一目标、政治系统的稳定和法治、自由、民主、人权、平等价值，"对于丰富公民的政治认识，形成正确的政治态度，塑造健全的政治人格，进而推进政治发展，保持政治系统的有序运行，具有积极的推动作用"②。大众传媒提供的讨论平台，也有助于现代政治价值观在争辩中得以广泛传播，潜移默化中有助于受众认知从而对政治价值观形成自己的态度。

（3）大众传媒对政治态度形成和改变有巨大影响

首先，在针对态度的形成和改变的研究中，班杜拉及其同事在

① 中国大百科全书编委会：《简明中国大百科全书·政治学分册》，中国大百科全书出版社 2006 年版，第 501 页

② 张昆：《大众媒介的政治社会化功能》，武汉大学出版社 2003 年 11 月版，第 181 页。

针对榜样及模仿现象的系列实验研究中提出了"替代强化"作用，强调了榜样人物对儿童的影响。现代传媒心理学研究指出，大众传媒也可以通过"替代强化"作用，为公众树立追随和学习的对象，并对榜样人物进行强化，从而引起公众模仿和学习，最终导致政治态度的转变。① 其次，在政治社会化进程的传播过程中，大众媒介运用议程设置和政治控制功能控制着受众接受的信息内容，作为信息"把关人"，在保证传播事件的客观性的同时，也不可避免地将带有一定倾向性的信息传达给公众。在大众传媒运用"强调"、"暗示"、"避重就轻"等心理学方法传播信息的过程中，通过评论等方式表达自己的观点、引导舆论时，受众不知不觉地受到了来自大众媒介的政治态度的影响，并在内化的过程中转变成个人的政治态度。

（4）大众传媒有助于中国国民"公民"人格的形成

国内外多种调查证明，大众媒介作为人民获得信息的基本来源，不仅影响到人们的认识、情感和意向，而且还直接地影响到人们的个性特质和行为倾向，关系到主体政治人格的形成与演变。② 大众传媒通过关注社会道德思想、文化哲学、经济制度、政治文明、法制文化的积极变革和发展，积极传播优良文化观念和价值，成为塑造国民"公民人格"——独立人格、主体意识、个性解放、自我实现、个人尊严、宽容精神、自由精神、平等精神、民主精神、法治精神、人权意识、公民意识③的主要精神食粮。

（5）大众传媒在维护和改革政治系统中的作用

一般来说，在维护政治体系方面，大众媒介的功能主要表现在维护社会的主流价值、培养人民服从的性格以及支持政府的执政，

---

① 方建移，张芹：《传媒心理学》，浙江大学出版社 2004 年 9 月版，第 48 页。

② 王露璐：《政治社会化进程中政治传播与大众媒介》，吉林大学 2006 年硕士学位论文。

③ 解思忠：《中国国民素质危机》，中国长安出版社 2004 年版，第 29 页。

为政治体系进行合法性论证。① 在变革中，大众传媒同样显示了其无可替代的功能。对大众传媒在社会变革中的作用，传播学创始人之一埃弗雷特·M. 罗杰斯认为第三世界国家的变革大多为接触型变革，西方新观念、新技术的传入是促使这些国家发生变革的主要因素。罗杰斯强调大众传媒的信息传播与新事物的采纳有密切的关系，认为大众传媒可以加速和扩大创新信息的传播。通过接触大众传媒，人会更容易具备现代化所必需的素质，实现个人层次上的现代化，从而促进社会变革。② 沉默螺旋理论的核心观点为大众传媒对"优势"意见的形成具有决定性的影响。创新扩散理论认为，传播渠道是创新扩散的必要因素。这两个传播学的理论为研究大众传媒在社会制度变革中的作用奠定了基础。诺斯对意识形态在社会制度变革中的作用给予了充分肯定，而大众传媒对意识形态的影响是得到普遍认可的，因此大众传媒通过意识形态影响制度变革是一个合乎逻辑的推理。③

随着新媒体的飞速发展，网络等媒体在政治社会化中的作用也被越来越多的学者所关注和研究。网络对大学生政治社会化的影响非常明显，学生政治社会化状况随上网频率不同而不同。在政治知识方面，高频率上网者对时事知识的掌握程度较好；政治价值倾向方面，高频率上网者在国家民族意识方面与其他频率上网者无差别，但其对政府和现行政策认同程度明显偏低；政治参与倾向方面，高频率上网者相对其他频率上网者而言参与态度较消极，对表达意见的途径了解较少，在政治效能认识上比较悲观，权利和义务意识比较薄弱。④

---

① 参见张昆：《大众媒介的政治社会化功能》，武汉大学出版社 2003 年版，第 233，234，235 页。

② ［美］埃弗雷特·M. 罗杰斯：《创新的扩散》，中央编译出版社 2002 年版，第 120 页。

③ 张晓群：《大众传媒在制度变革中的作用——理论模型与中国经验分析》，《中国传媒报告》，2007 年第 2 期。

④ 张光、蒋璐：《网络对大学生政治社会化影响实证研究》，《广州大学学报（社会科学版）》，2006 年 06 期。

（四）大众传媒促进权力机构、社会以及公众之间的沟通，帮助实现社会和解

首先大众传媒作为一种信息和意见的平台，可以起到"社会排气阀"的发泄和疏导作用。社会学家刘易斯·科塞（Lewis A. Coser）形象地把"排气阀"应用于社会学，他指出：社会存在着矛盾和冲突，而对于这些矛盾和冲突，社会主体会产生一些不满情绪，如果长期得不到释放，使这种情绪不断堆积，便会产生许多社会问题。一个社会，需要设置一类经常化、制度化的通道，以实现不同社会主体之间的沟通以及发泄不满情绪，它将保障社会运转的安全，及时发泄累积的不满情绪，有利于社会的稳定。① 中国正处于社会转型时期，目前又遭遇上全球金融危机，贫富差距拉大，社会不公现象增多，很多不满的情绪需要表达和疏导。而大众传媒尤其是网络媒体的"社会排气阀"作用是强大和便捷的：人们通过大众传媒这个途径表达自我，将现实中的不满情绪发泄出来，并能够找到共鸣和安慰。这不仅使得个人能够减轻压力和痛苦，也有助于政府、社会、公众之间矛盾的化解。

其次，当社会矛盾已经以激烈或者制度外的方式爆发出来的时候，大众传媒可以充当各方协调者，成为各方沟通的桥梁，从而推动问题的良性解决。目前中国社会频发的社会群体性事件中，信息的公开和流通对于解决误会和消除谣言至关重要。在信息传播技术高度发达的今天，群体性事件一经发生，人们就能够通过各种渠道进行广泛传播，尤其是互联网和手机的强大功能使得任何想要阻塞或者隐瞒信息传播的行为只能是火上浇油，更加剧矛盾双方的对立。比如前面提到的贵州瓮安事件，云南"躲猫猫"事件，以及2009年5月发生的湖北石首抢尸事件，都成为有力的现实证明：政府公开信息，接纳和配合媒体的报道则有助于事件的良好解决，并能够安抚群众情绪；政府隐瞒信息，阻挠媒体报道或者在运用媒体上消极作为，都只能加剧谣言满天飞，激化官民矛盾。

---

① 陈力丹、宋子婧：《从传媒"排气阀"作用看网上意见现象》，《中国社会科学院报》第68期。

### 三、大众传媒对政治文明的积极推进作用①

#### （一）大众传媒有助于提高政治主体的理性化程度和完善组织结构

政治主体既可以是一个具有政治意识和独立人格的个体，也可以是以共同的政治理想、政治纪律而组成的政治组织、政治团体，还可以是基于共同的根本利益而形成的政治群体。

首先，信息的充分流通是政治主体合理规范进行政治行为的前提，因此大众传媒对于政治信息的传播则意义重大。个体公民对政治的认知判断主要是通过媒介来获得的。只有通过大众媒体让民众了解和掌握足够的政治信息，提高公民对政治的关注度，才能保证公民正常地行使权利，公民也才有可能积极广泛地进行政治参与。

其次，大众媒介在培育公民"对民主政体的感情"、"对法治社会的信念"、"对政治自由的理解"、"权利义务观念的确立"、"参政议政意识的促进"等方面都有积极作用。传媒报道内容逐渐重视社会教育功能，譬如大量的公共教育通过大众传媒使公民了解到各种社会福利和申请条件、了解现代社会的规章制度，并逐渐掌握具有参政资格的公民所应该具备的政治价值观和政治技能，增强对政治体系的理解能力和关注程度，提高政治表达水平和判断问题分析问题的准确程度和深度等。正如皮尤公民新闻事业中心的代理主任简·谢弗所说："我们不放弃守门狗的角色……没人想放弃这个角色……同时还要承担导盲犬的角色。"②

网络媒体的新闻传播具有开放性、平等性，并鼓励受众参与讨论。在网络媒体进行新闻传播中，与传统媒体一个很大的区别就是，每条新闻的后面都会有一个"讨论"的标志（有的网站是"留言"），点击"讨论"，就进入了该新闻的讨论区，任何人都可以将自己的意见留在留言版上，进而形成了一个关于这条新闻的公共讨论的空间。甚至有时候文章的作者还能与读者一起参与讨论，

---

① 本项内容是由武汉大学新闻与传播学院 2008 级硕士生王洁所写。

② 李青藜：《美国的公民新闻事业》，《国际新闻界》，2004 年第 1 期。

除此之外还有博客、BBS 论坛、豆瓣网上各种主题的讨论小组等等，提高了公众讨论的频率以及便捷性。经常参与讨论有助于培养公民意识，提升公民的批判精神和思考能力。有研究者以人民网"强国论坛"为个案，考察网民借助电子论坛自由表达意见的现状，得出结论：网络构建的公共领域相比于传统媒体的公共领域极大地推进了民主性和自由性。公众参与国家政治、经济和社会发展重大话题讨论的机会是在传统媒体时代不可想象的。公众利用网络构建的一个公共空间——"强国论坛"可以在法规条例的允许范围内自由传播信息、表达意见。①

政治主体从习惯表达到善于表达，从提倡理性讨论到严谨思考习惯的培养，大众传媒尤其是网络媒体的积极作用不可小视。

（二）大众传媒推动政治行为规范化、程度化、效能化

政治主体在政治意识的驱动之下，在社会的政治生活和政治活动中往往有诸多外在表现，即政治行为。政治行为的理性化程度如何；政治行为是否具有良好的心理环境、政治价值和政治行为准则；政治行为是否纳入规范化、程序化、制度化的轨道；政治行为的效能如何，与预期的效果、宗旨是否相统一，这些综合性指标便成为政治行为文明乃至政治文明不可缺少的要素。② 在此，作者重点讨论的是大众传媒对公民政治参与行为的重大影响。

大众传媒在公民政治参与发生前、政治参与发生中以及政治参与发生后这三个阶段都有不同的作用，后面会有章节专门讨论此问题。这里先概述如下：

大众传媒在公民政治参与发生前的积极影响有：

1. 大众传媒提高公民政治参与的可行性和积极性。首先，大众传媒使公民能够低成本、高效率地获得政治参与所需的信息。"如果公众参与政府事务，则他们必须有机会了解与其在政治体制

---

① 王勇：《公民社会与新闻传播》，2004 年华中科技大学硕士学位论文。

② 郑慧：《政治文明：涵义、特征与战略目标》，《政治学研究》，2002 年第 03 期。

中的地位相一致的消息和情况。"① 获得足够信息是公民进行政治参与的前提。其次,大众传媒对公民理性、自主、负责任的政治参与意识有熏陶与教育作用。第三,大众传媒一定程度上代表弱势群体表达问题和需求引起公众关注,网络媒体更是可以使弱势群体能够组织起来进行更有效的政治参与。第四,大众传媒为公民政治参与能力的提高提供平台和培训场所,培养其良好的政治参与思维与习惯,从而为良性高效的政治参与打下基础。

2. 大众传媒有助于营造良性宽松的政治参与环境。大众传媒积极地对公民合法政治参与进行宣传鼓励;当公民政治参与受到某些权力的侵害时,传媒有责任和义务通过公布信息、发表评论等方式引起社会关注,呼吁法律与政府采取措施保护公民参与权。

3. 传媒促使权力机构的调整使其更有利于公民的政治参与。首先,传媒促进政治体制改革,强化了政治制度对参与的体制效用,使其更加重视公民政治参与。其次,大众传媒,尤其是网络媒体,是权力机构进行政务公开和电子政务的重要渠道和载体,方便了公民政治参与。

大众传媒在公民政治参与发生过程中的作用主要表现为传媒对政治参与主体的支持和引导。首先,传媒丰富公民政治参与手段,是其重要有效的渠道。其次,传媒是公民声音的放大器。有两层含义:一是指大众传媒的传播力量能够消除单个公民政治参与的无力感,引起更为广泛的公众注意和支持,促进公民组织性的政治参与。二是指大众传媒能够汇集公众舆论使其显著到引起权力机构注意和重视的程度,使公民参与真正能产生实质效果。再次,传媒自身或者传媒给意见领袖提供了平台去理性引导公民政治参与方向,引导公众舆论,使之不至于偏离正常轨道。

大众传媒是公民与权力机构有效沟通的桥梁,尤其是在公民政治行为以法制外的方式爆发时,传媒的协调角色则尤为关键。一方面,传媒是职业的信息发布机构,其中政治信息是其信息发布内容

---

① 埃里温·埃默里,迈克尔·埃默里:《美国新闻史——报业与政治、经济和社会潮流的关系》,新华出版社1982年版,第20页。

中的重要部分，传媒通过发布政治新闻、报道政治讨论等方式将政府的政策法规进行"下达"，扩大政府的支持范围；另一方面，大众传媒在一定程度上能够反映现实，反映公众意见和呼声，具有一定的公众立场，是将民意进行"上传"的有效渠道。

大众传媒在公民政治参与实现后还可以将政治参与的结果公布给广大公众，并总结分析和评论政治参与的成功经验与不足之处，使得公民政治参与能够连续化、深度化。

**（三）大众传媒是协调政治关系的重要力量**

马克思主义认为，一个社会政治的本质内容就是各政治主体在获取和维护各自利益或所代表的利益而进行的各种活动中形成的彼此之间的复杂关系。① 在中国社会中，政治主体的多元性和复杂性决定了政治关系的复杂性。在这样一个大规模的复杂社会中，政治沟通与政治互动显得尤其重要。美国学者 K. W. 多伊奇在其《政府的神经：政治沟通与控制的模式》一书中指出：政治沟通不只是精英对其民众发送信息，还包括全社会范围内以任何形式……影响政治的整个非正式沟通过程。② 大众传媒作为专业传播信息和发表意见的权威机构，在当今信息社会中成为了政治沟通的基本渠道。

具体而言，媒体在其中的积极功能是充当政府与民众的桥梁，通过对信息的双向传递以及发挥意见领袖的作用，减少误解和化解矛盾，从而促成双方关系的缓和与良性互动。媒体通过公开、及时、便捷地传达情况和意见，并提高政策构建所代表民意的深度和广度，提高决策的合理性程度。在政策执行过程中，媒体促进决策者与执行者之间、执行机构之间、政策执行者和政策对象之间相互协调与沟通以减少政策执行环节人为造成的耗损，加强决策者对执行情况的掌握和监督，也尽量缓和政策目标主体对政策执行的误解

① 郑慧：《政治文明：涵义、特征与战略目标》，《政治学研究》，2002 年第 03 期。

② ［英］戴维·米勒、韦农·波格丹诺编：《布莱克维尔政治学百科全书》，中国政法大学出版社 1992 年版，第 547 页。

和抵触。

另一方面，媒体的强效沟通作用也体现在社会矛盾和冲突发生的时候。矛盾和冲突是任何时候都无法避免的，相反地，如果政治体系具有高度的消化能力，社会冲突和抗议运动反而常常变成政治进步的动力。关键在于我们应如何调解社会矛盾，如何妥善地处理以及合理地协调好各种政治关系。处于转型期的中国社会，在经过30年的改革开放之后，已经进入社会冲突多发期，这是一个不容置疑的现实。从农村失地农民、城市拆迁户的抗议，到各地出租车司机的罢运，再到教师罢课、工人停工，社会冲突在强度和广度上大有扩散的趋势。

众所周知，化解冲突矛盾的必要条件之一即是：保证沟通渠道畅通，并避免信息在沟通过程中被扭曲。因此，在信息传播和意见沟通过程中至关重要的大众传媒可以而且理应发挥疏通和润滑剂作用。在 2009 年杭州飙车案末期，无论警方、法院和政府怎么解释，网络民意总是一边倒地质疑入狱的胡斌为替身。这时，唯有媒体作为公平客观的社会力量介入，才最终化解了这场信任危机。胡斌案后再次发生的一起保时捷撞人事件中，警方也完全吸取了此前"70 码事件"的教训，以媒体为平台全程公开办案过程，特别是电视进行画面报道，将潜在的社会矛盾化为无形。

**（四）大众传媒有助于社会意识体系的构造和政治意识的创新**

政治意识是人们在特定的社会条件下形成的政治态度、政治情态、政治认识、政治信念、政治习惯和政治价值观的复合存在形式。这些既是大众传媒在政治传播中的主体性内容，又是政治传播过程中主体用以改变客体的"物质"；而社会成员对于政治的性质和功能的理解、他所持的政治理想、政治参与的热情、对待公共权威的态度、评议政府政策的价值标准、内心遵循的政治行为准则等等，是大众传媒进行政治传播的主要内容的同时，也正是大众传媒进行政治传播要达到的目的和想取得的效果。[1] 即媒体通过政治信息的传播，通过议程设置功能，来改变受众态度，创造政治认同，

---

[1]　李宏，李民：《传媒政治》，中国传媒大学出版社 2006 年版，第 69 页。

并强化这种认同，从而促进政治主体发生政治行为。

通过 2002 年 10 月在中国 33 个省（区、市）中进行的对中国公众接触大众传媒与知晓公共事务、社会政治参与意识三者之间关系的调查研究中显示：中国受众接触报纸的频率和时间，都与社会政治参与价值观成显著的正相关关系（频率 partialr = 249，p<01：时间 partialr = · 122，p<01）。中国受众接触电视的频率，与社会政治参与价值观成正相关关系，但未达到显著程度。中国受众接触电视的时间，与社会政治参与价值观成显著负相关关系（partialr = -039,p<05）。中国受众接触广播的频率，与社会政治参与价值观成显著正相关关系（partialr = · 057，p<05）。中国受众接触广播的时间，与社会政治参与价值观成正相关关系，但未达到显著程度。① 此研究在一定程度上证实了中国社会民主化、大众传媒与受众之间的紧密互动关系，接触大众传媒尤其是报纸，增进了受众对公共事务的知晓，强化了受众的社会政治参与意识。

因此，传媒绝不是完全客观机械的信息发布机构，它在传播信息的同时，也在建构一定的政治意识形态。至于这种传播方式则是千变万化的，有些是直截了当，旗帜鲜明，如评论，就是传媒运用不同的素材，根据政治的需要直接表达立场，以理论的力度传播自己的政治观点，影响社会政治生活，统一社会舆论。而有的时候就不采用直接明了的办法，而是巧妙地选择有用的事实，把零散真实的素材有机地综合之后，在通篇真实的材料外表下，把传媒想要表达的政治思想隐含在新闻之中。② 媒介通过议程设置选择并强调某些话题，让公众在纷繁复杂的信息洪流中感觉到被媒体所关注的议题就是主流的议题，媒体所宣扬的价值观、政治信仰和行为规范就是主流的，继而使受众在媒介的影响下形成自己的议题次序和价值取向，影响受众使之融入主流政治文化。而媒体所呈现出的学术界

①　廖圣清，张国良，李晓静：《论中国传媒与社会民主化进程》，《现代传播》2005 年第 1 期，第 52 页。

②　邵培仁，江潜：《知识经济与大众传媒》，浙江大学出版社 1999 年 10 月版，第 165 页。

等权威机构所带来的专家效应也会引导人们产生价值观和理念的转变。传媒机构既是综合"意识机构",又是综合的意识传播媒介,是名符其实的观念生产者。

### (五) 大众传媒不断推动政治制度的健全和完善

政治制度文明是政治文明的核心。政治制度指的是在特定社会中,统治阶级通过组织政权以实现其政治统治的原则和方式的总和。① 从更为宽泛的角度看,政治制度是指社会政治领域中要求政治实体遵行的各类准则或规范。政治制度建立后,大众传媒成为维护和改善政治制度的有力工具。

传媒对社会生活中出现的矛盾十分敏感,对正确的行为进行积极倡导,对那些破坏社会秩序的行为则进行监督和批评。这种反映社会公心的舆情使得政治制度能够根据社会发展的不同要求进行及时有效的变革和调整,以达到尽可能容纳、代表社会各方利益要求的目标。而且传媒真实反映人民群众的呼声,给公民提供表达意见的渠道,这在很大程度上能够减轻政治制度所受到的压力和冲击。因为当公民的制度内参与无法正常实现时,由于利益诉求公民会转而采取制度外参与方式如暴力、示威、破坏等,给政治制度施加压力。

现代社会中的所谓民主监督离开了大众传播是不可思议的。因为大规模的人口数量和遥远的地域限制,公众亲身经历重大的公共性事件的可能性已经越来越小,我们通过现场目击的方式获得信息的可能性同样也越来越小,我们的信息来源越来越依赖于媒体,这是一个无法改变的基本事实。大众传媒按照宪法赋予的权利,通过舆论对政治体系进行批评和监督,曝光腐败等各种违法行为。媒体日常的客观报道可将权力运作透明化,特殊的揭露性报道可将腐败丑行暴露在光天化日之下,或者为司法机关惩治腐败提供线索,寻找证据。媒体的评论则是社会良知的体现物,它有利于形成反腐败

---

① 郑慧:《政治文明:涵义、特征与战略目标》,《政治学研究》,2002 年第 03 期。

的强大舆论。① 最后媒体与有关部门协同合作，促使问题的解决。因此大众传媒能够促使国家机构实现管理的民主化和科学化，从而树立其在全社会的良好形象，增强社会公众对政治体系的认同和支持，提高全民族的凝聚力和向心力，最终巩固政治制度的民众基础。

## 四、政治文明对大众传媒的巨大影响②

### （一）政治文明决定大众传媒的性质和发展

特定社会的政治制度决定该社会的新闻事业的基本性质。③ 不论在西方还是东方，政治文明都主导着大众传媒的发展，是传媒成长发展的基础环境。比如，西方民主制度所延伸开来的对新闻自由原则的确立与扩大，对公民知情权的承认为大众传媒合法报道提供了文化和法律上的保障。因为民主制度是以公民和各种社会集团自由平等的参与为基础的，要在各种政治力量的公平竞争和妥协中形成政治决策。民主制度的本质决定了在民主社会中大众传媒绝不能为政府和少数权势集团所垄断，从而形成对人民大众一边倒的强制性灌输，仅仅充当政府或统治者的"啦啦队"。它要求保障不同意见的自由表达，实现不同知识和意见的自由市场。新闻自由是民主价值观在传播领域的表现，那些曾为民主理想而奋斗的政治思想家都认识到言论自由是民主制度的基石。在民主社会里，大众传播能够成为民主的工具，在民主体制中发挥有效的作用，是以对新闻自由的法律保障和文化支撑为基础的。1644 年，弥尔顿在《论出版自由》中提出了"自主原则"："让她（真理）与谬误交锋吧，谁看见在自由而公开的交战中，真理会败下阵来？"两位英国作家约翰·特伦查德和托马斯·戈登于 1720 年写下了一系列为后来所知的"信息自由流通"辩护，断言政府自由与出版自由共存亡。他

---

① 展江，张金玺等：《新闻舆论监督与全球政治文明》，社会科学文献出版社 2007 年 12 月版，第 21 页。

② 本项内容是由武汉大学新闻与传播学院 2008 级硕士生王洁所写。

③ 童兵、展江、郭青春：《新闻传播学原理》，中央广播电视大学出版社 1999 年版，第 244 页。

们指出，言论自由是"每个人的权利，只要一个人不用它来危害和支配别人就行"①。弥尔顿和"加图"影响了美国人，使其将言论自由写进 1791 年批准生效的美国宪法第一修正案。它规定："国会不得制定法律剥夺言论或出版自由。"这项条款成为新闻自由史上的里程碑。

在当代，经过数百年民主制度的培育，新闻自由的信念在西方社会已经根深蒂固。民主制度和它在法律上保障的言论自由和新闻自由，是大众传播事业发展的精神摇篮。民主需要政治竞争，民主环境下的政治竞争产生了对媒介及言论自由环境的需要，竞争各方都要制造舆论，公开的政治辩论也刺激了公众对政治生活的关心，以及掌握政治信息和理解政治问题的兴趣。在英、美、法等国的现代多党制形成时期，大体上也是报纸开始成为政治生活的一支重要力量的时候。民主制度为 19 世纪兴起的真正的大众传播媒介提供了政治法律上的保障，同时，大众传播媒介作为一种新崛起的政治因素和独立的政治势力，它本身又成为维护、扩大和发展新闻自由最积极的力量。在当代，随着社会的发展，新闻媒体以宪法修正案第一条款（美国）之类的法律为基础，不断扩大着新闻自由的范围。② 但是，我们也必须强调，西方的新闻自由本质上是资本家的自由，而非人民的自由，具有很强的虚伪性。

而在中国，特殊的政治体制赋予了大众传媒双重的身份，要求媒体在自给自足的同时也成为守护主流意识形态的软性力量。有学者认为，中国当代改革从政治学意义上可以分成两个阶段：第一个阶段是 20 世纪 80 年代到 90 年代初的全能主义新政阶段。这个阶段的特点是：运用全能主义的政治体制与政治资源来推进一场新政运动，整体政治结构仍然是全能主义的，如党对意识形态的控制，新政策的自上而下推行，党运用全能主义政治的资源来实现政治稳

---

① 参见 J. Herbert. Altschull：《Agents of Power》，Longman 出版社 1995 年版，第 12～17 页。

② 丛日云：《大众传播时代的西方民主》，http：//criyun. blog. hexun. com/21907023_ d. html。

定。在这个过程中，一些非全能主义的新事物逐渐地"脱全能主义化"。而到了 90 年代以后，市场经济引导下的社会多元化结构已经基本形成，中国已经进入了"后全能"体制阶段。这个阶段的特点是：现行政治权威仍然继承了全能体制下的大部分组织资源，如执政党的地位、党组织对社会生活领域的参与与组织渗透，以及党中央对基层的组织动员力，国家政权对传媒、国家机器、社团组织，对作为国家命脉的大中企业的有效控制，等等。这种"后全能型"的政治权威模式可概括为具有刚性调控能力的"低政治参与，高经济投入"结合的发展模式。① 在这种后全能型政治权威体制下，媒体是被作为"存量"资源而被暂时性搁置的。由于媒体涉及意识形态安全、涉及权威政治的合法性基础，决定了媒体改革不可能有大幅度的体制性突破。因此，媒体改革相对经济改革而言，其速度和深度远不及后者。虽然党和政府下放了作为传媒业主对传媒的经营管理权，而改换成与传媒达成某种协议确认了传媒的双重身份。即大众传媒一方面作为经济实体进入市场通过发行、广告等手段进行赢利而生存发展，但另一方面传媒作为经济实体的身份又来自国家的特许，来自它们作为国家机器，或国家意识形态设置（state ideological apparatus）的一部分，它们的行政级别、服务对象由国家管理部门所确定。这一定位，使它们能够享受一定的国家资源。譬如，获得特许派记者赴港报道回归，派记者赴国外报道奥林匹克运动会，或派遣驻外记者，也具备在一定范围内的市场垄断。譬如中央电视台为唯一面向而且覆盖全国的电视台，《广州日报》曾为唯一面向以广州为中心的珠江三角洲市场的都市日报等。同时，它们也因此承担与其定位相适应的服务国家政治利益的责任。这种经济利益集团和国家意识形态设置的双重身份，使得它们在运作中，服务国家所代表的"公益"（public interests）与满足本团体的"私益"（private interests）相互掺杂，难分你我。这种"协议"表明党和国家具有批许（license）、审查和合法化传媒的

① 萧功秦：《从发展政治学看转型体制》，《浙江学刊》2005 年第 5 期。

垄断权。① 所以在中国的政治体制框架内，媒体的存在和发展必须要以守住政治底线为前提，这是刚性约束。媒体重要的功能——舆论监督、制约权利也几乎完全依附于政治制度。

当然，中国法律条文中也散见对大众传媒合法报道的保护。大众传媒对社会的不良现象进行舆论监督，必然会遇到种种困难，甚至传媒人员也会受到不同程度的诱惑与阻碍。因此大众传媒需要民主与法制提供一个舆论相对自由开放、报道权受到实质清晰的保护的政治环境。

**（二）政治文明对大众传媒的制约和规范**

新闻传媒自身同样必须在法律允许的范围内活动，不可成为享受特权的社会力量，只允许自己对权力运行及其相关现象进行舆论监督，而把自己超越于法律的监督之外。

首先，媒体必须以事实为依据，不应该对他人进行无中生有的虚假报道，甚至捏造诽谤、侮辱他人，也不能随意解释法律条文和含义，更不能歪曲法律。新闻记者不是警察也不是法官，只是事实的报道者和舆论监督者，只能用真实的力量去影响社会。

其次，如何界定大众传媒对司法进行监督的合理界限也受到关注并争议不断。近年来，随着我国民主法制建设进程的不断推进，新闻舆论监督在法制建设中所发挥的作用越来越显著，但与此同时也出现了干扰司法独立的现象，与法制建设形成了冲突。因为大众传媒与司法机构属于性质不同的组织结构，从事着不一样的社会分工，并遵循不同的游戏规则和判断标准。正如法学专家何家弘所言：新闻舆论监督偏爱"接受美学"的理论，喜欢按照社会关注的热点并利用民众蕴涵的激情去创造轰动效应；而司法审判遵循"距离美学"的原则，宁愿与公众保持一定距离并经过独立冷静的理性思考来体现法律的精神。因此，传媒崇尚自由，讲究新闻的时效性和传播的广泛性；司法追求公正，注重过程的规范性和结果的

---

① 潘忠党：《学为问，学而知不足》，http：//www1. people. com. cn/CB/14677/21965/22072/2330295. html。

正确性。①

从保证法院依法独立行使审判权，维护司法公正的角度出发，有研究者提出新闻舆论对司法活动的监督应遵循以下原则：第一，对法庭审判过程的报道必须是客观的、全面的。在开展司法监督活动中，报道一定要实事求是，客观公正地反映司法活动的本来面目，不能凭主观的臆想进行推理、判断或随意夸大，不能使用各种煽情和带有明显倾向性的语言，更不能对诉讼参与人进行人身攻击性的评论，包括侮辱和诽谤。第二，不得对未决的案件做倾向性的报道。司法活动是一种法律职业化和专业化的活动，有其特定的工作规律；司法工作人员是依据法律，根据确认的证据进行理性、冷静的法律推理，严密论证，做出判决。第三，慎重对待诉讼过程，尤其是刑事案件。在诉讼过程中，新闻媒体在对案件的审理情况进行报道时一定要谨慎从事，保持中立立场；在对通过行使知情权而获得的诉讼文书只做如实报道，而不发表带有倾向性的评论和意见，以免误导公众，对司法人员产生压力。② 有关这方面的内容，在第二章第二节中有详述。

## 第四节　大众传媒与法治

### 一、法治原则在大众传媒业中的具体运用

在第二节中，我们总结和阐述了已达成广泛共识的法治原则，在此不再赘述。本节所述就是要将前述法治原则运用到大众传媒的法律保护层面上来。大众传媒的法律保障的目标就是要达到一种法治状态：任何主体通过大众传媒对信息获得或者传播权利的行使以及国家权力机关对信息传播活动的限制和管理，都需符合宪法和法

---

① 何家弘：《监督，但不介入——谈大众传媒对司法公正的影响》，《中国青年报》1999-07-22。

② 田莺：《论新闻自由与司法公正》，《行政与法》2004 年第 4 期，第 45页。

律的规定，符合法治的要求。

**（一）国家机关针对大众传媒的任何职权行为都应符合法律规定**

法治首先意味着国家机关应当遵守法律或者应当依法行政。亚里士多德曾指出法治的意义之一就是法律得到普遍的服从。富勒强调的"官方行动应与法律规定相一致"与拉兹所提出的"特别法（特别法律命令）应以公开、稳定、明晰和一般的规则为指导"也都蕴含了国家机关依法行政的法治原则。依法行政作为一项非常重要的法治原则意味着，国家机关做出的任何影响传媒信息传播权利的行为，例如行政行为（抽象的和具体的）、司法判决等，都应符合法律（根据宪法和立法体制的规定经由特定的国家机关依据法定的职权和程序制定的具有普遍效力的、公开的规范）规定。也就是说，国家机关行使职权的前提是必须获得法律的明确授权。由于国家机关的职权分为两种：规范性权力和管理性权力，所以，国家机关针对大众传媒的职权也相应地分为规范性权力、管理性权力。任何国家传媒管理机关在行使上述某种权力时，不仅要获得法律的明确授权，还要满足该法律有关权力行使的条件、方式、程序的要求。在此需要强调的是，国家传媒管理机关针对大众传媒行使的任何职权行为，都应符合法律的规定，而不是非法律的那些规范，如政策、指示、执政党的纪律或内部文件等等，因为上述各种规范在法治国家中是不具有法律效力的，当然，也就难以成为国家传媒管理机关行使职权的依据。

**（二）有关大众传媒的法律规定应严格遵循法律至上或者宪法至上的原则**

宪法是一个国家的根本大法，规定的是国民的最基本的权利和义务，可以说是最为基本的理念或原则。因此，其对言论、出版自由的规定也就完成了将公民的应然权利转化为法定的权利，不过，仅此尚属不够，还应当通过普通法律的具体化将法定权利转变为现实权利。而在法律至上或者宪法至上原则的要求下，有关大众传媒的那些普通法律规定都必须与宪法的有关规定、原则、理念相一致，否则，就应归入无效。因为，在法治国家中，一个完整的法律体系必须体现出自下而上，直到宪法逐次相一致的位阶法要求，一个充满矛盾的法律体系既无法实现法治又会破坏宪法规定的意旨以至无法实现宪法的目的。当然，一条有关大众传媒的法律保护规定是否符合宪法，我们可以从以下两方面加以分析：首先，对于不涉及其他合法权益单就新闻自由的行为法律规范，应当体现宪法所蕴含的言论自由理念，促进而不是缩减言论自由的权利，保护人民通过大众传媒实现言论的自由；① 其次，在涉及其他合法权益情况下对新闻自由的法律设计，应遵循宪法对不同利益设计的轻重缓急的序列安排，在新闻自由与其他合法权益之间作出符合宪法精神的平衡。不过，这种位阶序列很少通过明确的条款在宪法中加以确认，而是根据一定的解释原则、方法将其说明。例如，现代宪法几乎都对言论自由和国家安全做出了保障性规定，普通法律在调整言论自由和国家安全间的关系时，应根据宪法所蕴含的关于言论自由和国家安全的相对重要性的认识来进行，也只有如此才能真正达到对宪法的诠释。但是无论如何权衡言论自由和国家安全并作出制度安排，任何一方的利益都不能因对方的存在而被消灭，但可被限制。

上述要求下位法符合上位法方式的宪法至上原则，确实可以起到预防普通法律对言论出版自由的限制过于宽泛的作用，不过，要全面实现这种预防作用，我们尚需在宪法中明确有关言论、出版自由的限制方式和限制条件，在宪法之下的法律中明确限制措施。在法治社会中，言论、出版自由是作为一种宪法权利而存在，即宪法将言论、出版自由列为公民的一项基本权利，但任何权利都不是绝对的而是相对的，都要受到某种程度的限制，那么，对宪法权利限制方式和条件的规定也就只能必然由宪法来担纲才能从本源对该项权利加以合理界定，充分实现宪法的意图。不过退一步讲，即使宪

---

① 我国《宪法》第 35 条规定，公民有言论、出版、集会、结社、游行、示威的自由。该条中的"公民"在法理上不仅仅单指公民个人，应该还有公民组织，"出版自由"的国际共识不仅指在出版物上发表言论的自由，而且指创办出版组织的自由。但是，作为宪法下位法的行政法规《出版管理条例》将出版物的创办主体锁定为具有上级主管部门、主办部门的"单位"，公民个人或不具有上级主管部门、主办部门的"单位"、组织都被排除在创办主体之外，他们只拥有在出版物上发表言论的自由，这种制度设计明显存有矛盾。

法没有对此作出明确规定，也应该由宪法之下的法律来加以明确，而不应由行政法规对此限制，因为，从权利的产生根源来看，公民的基本权利只能由权力机关（全国人民代表大会）而不能由行政机关来加以限制。当然，行政机关完全可以为了更好地执行权力机关的限制性规定而制定相关实施细则之类的法规或规章。

**（三）设立审查机构实现监督权力原则**

权力不受制约和监督必然导致滥用和腐败，因此，法治社会必然要求对国家权力进行监督。而独立的审查机构的设立就成为审查国家机关涉及大众传媒的职权行为的关键所在，因为，法治社会的良好运转离不开审查权力的特设机构，如若缺失此类机构上述各种法治原则必将成为空中楼阁。审查机构的设立离不开对审查对象、审查标准的确立，针对大众传播业，审查的对象就是国家机关做出的涉及大众传媒的职权行为，包括权力机关针对媒体的立法行为和行政机关的行政行为（包括抽象行政行为和具体行政行为）。审查前者有助于保证传媒立法活动的合宪性，审查后者有助于保证行政行为的合宪性和合法性。审查的标准包括形式和实质两方面的要求，形式审查要求公开性、明确性、适当性，即传媒立法或行政裁决应用语明确、形式公开、限制适当，法律实施机构自由裁量权的适当授予；实质审查要求法律或宪法至上性，即传媒立法或行政裁决的内容必须与宪法和法律的旨趣相一致。

## 二、法治建设对大众传媒的影响

作为整个社会系统中一个非常重要的子系统的大众传媒业，即使在西方资本主义国家中也因其自身所具备的民主政治功能被归入上层建筑思想意识形态领域内。在民主国家里，大众传媒常常作为一种"批判的武器"，传播某种意识形态，确立所属社会的政治、经济制度的合理性，维护社会秩序。这种强大的、无与伦比的民主政治功能的存在，成为各国统治阶级控制和利用大众传媒的合法前提。也正基于此，大众传媒的发展不可能离开民主国家所提供的政治和法治环境。人类大众传媒业的发展史自身说明，民主政治宽松的阶段，就是大众传媒获得蓬勃发展的阶段；法治观念盛行的国家，就是大众传媒都能充分发挥自身优势的乐园。

**（一）大众传媒的民主权利获得法律确认**

以普天下之人为受众的大众传媒，自身的活动规律无不透射出近现代平民意识和平等精神的光芒。民主意识的产生，也就为大众传媒闪耀于世打开了方便之门。可以说，政治民主是传媒事业产生和发展的权利保证，有了充分的民主权利，传媒传播的积极性和主动性才能得以更好的发挥。同时，大众传媒事业从其诞生那天起，就大声疾呼新闻自由，要求赋予传媒和公众充分的传播新闻和接受新闻的民主权利。而这种大众传媒的民主权利历经西方资本主义社会的民主思潮的锤炼，早已成为人类共享的民主先进成果，并获得了民主国家法律的广泛确认。

1. 知情权。按照政治学原理，国家权力来自人民，人民是国家真正的主人，因此，人民有权知道应该知道的一切，也就是享有知情权，这被视为国家民主化程度的重要标志。同时，实践中民主依赖于信息的自由流通，这一点在发达国家和发展中国家均有广泛的共识。因为，人民行使管理国家的权力，是以对公共事务的了解为前提的，若不能获取政府的信息，人民就不可能选择和监督政府。因此，获取信息自然会增加政府的透明度，不仅有助于抑制腐败，而且有助于公民对公共生活的参与，从而提高他们的自治水平。

知情权又称"知的权利"、"知悉权"或"获知权"，是指公民有权知道他们应该知道的事情，国家最大限度地确认和保障公民知悉、获取信息，尤其是政务信息的权利。其既包括依法享有的政治权利和社会权利，也应包括对个人信息的知情权。因此，所谓知情权的客体也就既包括官方消息或官方情报，也包括非官方的消息、信息，并且，公民的知情权以"知悉、获取信息"作为自己实体性的权利要求和利益目标，在法律操作程序中，其权利及相应义务的分配与运行均以保障公民知悉、获取某种信息为目的。作为国际社会公认的公民基本权利之一的知情权，是公民实现其他权利的前提，也是现代国家民主宪政的基础要素。宪政是建立在人民与政府的社会契约之上的，人民是国家的主权者，政府是实现民意的机关。而相对于分散孤立的民众而言，汇集政治精英和专家的政府处于强势地位，大部分信息都集中在政府手中，只有满足公众知情权，公众才能正确辨别和准确判断，选举和督促自己信任的政府。因此，人民有权通过各种方式，主要是通过大众媒介，来了解政府的工作情况，并对政府进行有效的监督。而这种以传递信息、沟通情况为主要功能的大众传媒，也有责任和义务保障公民实现知情权，承担起告知人民的神圣职责，在不超出法律规定的范围（国家秘密、商业秘密、个人隐私之外的信息），让关于事实的信息得到全面、充分、及时的传播。从这个意义上说，知情权也是大众传媒获取自由的基础。因此，传媒立法对知情权的保护，既可满足公众对娱乐信息、科学知识的追求，又能满足公众对国事的参政议政、对国家机关及其工作人员的批评监督之政治权利的行使。正是基于这种认识，传媒的基本功能有了巨大拓展，它包括：（1）提供有序参与、治理民主所必须依据的事实；（2）提供愿望的"交易所"，通过妥协解决利益冲突；（3）提供意见的市场；（4）提供道德的立法院；（5）帮助理解、评判"约定"，即法律与法令；（6）监督违约（违规）行为。①

然而，知情权在我国现有立法中还不够健全，只有关于保障特定公民群体（消费者、股东）对特定事项的知情权的规定，公民应当享有的许多知情权，还没有得到法律的明文规定和实际保护。长期以来，权力者往往运用其权力垄断一些公共信息，拒绝公开或者把公开信息看做是他们对相关欲知晓信息的人的恩赐，公开多少信息的量也只是由政府所"钦定"。这是权力与责任的脱节，权力与权利的颠倒。而就公开政务等信息本身来说是民主政治的需要，阳光是最好的防腐剂，加强舆论监督，尤其是加强大众传媒的舆论监督可以更好地防止官员腐败，使人民的政府更加富有民意，使社会资源能够更加合理地配置。可以说，权利没有以法律的形式固定化和普遍化，就不可能获得有效的保障，也不可能得到健康的行使。因此，社会民主法治的发展需要我国宪法对公民知情权问题作出积极的回应，把知情权纳入我国公民基本权利体系，在宪法的层

---

① 参见赵心树：《决策·传播·中国》，《新闻大学》，2001年秋季号。

面确立知情权为公民的一项基本权利，在法律层面对这一权利保护加以细化。

党的十三大提出了"重大情况让人民知道"的原则，党的十六大则强调自觉尊重和保障民众的知情权是加强我国政治文明建设的重要内容，党的十七大则明确指出，要健全民主制度，丰富民主形式，拓宽民主渠道，依法实行民主选举、民主决策、民主管理、民主监督，保障人民的知情权、参与权、表达权、监督权。目前我国知情权立法呈现较好的趋势，广州市、上海市、深圳市等曾先后制定了政府信息公开的地方立法，为制定全国性的政府信息公开立法作出了探索。我国首部《中华人民共和国政府信息公开条例》于 2007 年 4 月 5 日国务院颁布，自 2008 年 5 月 1 日起开始施行。

2. 表达权

表达权又称表达自由，《牛津法律大辞典》认为言论和表达自由是主要的公民权之一，其含义是指公民在任何问题上均有口头、书面、出版、广播或其他方法发表意见或看法的自由。[①] 作为公民的一项基本权利自由，表达自由早已成为各国宪法和国际人权文件确认并保障的重要内容之一。表达自由是公民行使其他权利自由的重要前提和保障，也是民主政治的构成要素和基础，对于一国的政治、经济、文化、科技，以至于民族精神、公民素质等都有巨大的影响和制约作用。

大众传媒自身所具备的传播信息的有效性、广泛性、直接性等优势，使其当仁不让地成为表达自由行使的最为重要的介质，而大众传媒所拥有的表达自由其实就是我们常说的新闻自由。新闻自由是公民重要的宪法权利之一，是表达自由的最为重要的实现途径。新闻自由的社会功能主要表现在对民主的保障和对建立法治国家的促进。我们知道，民主的实质就是人民当家作主，国家的权力是人民授予的，因此，国家机关的一切行为理所当然要被置于人民的监督之下，国家事务的管理理所当然应置于人民的广泛参与之中。而

---

① 参见［英］戴维·M. 沃克：《牛津法律大辞典》，光明日报出版社 1988 年版，第 354 页。

在如今民主法治国家中，若要较好地保障人民行使对权力的监督，对国家事务管理的参与，缺失大众传媒无疑是不可想象的。因此，新闻自由的有效行使，对社会主义政治文明建设所提倡的法治原则如人权保障、法律至上、依法行政、司法独立等的贯彻具有重大的、关键的促进作用。

在学理上，表达权被认为兼具民事权利和政治权利的双重性质。① 按照我国法制，表达权或言论、出版自由主要是作为政治权利来加以规定的。我国《宪法》的第35条、《刑法》第54条都把言论、出版自由列为政治权利。政治权利又称参政权或政治参加的权利、民主权利，是人们根据宪法、法律的规定参与政治活动的一切权利和自由的总称。而公开地通过大众传媒表达并传播自己对国家和社会公共事务的意见正是公民参加政治生活最经常最普遍的一种方式。从人身权利角度对表达权的保护，只是形式上的保护，就是说，它只涉及行为人是否自由表达自己的真实意思，而不涉及具体的表达内容和社会影响。将表达权作为政治权利予以规范，就必须涉及表达的内容。特别是在新闻媒介上进行的表达行为，由于新闻传播的巨大影响力和新闻舆论在总体上具有的意识形态性，就更需要从表达内容到表达程序上有一定的规范。

3. 舆论监督权

作为一项宪政制度所保障的权利，舆论监督权是指公众或者大众传媒拥有的利用传播媒介披露国家事务和社会公共事务及其公务人员的言行，并对国家事务、公共事务和某些社会现象提出批评、建议的权利。其基本内涵是揭露、批评自由，主要功能是影响公共决策和权力运行过程，增进公共利益。因此，行使该权利的终极关怀在于促进政治文明和社会良性发展，而非保障公民的自我完善。尽管该权利的行使是以言论表达为外在表现形式，但该言论表达并非目的，而是手段，其追求的是表达言论后的效果即舆论的形成，从而达到促进公共利益的目的。

也正是基于上述该权利的基本内涵，我们可以看出，该权利的

---

① 　参见梁彗星：《民法》，四川人民出版社1985年版，第360～361页。

法律渊源是我国《宪法》第 41 条规定："中华人民共和国公民对于任何国家机关和国家工作人员，有提出批评和建议的权利；对于任何国家机关和国家工作人员的违法失职行为，有向有关国家机关提出申诉、控告或者检举的权利……"除了宪法将舆论监督权作为一项民主政治权利进行规范外，舆论监督权在其他法律法规文件中也获得确认。如 1993 年《消费者权益保护法》第 6 条规定："大众传播媒介应当做好维护消费者合法权益的宣传，对损害消费者合法权益的行为进行舆论监督。"该法第 32 条第七项规定："对损害消费者合法权益的行为，通过大众传播媒介予以揭露、批评。"1997 年《价格法》第 37 条规定："新闻单位有权进行价格舆论监督。"1990 年《报纸管理暂行规定》第 7 条把"发挥新闻舆论监督作用"列为报纸的功能之一。1996 年《河北省新闻工作管理条例》第 5 条规定："新闻工作应当……发挥新闻舆论的监督作用。"由此我们可以看出，随着民主法治建设的深入，媒介的舆论监督权利也必将得到更好的保护和发挥。

参与权作为公民一种非常重要的民主权利，也是大众传媒参与政治生活或政治活动的基础和保障。但由于知情权、表达权、舆论监督权的实现蕴含着参与权的实现，所以，我们就不再单独对其加以阐述。

### （二）大众传媒的传播活动被纳入法治轨道

拥有巨大影响力的大众传媒在现实中既有可能发生损害国家秘密、国家安全，侵害商业秘密、他人人格权等的案例，又有可能发生采访报道被人阻挠、被人打击报复等事件，还有可能发生虚假报道、有偿新闻等行为，更有可能发生无端被上级宣传部门撤稿、保持沉默等"待遇"，而有效处理上述情况离不开完善的大众传媒法律制度。

### 1. 有法可依

制定并实施大众传媒法既是我国民主化和法制化社会建设的根本要求，也是大众传媒活动的现实需要。在一个法治国家中，对于大众传媒来说，法律保障是其得以顺利开展信息传播、舆论监督的最为根本的保障。

法制的基本要求首先就是"有法可依"。可以说,有法可依,是社会主义法制的前提和基础。作为一项法治原则,"有法可依"的含义是指在一个文明的社会里,为了将国家政治、经济、文化和民众的社会生活的各个方面的关系都纳入到明确、良性的规范之中,一套严密的法律体系的设置就成为必然。其通常包含两个方面:一是指政府的行为要有法可依,即为了控制权力的行为,应当制定一定的法律,作为其行为根据和制约其行为的标准,最终实现国家机关及其工作人员执法有根据,司法有准绳;二是指民众的行为要有章可循、有法可依。正基于此,制定一部符合我国国情,与社会主义市场经济体制相适应,充满人文关怀的传媒法,让传媒活动有法可依,让传媒管理有法可依,就成为我国传媒法治的当务之急,也成为我国实现传媒法治的基本前提和条件。建立、健全新闻法律体系,一方面可使大众传媒在反映民意民声、行使监督权利的时候有法可依、有据可查,保障公众及媒介的广泛知情权;另一方面,也可以将传媒业纳入法制化的轨道,规范其操守,监督其所为,使充当"社会公器"的大众媒介不致成为个人谋取私利的工具。只有这样,大众传媒才能在平衡现实生活和促进民主政治等方面真正发挥建设性的作用,推动政治文明不断向前发展。

2. 有法必依

作为社会主义法制中心环节的有法必依,是指一切国家机关、党派团体、社会组织和任何公民个人,都必须遵守法律,依法从事自己的行为,决不允许以言代法、以权压法、徇私枉法,决不允许任何公民有凌驾于法律之上的和超越于法律之上的任何特权。有了法律不去遵守等于无法。在一个法治社会里,法律至上或者宪法至上是一项非常重要的法治原则,其核心强调的就是所有的人都要遵守法律。由此可知,有法必依是法治建设的核心。

在传媒领域,有法必依就是指一切国家机关、社会组织、公职人员和所有公民个人,都必须严格遵守和执行大众传媒法(我国尚未出台)和与大众传媒相关的法律法规,使其行为必须符合有关法律法规的规定,即大众传媒要依法进行采访、传播、报道等职业行为,合理利用采访、传播、报道等职业权利,不得损害国家和他人的合法权益，不得泄露国家秘密、商业秘密、个人隐私，不得损害他人的人格权，当然大众传媒有权依法排除国家机关、任何团体和个人对采访、传播、报道等职业行为的非法干涉和侵害，直至依法将非法侵权人诉至人民法院；国家机关在对大众传媒行使行政管理职权的时候必须依照法律法规来办，而非依照政府文件或者某个官员指示，必须做到依法行政、依法司法；被采访、被报道的对象必须依法维护自己的个人或集体的利益，不管配合大众传媒的工作还是不配合大众传媒的工作，都必须依法行使，而不得对大众传媒及其工作人员采取非法的暴力手段阻碍他们的工作或者打击报复。当然，对于大众传媒的不法侵害，任何团体和个人都可以依法诉至人民法院寻求法律的保护，不过，需要注意的是，国家机关及其工作人员对大众传媒的"名誉侵害"诉至人民法院后的审判规则在理论界有很大的争议。对此，在后面有专门论述。

在法治国家中，虽然对于大众传媒、国家管理机关、公民个人在有法必依的方面都作了要求，但是，鉴于大众传媒本身就是民主制度的一部分，其存在具有超越任何个人的特殊意义，承认和保护大众传媒的表达自由（包含舆论监督的自由）对于维护和完善民主制度具有重要意义。所以，我们以为，着重强调握有管理职权的国家新闻行政单位，在行使管理传媒市场有序发展的职能的时候，必须公开、准确使用现有的法律法规来管理、约束大众传媒而不能超权、越权；着重强调握有司法权的各级司法机关，在行使司法权的时候，必须公开、独立、准确适用现有的法律法规来处理有关大众传媒的纠纷，就成为该问题"有法必依"的核心部分。

3. 执法必严

执法必严是指执法和司法机关及其工作人员，必须严格按照法律的规定实施法律，坚决维护法律的权威和尊严。法律如何规定的，就要不折不扣地按照法律规定去办，不得法外开恩，不得掺杂个人私情。不过，需要强调的是，这里的"严"是严肃、严明和严格的意思，而非"严刑峻法"或"处罚从严"。

执法必严是社会主义法制的关键。在有关大众传媒的案件中，执法必严的含义要求执法机关和执法人员在适用法律法规的活动中，必须严格执法，适用法律严格，实行赏罚严明，切实保护大众传媒的新闻自由和公民、法人、非法人组织的权益与国家利益。因此，我们强调执法必严，就是既要严格依法惩处阻碍、破坏、侵害大众传媒正常职业活动及其工作人员的人身、财产的违法犯罪行为，绝不徇情包庇，做到以事实为根据以法律为准绳，宽严相济，不枉不纵；又要严格依法保护受到大众传媒不法侵害的当事人，使其遭受伤害的人身权和财产权得以恢复和获得赔偿，使受到破坏的公共利益、公共秩序、国家利益得以弥补并伴有大众传媒及其工作人员刑事责任、行政责任的承担。可以说，在某种程度上，法律的威严来自于执法必严。

但是，现实中丰富的案例却时刻提醒着我们，执法、司法部门能够做到严格执行法律是多么的不易。譬如，2008 年上半年引起很大争论的晋州市海龙棉织厂业主孟林茂诉中央电视台名誉权纠纷案。2007 年 3 月 24 日，央视新闻频道播出一期名为《每周质量报告——都是染料惹的祸》的节目，指名批评海龙棉织厂生产"劣质毛巾暗藏强致癌物"。第二天，晋州市质监局封存海龙棉织厂生产的毛巾。同年 4 月 5 日，河北省纺织产品质量监督检验站出具检验报告，没有检出禁用染色品，认定该厂毛巾质量不合格，仍予以行政处罚。海龙厂在此过程中倒闭。业主起诉央视侵害企业名誉权。海淀区法院判决原告败诉。北京一中院终审判决认为，虽然海龙棉织厂毛巾不合格的原因与禁用染色品无关，但质量仍有问题，因为毛巾的安全问题涉及公众利益，媒体对其质量问题的苛责，生产企业应该有必要的容忍。判决维持原判。原告不服两审判决，2008 年 11 月初依法正式向北京市高级人民法院申请再审。对于该案审理结果有学者表示强烈质疑，将矛头直指法院面对央视这个庞然大物存有枉法错判之嫌。①

4. 违法必究

违法必究是指任何单位和个人只要违反了法律就必须受到法律

---

① 参见魏永征:《"毒毛巾新闻案"，原告申请再审》，http://yzwei. blog-bus. com/logs/31018088. html，检索: 2009-04-17。

的追究，法律面前人人平等。如果违法得不到追究，那么，有法必依、执法必严就会失去保障，所以，违法必究是有法必依和执法必严的必然要求。强调无论任何单位和个人，无论其地位多高、功劳多大，只要触犯了法律，必须接受法律的否定性评价及惩罚，这才符合社会主义法制的本质要求。

违法必究是实行和健全社会主义新闻法制的有力保障，在此的本质含义包括二个方面：其一，对于任何试图或者业已阻挠、破坏大众传媒采访、传播、报道等活动的非法行为，都应该受到法律的追究和制裁。其二，对于任何大众传媒违法行使采访权、传播权、报道权的行为，造成国家、其他组织、团体和个人的合法权益损害的，任何被侵权对象都有权将其诉至人民法院，并有权获得法院对诉讼请求的支持。由此我们可知，新闻自由并不是绝对的自由，媒体在行使该项自由的时候，必须承担不得损害国家利益和公共利益、不得侵害他人合法权益的责任。近些年来，由于大众传媒从业人员的法律意识的不断提高，在被报道对象的名誉权、隐私权、肖像权等方面的侵权现象逐渐减少。但是，其他类的违法犯罪行为却时有发生，如 2005 年 7 月辽宁电视台记者周密因参与编造梦宝床垫存在所谓质量问题的虚假新闻被沈阳市中级人民法院判处损害商品声誉罪；2007 年 8 月 12 日，北京电视台生活频道《透明度》栏目临时人员訾北佳因编制虚假新闻《纸做的包子》，被北京市第二中级人民法院以损害商品声誉罪一审判处有期徒刑 1 年，并处罚金 1000 元。

三、大众传媒在法治建设中的作用

法治的终极关怀在于国家权力受到约束、公民权利获得保障，因此，法治建设的目标也是别无二致，要最终达到依法治国和保障人权。如此一来，大众传媒在促进法治进程中所发挥的作用，也必然会与法治建设目标趋于一致。

（一）提高公民法律素质

公民的法律素质是一个内涵丰富的综合性概念，涉及公民的法律信仰、法律意识、法律知识、法律情感、法律认同、法律心态、法律习惯、法律行为、法律价值评判等各个方面。具体而言，公民法律素质又包含不同的层面，有内在理念层面的，如法律的信仰、意识、知识等；有外在行为层面的，如法律的习惯、行为等；有偏重感性层面的，如法律情感、法律心态；有偏重理性层面的，如法律认知、法律推理、法律价值评判等。①

公民法律素质的高低是衡量依法治国成果的重要标志，同时，处于法律关系主体地位的公民，其法律素质现代化的水平还决定着法治发展的方向和速度，决定着法治化的实现进程。因为依法治国必须同时具备两方面的条件：一是"硬性"的法律法规的建立和法律制度的完善；一是"软性"的公民法律素质的不断提高。前者是前提，后者是关键。假使"有了完善的法律和制度，如果人们的法律意识和法制观念淡薄，思想政治素质低，再好的法律和制度也会因为得不到遵守而不起作用，甚至形同虚设"②。

随着改革开放特别是全民普法开展以来，中国法治建设获得蓬勃发展，公民的法律素质日益提高，法制观念和法律意识明显增强，学法、用法、守法、护法的观念和习惯也在逐步养成。但是，我们也应该看到，我国公民法律素质的整体状况与社会主义法治建设的发展目标，与深化改革、扩大开放的形势以及依法治国、建设社会主义法治国家的伟大使命相比，尚存在很大差距。如有人对河南农民进行调查根据数据得出"我国基层农村法制建设严重滞后，农民法律素质亟待提高"③ 的结论。北京是中国首善之区，北京市

---

① 陈红、梁丽萍：《公民法律素质与法治社会建设》，《理论探索》2005 年第 4 期。

② 江泽民：《江泽民论社会主义精神文明建设》，中央文献出版社 1999 年版，第 165 页。

③ 从统计的数据来看，农村中发生打架、斗殴等邻里纠纷后，找村干部解决的占 73.2%；夫妻离婚知道到乡镇民政所办理正式离婚手续的占 15.2%；村干部限制人身自由，知道是违法的占 18.7%；外出务工农民合法权益受到侵害，知道找当地劳动监察部门解决的占 14.3%；当地普法宣传开展认为很少的占 82.4%；子女与父母有矛盾，不赡养老人认为合情合理的占 79.5%；对于法律知识不是很了解的占 68.1%；对于公、检、法这些执法和司法机关不了解的占 85.6%，等等。引自曹志召：《河南农民法律素质调查与分析》，《咸宁学院学报》2008 年第 4 期。

民的法律素质状况应该反映的是我国目前最高水平。于是，有人对北京市市民法律素质状况进行了调查，得出"突破按照百分制60分及格的标准，北京市民的法律素质综合得分均值为70.2分。其中71.6%的市民得分集中在60~80分数段内，只有14.8%和13.6%的市民得分分别在80分以上和60分以下，呈现出中间大两头小的枣核型形态，说明绝大多数市民的法律素质已达到中等水平，'法盲'的比例日趋减少"① 的结论。如此看来，提高公民的法律素质就成为当前我国法治建设中重要的一项内容。

大众传媒在提高公民的法律素质方面会产生什么作用呢？巨大的促进作用！没有大众传媒作为平台，没有大众传媒作为发现者、选择者、翻译者，没有传媒的传播与放大作用，法律规则不可能如此深入中国文化与中国普通百姓意识形态、行为规范的深层。人们通过电视、网络等现代传媒可以更直观地了解各种法律规范，学习法律知识；通过专家对法律事件的分析，可以提升对法律的认识；并且可以依照他人成功的法律维权经历，在自己遇到类似问题时也诉诸法律。随着普法宣传、法律报道的越来越广泛，知法、守法、用法的法律意识正在越来越多人们的思想中形成，并将此付诸实践。在人们的意识中，法律已不再是遥不可及的国家文件，而是实实在在在帮助人们解决问题的重要方法。②

1. 法制节目对公民法律素质的促进

随着我国法治进程的不断推进，法制节目（栏目）成为大众传媒业中一类长盛不衰、关注度高居不下的节目（栏目）。例如，从"以案说法"到"今日说法"再到中央电视台法制频道的开播，法制类的栏目在全国从中央到地方各台早已成为"遍地开花"之势。这一方面说明我国的大众传媒高度关注法律问题已成为常态，另一方面也是说明人们对法制理念、法律知识的"饥渴"。换言

---

① 北京市司法局法宣处：《北京市市民法律素质状况调查评析》，《中国司法》2006年第9期。

② 罗艺：《浅析大众传媒对现代法律意识形成的积极意义》，《卫生职业教育》2009年第2期。

之，这既是大众传媒与人们的一种良性互动，更是大众传媒对人们法律素养的一种积极促进。人们通过来自于传媒的报道与介绍，增强了对法律规则的认识，并容易在社会上形成一种浓厚的舆论氛围，使社会主义法制观念潜移默化、深入人心。人们不仅知法守法，在自我利益受到侵害的时候，还会利用法律维护自己的权利。这正是现代社会大众传媒对人们法律意识产生的积极影响，即在增强公民个人法律知识、提升个体法律意识的同时，积极促进整个社会群体法律信仰的确立。

2. 法律事件的披露引发民众对法制的深层次思考

法律事件的深入报道对人们加深法律事件的认识具有很大的促进作用，对提高人民的法律素质具有很大的示范作用。在报道中，邀请知名律师、法学专家等人士作为嘉宾参与到案件讨论中已成为大众传媒对法制新闻采取的常用手法。尤其是互动强烈的网络，各种观点同时呈现，真正实现了"意见交往"。人们在对专家意见的解读或"意见交往"中，不但进一步加深了对法律的理解，而且还会更加主动地以法律的思维去思考社会事件。这种广泛的思考不仅会提升人们的法律意识，也会更好地促进执法部门的依法行政、司法部门的公平公正。这方面典型的案例就是"许霆案"。许霆利用自动取款机的故障，超额刷卡取走了 17.5 万元，广州市中院认定许霆盗窃金融机构罪成立，判处许霆无期徒刑。这一判决经过媒体的报道，引起社会的广泛关注，也引起了人们的大讨论，一时间专家学者、普通民众纷纷通过各种媒介发表自己的意见，尤其是在网络上掀起了广泛的评论热潮。如此情况之下，法院重新思考原判的公平、公正性，适用法律的准确性，最终"许霆案"改判。从案发到最终判决，参与民众的法律思考和意见正是识法、用法、辩法的真实反映，对广大民众和司法机关都产生了强烈的法治教育作用，且公正的审判还必将进一步推进公众和司法机关对今后类似法律事件的理性思考。这种理性思考也必将不断推进民众法律素质建设的进程。另外，2009 年所发生的邓玉娇事件、灵宝事件、70 码事件经大众传媒的追踪报道也产生了广泛的影响，使全国民众对法制认识获得了更加有效的提高。尤其是 70 码事件，尽管 2009 年 7

月 20 日，杭州西湖区人民法院一审以交通肇事罪判处胡斌有期徒刑 3 年，杭州西湖区检察院也驳回了受害者谭卓家属的抗诉申请，但是这并没有终结民众对该案件的关注和讨论，很多家门户网站①都对此案进行了民意调查，数据显示，绝大多数人包括很多专家学者认为判决定性不准确，适用法律不当，应以"其他危险方式危害公共安全罪"，而不应该以"交通肇事罪"认定。

### （二）提供政治参与平台

政治参与是指公民依据法律所赋予的权利和手段，采取一定的方式和途径，积极主动地介入国家政治生活，从而影响政府政治决策的政治行为。它是政治关系中公民政治权力实现的重要方式，反映着公民在社会政治生活中的地位和作用，体现着政治关系的本质。可以说，政治参与是衡量政治体系民主化和现代化程度的最主要标准之一，一个国家公民的政治参与程度和水平越高，这个国家的民主化程度和政治文明程度就越高。

就政治参与而言，投票选举、议会制度等从理论上说都是一般公民政治参与的现实途径，但实际上由于普通民众所拥有的政治、经济和组织资源比较少，这些制度在实践中所发挥的功效尚不充分。而大众传媒的繁荣，尤其是网络技术的日益成熟，在一定程度上为弥补上述功能发挥不足提供了可能，原因在于大众传媒为社会利益主体提供了一个平等、自由、安全的对话平台和空间，为各种利益的自由表达、相互协商、讨价还价、平等博弈奠定了物质及制度基础和保障。经过大众传媒的参与，不同的甚至相互对立的价值追求及利益主张均可以得到充分表达、展示和平衡。

### 1. 决策参与

公共政策是现代公共管理的核心构成部分，是社会治理的重要工具。从利益分配的视角看，公共政策是对全社会的价值所作的权威性分配，是政府依据特定时期的目标，在对社会公共利益进行选择、综合、分配和落实的过程中所制定的行为准则。因此，"实际

---

① http://news.sohu.com/s2009/fujiazibiaoche/；http://news.cn.yahoo.com/09-07-/1063/2jlh0.html.

的公共决策过程是各种政治力量各自施加影响和相互讨价还价的过程，是一个充满冲突、分歧与妥协、折中的政治过程"①。换言之，在该过程中，只有保障各利益主体平等参与，各种利益诉求的公开呈现，选择趋向公共利益最大化的利益分配才成为可能。

目前，在公共政策制定中，我国制度上为公众参与提供平台或渠道主要有以下两种：一是通过各级人民代表和推荐政协委员的方式参与政策制定过程；二是通过信件上访、各级政府开设的领导接待日、各种不定期的座谈会等。前者虽为公众参与政治生活的正规主渠道，但对于普通大众来讲，能直接参与政策制定的机会几乎没有，何况我国人民代表大会制度的实施、选民和代表的联系都还有待于进一步加强与完善；后者只是辅助渠道，还不排除不少部门作秀、跟风的因素。在这两种渠道中有一个突出的特点，即政府占据主导性的地位，参与的民众对公共政策的影响作用不大，政府几乎成了公共政策过程中的唯一主体，政府"越位"、公众主体"缺位"现象较为普遍。而政府对公共决策中主体地位的垄断，直接导致了公共政策失误的频发或公共政策执行的困难。另外，虽然政府部门都设置了专门收集听取民意的机构，但面对着现代社会信息的日益丰富和公民政治诉求的增加，一方面仅仅由政府部门来搜集整理反馈公众的政治表达诉求已经远远不能满足科学决策的需要；另一方面具有单向度传递特点的行政系统内部科层制传递渠道常常致使问题在运行中受到层层剔除削减而严重失真。对此，中共十七大报告明确指出："推进决策科学化、民主化，完善决策信息和智力支持系统，增强决策透明度和公众参与度，制定与群众利益密切相关的法律法规和公共政策原则上要公开听取意见。"

作为人们传递信息、交流思想或表达情感的主要渠道，大众传媒为公众提供了公共辩论的平台，各种利益得以有效表达，成为促进公共政策的民主化、科学化最为有效的选择。在公共政策制定过程中，大众传媒通过及时报道，一方面将决策信息传递给民众，满

---

① 刘熙瑞：《公共管理中的决策与执行》，中共中央党校出版社 2003 年版，第 23 页。

足民众的知情权和政府的"宣传"任务；另一方面将民众的讨论意见反映给政府部门，帮助政府广泛了解民意，作为调整、完善决策的依据。除了这种"上情下达、下情上传"作用外，大众传媒所提供的公共论坛还可以在政府与民众之间充分进行协商和协调的过程中充当"桥梁"和"纽带"的作用。例如，在厦门 2007 年 PX 事件中，从 2007 年 6 月份的"PX 风波"到 12 月份"公众参与"环节，PX 事件最终走向良性轨道，正是市民广泛参与、媒体充分讨论、知识分子负责任的发言、地方政府兼听则明的结果。在民意面前，厦门市政府启动公众参与程序所体现出来的民本导向，最终促使多方利益博弈达到共赢。①

当然，作为连接政治体系与公众的信息平台，大众传媒在政策制定过程中所起的作用不仅仅是提供信息和为决策进行解释性的支持，更为重要的是，还能为决策机构与公众设置政策议题。大众传媒的这种功能就是议程设置功能，议程设置的关键就在于媒介对公众议程的影响。美国政策学家 J. E. 安德森在其《公共决策》一书中指出，促成政策议程的因素有三种：某种危机或惊人事件、抗议活动（包括使用暴力手段）和新闻媒介。从一系列研究实例来看，大众传媒能够及时反映社会所发生的公共问题，它对这些问题进行选择、整理和加工，建构"第二现实"并传向公众，影响受众对社会公共问题内容及其性质的认知和态度，同时，为受众提供讨论社会公共问题的平台，形成波涛汹涌的舆论，进而影响政策议程的建立。例如四川省都江堰杨柳湖大坝事件：2000 年都江堰管理局拟修建紫坪铺水利水电工程的时候没有举行公开的论证。2003 年后作为紫坪铺工程的配套工程，杨柳湖水库大坝不得不在全世界惟一的无坝水利工程都江堰上修建水坝。由于工程威胁到了世界历史遗产都江堰，人们开始为保护都江堰四处奔走。发表在《中国青年报》上的一篇名为《都江堰将再建新坝原貌遭破坏联合国关注》的文章更在全国范围内掀起了都江堰的保卫战。国内外大概有 180

---

① 参见《历史的鉴证——厦门 PX 事件始末》，http：//www. chinavalue. net/Media/Article. aspx？ ArticleId＝18837＆PageId＝3。

多家传媒先后报道了这个事情，且这些媒体报道中至少有 99.9%
持反对态度。最终使得杨柳湖大坝停止上马。对此，中央人民广播
电台资深记者汪永晨说："公众力量直接影响一个大工程的决策，
这是中国有史以来的第一次。"①

2. 法律参与

大众传媒不仅为公民决策参与提供了平台，而且还为公民参与
立法、参与司法提供了广阔的舞台。首先，大众传媒与立法参与。
立法关涉全社会每一个公民人身和财产的安全，因此在民主社会，
法律的制定并不仅仅是立法者的事情，且随着现代传媒技术的发展
和人们法律意识的不断提升，民众积极参与到法律的制定与修改活
动中也就成为可能。为了适应这种民众参政的积极性，党和政府在
法律的制定与修改过程中也越来越多地询问、吸收广大民众的意
见；大众传媒，尤其是网络，为公民参与立法活动提供了前所未有
的广阔空间。

2003 年的孙志刚事件②；2005 年 9 月 27 日，全国人大及其常
委会首次举行立法听证会并通过电视向全国直播，就《个人所得
税法修正案（草案）》有关工薪所得减除费用标准听取意见；2005
年 10 月 22 日，全国人大常委会会议审议吸纳了许多意见的《物权
法（草案）》"社会征求意见稿"。物权法草案和修正草案曾 2 次公
开通过网络征询基层民众的意见。这一系列引人关注的事件，既标
志着中国民主立法的进程，也体现了大众传媒尤其是网络传媒这一
先进媒介对人们参与国家事务的促进作用。③ 试想如果缺少这些大
众传媒，如此众多的民众同时参与到国家法律的制定与修改中是不
可想象的。

---

① 《谁保卫了都江堰?》，http：//www. tianya. cn/publicforum/Content/free/1/
379627. shtml。

② 孙志刚事件是一个典型的大众传媒激发，并引导受众参与讨论，最终推
动法治进程的例子。因为，正是该事件的发生，导致《收容遣送办法》废止和充
满人文关怀的《城市生活无着的流浪乞讨人员救助管理办法》的实施。

③ 罗艺：《浅析大众传媒对现代法律意识形成的积极意义》，《卫生职业教
育》2009 年第 2 期。

其次，大众传媒与司法参与。虽然现代民主法治国家都遵循司法独立的原则，任何单位或个人都不得干涉司法部门的独立办案，但是由于司法系统中极易滋生腐败现象，所以审判公开也就成为各民主国家抑制司法腐败的不二选择。而基于司法部门场所大小的限制及公众参与现场的代价的考虑，面向全社会的审判若想达到向全社会公开的效果，唯一的选择就是借助大众传媒。换言之，大众传媒的存在为审判公开提供了一个绝佳的渠道或公共平台。公民通过大众传媒不仅可以获得司法机关对案件处理的信息，而且还可以对所获得的司法信息进行自我判断、分析和评价。司法机关面对汹涌澎湃的"舆论"或"民意"，既要保证司法公正又要考虑"民意"难违，最终作出充满智慧的处理结果。最近较为典型的司法参与案件有"许霆案"和"邓玉娇案"。许霆从一审被判处无期徒刑到终审被判处 5 年有期徒刑这个戏剧性的转变，离不开广大网民对一审判决的质疑所起的作用；邓玉娇从最初警方以涉嫌"故意杀人"被采取强制措施到湖北省巴东县人民法院公开审理该案作出"防卫过当"但免于刑事处罚的一审判决的转变，若离开声势浩大的网民质疑声确实是不可想象的。①

总之，广泛的民众法律参与不仅提升了公民自身的法律素质，而且还促进了社会的民主进程、法治化进程。详述请参阅第四章的内容。

---

① 2009 年 5 月 10 日晚 8 时许，湖北省巴东县野三关镇政府 3 名工作人员在该镇雄风宾馆梦幻城消费时，涉嫌对当时在该处做服务员的邓玉娇进行骚扰挑衅，邓玉娇用水果刀刺向两人，其中一人被刺伤喉部、胸部，经抢救无效死亡。邓玉娇当即拨打 110 报警。次日，警方以涉嫌"故意杀人"对邓玉娇采取强制措施。邓玉娇案发后，网络上出现《烈女邓玉娇传》、《侠女邓玉娇传》、《生女当如邓玉娇》等赞美之文，舆论几乎呈一边倒——纷纷攻击淫官黄德智、邓贵大等人。2009 年 5 月 31 日，湖北省恩施州公安局认定邓玉娇"防卫过当"，移送检察院起诉。湖北省巴东县人民法院于 2009 年 6 月 16 日上午一审公开开庭审理了该案，并作出一审判决，认为属于防卫过当，其行为已构成故意伤害罪，但鉴于被告人具有自首情节且属部分（限定）刑事责任能力，据此，依法判决对邓玉娇免予刑事处罚。

### （三）监督国家权力行使

对于权力制约，在西方思想家的观念和具体实践中，一方面在权力结构内部建立起权力制约权力的分权机制，即立法权、行政权、司法权三权分立；另一方面则如洛克所言，依靠人民的力量去控制政府。同样，我们也要跳出公权力体系内部自我约束、自我监督的圈子，从更加宏观的视角，从民主政治本身来看待监督问题。也就是说，我们还要通过人民群众对政府工作和政府官员及其他一切权力和掌握权力的人进行监督，督促权力行使者按照法律规定并以服务公共利益的方式行使权力，以防止公权力被滥用。这一责任落实在构成公共利益主体的广大人民身上，弥补法律监督和行政机构监督可能存在的不足和缺漏。我国宪法明确规定，一切权力属于人民，国家权力机关以及由它产生的行政机关、审判机关、检察机关都要对人民负责，受人民监督。

但是，有权利监督并不代表有能力监督。一方面，人民群众行使监督权的前提除了权力资源以外还必须占有足够的信息资源，因为在现代代议制下公共权力的所有者与执行者实际上是相分离的，权力的所有者往往对于权力的行使情况并不是很了解，这客观上会造成社会公众对国家公职人员进行监督困难；另一方面，纯粹的公民权利，不可能真正有效地对抗、控制强大的国家权力。因为公民权利是一种资格，一种潜在的能力，而国家权力是一种强制力，控制着国家资源，以强大的国家机器为后盾。单个的权利若不借助其他社会化的机制或其他因素（如民主的公意表达机制、绝对权威的制度安排、法定的程序，等等）来强化、凝聚它的力量，这种"以权利制约权力"的效果是非常有限的。所以，为了有效监督权力部门，尤其是作为一个结构庞大的现代权力部门，我们既需要政府信息公开立法的制度支撑，又需要有一个结构良好、财务健全、拥有专业评论家、具有获得资讯能力并且还有将其获得的资讯和评论传递给一般大众的能力的组织，才足以担负监督权力的功能。对于政府信息公开，在下一个问题以及第三章有详述。而能够满足上述要求的"组织"，非大众传媒莫属。因为，只有媒体具有提供资讯成为公意的功能，可以每天向一般民众提供足够的资讯，解决公众所存在的信息资源缺乏问题，让他们了解权力部门做了什么，提供并增加公众讨论的机会，以形成公意，运用群众舆论力量来纠正偏离正常轨道的权力行为，从而制约权力的极端扩张和膨胀，推动政治民主和经济民主，对消除腐败现象、净化社会环境起到了非常重要的作用。

在现代国家体制中，国家权力包括立法权、行政权和司法权。大众传媒对国家权力的监督也就是对立法权、行政权和司法权的监督。这方面内容在本书第二章第二节"舆论监督法治化的基本关系"的中有详述。

### （四）传媒对政府信息公开的促进

如前所述，"人民群众行使监督权的前提除了权力资源以外还必须占有足够的信息资源"，人民群众对政府信息公开的呼声很高。作为公民获取信息的主要渠道，大众传媒在政府信息公开方面的要求更为迫切。况且，肩负监督公共权力职责的大众传媒，在搜集、报道新闻信息时，只有在获得充分、完整的信息情况下才能有效发挥舆论监督的作用。

政府信息公开是指国家行政机关和法律、法规以及规章授权和委托的组织，以满足公民知情权为终极追求，采取法定形式中最便于公众接受的方式或途径，将行使公共权力时所获得的非国家秘密、商业秘密、隐私等信息或情报，主动传达给公众或依申请而及时、充分地满足公民的信息需求的行为和制度。政府信息公开化是依法治国的重要特征，制定、实施政府信息公开法是各民主法治政府共同的责任和义务。目前，世界上已有40多个国家和地区制定了信息公开法，建立了政府信息公开制度。

政府信息公开与公民知情权是一个事物的两个方面。政府承担着公开政府信息的义务，公民享有获取政府信息的权利，作为相互对应的政府的义务和公民的权利，共同构成了政府与公民之间的以保障"人权"为目的的法律关系。对于知情权来说，随着现代社会的发展，其涵义也越来越丰富，但是万变不离其宗，其核心价值在于知政权，即公民了解权力、权力执行人、权力运行等方面的信息的权利。在宪政史上，在将公民的知情作为一种权利加以确立的斗争中，大众传媒在这一领域当中充当了开路先锋的角色。"二战"后，民主政治在美国获得长足发展，民众和新闻界迫切希望政府能够解除保密措施和新闻审查制度。如此背景下，1946 年 7 月 11 日，杜鲁门总统签署了"行政程序法"，规定政府应该公开"官僚的事务"，但同时又规定，政府为了公共利益或其他正当理由，可以拒绝公众信息公开的请求。如此一来，该法并没有起到应有的保护公民知情权的效果。因此，美国新闻界就对政府官员日益增强的抑制公众信息的趋向深表忧虑。后来，在美国报纸主编人协会和协会下属的信息自由委员会的推动下，"知情权"运动轰轰烈烈地开展起来。美国政府迫于压力，陆续出台了《情报自由法》、《电子情报自由法》、《阳光下的政府法》等规范政府信息公开、保障公民知情权的法律，从而彻底改变了政府信息以保密为原则的传统，确立了"以公开为原则，不公开为例外"的基本原则。

由于某些历史原因，我国政府在处理政府信息时习惯秉承"保密为原则，公开为例外"的理念。不过，2003 年"非典事件"的发生，引爆了公众对政府信息不公开的责难，也引起了大众传媒理性探讨和反思政府信息公开与否的利弊、政府信息公开的制度化建设、公众知情权的保护等重大问题。这在很大程度上促使政府部门意识到积极推进信息公开方面立法工作的必要性。于是，以中国社会科学院法学研究所周汉华教授为主的"信息社会和中国政府信息公开制度研究"课题组，于 2005 年 7 月向有关部门提交了《政府信息公开条例草案（专家建议稿）》。《中华人民共和国政府信息公开条例》于 2007 年 4 月 5 日颁布，并于 2008 年 5 月 1 日正式生效。

# 第二章　传媒社会中舆论监督法治建设

## 第一节　舆论监督概述

### 一、舆论监督的含义

对于一个概念的全面理解，考察词源是传统的学术研究方法，所以，对于舆论监督的研究我们采取求本溯源的认识路径来进行。

舆论监督是一个历史范畴，它的产生有其深刻的现实背景，它的含义是随着时间的推进而变化，可以说，正是现代社会对其赋予了实质意义。舆论监督是一个颇具中国特色的概念，是在中国大众传媒实践中产生的，西方词语中是不存在该词的，或者可以说，没有"舆论"（public opinion）和"监督"（supervision）固定搭配的词语，只有"public opinion"或"watchdog role of the media"大体上与之对应。① 不过，近年来西方报刊出现了"supervision by public opinion"一词，有学者认为这是符合中国实际的用语。②

在古汉语中，"舆论"有一个生成的时间跨度，即先出现"舆"，再有"舆人"，"舆人之论"，最后出现"舆论"。"舆"的本意是指车，《说文·车部》："舆，车舆也。"《汉书》颜师古

---

① 展江等：《新闻舆论监督与全球政治文明》，社会科学文献出版社 2007 年版，第 21 页。

② 王梅芳：《舆论监督与社会正义》，武汉大学出版社 2005 年版，第 44 页。

注："舆即车也。"《后汉书·光武帝纪下》注："舆者，车之总名也。"随后出现了"舆人"一词，意为造车的人。《周礼·考工记·舆人》："舆人为车。"再后来"舆人"泛指众人。如《左传·僖公二十八年》中有"晋侯听舆人之诵"的记载。《左传·昭公七年》："人有十等，下所以事上，上所以共神也。故王臣公，公臣大夫，大夫臣士，士臣皂，皂臣舆，舆臣隶，隶臣僚，僚臣仆，仆臣台。"这里将人分十等，"舆"居其六。从中我们可以看出"舆"泛指下层人民，由此它又演化为众人、众多之意。《国语·晋语三》韦昭注："舆，众也。"《广雅·释诂三》："舆，多也。"

　　"论"的意思自古以来变化不大，主要是指议论、意见。"舆"和"论"结合到一起的意思在古代有不同的称谓。春秋战国时叫"舆诵"。《国语·晋语三》："惠公入，而背外内之赂，舆人诵之。"隋唐时期叫"舆颂"。《隋书·炀帝纪上》："听采舆颂，谋及庶民。"也有叫"舆论"的。《晋书·王沉传》就有："自古圣贤，乐闻诽谤之言，听舆人之论。"还有"舆谤"之说。但"舆论"一词的出现，最早是在《三国志·魏·王朗传》中，曹魏谏臣王朗把一次不宜轻易出兵伐吴的原因归结为"惧彼舆论之未畅也"。此后，《梁书·武帝纪》中也使用"舆论"一词："行能臧否，或素定怀抱，或得之舆论"，表明舆论是帝王决策的重要依据。总之，中国古代"舆论"的意思是指众多下层民众的议论或意见。

　　"监"，本意为照视。甲骨文中的"监"是一睁目之人，利用皿中之水，照看自己的模样。《书·酒诰》："人无于水监，当于民监。"作动词用时，又有临下之意，最早的字典《说文解字》解释："监，临下也。"引申为监视、察看。《诗经·大雅·皇矣》："监观四方，求民之莫。"《国语·周语上》："使监谤者。""督"，督促、督导、督察之意，《说文解字》："督，察也。"《后汉书》："督委输，监诸将营。"《汉书》："器用盐恶，孰当督之。"还可被引申为约束、限制、牵制、制约等义。到汉代，"监督"二词开始连用。《周礼·乡师》："遂治之。"汉郑玄注："治，谓监督其事。"
《后汉书·荀彧传》："臣闻古之遣将，上设监督之重，下建副二之
任，所以尊严国命而鲜过者也。"①

通过以上的注解，我们可发现："从两字关系看，'督'以
'监'为基础和前提，'监'以'督'为结果和目的……前者可引
申为了解权、观察权，后者发展为督促权、纠正权，从而构成了由
观察纠正权为主要内容和特征的法律监督权力结构。"② 同时，我
们还发现，古语中的"监督"存有巨大的历史局限性，其仅仅是
一种自上而下的监视、督察的行为，即管理者对被管理者所行使的
监视、督察行为，在行使主体上与舆论的行使主体恰恰相反。我们
以为，也许正是中国历史上这种行使主体方面的不可调和性，造成
了舆论与监督不可搭配性和不可统一性。

在西方，"舆论"一词起初作为"公众意见"来使用③，主要
体现的是公民共同决断、治理国家以保证政治清明的政治理念。④
但是，公众意见并非一定能成为舆论，因为公众意见形成为舆论，
需要两个宏观条件的保障：一是有独立于政治权力中心的类似公共
空间的社会场域，二是有防止和抵制"多数人暴政"的文化和体
制。如果缺乏上述条件，所谓公众意见，亦即是意见的总和，只能
是统治意识形态的回声，是掌权者的符合。⑤

①　参见周甲禄：《舆论监督权论》，山东人民出版社 2006 年版，第 21～22
页；叶战备：《权力制约视角下的舆论监督》，南京师范大学 2006 年博士学位论
文；王梅芳：《舆论监督与社会正义》，武汉大学出版社 2005 年版，第 28 页。
②　汤唯、孙季萍：《法律监督论纲》，北京大学出版社 2001 年版，第 3 页。
③　1651 年霍布斯在《利维坦》一书中第一次提出并论述了舆论或公众意
见的概念。他说："舆论的公众意见就是辩论所得的决论和一切审议的目的。"
1762 年，卢梭在其《社会契约论》中将舆论称之为"公众的意见"。
④　王梅芳：《舆论监督与社会正义》，武汉大学 2005 年版，第 29 页。
⑤　参见王艳：《新闻监督与司法独立关系研究》，中国物资出版社 2004 年
版，第 59 页。

纵观"舆论"的历史变迁①，我们发现，也正是这种政治理念奠定了舆论在近代民主制度中的核心地位。尤其是近代以来，传播媒介设备的不断更新换代为彰显"舆论"在影响民主社会发展进程方面的巨大作用，提供了技术的支持和保障。可以说，脱离媒介技术的支撑，即使是秉承先进政治理念的"舆论"，若想在社会发展中起到快速、直接、有效、巨大的作用，那是不可想象的，因为"报纸是作为社会舆论的纸币流通的"②。近现代史告诉我们，通过无处不在的媒介触角，舆论就可以对社会治理中的决策行为乃至陈腐观念和腐败行为予以强烈谴责和抨击，从而形成压力态势，以督促有关当事者纠正、处理。尤其，现代社会传媒业的迅猛发展，通过报纸、杂志、广播、电视、互联网等大众传媒汇集民众意见，反映公众情绪，使各种意见、观点的交流跨越时空的障碍，得以快速、广泛的传播；同时，大众传媒也将公众意见最初散在的、自发的、无序的、不稳定的形态，予以汇总、过滤，形成遥相呼应的震撼力。但是，仅仅在媒介技术的支撑下舆论压力态势的形成只是随机的、技术性的、无意识的，而非自觉地，远非现代意义上的舆论本质。原因在于缺乏理论指导。而正是人民主权理论的产生、完善及普及，使公众意识到自己拥有批评政府机构及其官员的权利，政府应向自己负责。公众的舆论才真正发现自己的历史使命，真正脱

---

①　学者亨奈西对于近代舆论的发育有一个比较详细的分析。他指出，在18世纪思想革命之前，舆论作为一种社会和政治现象，与掌权者没有什么关系，很明显，1650—1800年间，洛克、卢梭、孔多塞、杰斐逊和其他思想家们的平等主义和多数主义的思想，在这个时期起的作用就是要扩大政治权利的基础。在这之前，公众想些什么是无关大局的——公众在决定政策上，无法发表自己的意见，也不能使自己的意见产生影响。对政治平等和个人主义的强调，更重要的也许是18世纪的技术和经济的变革，使一向无发言权的公众有可能起到影响政府政策的作用。当公众开始左右政策时，公众想些什么就显得重要了。这样，到19世纪初，舆论这一名词在知识阶层中得到相当广泛的应用。参见：《舆论的力量与记者的使命》，http：//qkzz. net/Announce/announce. asp？ BoardID＝19200&ID＝497672。

②　马克思，恩格斯：《国际述评》(三)，《马克思恩格斯全集》第7卷，第523页。

离盲目性而具备自为性。在这种背景下,舆论终于与监督碰撞出制度性的火花,舆论之监督性的实践才以制度性姿态在西方历史及当代的民主政治生活中发挥着不可替代的功能。如在《权利法案》(1791年)的保护下,为了防止政府专权和蜕化,美国民众通过新闻媒介对政府实施了有效监督,以至于美国的新闻媒体常常被称为"第四阶级",即对行政、立法、司法三权起到制衡作用的第四权力。①

在我国,第一个提出舆论监督思想的应是梁启超。他在《敬告我同业诸君》一文中说:"监督之道不一,约而论之,则法律上之监督、宗教上之监督、名誉上之监督是也。"其中"名誉上之监督"就是舆论方面的监督。梁启超认为舆论监督虽不具有法律的强制力和宗教信仰的威慑力,但其监督实权"亦有不让彼两途者"。这既反映了他对舆论监督的深刻体悟,也体现了在新闻媒介的作用下,"舆论"已经成为"监督"的重要形式。② 且他还是提出新闻机构为政府监督者思想的第一人,"某以为报纸有两大天职,一曰对于政府而为其监督者;二曰对于国民而为其向导者是也。"第一个呈现舆论监督概念的著作根据魏永征先生说法是成美、童兵1986年7月的《新闻理论简明教程》和孙旭培1986年3月发表于《新闻法通讯》上的《论社会主义新闻自由》。③ 但据考证,比以上著述早两年多论述舆论监督的,出现在由戴松成、孙旭培两人署名合著的《新闻理论探讨》的论文集之中,此书于1984年1月由人民日报出版社出版。孙旭培把他1981年毕业时的硕士论文《社会主义新闻自由刍议》的压缩稿放在该书里。这篇论文把"舆论监督"与法律监督、代表大会监督相提并论,并且把舆论监督实质上定性为传媒监督。如果把正式提交毕业论文也算一种

---

① 林子仪:《言论自由与新闻自由》,台湾大学法学丛书编辑委员会编辑,月旦出版公司1999年版,第66页。

② 田大宪:《新闻舆论监督研究》,中国社会科学出版社2002年版,第11页。

③ 魏永征:《新闻传播法教程》(第二版),中国人民大学出版社2006年版,第69页。

发表，那就比魏永征所讲的两种著述早 5 年。① 舆论监督第一次进入政治视野中是 1987 年 10 月中共十三大政治报告首次提出"提高领导机关的开放程度，重大情况要让人民知道，重大情况要让人民讨论"。"要通过各种现代化的新闻和宣传工具，增强为政务活动的报道，发挥舆论监督的作用，支持群众批评工作中缺点错误，反对官僚主义，同各种不正之风作斗争"等。这是中共历史上第一次在党的正式文件中出现了"舆论监督"的说法，并赋予舆论监督更加广泛的意义，它不仅包括批评报道，而且包括对党务、政务活动的报道，对重大情况和重大事件的报道。

自中共中央对舆论监督在政策上的确立，舆论监督的研究也日渐繁荣。对于舆论监督内涵的认识，可谓是仁者见仁，智者见智。

何梓华指出，舆论监督是和舆论一体相连、密不可分的。它所反映的不是个人对社会现实的认识，而是一定的社会群体（公众）对社会现实的普遍的、共同的意见。舆论监督借助新闻媒介的传播优势，以公开的方式反映公众对某一社会现象、某个社会事件或社会问题所形成的比较一致的意见，实际上它是代表公众的意志对社会现实作出强有力的主动回应，因而在实施对社会监督方面具有很强的影响力和权威性。②

在艾丰看来，舆论监督不仅是一种来自于群众的自下而上的监督，"舆论监督实质上是一种综合性的社会监督。舆论监督的监督主体和被监督主体都是多种多样的，而且这种监督又具有公开性。有自上而下的监督。领导机关把他们发现的问题以及处理结果在报纸上公布，借用社会舆论的力量去推行某项政策，并借此在全社会上形成舆论。比如《经济日报》每周公布的国家质量技术监督局的质量检测公报，就是这样的形式。有自下而上的监督。报纸把群众揭露问题的来信来电公开发表，也是常见的一种舆论监督方式。有两者相结合的监督。新闻单位根据中央精神和群众呼声主动搞的

---

① 参见吴柳林：《"舆论监督"概念的由来及含义》，感谢孙旭培先生提供的这篇尚未发表的论文。

② 何梓华主编：《新闻理论教程》，高等教育出版社 1999 年，第 178 页。

监督性报道，就属于这一类。它很难说是单纯的自上而下，还是自下而上，而是两者的有机结合"①。

顾理平认为，舆论监督是指新闻媒体运用舆论的独特力量，帮助公众了解政府事务、社会事务和一切涉及公共利益的事务，并促使其沿着法制和社会生活共同准则的方向运作的一种社会行为。②

王强华、魏永征认为，新闻舆论监督是公民通过新闻媒体对国家机关、国家机关工作人员和公众人物的与公共利益攸关的事务的批评、建议，是公民言论自由权利的体现，是人民参政议政的一种形式。同时，他们还特别强调，揭露和批评行业不正之风，违背社会公共道德和职业行为，尤其是侵犯消费者利益的经营作风和假冒伪劣商品，也是舆论监督的重要任务。③

陈力丹指出，舆论监督意指公众通过舆论这种意识形态，对各种权力组织和其工作人员，以及社会公众人物（包括著名记者）自由表达看法所产生的一种客观效果。是一种自然存在的、客观的无形的监督形式，其特点如马克思和恩格斯所说，是"广泛的无名的"。公众表达的意见可以是赞扬、批评，形式和渠道也是多样化的，因此，舆论监督往往体现为正反两种监督效果。④

孙旭培认为，舆论监督是指公众通过新闻媒介对党务、政务的公开，对国家机关各级公务人员施政活动，以及社会公众人物（包括政治家、演员、知名企业）的监督，这种监督既包括揭露和批评，又包括评价和建议。但对坏人、坏事，特别是腐败行为的揭露和批评是舆论监督的主要形式。⑤

郭镇之、展江认为，中国的舆论监督是公众通过大众传播媒介

① 艾丰：《舆论监督十一题》，《中国记者》1999 年第 9 期。

② 顾理平：《新闻法学》，中国广播电视出版社 1999 年版，第 239 页。

③ 王强华、魏永征：《舆论监督与新闻纠纷》，复旦大学出版社 2000 年版，第 27 页。

④ 陈力丹：《论我国舆论监督的性质和存在的问题》，《郑州大学学报（哲学社会科学版）》，2003 年第 4 期。

⑤ 孙旭培：《中国传媒的活动空间》，人民出版社 2004 年版，第 156 页。

及其报道对社会的政治、经济、文化生活进行的评论监督。①

纵观上述各种定义，我们不难发现，学界在行使舆论监督的主体是公众、舆论监督的对象是国家权力和社会现象等方面具有高度共识，尤其是对 1987 年提出的"舆论监督"概念在外延上进行了扩大化的解释，既有将舆论监督的对象界定为"社会现实"，又有将新闻媒体开展的舆论监督实践认定是一种"社会行为"②；既有将舆论监督等同于新闻报道，忽视舆论监督自身应有的价值判断和批评特性，又有将舆论监督等同于舆论，仅仅强调反映公众对某社会现象、事件、问题所形成的意见，还有将舆论监督的形式从原来的揭露、批评、评价、建议扩展到赞扬，认为舆论监督包括批评与赞扬两种特性。

从学者们的研究成果中，我们可以依稀勾画出舆论监督内涵的变迁轨迹：由 20 世纪 80 年代的政治学意义转换为一种社会学意义，从而在 90 年代以来避开了"舆论监督"概念内涵的政治敏感性，将"舆论监督"的对象解读为"社会现实"，而不再仅仅针对政治权力的行使，从而为"舆论监督"研究找到了一个没有政治风险的安全的学术空间。而正是社会学视角的引入，侧重于学理逻辑上"舆论"的解读，从而导致在舆论监督的实践对象上，由原来的仅仅限定于对政治权力的监督实践，转换为对于"社会现实"的监督；在表现形式上，既可以是批评的，也可以是表扬的，这样的解读既可以不冒"凌驾"于政治权力之上的风险，又在学理逻

---

① 郭镇之、展江：《守望社会——电视暗访的边界线》，中国广播电视出版社 2006 年版，第 47 页。

② 这些认识在法律是有体现的，如 1993 年 10 月 31 日颁布的《消费者权益保护法》第 6 条第 3 款规定，大众传播媒体应当做好维护消费者合法权益的宣传，对损害消费者合法权益的行为进行舆论监督。1997 年 12 月 29 日颁布的《价格法》第 37 条第 2 款规定，新闻单位有权进行舆论监督。2002 年 6 月 29 日颁布的《安全生产法》第 67 条规定，新闻、出版、广播、电影、电视等单位有进行安全生产宣传教育的义务，有对违反安全生产法律、法规的行为进行舆论监督的权利。

辑上没有违背"舆论监督"的内涵。① 同时，司法实践中舆论监督侵权案件的层出不穷，促使大批学者的学术研究由原来的服务于政治体制改革解决政治权力过于集中的问题，转换为新闻媒体的具体报道实践（批评报道）如何符合现有法律规范避免新闻官司，以及舆论监督立法的规范问题。所有这些方面的转向大大减轻了与政治权力的紧张性，从而使得"舆论监督"，无论是在学理的讨论上，还是在新闻媒体的实践上，都因获得了政治上的安全而显得繁荣似锦。

当然，从社会学或者传播学方面解读"舆论监督"，在逻辑上并不存在不妥。但是，在历史和现实意义上，社会学或者传播学上的舆论监督只能产生泛化的结果，极大地淡化了"舆论监督"在当代中国提出的历史使命，混淆了舆论监督与一般批评性报道的严格界限，钝化了公众参与民主政治建设的意识，脱离了媒介权力与政治权力的结构内涵，使舆论监督工作淹没在浩瀚的日常事务中。因为，从十三大到十七大的政治报告，连续五次关于舆论监督的论述，其基本思路是一致的，即从党的工作角度，舆论监督被视为一种对党政权力组织的公开的监督形式，而非指监督其他一般性的社会问题，其具体做法是批评工作中的缺点错误。

所以，我们对于上述各种定义不敢苟同，而比较赞同唐惠虎的观点，他认为"舆论监督是运用新闻传媒干预社会的政治现象，是生产力和民主政治发展的产物"，并强调"社会主义舆论监督是权力制约、监督权力的重要组成部分，是权力制约、监督权力的重要途径，是社会主义民主政治学说的组成部分"②。因此，舆论监督的表现形式只能是揭露、批评、建议，而绝非表扬或者赞扬，舆论监督的对象只能是国家机关及其工作人员（包括他们的职务行为和能够对他们公正行使职权产生影响的社会行为），舆论监督的含义只能是公众利用大众传媒对国家机关及其工作人员所从事的职

---

① 参见程金福：《媒介权力与政治权力的结构变迁——当代中国大众传媒与反腐倡廉研究》，复旦大学 2007 年博士学位论文，第 163 页。

② 唐惠虎：《舆论监督论》，湖北教育出版社 1999 年版，第 1 页。

权行为和能够对他们公正行使职权产生影响的社会行为进行揭露、批评和提出建议的行为。它是公民依法管理国家事务的民主权利的体现，是人民参政议政的一种形式，是现代宪政制度的一个组成部分。其根本任务在于维护和完善社会主义国家的国体和政体。

当然，如此定义，我们并不认为大众传媒就丧失了对公众人物、企业单位、不良社会现象批评的权利，对非国家机关及其工作人员的批评，在制度上完全可以归入新闻自由的大范畴之中。因为，舆论监督范畴的锁定，必然会在舆论监督权的范畴中体现出来，即舆论监督权的法律关系规范的是国家机关、行政官员与公民、大众传媒之间的关系，换言之，就是管理者与被管理者之间的关系。这种关系目前在《宪法》和《政府信息公开条例》中得到确认，即公民、大众传媒享有批评建议权和索取信息权，而政府机关和官员承担听取批评、提供信息的义务，这种义务不是道德义务而是法律义务，不作为就要承担法律责任。但是，大众传媒与公众人物、企业单位、社会现象中的个人之间在法律上是平等的，不存在管理被管理的关系，法律上没有特殊的规定，大众传媒在从事采访报道时，对方不承担提供信息的法律义务。

## 二、舆论监督的逻辑基础和现实要求

舆论监督是公民政治参与的一种重要形式，是民主国家权力监督体系中必然的制度设计，是现代媒体的重要功能和社会职责。对其逻辑基础和现实要求，我们主要从对权力的怀疑，对人性不足的规避和政治文明建设的呼唤及现行政治体制的"疲软"来进行思考。

### （一）舆论监督的逻辑基础

舆论监督自产生以来就成为现代民主制度的一个重要方面，或可以说，舆论监督是应现代民主制度的需要而产生的，行使舆论监督也必然是一项民主权利，这项权利的最本质功能就是对公共权力和事务的监管和制约，因此，在民主国家中，关注公共权力运作的行为是舆论监督价值追求之所在。而权力自产生以来，就对人们追求自由和幸福的权利实施着某种程度的束缚或剥夺。卢梭曾言：

"人是生而自由的，但却无往不在枷锁之中。"① 也正是权力的这种束缚或剥夺功能，决定了对其进行舆论监督行使制约的必要。

1. 对权力的怀疑

权力概念是政治分析的中心。但是，"权力是一个使用频率颇高，凭直觉去理解，很少有严格定义的词"②。要想给权力下一个既明确又精炼，同时为世人所公认的定义实在是困难。因此我们避开权力概念这个难题，直接分析权力现象自身所具有的内在规定性，以期对权力有一个全面的认识。

（1）强制性

强制性是权力的固有属性，也是首要属性，这是权力的阶级性的自然延伸。马克思主义认为，在阶级社会，政治权力是阶级压迫的有组织的暴力，"这种公共权力在每一个国家里都存在。构成这种权力的，不仅有武装的人，而且还有物质的附属物，如监狱和各种强制机关"③。所以，权力应是一种政治强制力量，它是以军队、警察、法庭、监狱这种国家机器作为后盾的。完全可以说，没有这种后盾，就不会有权力存在。强制性主要表现在权力主客体之间的关系中。在这种关系中，权力主体拥有绝对支配权，权力客体自身的意志、愿望和利益不成其为左右权力主体行使权力的力量。

（2）扩张性

权力是一种支配、控制和管理力量，当它不受制约的情况下，往往呈现出无限扩张和聚敛权力的异化倾向。权力的无限扩张，必然要打破既定的界限和范围，侵犯其他权力，甚至危及公民的权利。其表现一方面为掌权者总是希望独占权力，不惜运用各种非法手段甚至残酷屠杀的方式来对付那些胆敢觊觎他们手中权力之人。他们往往极度推崇世袭制，憎恨任期制，并培植自己的亲信势力。

---

① ［法］卢梭：《社会契约论》，何兆武译，商务印书馆 2003 年版，第 4 页。

② ［英］伯特兰·罗素：《权力论》，靳建国译，东方出版社 1988 年版，第 4 页。

③ 《马克思恩格斯选集》第 4 卷，人民出版社，1972 年，第 167 页。

另一方面，掌权者还会想方设法地追求更多更大的权力，正像人们有了财产之后还想拥有更多的财富一样。因此，在现实政治生活中，尽管没有倡导和维护个人专断的制度，但权力潜在的扩张性往往会自发地滋生出个人专断，权力腐败的现象。

（3）利益性

古往今来，社会各阶级、集团和个人之所以对权力趋之若鹜，甚至不惜付出惨重代价，是因为人们追求权力背后那种充满诱惑的利益，而并不是追逐权力本身。从权力与利益的关系来看，权力与利益紧密相联，利益是权力行使所追求的目标，而权力则是实现利益的手段，权力运用的过程就是不同利益实现的过程。归根结底，权力之所以重要，是因为它决定着人们能够得到的各种利益的范围及其大小。恩格斯认为："政治权力不过是用来实现经济利益的手段。"[①] 一切政治活动归根结底都是为了利益而进行的，公共权力不过是国家用来实现自己利益的工具和手段。如果把政治比作一座宏伟的剧场，那么，权力就是政治剧场的舞台，利益就是权力舞台的导演。[②] 也正因为如此，在现实生活中，权力往往沦落为权力出租方与寻租方之间秘密交易的"商品"，而权力一旦作为一种稀缺资源秘密进入市场流通领域，权力的这种利益性往往会给权力出租方和寻租者带来巨额利润。"公共权力的出售是一种'无本生利'的行为，直接损害的是国家、社会和群众的利益。"[③] 当然，权力的利益性并不必然带来权力的腐败，权力若能在依法情况下，公开、公正、平等地得以行使，权力的利益性必然带来公共利益的维护和社会主义事业的繁荣发展。

（4）排他性

权力的强制性在某种程度上表现的就是排他性。权力分层级，

---

① 《马克思恩格斯选集》第 4 卷，人民出版社 1997 年版，第 246 页。

② 参见张亚娟：《关于权力的制约和监督研究》，中共中央党校 2005 年博士学位论文。

③ 吴振坤：《20 世纪共产党执政的经验教训》，中共中央党校出版社 2002年版，第 346～347 页。

任何一个权力都同其他权力相联系，从上至下依次控制。两个平行的权力除有约定以外，彼此不发生控制关系。权力的指向，也叫职权范围，不论是一个大的权力，还是一个小的权力，都有自己的职权范围和相应的位置。在这里，权力是排他的。在一个权力范围内，对同一事项的最终决定权，不允许有从同一角度用同一种形式同一标的指向的权力存在。排他也是独占，一个权力范围，两个平行的权力同时存在并对同一事物都有最终决定权，这个权力系统就必然瘫痪。在国内目前的权力体系中，一个单位有行政首长，有党委书记，权力虽然平行，但是指向范围不一样，行政首长管行政事务，党委书记管党务，彼此不对一个事物有最终决定权，工作中有交叉，也是有主有辅。在西方三权分立国家，立法、司法、行政各自独立行使职权，不可以跨系统去决定别人的事情，虽然有些事情政府决定后，还要到议会去通过，表面上看是一个事情两个权力去管，其实政府在送议会之前的决定，在它的职权范围内已经是最终决定权了，到议会去审查，则是另一个权力的开始。不过，脱离政治文明和法律制度来行使权力的排他性，不仅会导致专制和独断的产生，还可能使得它最终演化为终身制和世袭制，使权力的社会化和权力文明的推进步履维艰。

（5）有限性

在上述权力的排他性中就已暗含着一个前提，就是权力的有限性，即不同形式的权力都有其特定的职责范围和行使界限，有着特定的作用客体，受一定历史条件、社会关系等制约，因此，绝对的、到处都适用的权力是没有的，一旦超出了特定的范围和界限，权力就会失去应有的效力甚至变异。不过，对于法治国家来说，在政治体制及法律制度体系中如何才能合理地、明确地配置权力与权利、权力与权力间的关系，合理地、明确地划分它们之间的界限，却是极其困难又必须努力完成的工作。因为，权力的正确行使对文明社会举足轻重，权力的界限不明、含混，必然会带来不同权力机关间越权、争权或扯皮的现象，最终导致国家秩序的混乱，一个缺失安定秩序的社会，人民的自由、权利将无从谈起。

纵观上述权力的特性及人类几千年的文明发展史，我们发现，任何权力都是一种具有双向发展可能性的"双刃剑"，即具有正反双重特性。它既可以被用于治国安邦，又可以用于为掌权者谋私利，乃至祸国殃民；既可以给人类社会带来巨大的利益，也可能给人类造成深重的灾难。正如英国哲学家罗素所说："一方面，因为政府是必需的：没有政府只有很少一部分人有望继续生存，而且只能生活在一种可怜的贫困状态中。但是，另一方面，政府也会带来权力的不平等，并且那些拥有极多权力的人会利用这种权力来满足他们自己的欲望，而这些欲望是与一般人的欲望截然相对立的。"① 丹尼斯·朗也指出："如果权力关系是必需的，也许会被描述为必需的邪恶。这种邪恶在于权力容易滥用，在于权力容易从合法领域扩大到其他领域，这主要因为作为潜在通用手段的权力地位，可以为任何集团、任何个人的目的服务。"② 因此，在现实条件下，权力的运行常常会产生两种截然不同的效果，即所谓正效应和负效应。权力的正效应是指权力在法制的轨道上运行，顺应人民的意志，有利于推进社会的经济、政治、文化等各项事业的发展，维护社会秩序的安定和谐。权力的负效应是指权力运行偏离正常的法制轨道，违背人民的意志，侵害或侵蚀公共利益，阻碍社会的经济、政治、文化事业顺利发展，给社会秩序带来不和谐和不安定因素。③ 而面对权力所能产生正负效应的情况，我们唯一能做的就是，采取一切措施保证权力正效应的长期、有效、渐强的发挥，采取一切措施阻止、消灭各种权力负效应的产生。对于权力的正负效应，我们更关注权力的负效应，对于权力负效应的避免，学术界和各国政治实践都早已给出了答案，就是权力制约和监督。显然，也正是权力的负效应性格，成为监督权力制度配置的逻辑基础之一。而凭借自身独特优势在监督体系占有突出地位的舆论监督义不容辞

① ［英］伯特兰·罗素：《权力论》，靳建国译，东方出版社 1988 年版，第164 页。

② ［美］丹尼斯·朗：《权力论》，陆震纶、郑明哲译，中国社会科学出版社 2001 年版，第 292 页。

③ 杨占国：《政治文明语境下权力制约研究——以实体正义和程序正义为视角》，吉林大学 2007 年博士学位论文。

地成为保障权力正常行使的"护航舰"，一方面，权力的体制内制约在理论上和各国政治实践中都存有缺陷和不足，不能完全避免权力腐败现象的发生，可以说，传统的权力制约和监督制度自身的不完善造成了权力脱离正常轨道运行的现象，作为权力体制外制约和监督的舆论监督，恰恰能够弥补这个不足。另一方面，相对于其他权力制约和监督制度设置的行使，在民主法治社会中，舆论监督的行使最为经济、有效和迅速。

2. 对人性不足的规避

自人类出现文字记载以来，有关人性善恶的辩论在中外学术界就一直存在，如在中国，从孔子、孟子到荀子，再至董仲舒、程颐、朱熹、王阳明，再到近代张之洞、冯友兰；在外国，从苏格拉底、柏拉图、亚里士多德到但丁、马基雅维里、卢梭、马克思，他们都在有关人性善恶问题上留下了闪闪发光的思想。不过，在人性善恶的基本取向上，中国的一些思想家是倾向于人性本善，而西方的许多思想家则认为人性本恶，即宗教上认为的"原罪"、"原恶"，认为人一半是上帝、一半是魔鬼。

其实，对于人性最终归属的探讨我们以为并不是目的，对其探讨的真正价值在于发现造成权力"善恶"的原因。我们知道，虽然权力在实践中总是呈现正反两面的特性，但是从本质上来说，权力本身并不存有善或恶的说法，它只是人类的一种统治工具而已。不过，权力的产生，就像奥本·海默主导的"曼哈顿计划"发明原子弹一样，目的都是为了服务于人类，造福于人类，结果在实践中，不同的人对权力的运用就像不同的人对原子弹的利用一样，有的人将权力作为更好地管理国家、管理社会公共事务，谋求社会秩序良性发展，为人类谋求公共福祉的最为有力的工具，而有的人却将权力作为榨取不义之财、谋取不当利益、从事打击报复的"特权"。由此我们可以看出，权力在实践当中所表现出的"善恶"并不能说明权力自身的属性，其完全被控制在权力执行人的善恶属性当中。正如林吕建所说的："权力是一匹烈马，驾驭得好，它可以成为千里马,驾驭不住,它则是害群之马……"①

既然人性对权力的正确行使具有如此关键而重要的作用,我们就没有理由不对人性作出一个最终的、符合历史发展的认识。我们以为,对人性的善恶辩论不能走极端,不宜采取非此即彼的认识方法,否则就会背离马克思辩证唯物主义的理论。因为马克思主义认为,人是一切社会关系的总和,是社会存在物,人一刻也离不开社会。社会关系是什么样,人性就是什么样的,人性最终由社会塑造,是社会教化和环境影响的结果。可以说,在某种程度上社会的发展程度决定了人的发展程度,社会发展的不完善性必然也就会体现到人的发展不完善性上面来。所以,在权力的所有者与权力的行使者还处于相对分离的条件下,在个人利益和公共利益还存在着差异的社会里,掌权者的个人意志是无法超脱现实的,它随时都会受到个人情感欲望以及社会上各种复杂因素的影响、干扰和纠缠,并以特有的方式左右着权力的正常运行。与此同时,人类认识上也存有很大的局限性,思想道德状况也存有很大的差异性。任何人都不是万能的,人类的认识总是受制于主客观条件的存在。我们不能强求具有不同的生活背景、教育背景的人,在社会活动中,尤其在社会管理活动中的行为及后果必须保持一致,因为每个人都会有自己的认识局限,认识不周之处。况且,社会环境和教化从道德评价角度总是要强调善、恶两种因素,沉淀到人们的意识结构而形成的道德品质中就会有善恶两种方面,人的行为随之就会出现善恶两种潜在倾向,实际表现会随着人类道德实践的深入而发生比例的变化,形成人们常说的"善人"、"恶人"、"好人"、"坏人"。这些都说明了,人既有圣洁的一面,又有污秽的一面;任何人无论怎样磨砺,也无法将内心的兽性完全驱逐出去。即使有人在某一方面达到了完善的境界,也很难保证在其他方面不出偏差。正是基于人难以避免的认识与道德发展的局限性,恩格斯指出:"人来源于动物界这一事实已经决定人永远不能完全摆脱兽性,所以问题永远只能在

---

① 林吕建:《驾驭权力这匹烈马》,浙江大学出版社 2003 年版,第 2 页

于摆脱得多些或少些，在于兽性或人性的程度上的差异。"① 列宁也曾指出："各政党各阶级的任何代表，作为个人是可能犯错误的。"②

面对人类人性飘忽不定的特征，早在古希腊时期，亚里士多德就给出了解决方案。他认为，人具有善和恶两重性，即使贤良之士也是如此，这直接影响他们掌握权力时的行为，善性抑制恶性时能理智地运用权力，恶性膨胀时，就会造成权力的滥用。因此，亚里士多德主张用法律的公正性来消除一切情欲的影响而体现神和理智的精神。这个光辉的思想对人类政治文明的发展影响深远，到如今，各民主国家都是采取法律形式对权力的配置和权利的赋予进行控制。美国总统杰斐逊也给出了解决办法，他认为"世界上每个政府都有人类的弱点和腐化堕落的胚芽，为了防止政府蜕化，必须由人民来监督。为了防止犯错误，就必须通过报纸让人民充分了解公共事务。虽然他们有时也会被引入歧途，但将会迅速纠正自己。民意是政府存在的基础，要向人民提供关于它们自己事务的全部情况，并且力争做到使这些报纸深入到全体人民之中，而不是在政治贵族中传播信息。我们的第一个目标是给人们打开所有通向真理的道路。迄今为止，找到的最好的办法是新闻自由"③。基于此，各国宪法中对言论出版自由的确认和保障，极大地提高了权力执行人在克服人性缺陷方面的能力，当然，在人类确立舆论监督法律地位之前，舆论监督在这方面也发挥着很大的作用。因为，作为人类社会与生俱来的协调机制，舆论监督是社会组织的维系纽带，是人类迈向文明的助推器。

不过，我们在此要强调的是，舆论监督具有巨大的道德纠错功能，其有利于营造一种人性良好发展的社会生态环境。因为，人性之善恶并不是一成不变的，而是由个人生长的环境决定的。从本性

---

① 《马克思恩格斯选集》第 3 卷，人民出版社 1972 年版，第 140 页。
② 《列宁全集》第 13 卷，人民出版社 1963 年版，第 343 页。
③ ［美］彼得森编：《杰斐逊集》，刘祚昌、邓红风译，生活·读书·新知三联书店 1993 年版，第 33-34 页。

来看，舆论监督必然是基于社会公共利益或者公共道德，对权力的不当行使和社会的不良现象提出批评和揭露。虽然，具体的舆论监督行为也可能会出现不当，但舆论监督行为所蕴含或体现的价值观、道德观总是一种"公意"，具有积极意义。监督主体由于追求公意，个人品性得到了升华；被监督者受到舆论的谴责，受到了教育而警醒，并改正缺点、错误，获得了进步。因此，充分的舆论监督能够鞭笞违法、丑恶现象，矫正人性的异化，维护正义，弘扬正义，营造有利于人性发展的环境。另外，人们在舆论监督所构造的意见自由表达中，传播着法治和公共道德观念，荡涤着邪恶的污垢，共同促进人性的发展。①

由此我们可以看出，人性的弱点不可避免地成为对权力行使者进行舆论监督的另一逻辑基础。

**（二）舆论监督的现实要求**

1. 政治文明建设的呼唤

政治文明，是人类政治生活的进步状态，是人类政治实践活动中形成的文明成果。政治文明就是要在民主意识的普遍化和科学化的基础上实现民主政治的规范化、制度化和程序化，规范、完善政治制度和与之相配套的权力运行机制、监督机制以及确保这种制度和机制理性运作的规范程序。

党的十六大在全面分析国际国内形势的基础上明确指出："发展社会主义民主政治，建设社会主义政治文明是全面建设小康社会的重要目标。"政治文明建设"要着重加强制度建设，实现社会主义民主政治的制度化、规范化和程序化"②。这是我们党首次提出政治文明的概念。党的十七大延续十六大的精神着重指出："深化政治体制改革，必须坚持正确政治方向，以保证人民当家做主为根本，以增强党和国家活力、调动人民积极性为目标，扩大社会主义

---

① 参见周甲禄：《舆论监督权论》，山东人民出版社 2006 年版，第 39～40页。

② 江泽民：《中国共产党第十六次全国代表大会报告》，人民出版社 2002年版，第 31 页。

民主，建设社会主义法治国家，发展社会主义政治文明。""扩大人民民主，保证人民当家做主。人民当家做主是社会主义民主政治的本质和核心……保障人民的知情权、参与权、表达权、监督权。""落实党内监督条例，加强民主监督，发挥好舆论监督作用，增强监督合力和实效。"由此可以看出，政治文明的提出和政治文明建设的有序推进，标志着我国社会主义政治文明迈入了一个飞速发展的阶段。

从人类政治文明发展的进程来看，主张对权力实行制约和监督，是人类对政治权力认识的理性化，是政治文明发展的一个重要标志。① 党的十七大报告就是在立足本国国情、总结实践经验的同时，借鉴和汲取人类政治文明的有益成果，提出要"完善制约和监督机制，保证人民赋予的权力始终用来为人民谋利益。确保权力正确行使，必须让权力在阳光下运行。要坚持用制度管权、管事、管人，建立健全决策权、执行权、监督权既相互制约又相互协调的权力结构和运行机制"。因此，社会主义政治文明的建设，必然要求通过完善的监督机制旗帜鲜明地揭露和鞭挞腐败，尤其要积极预防职务犯罪，防止国家机关及其工作人员侵犯国家和人民利益、侵害公民和法人的民主权利、人身权利和财产权利。

监督制度在现代民主政治建设中处于基础性的地位，而传媒舆论监督又是以良好的传播时效、监督主体的无处不在、影响的广泛直接有效在整个监督制度体系中处于非常有活力和极为关键的地位。因此，可以说"对于舆论监督承受能力的强弱，是衡量民主政治建设程度的标志之一；公众运用传媒表达要求和呼声的经验是社会民主化的尺度"②。

当前我国正处于社会转型、体制转轨、观念转变的关键时期，社会在整体上获得大发展的同时，也出现了亟待解决的消极问题，如公共资源分布不均；城乡间、地区间在经济、文化、信息等方面

---

① 钱俊君：《权力之善——社会主义政治权力善的探析》，湖南师范大学2004年博士学位论文。

② 李元授、陈杨明：《新闻传播学》，新华出版社2001年版，第273页。

的差距扩大；分配不公、贫富差距扩大；人民内部矛盾错综复杂，等等。而这些消极问题的解决，需要形成对社会的制衡与纠偏机制及时匡正社会运行中的种种偏差与弊端，同时需要为我们的社会架构沟通的桥梁和开启宣泄的通道，促使上情下达、政务公开；下情上达、传达呼声和反映民意，另外还需要舆论监督揭露和鞭挞一切为私利而滥用公共权力的丑恶现象，保证权力沿着制度化和法制化的轨道运行。因此，我们既可以说舆论监督是政治文明建设的重要组成部分，是政治文明建设的题中应有之意，也可以说没有舆论监督就不会有民主政治，就不可能实现政治文明。

2. 现行政治体制的"疲软"

虽然权力制衡思想曾经激励着欧洲和北美大陆的人民充满激情地去战斗，分权模式的政治实践也创造了辉煌的历史，并且至今仍然存在于西方各国政治实践之中。但是，不容置疑的是，权力制衡自身以及它对于权力制约的理想状态，对于民主的需求来说，都存有不足之处。

首先，从宏观上来看，西方社会民主只是资产阶级的民主而非广大人民群众的民主，广大人民群众无缘权力制约和监督，因此，分权制衡并非实质上的民主。另外，还因为它只是一种"有闲阶级"或富人之间的游戏规则，是资产阶级统治广大人民群众的强有力的工具，人民群众并没有也不可能从这种"民主"中得到实实在在的利益。

其次，从微观上来看，权力制衡模式在促进各国民主发展的同时，也显现了重大的不足，具体表现在：

（1）可能导致人民主体意识的缺失。民主意指人民的统治，也可以说，人民在民主政体中占统治地位。不过，在权力制衡的立宪体制中，人民想要行使主权需要通过代议制进行委托来实现，该体制虽然有易操作、成本低、理性化等诸多优点，但是过分依赖该体制，极有可能会出现人民与权力的隔绝。久而久之，导致民众与政治国家的分离也就不可避免，"政治与己无关"的政治冷漠心态就会在民众中蔓延。

（2）权力制衡的理论前提的正确性值得怀疑。思想家在创制权力制衡理论的时候，就假设了一个理论前提，即在分立制衡的权力中，肯定有一方是正义的化身或人民利益的代表，当一方的权力在行使中出现腐败，必有一方通过对这一腐败权力的监督而使之纠正。比如，立法权可以对行政权滥用或不当行使予以纠正；通过违宪审查，司法权可以对立法权予以纠正。但是，当分立的三权在运行中同时出现非正义时，单凭权力制衡的制度来实现阻止国家侵犯人民利益，非常困难。况且，现实中分立中的三权还难以均衡，行政权力过于强大。

（3）在实践中权力制衡还出现一些问题。主要有：其一，并不能保障权力制约主体就肯定是民众的真正代表。因为，在选举制和代议制下，公民推选的代表并非肯定就是真心实意为人民谋福利的代表，完全可能产生"有心栽花花不开"的尴尬结果。二是权力制约的主体难免有人性的弱点。根据"经济人"的假设，理性人所从事一切行为的落脚点都在于自身效用最大化，因此，制约主体在行使权力对另一权力进行监督时，若制约效果很难达到制约主体所希望的收益目标，制约主体就会丧失进行有效权力制约的积极性，而且还极有可能在被制约方"糖衣炮弹"攻击下与其同流合污。

也正因为上述权力制衡的不足，导致了下列表现：滥用权力、出租权力、政治腐败时常出现；党派、利益集团将权力制约作为斗争的工具；权力制约本身产生一种官僚主义作风，权力行使者个人的低效抵消了权力体系正常运转的高效；权力制约常常为权力的正常运行设置障碍，给政策的连贯性和一致性造成破坏；权力制约使一些人可以为了自己或某集团的短期利益而公开地破坏国家的战略利益。

在中国，随着社会主义政治文明的深入发展，多元化、多层次、立体的权力制约监督体系已初步建立，基本是由人大监督、政党监督、行政监督、司法监督、社会监督等方面构成。该监督体系在规范权力运行，遏制腐败现象，密切党群关系，推动民主政治发展等方面都发挥了不可替代的作用。但是，我们也不可否认，正处于转型期的中国，在权力制约和监督方面还存在很多不足，已有的权力制约体系远远不能适应新的世情、国情深刻变化的需要，不能满足社会主义政治文明建设的需要。① 那么造成如此不足的原因是什么呢？首先，自下而上单向制约监督模式，即各级组织及其领导人的授权主要来自上级组织，他们主要是执行上级的决定，接受上级的监督，下级组织和广大民众对他们的监督极其有限。其次，权力制约和监督主体缺乏独立性。通常情况，权力监督工作的有效开展，一个最为基本的前提条件就是监督主体具有相对独立性和权威性，监督主体的地位高于或者与制约监督客体大致平行。但是，从目前体制和法律规定来看，纪检监察机关不仅受上一级纪检监察机关领导，而且还要受同级地方党委、政府的领导，并以后者领导为主。地方党委、政府不但管理同级纪检监察机关的物资配置、经费开支、人事任免等具体利益事项，而且党委、政府的领导成员还兼任监督机构的主要负责人，或由同级党委或政府机关任命监督机构的主要领导人。如此一来，就出现了监督主体被监督客体领导、监督客体被监督主体所依附的非正常现象。这就造成监督者在执法实践中丧失自身的自主性和独立性，使监督常常处于一种尴尬境地，难以发挥监督职能，极大地降低了职能监督的力度。②

上述中西方权力制约和监督模式的种种弊端，虽然可以通过各自政治体制自身的重新设置修改完善并取得行政权力运行的规范和腐败犯罪行为的减少，但是，各国政府为了政治的稳定很少有针对

---

① 据中纪委统计，2004 全国纪检监察机关共立案 166705 件，结案 166590 件。这些腐败案件涉及官员级别之高、人数之多、贪污受贿金额之大、社会影响之恶劣都让人触目惊心。参见 http：//news. xinhunaet. eo. /ne'seente/r2005—01/21/eontent_ 2492012. ht；2000—2003 年北京市反贪系统共查获发生在国企的 812 起贪污贿赂案，处级以上干部 201 人，查办了 280 名国企"一把手"其中有 12 起典型大要案；被判处死刑 4 人（其中死缓 3 人），无期徒刑 7 人。参见《京华时报》2003-04-09；另据资料介绍：近 10 年贵州省共立案查处地厅级干部 103 人，其中党政"一把手"54 人，占总人数的 60%。参见《学习时报》2003-10-20。

② 参见张亚娟：《关于权力的制约和监督研究》，中共中央党校 2005 年博士学位论文。

现行政治体制进行大规模的调整，即使有，也会是循序渐进地进行，而面对上述权力制约如此严重的不足，各国唯一选择的、可以在短时间内起到立竿见影作用的措施就是大力发挥新闻舆论监督那强大的、无所不在的"眼睛"的力量，并在法律制度上对其进行适当的安排，赋予权利的身份增强可操作性①，配置义务加以约束。同时，极大地发挥舆论监督对权力制约的积极作用，以权利制约权力模式才能取得良好的效果，即权利制约权力模式对权力制约权力模式具有积极的促进作用。因此，完全可以说，正是上述权力制约理论实践的不足，为舆论监督的繁荣发展和成为政治体制结构中越来越重要的一个方面作了充分的和强大的理论及实践铺垫，而舆论监督的正常开展，也就预示着法治将逐渐臻于完善。

## 第二节　舆论监督法治建设的基本关系

### 一、舆论监督与党的领导

由于舆论监督对象的特殊性和中国共产党的执政地位，对我国舆论监督法治化的研究就不可能不探讨舆论监督与共产党的领导之间的关系，其实，在我国舆论监督法治化建设过程中面临的首要的，也是最为棘手的问题就是如何通过法律法规将舆论监督与党的领导之间的关系明晰化。由于我国目前法律体系中缺乏对新闻自

----

①　舆论监督就是以权利制约权力这种社会对权力的外部监督机制的重要组成部分，它是一种民主性质的监督。西方对此有这样的认识理念：新闻媒介作为"社会公器"与政权、政党应该保持一定的距离，这种距离使大众传媒可以对政治权力的行使进行监督，从而能够促进整个社会政治的良性发展，所以必须要对新闻媒体的舆论监督功能予以制度化保障。以当代美国为例，新闻界起着监督行政、立法、司法三个部门过分行为和不端行为的"政府第四部门"的作用。美国大众传播媒介对政府的政策、腐化、错误和丑闻，对政府官员（包括总统在内）的渎职行为、滥用权力和违法行为不断揭露和提出批评，常形成强大的舆论压力，在一定程度上成为约束政府官员的力量。参见李道揆：《美国政府和美国政治》上册，商务印书馆1999年版，第149页。

由、舆论监督进行具体的规范，所以，政治生活中一旦发生腐败问题，媒介的介入和报道是否要获得掌权者的批准似乎就成为媒介是否贯彻"党的领导"的具体体现。而这种被某些别有用心的人常挂在嘴边的"贯彻党的领导"，往往成为某些掌权者阻挠媒介揭露自己违法乱纪事迹的挡箭牌。这不但极大地损害了党的威望，还侵害了公众的知情权和批评建议权。那么，如何协调舆论监督与党的领导之间的关系就成为舆论监督法治化中的重要内容。

### （一）党对舆论监督的领导主要是政治领导

对于舆论监督的领导应该是具体的领导还是组织思想上的领导，江泽民同志在 1989 年 11 月 28 日的新闻工作研讨会上做出了明确回答："加强党对新闻工作的领导，主要是抓好新闻宣传的政治方向，抓好新闻改革，抓好新闻队伍的建设，特别是领导班子的建设。"由此可以看出，党对新闻工作的领导主要应是组织上、思想上和政治方向上的领导，而不是要求党对新闻工作的具体业务进行事无巨细的管理和领导。其实该认识早在 1956 年《人民日报》的改版过程中出现过，并成为中央党报历史上第一次从业务改进的角度对党性与新闻事业的关系进行了理性分析的不凡之举。1956年 6 月《人民日报》编委会在向中央有关部门提交的申请改版的报告中首次提出："报纸上的文字，除了党中央少数负责人的文章和少数社论以外，可以不代表党中央的意见，都有讨论的余地。就是中央负责人的文章和社论，也不是不允许提出不同意见，只要这种意见是正确的，也可以发表"，"使《人民日报》能够多方面地反映客观情况和群众意见"。同年 8 月，中共中央在报告的批复中赞同这一观点。而在此前 7 月 1 日《人民日报》改版社论《致读者》中强调："报纸是社会的言论机关。在任何一个社会里，社会的成员不可能对于任何一个具体问题都抱有同一种见解。党和人民的报纸有责任把社会的见解引向正确的道路，但是为了达到这个目的，不应该采取简单的、勉强的方法。有许多问题需要在群众性的讨论中逐渐得到答案。"① 1961 年 5 月 1 日，刘少奇在同《人民日

---

① 谭一：《毛泽东新闻活动》，当代中国出版社 1999 年版，第 236 页。

报》有关负责人谈话中指出，在报纸和党委的关系方面，有两种偏向：一种偏向是脱离党委的领导，认为受党委领导就不能批评，因而就闹独立性；一种偏向是完全听党委的话，因而就出现浮夸这类事。他要求共产主义的新闻记者，要把坚持原则性和坚持纪律性结合起来。一方面要服从党委领导，要坚持纪律性；一方面也要敢于向党委反映问题，提出意见，要坚持原则性。不要怕对党委有争论，有争论不是不服从党委。① 其实，在刘少奇的谈话中折射出了一个有关意识形态性和新闻报道的自身规律性谁更为根本的问题。②

大众传媒只要不涉及党的基本路线方针政策的价值取向的根本政治问题，党就不能干涉其日常开展的具体舆论监督活动。我们要继续推进政治体制的改革，改变以党代政、党政不分的做法，强调党的领导不能取代行政领导，更不能取代法律对舆论监督的规范。

（二）党的领导与舆论监督法治的统一

明确提出法治、反对人治初步构想的领导人是邓小平。1978年，邓小平强调指出，人民民主的保障，离不开法制，离不开民主的制度化、法律化，而这种制度和法律绝对不能因领导人的变更而变更，也不能因领导人的注意力或看法的变更而变更。③ 在政治理论上首次提出这样的主张：法律和制度不应受党和国家领导人个人意志的随意支配，这为摒弃"人治"营造了非常好的氛围。在《关于政治体制改革问题》（1986 年）中，邓小平还指出，"进行政治体制改革的目的、总的来讲是要消除官僚主义，发展社会主义民主，调动人民和基层单位的积极性。要通过改革，处理好法治和人治的关系，处理好党和政府的关系。"④ 这都奠定了党中央反对人

① 中共中央文献研究室编：《刘少奇年谱》（下卷），中央文献出版社 1996年版，第 518 页。

② 尊重新闻活动的自身规律是一切意识形态宣传成功与否的前提条件，贯彻党性于新闻活动同样必须尊重新闻的基本规律。党性要求与新闻规律两者的关系如果人为地倒置，肯定不符合科学的认识论。

③ 参见《邓小平文选》（第二卷），人民出版社 1994 年版，第 146 页。

④ 《邓小平文选》（第三卷），人民出版社 1993 年版，第 177 页。

治、实行法治的基调，并为最终将"依法治国"确立为中国的治国方略作了充分的思想准备。

1997 年 9 月，在党的十五大报告中，江泽民对"依法治国与建设社会主义法治国家"的相关问题做了详细阐述，并对"依法治国"做了明确界定："就是广大人民群众在党的领导下，依照宪法和法律的规定，通过各种途径和形式管理国家事务，管理经济文化事业，管理社会事务，保证国家各项工作都依法进行，逐步实现社会主义民主的制度化、法律化，使这种制度和法律不因领导人的改变而改变，不因领导人的看法和注意力的改变而改变。"正式把依法治国确定为"党领导人民治理国家的基本方略"。1999 年 9 月，宪法修正案明确规定："中华人民共和国实行依法治国，建设社会主义法治国家。"至此，"依法治国"在中国以根本大法条款的形式正式确立下来。

既然依法治国是将国家和社会生活的各个方面都纳入依法治理的轨道，那么依法治国的本质就是崇尚宪法和法律在国家政治、经济和文化生活中的权威。在现代法治国家中，执政党必须在法治的框架内活动，它有依法执政的责任与义务，而无任何超出法律范围以外的特权，执政党的活动要纳入国家法制的轨道。我国是社会主义国家，宪法和法律是党领导人民通过一定的法律程序制定的，是党的主张和人民意志相统一的体现，所以中国共产党也必须在宪法和法律的范围内活动，必须依法执政。党的政治领导主要依靠法律来实现。因此，在舆论监督领域中，党的领导必须是在宪法和各项有关新闻活动的法律的范围内领导，即主要依靠各项有关新闻活动的法律来实现。如此一来，党对大众传媒的领导、对舆论监督的领导与舆论监督法治高度统一了在一起。

舆论监督的立法作为国家普通立法的一个组成部分，离不开党的正确领导。不过，这里所强调的舆论监督法治建设要坚持党的领导却是指在舆论监督立法过程中，将共产党对舆论监督的领导明确体现出来，指引舆论监督的宏观发展方向。我国目前的新闻出版法律体系对"党的领导"已很明确，如《宪法》第 22 条规定："国家发展为人民服务、为社会主义服务的文学艺术事业、新闻广播电视事业、出版发行事业、图书馆博物馆文化馆和其他文化事业，开展群众性的文化活动。"《出版管理条例》第 3 条、《广播电视管理条例》第 3 条、《电影管理条例》第 3 条都有"必须坚持为人民服务、为社会主义服务"的规定。当下，我们进行舆论监督立法，当然也不可能置此不顾。因为，我国《立法法》第 3 条规定①，为我们立法确立指导思想；第 4 条规定②，为我们立法确立了国家法制统一的要求，如此一来，舆论监督立法既要遵循宪法的基本原则，如党的领导，还要与其他新闻法规在遵循党的领导方面保持一致。

不过，舆论监督立法中对"党的领导"的贯彻并不是要通过立法确立党组织对传媒舆论监督活动的事无巨细的领导，而是通过立法从思想上、组织上和政治方向上予以领导。具体而言，首先，立法指导思想上要确立，舆论监督必须坚持马克思列宁主义、毛泽东思想、邓小平理论，传播有益于政治文明、有益于经济发展和社会进步的信息，以建设性的态度贯彻始终。其次，在组织上要确立党对媒体负责人的任免权（实行法人治理结构的商业化媒体的经营方面负责人是由董事会任免）。目前，中央组织部与中宣部对中央级别的媒体（如《人民日报》、《求是》杂志、中央电视台与新华社）负责人的任免进行联合审查，最后决定于中组部。其他主要媒体的负责人，由各级政府的人事部门与党委的组织部共同决定。处级及此级别以上的媒体负责人先要通过党的组织部门的考察，之后才能报送人事部门任命。处级以下干部不再由党的组织部门进行考察，而是由本单位考察任命并报人事部门备案。③ 再次，在政治方向上要同党中央保持一致。大众传媒及其新闻工作者都要

① 《立法法》第 3 条规定："立法应当遵循宪法的基本原则，以经济建设为中心，坚持社会主义道路、坚持人民民主专政、坚持中国共产党的领导、坚持马克思列宁主义毛泽东思想邓小平理论，坚持改革开放。"

② 《立法法》第 4 条规定："立法应当依照法定的权限和程序，从国家整体利益出发，维护社会主义法制的统一和尊严。"

③ 参见叶战备：《权力制约视角下的舆论监督》，南京师范大学 2006 年博士学位论文。

在共产党的领导下，无条件地宣传共产党的路线、方针、政策，与党的步调一致，不允许公开发表与之相悖的言论，不得各行其是。

　　当然，舆论监督立法中坚持党的领导，不仅仅强调党在上述三个方面的领导，而且还有一个重要作用就是强调党的权力法治化，建立健全依法行使权力的制约机制，防止党的领导权力变异与决策失误。换言之，党的组织宣传部门对舆论监督活动应依法行使领导管理权，不能超越舆论监督法治规范的要求。

　　（三）党组织和党员必须接受舆论监督

　　党领导舆论监督并不意味着党就不接受舆论监督。相反，党和它的组织、党员个人特别是党员干部都要自觉接受新闻机构的舆论监督。[①]

　　从人类的认识规律来看，由于人类自身的认识局限性以及现实社会的复杂多元性，任何组织或个人都不可能保证自己的行为永远正确，永远不犯错误。党组织是由党员组成的，党员也是人，其认识同样会有局限性，也会犯这样或那样的错误。

　　从法治理念来看，在民主法治国家中，任何组织和个人在法律面前都是平等的，任何组织或个人都不能享有凌驾于宪法和法律之上的特权。作为执政党的共产党及其党员同样要遵守宪法和法律，不能越过各项法律法规去干涉大众传媒正常的传播和经营活动。

　　从权力制约理论来看，掌权者都会想方设法地追求更多更大的权力，因此必须采取措施对权力进行有效的监督和制约，这是民主国家一项基本的原则。在党的组织中，无论是谁，都要接受社会的监督。若遵循媒体不得批评同级党委的原则，现实政治生活中就会出现职位、权力与监督相脱节的情况，这完全背离民主与法治的精神。

　　从我国当前权力腐败的现象看，虽然我国的权力制约和监督机制已经日趋完善，但权力腐败现象仍然比较严重，我们党和国家反腐倡廉的形势和任务依然十分严峻。中纪委的报告显示，1990 年

---

　　① 王强华、魏永征主编：《舆论监督与新闻纠纷》，复旦大学出版社 2000年版，第 33 页。

到 2004 年上半年的 15 年间，全国纪检监察机关共立案 230 万多件，220 多万人受到党政纪处分。在受处分的党员干部中，县（处）级干部近 7 万人，厅（局）级干部近 6000 人，省（部）级干部超过 200 人。① 据中纪委统计，仅 2004 年全国纪检监察机关就立案 166705 件，结案 166590 件。给予党纪政纪处分 170850 人，其中县（处）级干部 5966 人、厅（局）级干部 431 人，省（部）级干部 16 人。涉嫌犯罪被移送司法机关的为 4915 人。② 2006 年 7 月 8 日至 9 日，一场震动国内司法界的首例法院涉嫌单位犯罪案——乌鲁木齐铁路运输中级法院涉嫌单位受贿案公开审理。③ 2006 年 6 月北京市前副市长刘志华，因为"生活腐化堕落"被免去职务，同年 9 月 24 日，中央政治局曾召开会议决定，免去陈良宇上海市委书记、常委、委员职务，停止其担任的中央政治局委员、中央委员职务，移交司法机关处理。同年 10 月 12 日邱晓华被国务院免去国家统计局局长职务；后来又有多位省部级高官涉贪落马，包括中共天津市委常委皮黔生、深圳市市长许宗衡、广东政协主席陈绍基、浙江纪委书记王华元以及公安部部长助理郑少东等。④ 这些腐败案件涉及官员级别之高、人数之多、贪污受贿金额之大、社会影响之恶劣都让人触目惊心。

从我国当前权力腐败带来的后果看，权力腐败造成重大经济损失，阻碍社会生产力的发展。据清华大学国情研究中心胡鞍钢教授的测算，20 世纪 90 年代后半期由主要类型的腐败所造成的经济损失和消费者福利损失平均每年在 9875—12570 亿元之间，占全国

---

① http：//www. dps. ln. gov. cn/detail. php？newsID=24790。

② http：//news. xinhuanet. com/newscenter/2005-01/21/content_ 2492012. htm。

③ 公诉机关指控，自 2000 年至 2005 年 5 月内，乌铁中院接受请托、索取、收受相关中介机构财物，为其牟取利益，以拍卖佣金分成、评估作价费分成及"感谢费"的名义，向一些单位索取、收受人民币 451 万余元，并将上述款项在乌铁中院账外存入以乌铁中院法官协会名义开设的账户或直接侵用现金，应当以单位受贿罪追究被告单位乌铁中院的刑事责任。

④ 中新社北京 2009 年 7 月 1 日电，参见：http：//news. cctv. com/china/20090702/100315. shtml。

GDP 总量的 13.2% ~ 16.8%。① 腐败现象败坏和毒化了党风、政风和民风，严重破坏了党群、干群关系。权力腐败严重影响了党的路线、方针和政策的贯彻落实，阻碍了社会的全面、协调、可持续发展。权力腐败动摇党和政府的合法性基础，威胁社会的安定团结。

从监督的功效来看，舆论监督不可替代。舆论监督是通过现代大众传媒，传播公共信息，反映公众意见，揭露批评公共权力机关及其公职人员的违法犯罪行为，评判公共权力行使者的行为以及其公共决策，从而形成对公共权力制约的一种有效监督形式，体现的是社会的民心所向和正义价值。公众持续性的广泛参与，有助于形成强大的社会舆论，对被监督者构成强大的精神压力和心理制约力量。在这方面，舆论监督有着其他监督不可替代的作用，其"话语"优势权，使一些以权谋私、违法乱纪者坦言："不怕上告，就怕上报"，反映出舆论监督在公共权力监督中不可替代的强势作用。

综合上述各方面原因，我们以为，加强大众传媒对权力进行有效的制约和监督，防范权力的异化与腐败，是我们党的建设和国家政权建设中的重大课题。

但是，"党组织和党员必须接受舆论监督"这个正确的命题却在新闻实践中遇到了瓶颈：党报不得批评同级党委（这里的党报，实际上泛指一切媒体；这里的党委，实际上包括每一个党委成员）。

1953 年 3 月，中央印发《中宣部关于党报不得批评同级党委问题给广西省委宣传部的复示》。起因是，当时广西省（后改为自治区）的地区报纸《宜山农民报》在一篇文章中批评了中共宜山地委，省委宣传部下令禁止并上报中央，得到了中宣部的肯定。《复示》指出："党报是党委会的机关报，党报编辑部无权以报纸与党委会对立。党报编辑部……不经请示不能擅自在报纸上批评党委会……党委会如犯了错误，应由党委会用自己的名义在报纸上进

---

① 胡鞍钢：《中国：挑战腐败》，浙江人民出版社 2001 年版，第 60 页。

行自我批评。……党报编辑部即在上述情况下亦无权以报纸与党委会对立。"几十年来，这一规定被严格甚至扩大化地执行。报纸非但不得批评同级党委，也不可批评同级党委里的任何成员。

对于这项纪律，甘惜分先生早在 1979 年就有过质疑：第一，省报是省委机关报，省报不能批评省委的问题；市报是市委机关报，不能批评市委的问题；县报是县委机关报，不能批评县委的问题……这样一来，报纸上对重要的领导干部也就没有什么批评了，批评的只能是下级。第二，报纸不能批评同级党委，是不能批评党委会呢还是不能批评个人。按理讲，应当指的是不批评党委会，但在实际上，是连各个党委成员也不能批评。这样，个别党委会成员就代表了党委会，个人代表党了。①

有学者通过对该纪律的产生及其随后的实践运用的考察，指出"这一条纪律后来成了保护伞，成了打击批评的棍子，成了安定团结的同义词。主管部门的指令不明带来的批评的倒退，从后来形成的无数'不得批评'来看，都与这一决定有着千丝万缕的联系。这就造成实际工作中的没有批评，舆论监督形同虚设，造成新闻媒体万马齐喑，给个人崇拜、官僚主义、贪污腐化等问题以舆论上的畅行无阻，最终导致反右、'大跃进'、'文革'等灾难性的悲剧发生"②。"就目前从我国舆论监督的现状和政治文明建设的发展来说，继续实行'党报不得批评同级党委'的禁令，弊大于利，已不适应我国社会主义物质文明、精神文明和政治文明建设发展的需要，目前已具备取消中宣部"党报不得批评同级党委"的有利时机、条件和必要性。"③

我们赞赏上述学者的观点，并认为，我们在论述"党组织和党员必须接受舆论监督"命题正确的过程中，其实就隐藏着"报

---

① 转引自王又锋：《质疑同级党报不能批评同级党委》，http：//www. taihainet. com/news/media/cmfxb/2006-11-30/66814. shtml。

② 靖鸣：《"党报不得批评同级党委"——1953 年广西〈宜山农民报〉批评中共宜山地委事件及其争论的前前后后》，《新闻与传播研究》2004 年第 3 期。

③ 靖鸣：《"党报不得批评同级党委"指示的来历——1953 年广西〈宜山农民报〉事件始末》，《炎黄春秋》2008 年第 7 期。

纸不得批评同级党委"命题错误的结果。下面再补充几点理由。

其一，媒体服从党的领导，实质是服从党中央的领导。地方党委只是党中央领导权的一个委托者，当地方党委做出违反党中央规定，违反党的政策原则的行为时，地方媒体就有权利也有义务对其进行舆论监督，尤其是当上级媒体已经做出报道后，还替做出错误行为的地方党委或党委委员说好话，就是极其错误的事情，也是违反党性的错误。因此不能把媒体服从党的领导偷梁换柱成服从个别犯了错误的地方党委委员的领导。"党的领导"不是完全等同于媒体无条件地服从地方领导的个人意志；"党报不得批评同级党委"更不是媒介不得批评同级党委中具体的领导成员。况且，实践中地方政府在贯彻"党报不得批评同级党委"的时候，实际目的往往在于掩盖个别领导违法违纪的行径，还美其名曰"维护党的光辉形象"。而实际情况是，这些党内害群之马一日不被披露，他们就会更加疯狂地从事违法违纪活动，给党的威信带来更大的伤害。"党报不得批评同级党委"原则真正成了个别官员名副其实的"保护伞"。

其二，舆论监督权是公民一项民主权利。舆论监督的内涵包括两个方面，首先是行为，就是主体参与到某种活动中去；其次是内容，就是主体参与到某种活动中去后，利用什么来实现"参与"本身的价值追求。因此，对舆论监督的保护必须从这两个方面同时入手。我国宪法第 2 条第 3 款规定："人民依照法律规定，通过各种途径和形式，管理国家事务，管理经济文化事业，管理社会事务"，该条的规定赋予了人民参与管理国家事务的权利，也是媒体对公共权力实施批评建议的宪法依据；第 35 条规定"中华人民共和国公民有言论、出版、集会、结社、游行、示威的自由"，该条的规定赋予了人民可以通过言论表达的形式从事不违法的行为；第 41 条规定："中华人民共和国公民对于任何国家机关和国家工作人员，有提出批评和建议的权利，对于任何国家机关和国家工作人员的违法失职行为，有向有关国家机关提出申诉、控告或者检举的权利。但是不得捏造或歪曲事实进行诬告陷害。"该条规定是在第 35 条的基础之上进一步明确我国公民享有针对政府机构和政府工作人员不当行为进行"批评之言论"自由的直接法律根据。与此同时，为了巩固上述权利的有效实施，宪法还规定了公共权力机关及相关个人接受批评建议的义务，如第 27 条规定："一切国家机关和国家工作人员必须依靠人民的支持，经常保持同人民密切联系，倾听人民的意见和建议，接受人民的监督，努力为人民服务。"第 41 条第 2 款规定"对于公民的申诉、控告或者检举，有关国家机关必须查清事实，负责处理。任何人不得压制和打击报复"。行文至此，我们可以看出，舆论监督权其实就是公民对于国家机关及其工作人员提出批评、建议的权利在传媒领域的具体体现，是民主国家中公民一项极其重要的宪法性权利。我们也完全感受到我国宪法民主性的先进程度。

不过，面对国际国内的风云变幻，我们目前必须强调，不论是舆论监督的规范，还是舆论监督的实践，都要贯彻"建设性原则"，不能像西方国家中的媒体那样，为监督而监督，甚至对监督事件进行恶意炒作。这是因为，一方面我国传媒具有不同于西方传媒的独特性，另一方面我国的经济水平、国民素质、政治文明、民主法治等方面都还没有完全达到处事不惊、理性发展、圆满完善的地步。舆论监督如果运用不当，极有可能给党和政府的工作帮倒忙。因此，我们以为，当前既要在制度上赋予大众传媒舆论监督的地位，增强大众传媒对权力监督的力度，又要让"党报不得批评同级党委""返璞归真"（党报仅限于党的机关报，其他媒体不在此列；党委仅限于党的委员会，单独的组成人员不在此列），不能成为阻碍舆论监督的工具。实现这样的目标，具体的有关新闻舆论监督权利的程序、方式就要重新拟定，当然，如何拟定却是一个值得探讨的问题，我们要避免"新瓶装旧酒"现象的发生。

## 二、舆论监督与国家权力

法治化的目标之一是对国家权力的限制，舆论监督的目的之一也是对国家权力的限制，那么，舆论监督与国家权力之间的关系就毫无悬念地成为舆论监督法治化的基本关系之一。国家权力一般划分为立法权、行政权、司法权三个部分，分别由立法机关、行政机关、司法机关行使。所以，我们在以下探讨"舆论监督与国家权力"时，也是从立法权、行政权和司法权三个方面进行的。

### （一）舆论监督与立法权

立法权就是制定、修改和废止法律的权力，分为两类：第一类是制定和修改宪法的权力；第二类是制定和修改普通法律的权力。一方面，立法机关自己制定法律，另一方面，立法机关授权行政机关制定法规、条例、决议和命令等，它们都具有法律规范的性质。立法权是对各种权力资源和权利资源进行配置而创制规则的权力。立法权的运行是在矛盾的焦点上划杠杠（彭真语），为社会矛盾的解决划定一个合理的界限。正如洛克所说："立法权是指享有权利来指导如何运用国家的力量以保障这个社会及其成员的权力。"①他认为，在所有的场合，一旦政府存在，立法权就会成为最高的权力，原因在于一个人能为另一个人制定法律的前提就是这个人在另一个人之上。况且，立法权是为整个社会和社会中的每个成员制定法律或约束他们行为的准则，若在法律被违反时授权强制执行，恢复原状，这就决定了立法权必须是最高的权力，任何单位和个人的所有权力和权利都源于或隶属于它。因此，立法权的行使事关每一个人的法律权利的享有和义务的设定，对人们的社会生活具有非常重要的影响。立法权的异化、滥用必将对人们的社会生活造成严重危害。正基于此，孟德斯鸠从分权制衡的角度主张立法权不是绝对的，也应该受其他权力的制约。

正如前述，舆论监督权是一种宪法性权利；根据我国宪法第58条之规定②，立法权是一种国家权力，在我国目前的政治体制之下，作为公民民主权利的舆论监督权与作为国家政治权力的立法权

---

① ［英］洛克：《政府论》下篇，商务印书馆1964年版，第89页。
② 《宪法》第58条规定："全国人民代表大会和全国人民代表大会常务委员会行使国家立法权。"

之间的关系呈现出两个相反的倾向：

一方面，由于我国新闻立法进程比较缓慢，这一现象若从权利关系层面来看，呈现了立法权对舆论监督权在形式上的制约（这里不存在侵害）。而立法权对舆论监督权在内容上的制约表现在，我国各项法律法规中对言论、出版自由限制的有关规定，如公民在享有言论出版自由的同时必须承担不得煽动颠覆国家政权、不得煽动分裂国家、不得损害国家秘密、商业秘密、公民人格权、未成年人合法权益等责任，否则要承担法律责任。

在美国，宪法第一修正案的出台一劳永逸地解决了新闻自由在美国获得保护的问题，虽然，司法实践中曾提出了对于如何平衡新闻自由与政治权力不同的解释和原则①，历史上也曾出现了一些侵害公民言论出版自由的法案②，但是，美国国会近些年的立法对其新闻自由的促进及保护却是有目共睹的。当然，美国目前对言论出版自由的保护的先进性，是和新闻界不断争取自身权利的努力分不开的。美国记者库柏在1945年首次提出"知情权"的概念，后来被国际社会公认为是公民的基本权利之一。知情权是言论、著作、出版、集会、结社、游行、示威等一切权利的前提。知情权的提出，不仅在学界、业界，而且在美国全社会都产生了广泛的影响。通过不断斗争，《情报自由法》得以通过，随后是1976年《阳光下的政府法》（又称《阳光法》）的通过。这两大法律的通过在很大

---

① 早期的有：恶劣倾向原则、明显而即刻的危险原则、优先地位原则；现行的有：事前限制与审查、模糊和过宽、内容中立、逐案权衡原则、最小限制必要原则等。参见吴飞：《平衡与妥协——西方传媒法研究》，中国传媒大学出版社2006年版，第109~120页。

② 1798年7月，美国国会颁布《煽动法》，该法规定："凡书写、印刷、口头或书面发表……任何捏造的、诽谤的和恶意的文章……攻击合众国政府，或国会两院中的任何一院……或在职总统……惩以两千美元以内罚金并处两年以上监禁。"1917年6月15日颁布的《间谍法》，其原意是惩治间谍，但这个法案有很广的适用范围，给新闻报道增加了很多限制。参见〔美〕迈克尔·埃默里、埃德温·埃默里：《美国新闻史：大众传播媒介解释史》，展江、殷文主译，新华出版社2001年版，第298页。

程度上有利于新闻媒介获得政府的信息，限制了国会对新闻自由的制约。

另一方面，在我国政治体制中，由于作为立法机关的各级人民代表大会及其常委会是各级国家权力机关，司法机关和行政机关从理论上无权监督立法机关，因此，在体制内部，人大立法权除了自身内部监督以外，只有执政党可以对其进行监督。而由于我国执政党对立法机关的领导关系，它们的立法价值取向更多时候具有一致性，因此，执政党监督立法权也存在很大不足。行政立法权的运行，除了其自身内部监督外，主要由权力机关对其进行监督，司法机关基本上没有监督行政立法的权力。①

在立法实践中，自改革开放以来中国立法一个明显的趋势是向着专业化和正规化的方向发展。朱景文教授把这种趋势概括为两个特点："专家立法"和"官僚立法"。② 有学者指出，"专家立法"可能产生"立法上的悖论：一方面立法要求更多的民众参与；另一方面，立法工作却主要是少数专业人士的专业化行为，从而使多数人统治的民主变成少数专业人士的垄断"③。而"官僚立法"却在事实上造成了缺乏公民参与与监督的"国家立法部门化，部门立法利益化，部门利益合法化"④。

在法律体系中，虽然宪法第41条规定："中华人民共和国公民对于任何国家机关和国家工作人员，有提出批评和建议的权利，对于任何国家机关和国家工作人员的违法失职行为，有向有关国家机关提出申诉、控告或者检举的权利。"但是，公民如何对立法机关进行监督在宪法中没有涉及。《立法法》中虽然借鉴了西方立法活

---

① 张庆林：《论我国立法权的新闻舆论监督》，南京师范大学 2008 年硕士学位论文。

② 朱景文：《关于立法的公众参与的几个问题》，《浙江社会科学》2000 年第 1 期。

③ 李林：《走向宪政的立法》，法律出版社 2003 年版，第 321 页。

④ 参见李林：《立法民主在构建和谐社会中的作用》，《学习时报》2005 年第 276 期。

动中的先进理念，规定了公民可以参与立法活动并以听证会的形式来落实公民参与权，但我们可以对比该法第 34、35、52、58 条之规定发现，公民参与立法的制度没有具体化，很难落实到位。① 还有，从条文的解读来看，立法本意中没有涉及新闻媒体的权利义务，而鉴于听证会的场地、参与人员的局限性，在没有新闻媒体的介入并广泛报道的情况下，很难说通过听证会的法律案肯定能够代表多数人的意见。

因此，不管是法制层面还是实践层面，都说明了我国新闻舆论对立法工作监督的缺位或乏力。从具体表现来看，一方面，在整个立法过程中从事舆论监督活动的媒体主要关注的是立法审议通过阶段，严重缺乏对立法规划、立法预测、起草法案、立法讨论、辩论过程的详细报道，现场直播更是没有先例；另一方面，新闻报道的形式较为常见的是立法信息的披露，而且更侧重于对立法的舆论好评、法律宣传；对立法权运行和法律文件内容的批评报道则并不多见。② 如此情况下，舆论监督权对立法权的限制就非常有限，这两种权的冲突在现实中基本上难以存在，两权平衡问题也就更谈不上了。但是，作为国家非常重要的权力之一的立法权必然具有扩张、异化的倾向，对其缺乏有效的监督对于一个民主法治国家来说必然也是不可想象的，因为良法的产生绝对离不开立法权的正当行使。

---

① 马怀德、张红曾指出，实践中在一些行政法规、规章的起草、审查过程中，广泛听取意见不够，特别是听取基层群众、相关部门和有关专家、学者的意见不够。因为是否召开座谈会、听证会、论证会，决定权在于行政法规或规章的起草单位，而相关法律和条例并未规定应当举行听证会而没有举行情况下的法律责任问题，因此有好多起草单位怕麻烦、图方便而不举行听证会，这就严重影响到行政法规、规章的质量。参见马怀德、张红：《立法的民主化及法律监督》，《国家检察官学院学报》2005 年第 4 期。

② 这类批评报道虽然很少，但随着我国公民法律意识的提高，这类批评报道必然会逐年增加，其中最为典型的是 2003 年 4 月 25 日《南方都市报》对《被收容者孙志刚之死》的报道，引起民众的广泛关注和法律专家的参与，最终促成《城市流浪乞讨人员救助管理办法》的颁布，《城市流浪乞讨人员收容遣送办法》同时废止。

而我国以追赶型、官僚型和管制型为特征的传统的立法模式必然会导致很多问题，如不同法律的冲突；有些法律规范缺乏可操作性，法律实施中自由裁量空间过大；在立法中部门利益、地方利益太突出；立法的民主化程度低，等等。虽然，这些问题及其后果不能说完全是因为缺乏舆论监督而造成的，但与缺乏舆论监督存有某种内在的必然联系。

对于上述立法权与舆论监督权关系的两个方面，我们可以发现，它们之间存有互为利好的内在联系，第一个方面的解决必然促进第二个方面的改善，当然，第一个方面的解决也有赖于第二个方面的改善。可以说，在我国新闻立法工作当前停滞的情况下，解决困扰舆论监督立法停滞问题完全可以从完善立法权的监督制度方面入手，一旦立法权能够得到有效的监督，立法活动处于广大民众的监控之下，新闻自由、舆论监督类的提案必然会得到广大民众的关注，新闻自由、舆论监督立法中存在的问题也必然会逐步解决。

那么，如何完善、加强舆论监督对立法权的限制呢？我们来考察一下国外这方面的有关情况。公民通过参与选举推选出代表或议员代替自己行使立法权，这就在选民和代表之间形成一种委托代理关系。这种委托代理关系有可能被异化，即受托人违背委托人的意志，滥用手中的立法权。如何监督、保障代议立法反映人民的意志和选民的真实意愿？目前许多国家采取了相应配套的限制措施，这些限制措施之一就是立法公开制度和立法听证制度。所谓立法公开是指立法程序的每一阶段、每一步骤及其阶段性都应当以社会外界看得见的方式进行，向社会公开，公众有权知悉并取得立法的有关资料和信息；所谓立法听证制度是立法机关在立法过程中，为了收集、获取与立法有关的资料、信息，邀请有关政府部门、专家学者以及与法律法规有利害关系的公民等到会陈述意见，为立法机关审议法律法规提供依据与参考的一种制度。其具体内容如下：①

---

①　参见李杰：《民众参与立法的制度模式研究》，中央党校 2008 年博士学位论文。

（1）议事公开。议事公开是指有关立法机关公布议程、准许旁听等各项制度的总称。1791 年法国宪法第 3 章第 2 节第 1 条规定"立法会议的讨论应当是公开的，会议记录应予以付印"。这是人类法治史中最早对议事公开进行的规范。自那以后至今，立法机关议事公开的重要性愈来愈为各国所关注，很多国家的宪法和法律都对此作出了规定。如在亚洲和欧洲中，对 61 个立有宪法的国家进行统计发现，有 34 个国家的立法机关配置了议事公开制度，占总数的 55.73%。① 各国对议事公开的规定不尽相同，主要存在三种模式：英国模式、美国模式和日本模式。英国模式强调议会拥有决定是否议事公开、是否允许公民旁听的特权，也就是说，有议员提议旁听人出场时，议长须将此提议交付议会进行表决。美国模式是通过专门法律的强制性规定对立法会议公开加以保障，如《阳光下的政府法》，对联邦会议、委员会和机构的例行工作方式作出了规定，要求各种会议必须公开进行。在美国各州的立法中，同样也贯穿了立法会议强制公开的原则，美国各州也分别对州内政府机关的会议公开予以立法。日本模式强调立法会议的有限公开原则，即普通公民若想参加旁听立法会议必须以有议员的介绍为条件。不过记者则不受这个条件约束，对于不向公众公开的专门委员会会议记者不但可以旁听而且还可以对此进行报道，另外，国会旁听席内还设有专门的记者席，记者凭国会会期通用的旁听券便可旁听。

（2）信息公开。信息公开是指有关规范性文件的各种草案、说明、背景资料、讨论记录、备忘录等所有立法活动所产生的信息的公开。1766 年瑞典宪法明确规定，所有公共性文件均得公开，不受任何限制，这可称得上立法公开制度的早期形态。从此以后，很多国家宪法或法律对此都有规定，如法国宪法规定政府全部议事记录必须通过《政府公报》进行公开；日本宪法规定除认为秘密会议记录中应特别保密者外两议院各自的所有的会议记录必须公开；美国法律更为详细：一是对于依法需要在《美国联邦公告》

① 李林：《立法机关比较研究》，人民日报出版社 1991 年版，第 337 页。

（美国政府的正式出版物，除法定休息日外逐日出版）上刊登草案说明而没有刊登的规范性文件，会因缺失立法的程序要件而不能生效。二是立法公开的对象很广泛，是立法活动中所涉及的所有的信息，如立法背景资料、听证记录、会议纪要、利害关系人提供的证据等等。不过，这些资料并非都要通过政府公报公开，政府只要满足公民方便地取得或复制即可，且不得为此收取成本之外的任何费用。

　　（3）立法听证制度。听证（hearing）制度渊源于英国的"自然公正"原则，首先被应用于司法领域，是在诉讼中主张听取各方当事人意见的制度，称之为"司法听证"（judicial hearing）。后来，美国把该制度移植到立法和行政领域当中，其目的是为了加强立法和行政的民主化。在国外，听证会有不同的种类，按决定举行听证的国家机关不同可以分为行政机关听证和立法机关听证。美国实行严格的三权分立，法律案一般由议员提出并由议会委员会举行听证，而在德国，由于其实行议会内阁制，其法律大多由行政机关提出并由议会投票通过，其在提交议会讨论之前，一般先举行一次非正式听证会，当然提交议会后，议会委员会可以再次举行正式的听证会。①

　　不论上述的"议事公开"、"信息公开"，还是"立法听证"，就因为有大众传媒的参与而变得效果非凡。在许多国家，由于议会大厦空间所限，参与旁听的只能是少数公民，大多数公民了解议会的主要途径是报纸、广播和电视等公共媒体。公共媒体在对公众进行议会教育和保证议会履行职责方面起到了非常重要的作用，有的国家对此还在宪法或法律上作了规定，如奥地利宪法第 33 条规定，如实报道国家议会及其下设委员会公开会议的活动，一概不受追究；联邦德国宪法规定，对联邦议院及其委员会的公开会议作真实而准确的报道，不得因而引起任何责任；瑞典议会法第 2 章第 5 条规定，经议长会议同意，可以对议会的公开会议进行录音录像以在

---

① 蔡定剑主编：《国外公众参与立法》，法律出版社 2005 年版，第 143 页。

广播或电视上播放；美国国会允许 C-SPAN 电视台对联邦国会会议进行现场直播，另有 17 个州的州议会也允许电视台播放未经剪辑的电视报道。关于观看电视直播对民众如何看待议会有什么影响，几乎没有什么数据可以用来说明。但在美国进行的一个没有发表的调查表明，经常收看 C-SPAN 的观众比不收看的人更喜欢批评国会①，从另一方面来看，这也说明通过收看直播民众参与立法的热情提高了。一些国家和地区的议会还运用现代信息技术向公众介绍议会情况，比如在美国华盛顿州，公众可以通过互联网的 RealAudio（www. tvw. org）收听收看议会辩论、委员会听证会和其他议会活动。密苏里州议会设立了免费电话，公众可以打进这个电话来收听立法记录的广播。②

上述国外监督代议立法保障民众意志的体现而采取的配套措施带给我们很多启示，完善和创立立法公开制度（如建立新闻媒体法律文告制度、建立初步的法律文档公开制度、建立适当的立法会议公开制度）、立法参与的程序制度，就成为我们摆脱新闻舆论对立法活动监督的缺位和乏力，实现新闻舆论监督权对立法权滥用有效抑制的关键。

### （二）舆论监督与行政权

行政权是国家行使的最为经常、最为广泛的一项权力，它渗透于社会生活的方方面面。可以说公民从被孕育到出生再到死亡的全部过程，都脱离不了行政管理的范畴。如：准生证的办理、出生登记、户籍管理、产权变动、婚姻关系、计划生育、收入纳税、义务教育、安全保障、社会保障、交通管理、卫生防疫，等等，都有行政权的涉及。而行政权存在和作用的目的就是维护和实现公共利益，从而最大限度地维护公民个体利益。因此，行政权作为一项权能在保证国家社会秩序方面有着重要的不可替代的作用，并早已成为实现公共利益与保障个人权益不可或缺的力量。但另一方面，行

① 蔡定剑主编：《国外公众参与立法》，法律出版社 2005 年版，第 12 页。
② 蔡定剑主编：《国外公众参与立法》，法律出版社 2005 年版，第 13 页。

政权在国家权力体系中，相较于立法权、司法权等其他国家权力是最"桀骜不驯"① 的，它有极大的随意性和广阔的运行空间，其被行使十分频繁、作用十分强大，同时具有诸如扩张性、侵害性及目的背离性等品格缺陷，极易造成滥用，从而损害公民权益，制约社会发展。"一切有权力的人都容易滥用权力，这是万古不易的一条经验。有权力的人们使用权力一直到遇有界限的地方才休止。"② 换言之，离开制约的权力必然导致滥用，这是历史与现实所证明的不变规律。

因此，民主法治国家基本上都将行政权的监督情况作为评价民主政治状况的重要指标之一。在我国，党和政府在建立、完善符合中国国情的监督制度方面做了大量的工作，建立了一个以人民代表大会监督为主，其他监督为辅，包括党内监督、法律监督、行政监督、审计监督、政协和民主党派的民主监督在内的监督体系。客观而言，该监督体系不可谓不细致、不全面，并且在制约权力、防止腐败方面也确实发挥了非常重要的作用。但是，从现实情况来看，该监督体系并没有将权力滥用、权力腐败和法定权力不作为等公共权力失控现象全部控制。当前，中国社会正处在整体转型期和腐败高发期。在政治领域和经济领域中，权力寻租、权力滥用等各种腐败行为层出不穷，监督虚置、监督乏力等问题日益被人们所诟病，整个权力监督体系所起的监督作用并不十分理想。有学者对近几年所发生的重大腐败案件进行统计分析，发现几乎没有最先通过人大监督渠道发现的。③ 政府决策、预算和计划的随意变更，已经成了普遍问题。虽然各级人大对此都有希望加强监督的追求，但是，在

---

① 转引自杨建顺：《行政规制与权利保障》，中国人民大学出版社 2007 年版，第 156 页；并参阅肖金明：《法治行政的逻辑》，中国政法大学出版社 2004 年版，第 44、82 页。

② ［法］孟德斯鸠：《论法的精神》上册，张雁深译，商务印书馆 1961 年版，第 154 页。

③ 参见《国家权力机关监督体制创新与监督立法探讨》，http：//www.lwlm.com/sifazhidulunwen/200811/196109.htm。

实践中常常遇到这样那样的问题而监督效果不佳。可见，在中国这样一个缺乏法治传统的国家，把根除腐败的使命仅仅寄托于政府是不够的，实现政治民主化若离开人民的参与和支持是万万不能的。但是，人民却是以个人为单位而存在的。相比之下，政府机构异常庞大，超过任何一个私人组织，更不用说个人了。加上政府拥有合法的暴力，可以动用政府组织中的人员、机构、设备、信息等资源。因此，要监督这样一个特殊的机构及其工作人员，人民必须依靠一个良好而强大的组织，这个组织应该拥有一批专职信息收集人员、调查人员、解说人员和评论人员以及功能强大的传播设备，即该组织对社会舆论要有一定的影响力，而且能够代替一般民众更有效地收集政府执政信息。从现实来看，该组织非大众传媒莫属。

但是，大众传媒在履行民主社会所赋予其监督行政权的职责时却并不是一帆风顺的，除了大众传媒日常监督工作受到政府宣传部门"电话"、"条子"等临时"指示"所左右外，还常常会出现大众传媒及其工作人员倍受被监督的政府部门打击报复、违法动用行政权力损害大众传媒或其工作人员合法权益的现象。而大众传媒及其工作人员的职业权利受到伤害后又没有司法救济的途径。如泌阳县广播电台记者魏家强因为在地区党报上发表了一篇批评稿件竟被开除案①；三门峡市某报记者刘建国因报道负面新闻而被辞退②；2003 年 8 月 28 日，江西省定南县扣压全县《人民日报》案③；2002 年 7 月 26 日甘肃省兰州市公安局"封杀"16 名记者案；2008 年 1 月，辽宁西丰县公安局赴京抓捕《法制日报》主办的杂志《法人》朱文娜记者案④。还有一些普通公民通过网络或手机传播监督性质的信息也受到行政权力的不法侵害，如 2006 年 8 月，重

---

① 参见《经济日报》，1998-06-10。

② 参见《上海法制报》，1998-11-13。

③ 《〈人民日报〉被扣凸显新闻监督法缺位》，《领导决策信息》2003 年第 38 期。

④ 《因报道涉及当地领导，辽宁西丰派警察到北京抓记者》，http://epaper. xplus. com/papers/sgrb/20080109/n65. shtml。

庆市彭水秦中飞案①；2009 年王帅发帖举报灵宝违法征地以诽谤罪遭跨省追捕的事件②，等等。

上述事件无不说明大众传媒在行使舆论监督时，面对强大的政府权力是多么的脆弱。虽然理论上和实践中都说明大众传媒具有监督政治权力的功能，但是面对现实中大众传媒在监督行政权力时反而受到该权力的侵害却在法律上得不到切实保护的局面，我们以为，为了更好地促进和发挥该功能，就应该赋予大众传媒这方面的权利，即舆论监督权。当然，在法律体系中配置这样一个权利必然会影响到其他权利（权力）的行使，尤其是对作为权力之一的行政权必定构成非常大的积极影响。

目前在我国，舆论监督权作为一个正从应然权利向实然权利转化，尚存于理论探讨的权利，还没有获得立法层次的确认。尽管如此，但并不妨碍我们对舆论监督法律关系的探讨。

1. 政府信息公开义务和知情权的确定

在舆论监督法律关系中，作为权利主体的大众传媒及其工作人员有权对行政权的行使进行披露和监督，而作为义务主体的政府机关及其工作人员所要承担的责任是积极配合大众传媒及其工作人员的采访报道工作，具体来说就是承担政府信息公开的义务。因此，从某种意义上来说，舆论监督其实就是信息监督。政府信息公开通俗意义上来说是指政府机关和法律授权组织的一切行政活动除例外情况不得公开外，一律公开。从《全面推进依法行政实施纲要》中关于推进政务公开的规定看，这包括在行政决策的过程中，行政机

---

① 詹国文：《言论自由的核心及其界限》，《郑州航空工业管理学院学报（社会科学版）》2008 年第 2 期。

② 2009 年 4 月 16 日，河南省副省长、公安厅厅长秦玉海做客人民网。谈及灵宝事件时，秦玉海指出，公安机关在王帅这个事情上，执法是有过错的，当地公安机关执法中没有严格按照有关法律规定去办理。如果定诽谤罪，按王帅这个情况又不符合诽谤罪的构成要件。这个事情暴露出公安机关随意执法的问题，具有一定的普遍性。参见《"王帅事件"始末》，http：//www.bzjc.gov.cn/7/4/200906/53084_ 2.html。

关应将决策事项、依据和结果公开，公众有权查阅；在行政立法的过程中，政府不仅要扩大公众的参与程度，还要积极探索建立对听取和采纳意见情况的说明制度。① 从《政府信息公开条例》第 9 条至第 14 条的有关政府信息公开范围规定来看，基本上确立了除了国家秘密、商业秘密、隐私信息外其他政府信息都属于公开范围的原则。虽然政府信息公开的对象并不是单独针对大众传媒而是针对广大民众，但是政府信息公开制度的完善及政府信息公开实践，对于大众传媒开展舆论监督，实现舆论监督权却是意义重大。因为，政府承担信息公开义务的确立，在一定程度上就是舆论监督法律关系中的政府机关及其工作人员接受监督的义务部分。那么，信息公开舆论监督通常要采用何种方式呢？主要有以下几种：一是对政务公开（当时，官方对政务公开与信息公开尚没有做出明确划分，基本通用）中出现的不公开、假公开、半公开问题，以及由此造成的严重后果，及时曝光，公之于众，引起有关部门的重视和社会的关注；二是对政务公开工作中棘手的或迟迟得不到解决的问题和事项，向社会呼吁，推动有关问题和事项的妥善处理；三是利用舆论信息灵、时效快的优势，提醒人们关注涉及切身利益的政务，告诫人们提高警惕，防患于未然；四是通过新闻媒体，辟一席之地，就政务公开中的某一事件展开讨论，或请读者、听众和观众发表意见，或请有关领导和专家学者释疑解惑，让人们了解事情的真相、实质，推动有关问题的解决。② 由此可见，"政务公开与舆论监督是密不可分的。离开了舆论监督，政务公开也就无从谈起"③。

　　另外，对行政权实施舆论监督的法理支撑还有公民知情权。因为，对于公民的获知信息权益称为知情权，而对大众传媒来说，该

---

　　① 《全面推进依法行政实施纲要》，法制日报，2004-04-21。

　　② 中共中央纪委办公厅编写：《政务公开》，中国方正出版社 2004 年版，第 69 页。

　　③ 金太军：《行政改革与行政发展》，南京师范大学出版社 2003 年版，第 91 页。

权益就是舆论监督中采访政府权，虽然名称不同，但实质内容别无二致。知情权发端于美国。目前我国宪法中并没有知情权的规定，法律体系中仅仅在《消费者权益保护法》对消费者的知情权加以确认。由此可知，知情权立法工作在我国虽不能说是空白，但显而易见相当薄弱。如何从宪法层次确立知情权，提高权力运作的透明度，增强大众传媒舆论监督的能力？有关"政府信息公开和知情权"的内容，将在第三章详述，在此不再赘述。

2. 违法行使行政权侵害舆论监督权的行为确定

在法治国家中，大众传媒舆论监督权的落实就是通过调查采访，制作新闻稿件，然后刊发出去，引导或形成社会舆论对批评对象的违法、违纪、不良现象形成谴责的氛围。这种"氛围"多数情况下会产生连锁反应，致使被批评对象周围的惩罚机制相应启动，如行政监督部门基本都会"闻风而动"，核实案情和采取相应惩罚措施，严重的还要移交司法部门依法处理。但是，也有很多逃过国家监督机制的层层审查而隐藏很深的贪污腐败、贪赃枉法分子在被大众传媒曝光后擅自动用自己手中的权力资源对该传媒及其工作人员进行所谓的"惩罚"，如前面所举的例子中，记者被辞退、台长被撤职、报纸被扣押，更严重的是通过政府行文"封杀"记者，签发逮捕令跨省"缉凶"，等等。这些震惊世人的所谓"惩罚"无一不是对表达自由、新闻自由的侵害和嘲弄，无一不是行政权对舆论监督权的不法侵害。

政府机关及其工作人员动用行政权侵害舆论监督权的行为可以分为作为和不作为两类行为。以上所提到的案例基本上都属于"作为"类型，即侵权人主动出击损害了大众传媒的权益。其实，实践中政府部门及其工作人员除了上述"主动出击"外，常常还有以下"主动出击"，即对大众传媒采取打电话、写条子、发文等形式命令撤销、扣押舆论监督稿件，美其名曰"以正面宣传为主"，更甚者搬出"尚方宝剑"：同级报刊不得批评同级党委。由于该类行为与政治牵涉得太过紧密，起诉的政治风险过于庞大，所以，几乎所有的大众传媒面对政府的这类行为敢怒不敢言，司法实践中尚无一例案件成诉。况且，法律法规对于如何平衡该类关系也是空白一片。

政府机关及其工作人员采取"不作为"而侵害大众传媒相应权益的情况都有哪些呢？我们以为，主要是大众传媒在从事采访报道中，政府及其工作人员无正当理由而拒绝提供采访所需的政府信息；无正当理由拒绝提供采访决策过程的机会，等等。不过，由于我国政府信息公开制度建设的持续发展，政府网站、新闻发言人制度都获得了明显的完善，尤其是2008年5月1日《政府信息公开条例》的实施，确立了政府机关及法律授予职权的组织担负公开信息的义务，自此包括大众传媒在内所有的公民和组织都可以向信息公开义务主体主张信息公开的权利，在一定程度上保证了舆论监督权的落实，从制度上制约了政府及其工作人员无故拒绝记者采访事件的发生。然而，以建设"阳光政府"、保障公民知情权为宗旨的《政府信息公开条例》自实施11个月后，据统计发现，实践情况并不尽如人意。根据各工作年度报告对主动公开政府信息、依申请公开政府信息和不予公开政府信息的情况的描述，公众信息需求得到满足的比例仍较低。如2008年上海政府信息公开申请仅6成获公开，公安部接受的9条申请中有5条获公开，工业和信息化部接受的34条申请中有28条获公开。① 依据该条例，对于政府机关应主动公开而未公开、应请求应该公开而未公开的行为，包括大众传媒在内的公民或组织可以申请行政复议或提起行政诉讼来获得救济。

3. 失实舆论监督的责任确定

行政权与舆论监督权发生冲突，并不仅仅是行政权对舆论监督权造成损害，舆论监督权的不当行使也必然会给行政权带去伤害。舆论监督对行政权带去伤害，其实就是大众传媒不当行使舆论监督权给权力拥有者和权力行使者的名誉带来损害。因为，政府威严一

---

① 兰方、秦旭东：《国务院"盘点"政府信息公开情况》，《财经网》2009-04-02。

且丧失，政权肯定危在旦夕；官员名誉扫地，政令肯定行而不通。那么，大众传媒在从事舆论监督采访报道中，若出现针对政府或政府工作人员的诽谤或侮辱性言论，大众传媒承担责任吗？若承担，承担什么样的责任呢？这些问题都是"权利制约权力"框架下必须面对和回答的重大课题。不过，由于这些问题涉及"政治性言论与政府及其工作人员名誉之间的关系问题"，所以，为了保持清晰的逻辑关系，我们就将该"责任确定"问题放入后面的"舆论监督与人格权"部分详加探讨。

### （三）舆论监督与司法权

#### 1. 司法权概述

司法权是国家权力的重要组成部分，与立法权、行政权相分立并成为一种独立的权力形态。司法权的概念最早起源于古希腊亚里士多德的《政治学》一书，并实践于资产阶级胜利之后，如1780年美国宪法将其称为司法权，而法国和德国的宪法中也称为"司法权"①。孟德斯鸠在其《论法的精神》中对司法权作为一种独立的权力进行了充分论证，并认为"如果司法权不同立法权和行政权分立，自由也就不存在了。如果司法权同立法权合而为一，则将对公民的生命和自由施行专断的权力，因为法官就是立法者。如果司法权同行政权合而为一，法官便将握有压迫者的力量。如果同一个人或是由重要人物、贵族或平民组成的同一机关行使这三种权力，即制定法律权、执行公共决议权和裁判私人犯罪或争讼权，则一切便完了。"② 不过，我们要明确，"三权分立"只是一种理论上的理想形态，由于历史和法律传统的原因，各国的具体实施并不整齐划一，而是形态各异，在几乎所有的法律制度下，纯粹的"三权分立"模式都是不存在的，司法权与其他国家权力都会产生

---

① 参见王利明：《司法改革研究》，法律出版社2001年版，第8页。
② ［法］孟德斯鸠：《论法的精神》上册，商务印书馆2004年版，第185～186页。

一定的交叉。① 英国学者詹宁斯曾指出，"要准确地界定'司法权'是什么从来都不容易"，司法与行政在职能方面"在本质上是没有区别的"②。

从我国宪法、法院组织法、检察院组织法以及三大诉讼法规定的内容来看，这些法律文本并没有使用"司法权"而是采用审判权和检察权的概念。③ 在我国法学界占主导地位的认识也是把审判权和检察权合称为司法权。但是，也有人认为，检察机关是司法机关的说法是没有法律和法理依据的，我国的检察权应当是一种行政权。④ 随后，有学者进一步指出，随着理论界对检察权性质的探讨日渐深入，我国检察机关本身似乎也已不再把自己视为司法机关。⑤ 至此我们可知，在理论界从广义上讲，司法权包括审判权和检察权；狭义上讲司法权仅指审判权或裁判权，其核心权能即是审判权。本书也是从审判权的角度来探讨司法活动、司法权的相关内容。

2. 传媒与司法的实质关系

对于传媒与司法之间的关系，有学者认为从形式上而言，传媒与司法之间的关系是报道与被报道、监督与被监督的关系，但就主要内容而言存在三层关系，依次为：表层关系，表现为新闻记者与司法工作人员之间发生的关系；中层关系，新闻自由与司法独立的关系，该层关系体现着一个社会民主与法治两种等量价值之间的博弈；深层关系，表现为权利与权力的关系，即公民的知情、批评建

---

① 胡建淼主编：《公权力研究——立法权·行政权·司法权》，浙江大学出版社 2005 年版，第 358 页。

② ［英］W. lvor. 詹宁斯：《法与宪法》，龚祥瑞、侯健译，贺卫方校，生活·读书·新知三联书店 1997 年版，第 165 页。

③ 参见《中华人民共和国宪法》第 123、126、129、131 条之规定。

④ 相关分析可参见郝银钟：《检察权质疑》，《中国人民大学学报》，1999 年第 3 期。

⑤ 参见胡夏冰：《司法权探析》，载张卫平主编：《司法改革论评》第一辑，中国法制出版社 2001 年版，第 289 页。

议等权利与国家的司法权力的关系，此乃传媒与司法之间的实质关系。① 该观点的提出，虽透射出该学者的真知灼见，但是我们以为，不管是在理论上还是在实践中将传媒与司法的关系置换成大众私权利与国家公权力的关系加以解读，都会给我们带来疑惑，公民的知情权怎么可能对司法权产生侵害呢？公民正当的批评建议权怎么可能侵害司法权呢？若在传媒与司法产生矛盾的时候，针对大众知情权、批评建议权与司法权之间关系建构两权平衡的制度机制，而抛开传媒不谈，能否从根本上解决问题呢？那么，对于传媒与司法的关系究竟应怎样看待呢？

我们以为，若从司法民主角度来看，公民通过大众传媒介入司法活动所产生的问题，采用大众私权利与国家公权力下之获得公正审判权的关系的模式来加以分析会更为顺理成章，对此我们会在第四章第二节中加以分析；但从大众传媒角度来看，传媒与司法的关系从形式上看是报道与被报道、监督与被监督的关系，从内容上来看是新闻自由与司法独立的关系，更确切地说是舆论监督权（该权利的渊源是公民的知情权和批评建议权）与司法权的关系。

从价值层面上看，新闻自由和司法公正都是现代民主法治国家不可或缺的基石，是民主社会所必须尊重的基本价值，两者共同构成宪政国家的支柱，而传媒与法院就是实现这两个价值的最主要的机构。具体而言，新闻自由作为一项基本的宪法权利，是现代民主理念的产物，对于民主社会的良性运转发挥着极为重要的作用，必须得到有效的保障。如果一个社会中的大众传媒没有新闻自由，不能发挥正常的舆论监督功能，那么公民的权利（包括获得公正审判权）都会受到威胁，人治社会将会浮现；同时，公正的司法制度对于社会秩序的维持同样不可缺少。如果一个社会中的司法机构没有独立性，不能做到公平审判，那么公民的权利（包括新闻自

---

① 刘斌：《让权力在阳光下运行——再论传媒与司法的关系》，《政法论坛》2008 年第 2 期。

由）将得不到保护，法治将无法实现。所以，新闻自由与司法独立的关系本质上既存有一致性又存有冲突性。①

首先，传媒与司法的一致性。

传媒与司法的一致性既体现在实践中的新闻自由与司法独立相互支撑，又体现在价值理念的趋同性，还体现在功能上的互补性。实践中的相互支撑是通过以下两方面展现的，一方面，司法独立有助于保护新闻自由。相对于行政机关，大众传媒处于弱势地位，当行政权力对新闻自由予以压制或侵犯时，大众传媒只能通过独立、公正的司法活动获得救济。在英美法系国家，当宪法或法律疏于对新闻自由的保护时，司法可通过判例推动这方面的立法保护；在我国则是靠司法解释来起到这种推动作用。另一方面，新闻自由亦有助于实现司法公正。大众传媒的自由评说司法行为，既有助于增加司法过程的公开性和透明度，在一定程度上也可以起到防止和矫正司法偏差的作用；又有助于为间接参与司法过程提供条件，从而降低司法专横和武断的可能性，最终实现司法的公正。还有，"社会各方面对司法现状的批评蕴涵了对司法体制内部监督不足的抱怨，特别是司法体制内部的监督由于其客观上的内在性和实践上的偏误并未能取得广泛的信任，因而司法体系外部监督便成为司法体制改革制度创新的重要关注点。而传媒监督被普遍认为是司法体系外部监督的常规的、基本的形式"②。也就是说，在法院面对行政力量干预司法公正而束手无策的时候，新闻自由即可为之寻找民意的依托。

传媒与司法作为现代社会两个重要的结构，其功能首先与它们的各自的规范性价值相关。新闻自由与司法独立在价值层面上存在着高度的一致性，这表现为它们存在的全部意义就在于对人本的关怀和对人权的保障。因为，在宪政国家依据人权理论，所

---

① 卞建林等：《传媒与司法》，中国人民公安大学出版社 2006 年版，第 91 页。

② 顾培东：《论对司法的传媒监督》，《法学研究》，1999 年第 6 期。

有的权利都是因人权而生，所有的权力都是为人权而设。具体而言，这两者在价值层面的一致性表现有三：第一，相同的目的，即关注民众的权利。司法的职能在于解决公民间以及公民与政府间的纠纷，依据法律来保护公民权利，而传媒则一旦发现公民的权利受到侵害或发现公民的权利没有获得司法公正保护，便通过报道与批评的方式，来迫使侵害方自动停止侵权行为或迫使司法机关自动纠正错误行为，或引发正常的体制性解决程序的启动。第二，相同的信念，即追求公正。司法追求的是法律上的公正，传媒则追求的是道德上的公正。第三，共同的使命。随着人类社会的日渐复杂、多元，各国对政府管理的需求都呈现出"供求"两旺的局面，政府权力也受到空前重视，尤其在一些西方国家，由于立法权与行政权日益凸显，需要某些制衡或抑制其过分膨胀的手段，而传媒与司法则完全可以承担起制约与监督立法权和行政权的历史使命。

在功能上，大众传媒与司法都有影响人们行为的作用，只不过前者是通过引导社会舆论的形成来实现，而后者是通过主导法律的适用来实现。鉴于此种差异，在司法通过质证和适用法律来实现社会公正、保障人权的过程中，包含着对大众传媒合法行为的维护和对非法行为的否定性评价及惩罚。同样，在传媒通过舆论引导追求社会公平正义的过程中，也包含了对司法与其公平正义价值目标相一致的行为的称赞、支持和与其公平正义价值目标相背行为的批评、指责。由此来看，它们之间有一种内在的偏离与矫正的正相互关系，或者说它们之间存在一种可以称得上功能互补的状态。

其次，传媒与司法的冲突性。

司法独立原则的精髓在于司法机关不受外界干扰，以事实为根据、以法律为准绳独立裁决当事人之间的纠纷和冲突，但是司法权作为国家权力的一种，也有膨胀或滥用的可能，大众传媒监督司法机关有其合理性，且司法公开原则要求司法机关必须公开审判，接受公众监督。实践中，也常有大众传媒的倾向性报道或评论产生不利影响，或使法官先入为主形成偏见，或使法官不得不考虑舆论作出不当的判决以迎合传媒与公众，或司法机关压制正常的舆论监督或侵害新闻自由的事件发生。① 显然，在独立审判与接受监督之间，存在着某些矛盾。

一方面，在性质和功能上两者各不相同。人民法院是国家的审判机关，代表国家严格依照法定程序处理纠纷。司法活动通常表现为专业性很强的证据运用和法律适用的论证推理过程，具有庄重、严谨、权威等理性品格；并以追求法律真实、正当程序和社会效益为价值目标，具有以国家意志解决社会纠纷等功能。而新闻舆论监督为民意行为，具有"道义"批判的属性；表现为民众对社会问题的观点意见，具有倾向性、娱乐性、应急性等感性品格；具有满足公众知情权和参与社会舆论评价的监督功能。

另一方面，两者虽可以统一在"公正"的价值目标之下，但两者要求的"公正"的标准有所不同：司法追求的是法律公正，

---

① 1996 年，四川省夹江县一个个体户经营的印刷厂仿冒制印另一企业的产品包装。四川省某技术监督机构对该厂作出了查封等处罚决定。被查封者遂向法院提起行政诉讼，指控技术监督机构无权作出这一处罚。对此，包括中央电视台"焦点访谈"在内的很多媒体均以"制假者将打假者推向被告席"为主题报道这一事件，并以"恶人先告状"为道德批判模式，对"制假者"的起诉行为予以谴责。面对媒体形成的舆论压力，法院作出不利于"制假者"的裁决。事实上，本案所涉及的仅是"制假者"由谁处罚的问题，而不牵涉"制假者"应不应受处罚的问题。"制假者"对违反程序所做出的处罚的抗辩权、起诉权是应当得到肯定的。2003 年 1 月 20 日，沈阳李氏集团董事长李军涉嫌报复伤害沈阳市土地规划局局长一案，在沈阳市大东区人民法院公开开庭审理。尽管这一案件备受公众关注，但这家法院却以沈阳市某位领导"有批示"为由，拒绝了多家新闻媒体法庭旁听的请求。这实质上等同于剥夺公众的知情权。2003 年 11 月 21 日，广东省高级人民法院向全省各级人民法院、广州海事法院、广州铁路运输两级法院下发了《关于禁止戎明昌等六名记者旁听采访我省法院案件庭审活动的通知》（粤高法〔2003〕252 号）。依据这份《通知》，从 2003 年 11 月 20 日至 2004 年 11 月 19 日，分属《南方日报》、《羊城晚报》、《广州日报》三大报业集团六家报社的 6 名记者将被禁止到广东省三级法院旁听采访案件的庭审活动。

而传媒体现的是自身或受众观念上的道德意义上的公正。法律公正包括程序过程的公正和裁判结果的公正。程序公正离不开严格的司法运作程序和证据规则，裁判结果公正也要体现在证据支撑下的事实和准确适用法律规定两方面基础之上。而媒介即信息，这里的信息从广义上来讲，亦包括舆论，表达一定群体的观点和倾向，蕴含着该群体内心的公平正义观念即道德观念①，其中不乏体现新闻工作者对正义的体现和追求，当然，大众传媒也必须承担社会公共责任，但媒体所赖以生存、彼此间竞争的是更快、更多、更有价值、更具吸引力的信息，而不是谁更能代表正义。程序上，也没有任何一个实体或程序法律规范能够保障媒体的正义性。这些都使得媒体所寻求和表达的正义往往是不充分的和不可靠的。②

3. 传媒对司法的监督

大众传播与司法审判是两种不同性质的活动，各有自己的判断标准和游戏规则，发生冲突也就成为实践中不可避免的事情。而为了避免传媒在监督司法活动的时候，超出正常报道评论的范畴影响司法独立，造成司法不公的现象，我们必须对传媒监督司法的界限进行分析、确定。

首先，传媒对司法的监督是司法实践的需要。在我国，司法队伍的整体素质还有待于提高，③ 有法不依、执法不严、枉法徇

---

① 卢梭曾指出："公意永远是公正的，而且永远是以公共利益为依归；但是并不能由此推论说，人民的考虑也永远有着同样的正确性，人们总是愿意自己幸福，但人们并不总是能看清楚幸福。人民是决不会被腐蚀的，但人民却往往会受欺骗。"参见［法］卢梭：《社会契约论》，商务印书馆 2005 年版，第 35 页。

② 王艳：《新闻监督与司法独立关系研究》，中国物资出版社 2004 年版，第 264～265 页。

③ 贺卫方认为，中国现在还处在司法专业化程度很低的阶段，20 万人的法官队伍，真正科班出身、大学读法律的只占其中的 20% 左右。转引自陈建利：《意见领袖：司法应独立于群众感觉》，《南方周刊》2008-04-21。

私的现象还大量存在，司法腐败的问题依然十分严重。① 从体制上讲，我国的司法并没有真正的独立。"在此种条件下司法的封闭性，不可能是一种真正意义上的封闭，它不具备对抗强权势力和利益诱惑的机理，而只能是对弱势群体、对柔性监督的封闭。这种缺乏监督的封闭，将有可能诱发绝对权力异化为绝对腐败，从而导致司法机构内部猖狂的黑箱操作和司法人员肆意的枉法裁判。正是基于对权力可能蜕变的审慎和对权力行使者的不信任，具有开放性、透明性的传媒应该介入具有封闭性的司法，客观公正地展示司法过程，这与司法制度本身所要求的审判公开是天然契合的。"② 因此，面对如此严峻的现实，在其他监督司法权力的资源未能发挥有效遏制司法腐败的情况之下，大众传媒就成为治理司法腐败的一种有效的社会救济手段。近些年，传媒监督司法的实践也证明，大众传媒在促进司法公正方面发挥了不可替代的作用。

其次，域外司法判例对传媒监督司法的处理。传媒的自由发展既是社会发展和繁荣的组成部分，又是社会发展和繁荣的前提保障；司法完善既是政治文明建设的组成部分，又是政治文明建设的前提保障。但是，"在强调传媒自由的同时，如果没有恰当的制度制约与逻辑界限，言论自由本身也可能成为一种新的意识形态"③；在谴责"传媒审判"的同时，如果没有对司法机关有效的制度制约与逻辑界限，言论自由、新闻自由就会遭到极大的伤害。因此，面对舆论监督报道，法院应该采取什么样的措施既能满足司法独立的要求又能保障舆论监督的自由？

对此，我们可以通过考察美国法律处理两者冲突的司法判例，

---

① 详见刘斌：《司法腐败面面观》，《视点》2000 年第 12 期。
② 罗昕：《司法与传媒关系的理性思考》，http://academic.mediachina.net/article.php? id=784。
③ 胡建淼主编：《公权力研究——立法权·行政权·司法权》，浙江大学出版社 2005 年版，第 492 页。

以奏"他山之石可以攻玉"之效。

在美国，调整新闻自由与司法独立之间关系的法律最早源自于藐视法庭罪（the contempt of court）和 1789 年的《司法法》（Judiciary Act）。1791 年美国宪法第一修正案通过后，有人开始反对藐视法庭罪①。几经努力，对藐视法庭罪予以限制的《宣明有关藐视法庭罪之法律的法令》（Act Declaratory of the Law Concerning Contempts of Court）于 1831 年由国会通过。② 1907 年，霍姆斯（Holmes）大法官在 Patterson V. Colorado 案中指出："一俟诉讼终结，法庭才同他人一样地接受批评。"③ 此乃"审而未结"原则，即在终结诉讼之前，不得刊布任何尚未证实的关于案情的消息，更不能对法庭或法官提出批评。1918 年，在 Toledo Newspaper Co. v. U. S. 案④中，联邦最高法院确立了"合理倾向"原则，即只要法官认为媒体的批评具备了可能影响司法运作的"合理倾向"，就可进行惩罚。1941 年联邦最高法院在 Nye v. United States 一案⑤的判决中通过缩小"near"一词的内涵，实际上就是对"合理倾向"原则进行了否定，并导致"明显而即刻的危险"原则的产生。

1941 年 Bridges v. California 案⑥确立了"明显而即刻的危险"

---

① D. L. Teeter, Jr. & D. R. Le Duc, Law of Mass Communications, 1992, p. 75-76.

② 但这并没有改变出版物屡陷该罪的命运。第一，联邦法院对法庭外妨碍司法的言论在由检察官起诉并经过一般刑事诉讼程序后便可以行使惩罚的权力；第二，这一法令并不适用于州法院，因而州法院依然对法庭外出版物言论行使即决性或一般性的惩罚权力。参见卞建林等：《传媒与司法》，中国人民公安大学出版社 2006 年版，第 31 页。

③ Patterson V. Colorado, 205 U. S. 454（1907）.

④ Toledo Newspaper Co. V. U. S. , 247 U. S. 402（1918）.

⑤ Nye v. United States, 313 U. S. 33（1941）.

⑥ Bridges v. California, 314 U. S. 252（1941）. 案情：亨利·布里奇斯（Harry Bridges）是美国西海岸某工会的主席。在致劳工部部长的一封电报中，他批评法官在有关该工会的案件中所作判决是"荒谬和不公的"，并威胁说如果实施判决就会引发一场罢工。对此，州法院援用先例，认为布里奇斯的言行意在威胁法官，损害法院的权威和司法公正，判他有藐视法庭罪。

原则。联邦最高法院在该案判决中认为，对所有公共机构发表评论，虽然有时会招致一些人的不满，甚至讨厌，但不得不承认这是一项弥足珍贵的权利。如果仅仅从维护法院和法官的尊严角度，就要对言论进行压制，不管这种压制是多么有限，其结果只能是适得其反，即招致人们对法院或法官的怨恨、怀疑和轻蔑。因此，布莱克（Black）大法官指出，判断法院对新闻言行的惩罚的唯一正当标准就是，这种言行对正常司法秩序存有一种"非常严重的"实际恶意和一种"迫在眉睫的"险情。① 自此，"明显而即刻的危险"原则诞生。在 1946 年 Pennekamp v. Florida② 案中，联邦最高法院运用"明显而即刻的危险"标准判断，认为被告针对地方法官在某项案件审理中滥用权力的批评言论并无不当，并明确指出，在那些不能判断言论是否影响了独立审判的案件中，言论自由的重要性远远超过该自由可能对案件审判的影响的判断的重要性，理应授予言论批评自由与司法活动相并存的最宽广的空间。最终，一致同意推翻州法院的有罪判决。③

1966 年谢波德（Sheppard）案④，显示了联邦最高法院观念的变化：从维护法院与法官的尊严、独立转向了保护刑事诉讼中被告

---

① Bridges v. California, 314 U. S. 252（1941）. at 260。

② Pennekamp v. Florida, 328U. S. 331（1946）.

③ Ib. , at 347。

④ Sheppard v. Maxwell, 384U. S. 333（1966）. 案情：山姆·谢波德（Sam Sheppard）是俄亥俄州的一位著名外科医生，1954 年因涉嫌杀妻而被捕。他自称无辜，其妻是外人入室将他击昏后所杀害。此案公开后，立刻引起全国和地方各媒体的极大关注，有关评论和报道随即铺天盖地而来。主审法官为了竞选连任而听之任之，未采取任何措施保护陪审团的判断不受干扰。此种情形一直持续至有罪判决做出后方才停息。谢波德以审判过程被严重干扰为由上诉至联邦最高法院，当时最高法院驳回了上诉。11 年后，最高法院的认识有了很大的变化，在大众传播时代保护刑事被告的经验也日益丰富。1966 年，最高法院推翻此陈年旧案，主笔法官克拉克在判决意见中极其严厉地批评新闻界的过分报道和初审法官的失职行为，但并没有表示要对新闻自由施加直接限制，更没有因其夸大报道和妄加评论审理中的案件而以藐视法庭罪相威胁，而是总结了本可以利用的保障被告权利的一系列方法和策略。

的权利。最高法院认为,鉴于传媒时代中将陪审员与倾向性的新闻报道隔绝开来的困难,初审法院必须采取有力措施以保证被告的受审权不被侵害,但并非通过限制新闻界对法庭的报道来实现,如法官可以延期审理,或把案件移送到其他未受倾向性报道沾染之地区进行审判,或将陪审团与世隔离一段时间,等等。如果法院未能采取有效措施致使审判活动受到报道影响而可能失去公正,应判令重新审判。这些措施蕴含了最高法院的一种智慧:在新闻自由与公平审判之间,不能通过剥夺任何一方的方式来保全另一方,或通过限制这一方或那一方的权利以解决彼此之间的冲突。这些措施还体现了最高法院的一种品质:法官应牢记保护新闻自由或被告权利的责任,即使很辛苦,也要实现两全其美,这就是法官的使命感和责任感①。

自 1941 年以来,联邦最高法院就废弃了以藐视法庭罪惩罚媒体之批评法院或法官的规定,而亦未闻有法院转而借助私法上名誉权寻求保护的事情。总之,通过上述著名判例的梳理,我们可以发现在美国,虽说法院有"明显而即刻的危险"原则对传媒判有罪的可能,但能够满足该原则的案件几乎没有,所以传媒对司法的报道极其自由,法院唯一能做的就是采取避免陪审团受外界影响为主要内容的一系列调和方法和策略,如程序更新与延后;诉讼发表规则,以求最大程度地维护新闻自由和保障被告权利。

反观中国,法律中既没有藐视法庭罪的规定,也没有禁止传媒对司法活动报道和评论的规定(除《未成年人保护法》第 58 条、《预防未成年人犯罪法》第 45 条中有限制报道未成年人犯罪案件有关内容规定外),这些都应予以肯定,但是,实践中却有法院以媒体

---

① 侯健:《传媒与司法的冲突及其调整——美国有关法律实践评述》,《比较法研究》2001 年第 1 期。

侵犯了"名誉权"为由提起民事诉讼，不仅胜诉且获得赔偿；① 也有法院以正式文件规定禁止媒体对判决书做相反的评论②或直接规定对记者进行"封杀"（前面有标注）。这些都是与私法中"法无禁止即自由"、公法中"法无规定即禁止"的精神相背离的，是违宪的。为了从制度层次解决上述无序状况，我们虽不能将国外的立法例照搬采纳，但我们必须看到美国历经一个多世纪提炼所形成的司法实践确实透射出保障人权最大化的追求，我们应在批判的基础上吸收其合理内核。

4. 舆论监督权与司法权冲突的解决

在宪政框架下，在实行民主与法治的社会，舆论监督权与司法权都是法治国家的基本要素，新闻自由与司法独立这两种价值是民主社会中最弥足珍贵的基本性价值，对于法治的发展与完善起着重要的促进作用。它们之间的关系从根本上说是一致的，但现实中确实也存在冲突。如何构建两者间的和谐关系，达到两权都能获得充分施展，我们目前最有效的选择就是求助于利益权衡原则。

权利（力）冲突的实质是利益冲突，也正是因为利益冲突的

---

① 参见冷静：《从法院状告新闻媒体谈起———起名誉权官司所引起的思考》，《北大法律评论》第二辑，法律出版社 1999 年版。1998 年深圳福田区人民法院诉《民主与法制》杂志社侵犯其名誉权案。可参阅伍什陵：《一场耐人寻味的官司——工人日报被诉名誉侵权案证实》，《民主与法制》1995 年第 5 期；郭国松：《以法律的名义》，《南方周末》1998 年 11 月 20 日第 5 版。

② 2003 年 6 月，广东省高级人民法院下发了《关于规范采访报道法院审判案件活动的若干规定》，该规定要求"依法公开审理、尚未宣判的案件，记者可以旁听，但不得进行采访报道"；"已经公开宣判的案件，可以采访报道，但必须实事求是，客观公正，对事实和法律负责，并不得作出与法院裁判内容相反的评论；省级以上（含省级）新闻单位采访各中级法院和基层法院的审判活动，必须经省法院新闻办公室审查批准"。对此规定的出台，法院解释是：考虑到很多案件在法院未宣判前，媒介就予以报道，给法院的审判工作带来很大的干扰，且容易导致"民意杀人"的不良后果。媒体关于法院方面的负面新闻太多，损害了法院在普通百姓心中的形象，如果媒体对已生效的判决说三道四甚至发表相反的评论，将进一步损害司法的尊严，削弱人们的法律信仰。

存在，才使权利（力）冲突得以发生。因此，解决、协调权利（力）冲突的过程就是一个对冲突着的利益进行衡量和取舍的过程，同时也是一个价值选择的过程。选择保护不同的利益就体现了不同的价值取向，体现了选择者不同的价值观念。"对各种利益的承认或拒绝承认以及划定那些得到承认的利益的界限，最终都是按照一个确定的价值尺度来进行的。"① 博登海默也曾指出："法律的主要作用之一就是调整及调和种种相互冲突的利益，无论是个人的利益，还是社会的利益。这在某种程度上必须通过颁布一些评价各种利益的重要性和提供调整这种利益冲突标准的一般性规则方能实现"；"如果没有这种衡量尺度，那么这种利益的调整就会取决于或然性或偶然性（而会给社会团结与和谐带来破坏性后果），或者取决于某个有权强制执行它自己的决定的群体的武断命令。"②

"利益衡量"是立法思维的主要形式，也是司法活动中的一种法律解释方法，其学术思想源自于庞德（Roscoe Pound）的利益法学。庞德主张，对于两种或多种利益发生冲突后，解决的方法就是通过利益衡量以最小限度的阻碍来尽可能满足各种相互冲突的利益。他提出联邦最高法院的任务是："权衡和平衡部分吻合或业已冲突的各种利益，并合理地协调或调解之。"③ 因此，利益衡量就是指人们在面对两种或两种以上相互作用又相互冲突的社会行为时，且不能同时获得各行为所蕴含的利益时，应对相关的利益进行估量、比较，选择最大之利益。

面对两种利益的作用与冲突，在新闻舆论监督与司法独立间，

---

① ［美］庞德：《通过法律的社会控制·法律任务》，沈宗灵等译，商务印书馆1986年版，第42页。

② ［美］博登海默：《法理学：法律哲学与法律方法》，邓正来译，中国政法大学出版社1999年版，第398～399页。

③ ［美］罗斯福·庞德：《社会利益的考察》，《哈佛法学评论》1943年第57期，第4页。转引自［美］詹姆斯·安修：《美国宪法判例与解释》，黎建飞译，中国政法大学出版社1999年版，第190页。

西方法治国大多选择倾向于前者的保护①，这种结果显然是经过权衡之后的最佳选择。例如文森（Wensen）大法官在丹尼斯诉美国案（在处理言论自由案中，利益衡量原则肇端于该案）中指出："当一个案例对于宪法第一条修正案所保障的自由权的行使，其不利的影响比较轻微，而保障公益的有利影响比较大时，如将'明显而即刻危险'原则作为一个刚性原则来使用，其于国家安全，明显是荒谬的。在此特定时刻，法院的责任在于决定这两种相冲突的利益，何者需要更大的保障。"②

由于司法权是国家权力之一，舆论监督权是公民权利之一，所以我们必须指出，从我国目前权力与权利的配置状况来看，二者的矛盾与冲突主要是权力对权利的侵蚀所致的权力的畸形发达与权利的过度萎缩之间的矛盾，因此，必须有效控制权力的过度膨胀，培育权利的独立力量，实现权力与权利的平衡，才能实现法治国家和政治制度文明。在这种私权优位主义思想的指导下，在舆论监督权与司法权发生冲突时，舆论监督权不必然做出让

---

① 在具体的司法活动中，美国更倾向于对新闻自由的保护，而德国对新闻媒介报道司法活动的规定比美国更加宽容，似乎没有作出什么特殊的限制性规定。"新闻媒介在德国扮演着重要角色。它可以写它想写的东酉，它也可以批评法院的判决，而且它也经常这么做。"（转引自张泽涛：《冲突与平衡：在司法独立与新闻监督之间》，载《诉讼法论丛》第 5 卷，陈光中等主编，法律出版社2000 年版，第 12 页）"与美国相似，英国处理上述两者关系，是将重点放在对造成舆论裁判的后果救济问题上，除非有触犯诽谤或蔑视法庭罪之嫌，或基于维护国家安全、公共秩序、法庭秩序和保护个人隐私、名誉权以及儿童或未成年人利益的需要，否则，司法部干预新闻报道及评论行为。"（转引自王艳：《新闻监督与司法独立关系研究》，中国物资出版社 2004 年版，第 351 页）国际区域性组织1994 年制定的《关于新闻媒体与司法独立关系的基本原则》（《马德里原则》）确立新闻媒体在诉讼的任何阶段对案件发表评论，如第 1 条、第 3 条分别规定："……媒体有职责和权利收集情况，向公众传达信息，并在不违反无罪推定原则之前提下，对司法活动进行评论，包括对庭审前、庭审中和庭审后的案件。""对司法活动进行评论的权利不应受到任何特别限制。"参见蒋惠岭：《法院独立审判问题研究》，人民法院出版社 1998 年版，第 444 页。

② Dennis v. U. S，341 U. S. 494（1951）。

步，因为人不是为国家和社会而存在，而社会和国家却为人而存在，所以，舆论监督权与司法权应是平等的，司法权不再绝对优于舆论监督权。

正是基于上述认识，出于司法腐败严峻现实情况的考量，也迎合世界立法的趋势，我们以为在舆论监督权和司法独立之间，更应该侧重于对舆论监督权的保护和鼓励。尽管新闻舆论监督确实存在一定的片面性和局限性，甚至在一定程度上会对司法权的独立行使产生一定的负面影响，但是相对于行政权力对司法独立的侵蚀而言，这种负面影响是微乎其微的。况且，目前在中国造成司法不公的主要原因并不是舆论监督，而是司法体制内部的问题以及外来行政权力的干预，如此情况下讨论舆论监督权对公平审判权的影响，确实为时过早。一方面，舆论监督权远未发育成熟，司法腐败令人堪忧，很大程度上跟新闻舆论监督发育不良不无关系；另一方面，新闻媒体对于司法独立的负面影响相对于行政权力而言确实微不足道。当然，我们提出"制度安排上舆论监督权优于司法独立"并不是说保护新闻自由要牺牲司法独立，我们的宗旨是通过保护新闻自由来促进司法的真正独立，最终实现司法公正，换言之，获得司法公正的前提是司法的独立，而司法独立的真正实现绝对离不开新闻舆论监督。

总之，这种为了权利而限制权力的原理，其精神实质就是，限制权力的目的不在于取消权力而在于实现权利；不在于削减或缩小权力，而在于扩大权力。因此，我们不能把对司法权的限制看成是目的，而必须把限制视为实现权利、扩大权利或权力和达到其他价值目标的一种必要手段。

### 三、舆论监督与人格权

#### （一）舆论监督与人格权关系概述

人格权是指法律赋予自然人和法人所固有的为维护其独立人格（生存和尊严）所必须具备的以人格利益为客体的权利。

人格权与舆论监督权一样都是法律所赋予公民的基本权利。因此，从本质意义上来说，两者是一致的，都是公民所享有的人权，都是民主法治社会所需要的保护人权的制度。况且，两者间还存在相互促进的作用：人格权的确立，是舆论监督权产生的前提之一，因为，没有现代意义上的人格权就不可能出现"人民是国家的主人"理念和实践，更不可能出现以人民为权利主体的舆论监督权，可以说，"对人格权的维护并不是个人主义的产物，而是维护社会利益的需要"①；舆论监督权的落实，也是人格权得以正当行使的保障，因为，大众传媒为维护社会公共利益，揭露、批评一些违背人民利益的违法乱纪现象，使社会保持稳定和谐的政治局面，是符合人民的根本利益的。

但是，这种本质意义上的一致及其相互促进，并不能说明这两种权利之间没有冲突和限制。在新闻实践中，舆论监督的外在表现就是揭露和批评一些违法乱纪现象。由于从事舆论监督的人员素质良莠不齐和新闻时效性的要求，舆论监督行为不可能绝对准确地把握事实和意见，也不可能完全避免过失。换言之，现实中舆论监督权与人格权的冲突在所难免。从法律制度上来看，我国宪法第38条规定："中华人民共和国公民的人格尊严不受侵犯。禁止用任何方法对公民进行侮辱、诽谤和诬告陷害。"第51条还规定："中华人民共和国公民在行使自由和权利的时候，不得损害国家的、社会的、集体的利益和其他公民的合法的自由和权利。"这说明舆论监督的自由不是绝对的自由，舆论监督权的行使必须遵循法律的规定，以尊重他人的人格尊严与自由为前提。由此可见，人格权制度的存在是对舆论监督权的一种限制。

（二）舆论监督与名誉权

根据我国《民法通则》的规定，人格权包括以下几种具体权利形式：生命健康权、姓名权、名称权、肖像权、名誉权、隐私权等。由于舆论监督的核心在于揭露和批评，无论理论上还是实践中

---

① 王利明、杨立新主编：《人格权与新闻侵权》，中国方正出版社 2000 年版，第 6 页。

舆论监督对人格权的影响最大的是他人的名誉和隐私，所以，本书仅选择舆论监督与名誉权、隐私权的关系加以探讨。同时，又由于舆论监督的主要对象是政府机关及其工作人员，所以，我们先重点探讨的是政府机关及其工作人员面对大众传媒的舆论监督是否能主张名誉权问题。

1. 舆论监督与政府机关、政府官员名誉权的本质关系

舆论监督是公民通过大众传媒发表各种意见或言论，对社会的政府生活、文化生活进行批评、实施监督的权利，是一项非常重要的公民政治权利。名誉权是人格权的一种，分为公民名誉权和法人名誉权，公民名誉权是指公民依法享有的个人名誉不受侵害的权利，换言之，它是指公民就其品质、信誉、声望等获得的社会评价不受他人侵犯的权利；法人名誉权是指法人对其全部活动所产生的社会评价而享有的不可侵犯的权利。因此，从含义上来看，舆论监督与名誉权的关系应该是权力与权利之间的关系，当然，该关系也包括了舆论监督与政府机关、政府官员名誉权之间的关系。我国近些年，发生了很多起政府机关或政府官员以名誉权受损将行使舆论监督的大众传媒诉至法院的案件，并都获得了司法的支持。

但是，对于舆论监督与政府机关、政府官员名誉权关系的认识，学界与司法界却颇不一致。对此颇有研究的学者侯健认为："公民的言论自由权与政府机构和官员名誉权之间的冲突，在表面上是权利之间的冲突，而实质上是权利与权力之间的冲突。或者说，它表现为两种私法或民法主体的利益冲突，而在冲突的背后蕴含着公民的民主权利与政府机构和政府官员的公共权力之间的冲突。"① 我们比较赞同该观点。作为一项政治权利的舆论监督，其核心就是通过言论进行批判，实践中政府或政府官员提起名誉诉讼所针对的言论也正是这种批判性言论，而批评性言论所指向的政府

① 侯健：《舆论监督与名誉权问题研究》，北京大学出版社 2002 年版，第34 页。

或政府官员行为并不是民法意义上的行为，而是公法意义上履行公务的行为。尽管该批评性言论极有可能给政府或政府官员的名誉带来损害，但是，从实质意义上来说，政府或政府官员的名誉背后却是权力的威严，如此一来，在权利与权利关系掩盖之下的权利与权力之间的冲突就脱颖而出。

在民主社会里，政府成立的目的就是用人民授予的权力管理社会、服务于民，因此，政府机关所从事的行为基本上都是行使公共权力的行为，如土管局拍卖国有土地、工商局管理公司企业登记、公安局进行公民身份登记和管理，等等。但是，还有一类行为是与公共权力无关的行为，如政府机关委托建筑公司建造办公大楼。这种委托行为虽然产生在政府机关与公民或法人之间，但是所发生的是平等协商、互利互惠的关系，而不是政府动用权力强迫对方接受其意志的关系。这样看来，政府机关与公民之间的关系，除了一种是管理与被管理、命令与服从为核心的关系外，还有一种就是作为普通民事主体与公民之间以平等、自愿为核心的民事关系。对于前者，大众传媒所从事的舆论监督必然体现权利与权力的关系；而对于后者，大多数人认为大众传媒所从事的舆论监督体现的应该是权利与权利的关系。对此，我们一定程度上持保留态度，因为尽管政府机关可以以普通民事主体从事一定的民事活动，如采购办公用品，在交易或活动中政府机关并没有使用权力强迫对方违背自愿原则接受不平等条约，但是，由于政府机关之所以存在的意义决定了政府机关即便是在民事活动中也摆脱不了权力的魅影，政府机关的不当民事行为也必然有强大的权力资源作为后盾，其不当民事行为所造成的后果也必然是权力威严的降低。例如，有记者对河北省赞皇县人民法院拖欠四五年的赞皇县六建公司工程款一事进行了采访报道，所用的标题是:《欠工程款百万多年不思还——赞皇法院真赖》①。该案中作为司法部门的人民法院所从事的活动就是民事行为,欠钱多年不还,记者冠以"真赖"加以批评,无可厚非,法院对此批评报道也没有名誉之诉。所以,不论政府机关行使职权还是从事民事活动,与大众传媒舆论监督发生冲突都不能被看做纯粹的权利与权利的关系,而应该透过现象看本质,即体现的是权力与权利的关系。

　　作为社会职业中一种的公务员,与其他职业者没有什么不同,若非要说有不同,那就是要比其他职业者具有更高的服务意识和承担更高的社会责任。既然公务员是一种职业,那么就有上班下班之分,国事家事之别。换言之,作为公务员的政府官员上班期间行使职权就是国家权力的象征,而下班期间从事购买家庭日用品或房屋或汽车就是民事权利的享有者。所以,政府官员的行为因有无行使权力而可以分为公职行为和私人行为。但是,多数情况会出现区分不明的结果,政府官员很多行为表面上看并不是在行使职权而是从事民事活动,但本质上却是权力行为的延伸或延续。如 2009 年 7 月 18 日河南周口派出所所长开警车携家人西安旅游遭曝光被免职一案中②,该所长旅游肯定是民事行为,但其开公车旅游就不能纯粹是私事了,对其曝光就是对其滥用职权的批评。2008 年 10 月 29 日晚,深圳市海事局党组书记林嘉祥在一饭店吃饭期间上厕所欲对

---

　　①　2001 年 5 月 20 日,赞皇县六建与该县人民法院签订了建筑合同,由该公司负责该县人民法院职工家属楼的建设。其间因为种种原因曾中断过一段时间,2003 年 4 月重新协商续建工程,第一期工程六层住宅楼于 2003 年 11 月竣工交付使用时,共付工程款 95 万元,其余的由六建公司垫付。第二期 2 层住宅楼于 2005 年 5 月份重新施工,当年 12 月份完工,全部完工后工程总决算为 620 万元。在施工期间法院方共支付了工程款不足总工程款的 50%。2005 年 12 月 16 日,法院与六建最后决算的结果是,赞皇县法院拖欠六建 230 万元工程款。这长达几年的拖欠,不仅造成了该企业严重亏损,也迫使六建拖欠农民工 110 多万元的工资得不到兑现。参见刘丽普等:《欠工程款百万多年不思还——赞皇法院真赖》,《燕赵都市报》2006-12-01。
　　②　《河南周口派出所所长开警车携家人西安旅游遭曝光被免职》,http://news.sina.com.cn/o/2009-07-24/135616007868s.shtml。

给其带路的一个小女孩实施性侵害未遂，口出狂言："你知道我是谁吗？我是北京交通部派下来的，级别和你们许宗衡一样高，和刘玉浦是山东老乡。我掐了小孩的脖子又怎么样，你们这些人算个屁呀！敢跟我斗，看我怎么收拾你们。我就是干了，怎么样？要多少钱你们开个价吧。"① 该事件中，作为政府官员的林嘉祥本来是在从事私人社交，但该偶然事件的发生却使其成为全国民众的讨伐焦点，该偶然事件之所以能够迅速掀起舆论狂澜，不仅仅在于身为政府官员所从事的不法行为，而且更为恶劣的是该官员没有羞耻之心，品德极其低下。正像有网友指出，"狰狞之语带来了两层意义上的凌辱：其一加之于受害者及其父母，其二是指向更广泛的民众。因而，公众既痛心于一个未成年人所遭受的飞来之灾，更愤懑于随之而来的权势挑衅。"② 2009 年 7 月 29 日，四川泸州龙马潭区交通局前局长谢林因两年不交停车费，并涉嫌辱骂和殴打负责物管的老汉一事被媒体披露后，8 月 5 日，龙马潭区纪委给予谢林党内严重警告处分决定，免去谢林交通局党委书记职务；按照干部任免程序提交人大，免去其交通局局长职务。③ 所以，公民不仅仅应当有批评官员职务行为的言论自由，而且还有批评他们私人行为的言论自由，无论哪一种批评都会促使官员谨慎地行使公共权力。一般情况下，官员在私人事情上的谦虚、谨慎、厚道的表现并不一定能推断出该官员在履行职务上也能恪尽职守④，但是，若官员在私人

---

① 《从"林嘉祥案"看中国吏治》，http：//club. xiaonei. com/index. php?uri＝/show_ 206_ 52240_ 1. html。

② 南都:《林嘉祥案：民愤起于凌辱，民意亦可除暴》，http：//www. chinaelections. org/newsinfo. asp? newsid＝136976。

③ 《打人局长免职 5 天后又"上岗"》，《燕赵晚报》，2009-08-14。

④ 人称"租房局长"的重庆市城市照明管理局原局长冉崇华，因利用职权收受贿赂 288 万余元，滥用职权给国家造成损失 560 万余元，经检察机关提起公诉，于 2009 年 5 月 6 日被重庆市黔江区法院一审以受贿罪、滥用职权罪，依法判处有期徒刑十四年，剥夺政治权利五年，并处没收财产 90 万元，赃款 252. 7647 万元。参见《重庆"灯泡"贪官：一边收受贿赂 一边租房装穷》，《检察日报》2009-06-11。

事情上常常表现飞扬跋扈、贪图私利，那么该官员在履行职务时肯定不会兢兢业业、依法行政。很多贪官污吏在日常生活中所表现出来的不检点其实就是引爆该贪官的导火索，不论大众传媒还是国家监察机关都不应该放过任何官员私人行为的不良表现。因此，大众传媒的舆论监督与政府官员的名誉权之间的冲突，从本质上来说就是权利与权力之间的冲突。

2. 舆论监督与政府机关名誉权

正如前述，政府机关的行为包括行使国家权力的公行为和不动用权力的私行为。而这两种行为的基础就是政府机关在法律上具有双重身份：一方面，根据宪法和各种行政法，其作为公共权力的化身而存在，与公民或社会组织之间是一种命令与服从的管理与被管理者的关系；另一方面，根据民法通则，其作为社会组织的一种，又是以民事主体即法人的地位而存在，其完全可以以民事主体的身份进行民事活动，如购买耗材、办公用品时，政府机关就是以消费者身份同商家平等协商从事民事法律行为。如此特殊的双重身份决定了，一方面，政府机关作为行使权力的国家机关，虽具有无上的权威性，但根据宪法第41条之规定却要受到社会的全面监督；另一方面，政府机关又具有民事主体资格，可以以民事主体的身份主张相应的民事权利，因此，作为法人之一种的国家机关法人，依据《民法通则》第101条规定，政府机关享有名誉权也理应毫无问题。司法实践中，很多判决结果也对此持肯定态度。如广西北海市交警支队诉《南方周末》名誉侵权案；① 深圳市福田区人民法院诉

① 1995年3月12日，刘秋海等三人将一受伤女子陈小俐送医院并留下600元离开，但后被陈指定为肇事者而被北海市交警支队扣押。《南方周末》记者经调查认为刘系见义勇为而非肇事后逃跑，交警部门在处理此事时存在非法行政行为，并为此发表系列文章。北海市交警支队认为该报社的文章损害了自己的声誉和形象，诉至法院，广西北海中院和广西高院都认定侵权成立，判决赔偿原告2万元名誉损失费。

《民主与法制》杂志社侵害名誉权案;① 齐齐哈尔市第二轻工业局诉《南方周末》名誉侵权案;岳阳监狱诉高子川和《黄金时代》案;山东管县人民法院诉《法制与新闻》杂志社案②,等等。

不过,学界对此却多持否定态度③,认为政府机关并不享有名誉权。对此,我们比较赞同前述学者的意见,将政府机关从名誉权权利主体中剔除。在分析原因之前,我们先来对域外法就该问题的态度进行考察。

国际上存在三种方式:其一,由检察机关(而不是当事者的政府机关)对失实批评和侮辱性语言提起刑事诉讼,如法国;其二,受诽谤的政府机构可以提起民事诉讼,如英国、印度、澳大利亚的法律曾经给予政府机构民事诉权,而加拿大法律到现在依然给予民事诉权;其三,政府机构不具有名誉民事诉权,如美国,自1940年以来针对司法行为的批评一直免于藐视法庭罪的惩罚。④ 由此可见,国际上发展趋势就是放弃给予政府机构名誉权的做法。除了了解国际发展趋势外,我们还应对为什么要剥夺政府机关名誉权进行理论分析。

(1) 授予政府机关名誉权缺乏民法理论支撑

正如前述,在法律上政府机关具有双重身份,既是公法意义上的权力主体,又是私法意义中的权利主体,况且《民法通则》第

---

① 1995 年 3 月,《民主与法制》杂志社刊载了一篇题为《一场耐人寻味的官司——〈工人日报〉被诉名誉权案》的文章。随后,审理文中所指《工人日报》案的深圳市福田区人民法院,以原告身份向深圳市中级人民法院提起民事诉讼,诉称《民主与法制》杂志社在文章中对案件的"审理活动和判决结果肆意歪曲、诋毁,严重侵害了本院名誉"。深圳市人民法院受理了此案,于 1995 年 7 月作出判决,责令《民主与法制》杂志社向原告赔礼道歉,为其消除影响、恢复名誉,并赔偿原告经济损失 5000 元。

② 转引自侯健:《舆论监督与名誉权问题研究》,北京大学出版社 2002 年版,第 133 页。

③ 参见田韶华等:《新闻侵权法律制度研究》,河北人民出版社 2001 年版,第 124 页;侯健:《舆论监督与名誉权问题研究》,北京大学出版社 2002 年版,第 148 页。

④ 详情参见侯健:《舆论监督与名誉权问题研究》,北京大学出版社 2002 年版,第 133 ~ 139 页。

101 条还规定了法人享有名誉权,但是这些都不能说明政府机关享有名誉权就一定具有正当性和合理性。首先,名誉权属于传统民法人身权范畴,具有很强的人身依附性,其体现的是法律对公民应受到的品质、信誉、声望等方面正当评价的保护,体现的是一种人格和精神方面的利益。其次,对于企业法人来说,一切活动都是建立在品牌基础之上,可以说,品牌就是竞争力,就是利润率的保证。而品牌的保护却离不开企业法人名誉权的保护,且法律设立企业法人名誉权的主要目的也在于保护法人在经营活动中的商誉不被他人非法侵害,从而维护正常的经营秩序,实现各合法经营主体的经营利益不因商誉受损而受损。由此可见,公民名誉权的旨趣在于保护个人的精神利益;法人名誉权的旨趣在于保护经营主体的经济利益。再次,对于政府机关而言,既非自然人,难有自然人的精神愉悦或痛苦,即不可能具有像自然人一样的精神利益;又非营利性法人,以实现某种政治目标或法定职责为己任,不以营利为目的,其经济收入归国库,机构开支由国家财政保证,本身不享有民法意义上的经济利益,若有,肯定是非法层面上的"小金库"。① 最后,从后果来看,公民或法人名誉权得不到保障的后果是很严重的,因为名誉是每一个公民或法人立世的名片,名誉权完全可以看做是保障权利主体与其他公民或法人正常交往的资格或条件。一个名誉受损的人可能要面临下岗、离婚、失去朋友或合作伙伴;一个名誉受损的法人可能要面临销售减少或停滞,撤销合同,甚至破产。② 但是,对于政府机关来说,法律不但授予法定职权且还配置了保证该

① 现实中法律确实赋予了很多政府机关的处罚权,对违法人员或组织进行一定程度上的经济处罚,目的在于惩戒违法行为。当然,处罚收入应入国库。但是,现实中很多政府机关为罚款而罚款,搞创收,完全背离了处罚权设立的初衷,更背离了政府机关全心全意为人民服务的宗旨。如臭名昭著的"公路三乱"和涉企"四乱"。

② 2007 年 3 月 24 日,央视新闻频道播出一期名为《每周质量报告——都是染料惹的祸》的节目,指名批评海龙棉织厂生产"劣质毛巾暗藏强致癌物"。第二天,晋州市质监局封存海龙棉织厂生产的毛巾。同年 4 月 5 日,河北省纺织产品质量监督检验站出具检验报告,没有检出禁用染色品,认定该厂毛巾质量不合格,仍予以行政处罚。海龙厂在此过程中倒闭。

职权能够顺利实现的强制力，如各种国家暴力机器。如此一来，即使是其名誉受损，也不可能对其职权履行带来什么损失。由于行政机关的管辖范围固定，管辖权稳定，因此，公民不可能因公安局名誉如何而去其他机构办理身份登记、变更事项；不可能因某法院名誉如何而去别的法院或机构寻求判决；也不可能因某土地管理局名誉如何而去别的土地管理部门或机构寻求土地登记、变更事项，等等。因此，政府机关不管是在受到恰如其分的指责后，还是在受到错误的指责后，其不会发生任何民事权益受损的结果。

（2）授予政府机关名誉权缺乏民主理论支撑

民主的核心理念是，人民是国家的主人，官员是人民的公仆。人民将自己的一部分权利让渡给政府，政府由此就获得了管理国家公共事务的权力，从而为实现为人民服务提供了必要的条件。正基于此，政府行使权力要以谋求人民福祉作为最终追求目标，所以，人民通过选举、信访、舆论等民主形式对政府形成制约也就成为题中应有之意。根据民主理论，对于以表达为核心的舆论来说，公共论坛中的舆论主宰着政府，而非政府主宰着舆论背后的人民。在民主法治环境中，人民依据宪法的言论自由和政府信息公开条例的规定，既可自由获取政府信息，为丰富自己的信息储备和提高自己的素质做准备，也可自由发表"高见"，为管理国家和社会事务做出贡献。这种自由流动的信息流，通过对抗、结合、自由竞争很快就会形成代表多数人的主流意识，政府的合法基础就在于这种"主流意识"的支持，换言之，政府的命运取决于反映主流意识的舆论。因此，政府机关不可能享有某种权力或权利为人民宣告什么是正确的，什么是错误的，并强迫人民无条件地接受该认识，否则，就会出现政府的判断代替人民的判断、政府的选择代替人民的选择，最终彻底颠倒民主的核心理念。

（3）授予政府机关名誉权有损新闻自由或舆论监督

赋予政府机关名誉权并不同于赋予其某种债权。债权解决的是财产流转关系，不会影响到政府机关作为一个民主主体的根本性质，也不会影响到公民民主权利的实现。而赋予政府机关名誉权所可能击中的恰恰是民主的心脏，即公民通过自由批评对政府机构实行监督的民主权利。① 因为，作为行使公共权力的政府机关，直接关系到整个社会的幸福安宁，倡导对其监督体系的更加完善就成为全社会共同的心愿，尤其是在法律上确立舆论监督，在实践中保护舆论监督就为保持整个社会的开放和活力提供了制度和实践两个层面的坚实基础。如果，大众传媒针对政府机关职权不当行使提出的批评，可以成为政府机关主张名誉权保护的诉由的话，那将是十分危险的，即不仅违反了权力运行的公开性和透明度原则，而且还导致对民意的钳制。

3. 舆论监督与政府官员名誉权

（1）舆论监督与政府官员名誉权冲突的方式

《最高人民法院关于审理名誉权案件若干问题的解答》（1993）指出，"因新闻报道严重失实，致他人名誉受到损害的，应按照侵害他人名誉权处理"。"文章反映的问题基本真实，没有侮辱他人人格的内容的，不应认定为侵害他人名誉权。文章反映的问题虽基本属实，但有侮辱他人人格的内容，使他人名誉受到侵害的，应认定为侵害他人名誉权。文章的基本内容失实，使他人名誉受到损害的，应认定为侵害他人名誉权。"由此可知，大众传媒侵害他人名誉权的方式有两种：其一，新闻或其他作品有侮辱他人人格的内容，损害他人名誉，是侮辱；其二，新闻或其他作品严重失实或基本内容失实，损害他人名誉，是诽谤。其实，大众传播的内容中还有一种形式是评论或意见，所以，我们以为，大众传媒侵害他人名誉权的方式还有其三，即新闻或其他作品对某事实的评论严重不当，损害他人名誉，是不当评论。

何谓侮辱？我国学者认为，所谓侮辱，是指故意以暴力、语言、文字等方式贬低他人人格、毁损他人名誉的行为。它包括：暴力侮辱、口头侮辱、书面侮辱三种形式。② 据此，我们以为，舆论监督所产生的侮辱是指书面侮辱方式，即在大众传媒传播的作品中

---

① 侯健：《舆论监督与名誉权问题研究》，北京大学出版社 2002 年版，第147 页。

② 王利明等：《人格权法》，法律出版社 1997 年版，第 123 页。

以污秽、粗鄙、下流的词语或图像或其他方式,公然嘲笑、辱骂、丑化他人,贬低、毁损他人名誉、人格,使特定人蒙受耻辱、受人轻蔑的行为。

由于侮辱行为旨在通过辱骂或丑化达到剥夺一个人作为人的尊严,超出了正常的言论流通范畴,不可能融入自由市场与其他言论形成竞争态势。侮辱行为于社会除了增添些许噪音外,于个人除了宣泄一种情绪外,没有任何有用价值,即既不可能促进意见的多样化,增强人们对于某事物的认识和理解,又不可能提供一个可供反驳的事实或意见。因此,侮辱不具有任何值得法律加以保护的依据。舆论监督若是因为侮辱性的语言或图像与政府官员的名誉权发生冲突,大众传媒是得不到法律保护的。这就说明,即便是大贪官、无恶不作的腐败分子,他也是人,作为人,就要拥有做人的尊严,舆论监督侮辱政府官员是获得不了法律支持的。

何谓诽谤?诽谤是指捏造或传播、散布虚假事实,损毁他人名誉的行为,而舆论监督产生的诽谤是指在大众传媒上传播的作品中捏造虚假事实贬低他人人格的行为。舆论监督诽谤之诉就是政府官员以大众传媒捏造或传播、散布虚假事实(包括履行公职行为和从事私人行为),损毁其名誉为由诉至法院,寻求法律保护的行为。那么,法院能否立案并审理吗?回答这个问题之前,我们先限定一下,如果政府官员的私人行为涉及公共利益,如某官员过生日收受别人的"礼金"就会涉及受贿的嫌疑,我们就将其归入"履行公职行为"当中探讨;如果政府官员的私人行为没有涉及公共利益,如夫妻生活,我们就将其归入普通人的名誉侵权诉讼中,不是本书探讨的对象,在此不再赘述。

我们以为,具体情况要具体分析。我们可以分为四种情况并对此分析。第一,政府官员的公职行为经大众传媒舆论监督披露后,引起有关职能部门的关注、启动相应调查程序,并出具与披露事实相一致的调查结果。这种情况下引发的名誉侵权诉讼,法院是不应受理的。因为,涉诉舆论监督作品中反映的事实只要被有关部门核查属实,原告所受到的相关行政处罚、名誉贬损等后果就不是大众传媒给其造成的,而是自己的违法违纪行为所带来的理应受到的惩罚。另外，最为重要的还在于，原告所提起的诉讼实质意义上是想让法院去审判有关职能部门（多是党政权威部门）对其所做的处罚进行是非、对错的评判。换言之，从原告角度来说，他不是对大众传媒不满，而是对职能部门处罚他不满，是同相关职能部门打官司；从法院角度来说，若受理此类案件，其实就是要用民事审判来代替职能部门的审查。如此看来，这已经远远超出了民事诉讼所能承载的范畴。① 第二，政府官员的公职行为经大众传媒舆论监督披露后，引起有关职能部门的关注、启动相应调查程序，并得出真相与披露事实严重不一致的调查结果。这种情况下所引发的名誉侵权诉讼，法院是应当受理的。不过，在认定责任的时候，应区分大众传媒的主观情况，详情在后面的"冲突的解决"部分有所涉及，在此不再赘述。第三，政府官员的公职行为经大众传媒舆论监督披露后，引起有关职能部门的关注并启动了相应调查程序，但还没有调查完毕。这种情况下所引发的名誉侵权诉讼，法院是不应受理的，若已受理就应中止诉讼。对于普通人来说，名誉受损，诉至法院，寻求法院秉公执法对事实的真假是非作出一个判断，通常情况下，法院受理名誉侵权后通过审理查明真相也是其应尽的职责。但是，对于政府官员的报道，尤其是对于其违法违纪的批评性报道，在有关职能部门没有做出相应调查结果之前，若要法院通过民事诉讼直接去查明当事人是否存在该行为，则是超越了法院的职权范围。一般情况下，对于职能部门就一般的违法违纪所做出的处罚不满意的或对于做出行政处罚的基本事实不认同的，当事人可以向上级职能部门申诉和申辩；对严重的违法犯罪行为，职能部门移交检察机关，检察机关向法院提起公诉后，法院才能对案情进行审查。

---

① 1999 年，新华社记者胡靖国、尹天玺发文揭露山西长治县委 1999 年以来两个月内突击调整、提拔干部及原县委书记王虎林借机捞钱发财等问题。后经山西省委、长治市委调查，认定长治县委违法突击提干的事实确实存在，并于时年 8 月 31 日向有关单位发出通报。王虎林认为涉诉文章存有虚假事实，损毁其名誉，遂诉至法院。2000 年 1 月 25 日，北京市东城区人民法院作出一审裁定，认为原告之诉不属于人民法院受理民事诉讼的范围，驳回起诉。转引自田韶华等：《新闻侵权法律制度研究》，河北人民出版社 2001 年版，第 130 页。

因此，法院对此也不应受理。第四，政府官员的公职行为经大众传媒舆论监督披露后，没有引起有关职能部门的关注，或者有关职能部门虽加以关注，但并不打算对其进行调查，且原告又没有证据证明诉由的，这种情况下当事人向法院起诉大众传媒侵害其名誉权，法院应驳回起诉，不过，可以向有关职能部门发出有关启动相应检查程序的司法建议书。①

何谓不当评论？评论是指对于某一特定事实所发表的意见或作出的价值判断。任何事物，一旦进入社会公共领域，必定要受到公众的评论。评论的对象，可以是人，即所谓的"公众人物"，也可以是事，包括各种与公共利益相关因而受到公众关注的事项，也可以是物，包括各种物质产品和精神产品，后者如文学、艺术、科学作品等。② 自由社会的最为主要特征就是人人都有独立思考的权利和能力，对于一个事实，根据不同的标准或价值观，评论者作出众说纷纭的评论也就在所难免。各种评论肯定有对也有错，错的评论就是不当评论。

错的评论包括评论所依据的事实虚假所造成的错误评论和评论本身所包含的偏离正常的观点所造成的"错误评论"。对于因评论不当所引发的名誉侵权诉讼，法院应如何审理呢？我们从前述这两个方面进行分析。

首先，对于事实虚假所引发的错误评论，评论者是否要承担侵权责任问题，我们以为，法庭要调查评论者主观方面是否存有过错。因为，评论者不同于事实捏造传播者，其只是在采信了他人的

---

① 有一案件虽不是有关官员的，但却很有启发意义：1999 年由《生活时报》报道一病人家属投诉，称有某医生在随同救护车急救病人时收受病家 500 元。医生否认此事诉至法院。除病人家属投诉外没有别的证据证实其事，而医生也无法证明此事虚假。法院判决认定：该报社对于病人家属投诉没做进一步核实即予报道，应予批评。某医生是否收受病人家属 500 元，应由有关方面继续查明，在查实前不应处分医生。驳回医生的侵权起诉。参见北京市朝阳区人民法院民事判决书，(1999) 朝民初字第 4438 号。

② 魏永征：《新闻传播法教程》，中国人民大学出版社 2008 年版，第 174 页。

所传播的事实的基础上进行了评论。如果该评论者并不知道其评论所依据的事实为虚假，或者没有理由知道所依据的事实为虚假，即主观上不存在过错，就不应承担任何法律责任。如评论者所选的事实信息来自于正式出版物，法律不应苛求评论者必须要对他人发表的事实进行重新调查核实后才能加以评论，否则言论市场就不可能出现"百家争鸣"的繁荣景象。当然，如果评论者明知或有足够理由知道他人所传播的事实是虚假的，其仍评论并加以传播，说明其主观上具有恶意，其行为实为传播虚假事实，法院就应认定侵权成立。

其次，对于评论本身所包含的偏离正常的观点所引发的"错误评论"，评论者是否要承担侵权责任问题，我们以为，法庭应驳回起诉。当然，该问题中隐含着一个前提就是，排除"在评论所依据的事实虚假情况下，评论者主观上有过错"的情况存在。意见的自由之所以存在，是因为并没有所谓虚假的意见。① 任何意见都代表着对既有事实的一种看法，都是有所依据的。对于同一个事实可以有不同的，甚至相互冲突的意见，即既包括发表符合主流价值观的意见的自由，又包括发表不符合主流价值观的意见的自由。之所以出现这种情况，是因为每个人所持的评价标准不可能都相同，在不同的评价标准下，得出不同的评价结果，甚至得出非常不同寻常的评价结果，也就成为必然。例如，对于一个将横行乡里、无恶不作的人杀死的人，从道德层面上来说，可以对其评价为为民除害，是英雄；而从法律层面上来说，那就是杀人犯。

宪政国家里，赋予公民言论出版自由成为通例，公民有权利、有资格针对自认为确实存在的事实发表任何看法，既包括当事人能够容忍的各种评论，也包括当事人不能容忍的各种评论。只要评论者没有采用暴力手段迫使他人接受自己的观点，法律就不用加以干涉。另外，意见的自由之所以存在，还因为我们相信，意见的自由

---

① Gertz v. Robert Welch Inc., 418 U.S. 323, 339（1974）。转引自侯健：《舆论监督与名誉权问题研究》，北京大学出版社 2002 年版，第 117 页。

竞争不仅是我们获得真理性认识的必经途径，而且是社会保持开放合理性、进步和繁荣的一个必要因素。在对政府机关及其工作人员的行为进行合法性、合理性判断的过程中，唯有保证意见的自由流通，公众才能够相互补益。因为，唯有通过自由的交流，才能丰富和加深每一个理性有限的公民对政府机关及其工作人员的行为性质的认识，才能形成有关他们的行为于公共利益有益还是有害的准确判断，才能对一届政府或一任官员的去留问题做出恰当的决定；同时通过意见的自由交流，才能使分散的意见形成共识并构成强大的舆论压力，舆论监督也才能够发挥效用。①

（2）舆论监督与政府官员名誉权冲突的解决

通过上述分析，在政府官员针对大众传媒提起的名誉侵权诉讼中，只有侮辱案、诽谤案和不当评论案才能进入法院的视野。不过，由于只有评论者在明知事实虚假仍对其妄加评论的情况下，法律才课以侵权责任，其他形式的不当评论应获得法律的责任豁免；侮辱性言论在言论市场中不具有任何有效价值，法律也就不可能保护侮辱性言论，侮辱案也就很少在理论上或实践中存有争议，所以，我们在此仅对如何解决诽谤案中言论自由与官员名誉权发生的冲突进行探讨。

在美国，法律并不限制政府官员对涉及自己公务行为的言论提出诽谤指控的权利，而是让政府官员承担诽谤诉讼中的举证责任以维护社会公众的政治言论自由。在1964年的《纽约时报》诉沙利文一案中，美国联邦最高法院大法官布伦南对普通法上诽谤诉讼的归责原则进行了划时代意义的变革。他判定：国家官员不得因诽谤而起诉并要求赔偿，除非他能证明已发表的公开指控不仅失实而且是出于"实际恶意"，即被告事先知道指控是虚假的或出于疏忽大意而不顾指控的真实性。为证明被告"毫不顾及后果"的心态，原告须有充分的证据证明被告事实上对其公布于众的内容的真实性存有主观上的明知或重大过失。不过，美国联邦最高法院大法官怀

---

① 参见侯健：《舆论监督与名誉权问题研究》，北京大学出版社2002年版，第117~118页。

特则认为，适用《纽约时报》案所确立的规则，常会与宪法第一修正案的目的（即给大众提供自由传播的信息）相矛盾。因为《纽约时报》规则造成了两个问题：一是，关于政府官员和公共事务的信息流通受到污染，并且经常处于受到虚假信息污染的境况；二是，败诉原告的名誉和职业生涯被谣言所玷辱破坏，而这一结果本来是可以通过合理的努力和对事实展开调查加以避免的。这表明怀特大法官的倾向：不允许用虚假性去"污染"公众所获得的信息，并且应当允许国家公务人员向传播不真实信息的行径提出挑战。他建议法庭分别对事实真相（适用优势证据规则）和实际恶意（适用令人信服的明白无误证据规则）作出裁决，这样，即使作为原告的政府官员未证明被告的实际恶意而不能获得赔偿，但至少他可以通过法庭有关事实真相的裁决来洗清自己所蒙受的不白之冤。

虽然怀特大法官的提议可以在禁止对媒体提出过分经济赔偿要求的同时允许名誉受损的国家官员得到某些补救以恢复名誉，但是，著名的法哲学家德沃金指出，被告为诽谤辩护的费用，即使仅限于挖掘事实真相这一点也是无比巨大的，所以怀特的建议可能恢复很大部分的潜在诉讼，即旨在对报纸是否报道公众应该获得的某些信息的诉讼。[1] 如 20 世纪 80 年代，美国前驻越统帅威斯特摩兰控告 CBS 的诽谤案[2]，以及前以色列国防部长沙龙（Gen. Ariel Sharon）控告《时代周刊》的诽谤案，涉及要求赔偿金额达千万美元以上（前者更是高达 1.2 亿美元）。虽然前者以原告撤诉了事，

---

① 张伦：《政治性言论的自由和官员的名誉权》，http://www.148cn.org/data/2006/0508/article_712_1.htm。

② 1982 年，哥伦比亚广播公司（CBS）在一部电视新闻片中透露，前侵越美军司令威斯特摩兰将军（William Westmoreland）别有用心地向总统和军方提供了完全虚假的北越军队作战实力的情报，致使美国在越战泥潭中愈陷愈深。威斯特摩兰将军以故意诽谤为由，将 CBS 告上法庭，索赔高达 1.2 亿美元。虽然四年后威斯特摩兰将军自行撤回了起诉，但哥伦比亚广播公司为此已经破费了 200 万美元的律师费。此案给美国新闻媒体的深刻教训是，诽谤诉讼案不论胜败如何，其结果只能是劳民伤财、两败俱伤。

沙龙一案,《时代周刊》被判决不负诽谤之责,可是 CBS 和《时代周刊》花在诉讼上的费用都在 200 万美元以上,该新闻机构负责人在诉讼期间精神上的负担更是苦不堪言。①

对于美国确立的"实际恶意"原则及其修订的探讨,我们深受启发。我们以为,法院的审理判决既要满足为舆论监督创造宽松环境的要求,又要对失实传播作品进行必要的惩罚。换言之,我们并不能为了创造言论生存的自由空间,而对失实传播行为听之任之,完全置政府官员的名誉受损于不顾,因此,必须对失实行为课以一定的责任。那么,如何做到既能保护舆论监督的积极性,又能有效保护政府官员最低的名誉要求呢?

第一,原告举证责任的确立。我国民事诉讼法中有一个普通的原则就是"谁主张谁举证",因此,诉讼中原告承担举证责任也正是贯彻该原则的体现,并没有什么特别的。但是,我们这里强调的还有另外一层含义就是,作为原告的政府官员不但要承担证明虚假事实的存在,还要承担传播者主观存有过错的举证责任。这就比普通名誉侵权案件中的原告承担的举证责任,又增加了一个举证负担,且是举证对方的主观如何,难度可想而知。从技术层次上,为保护大众传媒开展舆论监督提供了一个安全措施。

第二,被告主观过失不承担责任的认定。我国《最高人民法院关于审理名誉权案件若干问题的解答》中指出:"是否构成侵害名誉权的责任,应当根据受害人确有名誉被损害的事实、行为人行为违法、违法行为与损害后果之间有因果关系、行为人主观上有过错来认定。""因新闻报道严重失实,致他人名誉受到损害的,应按照侵害他人名誉权处理。"据此,名誉侵权行为的归责原则实行过错责任原则:主观上有过错的承担责任,没有过错的不承担责任(法律有特别规定的除外)。过错包括故意和过失。

但是,我国《宪法》第 41 条规定,针对任何国家机关和国家工作人员,公民在批评、建议、申诉、控告、检举权时,要承担"不得捏造或者歪曲事实进行诬告陷害"的责任。该责任针对的就

---

① 李子坚:《纽约时报的风格》,长春出版社 1999 年版,第 337 页。

是故意的主观状态。也就是说，造成国家工作人员名誉损害的，只有在借检举、控告之名故意诽谤他人的情况下，才负法律责任。而过失地提起不实的控告或者检举，即使造成公职人员名誉损失，也不负法律责任。该条款的规定显然旨在鼓励公民将他所获得的有关违法失职行为的信息传播出去，以使有关职能部门可以更好地监督其公职人员。由此可见，依据宪法，公民行使申诉、控告、检举权时以主观上的故意作为侵犯国家公职人员名誉权的主观构成要件。换言之，公民在舆论监督时由于过失造成政府官员名誉受损的，不受法律追究。

由此看来，《解答》与《宪法》在这个问题上存有不同的认识。但是，依据《宪法》第 5 条 "一切法律、行政法规和地方性法规都不得同宪法相抵触" 的规定，我们只能认为《解答》中的 "受害人" 不包括国家机关和政府官员。这样看来，我国宪法第 41 条规定的精神，在民法领域没有得到落实，因此，我们建议通过最高院司法解释对该问题加以解决。

第三，赔偿责任的认定。由于大众传媒不仅仅是一个个赚取利润的商家，尤其是在中国，至今各传统媒体还是事业单位，它们都肩负着自由传递信息和社会预警的重要功能，因此，在名誉诉讼案中，不宜一律用金钱赔偿作为责任承担的方式。基于这样的考虑，我们以为，政府官员以名誉受损将行使舆论监督的大众传媒诉至法院，法院受理后应通知大众传媒并给予大众传媒一定的时间考虑是否 "发表撤回声明"，之后，如果大众传媒在与原报道同样位置或同样时段发表对原稿件的撤回声明，法院可以驳回原告的起诉；如果大众传媒经考虑拒绝发表撤回声明，经庭审查明所涉传播作品确实严重失实，并由原告举证被告具有故意，那么，政府官员就可以获得实质性的经济赔偿；如果大众传媒经考虑拒绝发表撤回声明，经庭审查明所涉传播作品确实严重失实，原告却证明不了被告具有主观故意，那么，政府官员不能获得经济赔偿，但法院应判决责令大众传媒在与原稿件同样的位置或时段发表赔礼道歉的声明。

（三）舆论监督与隐私权

1. 隐私权概述

（1）隐私权概念

在大陆法系民法典对于荣誉和尊严这样一种精神性权利的侵权保护的影响下，美国学者沃伦（Samuel D. Warran）和布兰代斯（Louis Brandeis）于1890年在哈佛大学的《法学评论》杂志上，发表了著名论文《隐私权》，最早提出了隐私权的概念。他们认为，隐私权是"个人在通常情况下决定他的思想、观点和情感在多大程度上与别人交流的权利"①。不久该观念就被纽约法院所采纳。此后，很多国家立法或判例都不同程度上对此确认。

不过，理论界对隐私权概念尚没有达成最终共识，存在较大争议。

在英美法系，代表性的观点主要有：美国《布莱克法律辞典》所述隐私权是私生活不受干涉的权利，或个人私事不经允许不得公开的权利；英国《不列颠百科全书》中解释："隐私权是民事侵权行为法和美国宪法上的一个法律概念。在侵权行为法中，隐私权是一种不受这样一些行为给与的精神上的伤害的权利，这些行为的目的是要通过将被害人的私生活向公众曝光或通过侮慢和骚扰他的宁静使他处于极度紧张的状态。"；英国《牛津法律大辞典》认为隐私权是不受他人干扰的权利，关于人的私生活不受侵犯或不得将他人的私生活非法公开的权利要求。②

在大陆法系，主要有：日本《新版新法律学辞典》所称隐私权是保护免受他人侵犯私生活和私事秘密的权利；台湾的吕光先生认为：隐私权是对每一个人的私生活的保护，使每个人都能居住安宁，免受干扰，未获得本人同意，任何人不得将与公共利益无关的纯个人事务刊布或讨论，如个人姓名、照片、肖像等。③

我国大陆学术界主要有：张新宝先生认为，隐私权是指对私人生活与私人信息，公民所享有的不被他人非法侵扰、搜集、知悉、利用和公开等的一种人格权；④ 杨大飞先生认为，隐私权是一种自然

---

① Samuel D. Warren&Louis D. Brandeis, The right to privacy, Harvard Law Review, Vol. 4, No. 5. (Winter, 1890), p. 193.

② 《牛津法律大辞典》(中文版)，光明日报出版社1988年版，第719页。

③ 吕光：《大众传播与法律》，台湾"商务印书馆"1987年版，第66页。

④ 张新宝：《隐私权的法律保护》，群众出版社1997年版，第21页。

人对与公共利益无关的个人信息、私人活动和私有领域进行支配的人格权;① 钱明星先生认为，隐私权就是指个人秘密的不公开权。②

上述各种观点均从各自不同的研究角度，对隐私权概念的内涵作了某方面的揭示。如有的学者强调隐私权的内容是个人信息，而有的学者强调的是个人生活（领域或事务）;有的学者强调隐私权是一种"不被了解的权利"，而有的学者认为除此之外还是"一种自己的信息自己控制的权利"。因此，我们以为，对隐私权较为全面的表述应是公民对与公共利益无关的自己个人信息、个人生活以及私人事务等享有的一项重要民事权利，它包括隐私权的控制权、排除权和利用权，其核心内容是公民对自己的隐私依照自己的意志进行支配，其他任何人都负有不得非法侵扰、知悉、搜集、利用和公开的义务。

（2）隐私权的法律保护

我国没有对隐私权进行专门立法保护，但从相关的法律条文中却能得到体现。

第一，宪法保护

虽然隐私权概念未在我国宪法中出现，但公民隐私受宪法保护还是有规定的。如我国《宪法》第 37 条、第 38 条、第 39 条、第 40 条之规定③，从人身自由到人格尊严，从住宅到通信，尽管没有穷尽隐私权的全部内容，但所及之处都是隐私权的重要内容。况且，还为其他部门法或特别法规保护公民个人隐私权提供了依据，并为相应的司法解释留下了广阔的空间。

第二，民法保护

---

① 王利明:《人格权法新论》，吉林人民出版社 1994 年版，第 487 页。

② 郑立、王作堂主编:《民法学》，北京大学出版社 1995 年版，第 585 页。

③ 我国《宪法》第 37 条规定:"中华人民共和国公民的人身自由不受侵犯。任何公民，非经人民检察院批准或者决定或者人民法院决定，并由公安机关执行，不受逮捕。禁止非法拘禁和以其他方法非法剥夺或者限制公民的人身自由，禁止非法搜查公民的身体。"第 38 条规定:"中华人民共和国公民的人格尊严不受侵犯。禁止用任何方法对公民进行侮辱、诽谤和诬告陷害。"第 39 条规定:"中华人民共和国公民的住宅不受侵犯。禁止非法搜查或者非法侵入公民的住宅。"第 40 条规定:"中华人民共和国公民的通信自由和通信秘密受法律的保护。"

作为一项人格权，隐私权的法律保护应主要是民法保护。不过，我国民法对隐私权的保护非直接保护而是间接保护，即将公民隐私保护纳入名誉权的保护范围之内。如最高人民法院《关于贯彻执行〈中华人民共和国民法通则〉若干问题的意见（试行）》第140 条规定、最高人民法院在 1993 年《关于审理名誉权案件若干问题的解答》第 7 条规定①；《民法通则》第 101 条规定、第 120 条规定②。尤其是，最高人民法院 2001 年发布的《关于确定民事侵权精神损害赔偿责任若干问题的解释》第 1 条第 2 款、第 3 条之规定③，首次使隐私权获得了较为独立的民法保护。

第三，刑法保护

我国刑法第 245、252、253 条分别规定了非法搜查罪、非法侵入住宅罪、侵犯通信自由罪和私自开拆、隐匿、毁弃邮件电报罪④，对此类隐私提供了刑法保护和最为严厉的惩罚手段。

第四，诉讼法保护

我国三大诉讼法对隐私权的保护主要体现在对涉及隐私案件的

---

① 第 140 条规定："以书面、口头等形式宣扬他人隐私，或者捏造事实公然丑化他人人格，以及用侮辱、诽谤等方式损害他人名誉，造成一定影响的，应当认定为侵害公民名誉权的行为。"最高人民法院在 1993 年《关于审理名誉权案件若干问题的解答》第 7 条规定："对未经他人同意，擅自公布他人的隐私材料或者以书面、口头形式宣扬他人隐私，致他人名誉受到损害的，按照侵害他人名誉权处理。"

② 第 101 条规定："公民、法人享有名誉权，公民的人格尊严受法律保护。"第 120 条规定："公民的姓名权、肖像权、名誉权、荣誉权受到侵害的，有权要求停止侵害，恢复名誉，消除影响，赔礼道歉，并可以要求赔偿损失。"

③ 第 1 条第 2 款规定："违反社会公共利益、社会公德侵害他人隐私或者其他人格利益，受害人以侵权为由向人民法院起诉请求赔偿精神损害的，人民法院应当依法予以受理。"第 3 条规定："非法披露、利用死者隐私，或者以违反社会公共利益、社会公德的其他方式侵害死者隐私，其近亲属因此遭受精神痛苦可向人民法院起诉请求精神损害赔偿。"

④ 《刑法》第 245 条规定："非法搜查他人身体、住宅，或者非法侵入他人住宅的，处三年以下有期徒刑或者拘役。"第 252 条规定："隐匿、毁弃或者非法开拆他人信件，侵犯公民通信自由权利，情节严重的，处一年以下有期徒刑或拘役。"第 253 条规定："邮政工作人员私自开拆或者隐匿、毁弃邮件、电报的，处二年以下有期徒刑或拘役。"

不公开审理制度。如《民事诉讼法》第 66、120 条规定①、《刑事诉讼法》第 85 条第 3 款、第 93 条、第 152 条规定②、《行政诉讼法》第 45 条规定③。

第五，其他法律保护

在我国的一些民事特别法和单行法中也对隐私权的保护做出了相应的规定。如《收养法》第 22 条规定、《未成年人保护法》第 39 条规定、《预防未成年人犯罪法》第 45 条第 3 款规定、《妇女权益保障法》第 39 条规定、《律师法》第 33 条规定、《统计法》第 15 条规定。④ 另外，在《残疾人保障法》、《老年人保障法》以及会计、邮政等法律中也都涉及隐私保护的规定。

---

① 第 66 条规定："对涉及国家秘密、商业秘密和个人隐私的证据应当保密，需要在法庭出示的，不得在公开开庭时出示。"第 120 条规定："人民法院审理民事案件，除涉及国家秘密、个人隐私或者法律另有规定的以外，应当公开进行。离婚案件，涉及商业秘密的案件，当事人申请不公开审理的，可以不公开审理。"

② 第 85 条第 3 款规定："公安机关、人民检察院或者人民法院应当保障报案人、控告人、举报人及其近亲属的安全。报案人、控告人、举报人如果不愿公开自己的姓名和报案、控告、举报的行为，应当为他保守秘密。"第 93 条规定："犯罪嫌疑人对侦查人员的提问，应当如实回答。但是对与本案无关的问题，有拒绝回答的权利。"第 152 条规定："有关国家秘密或者个人隐私的案件，一律不公开审理。十四岁以上不满十六岁未成年人犯罪的案件，一律不公开审理。十六岁以上不满十八岁未成年人犯罪的案件，一般也不公开审理。"

③ 第 45 条规定："人民法院公开审理行政案件，但涉及国家秘密、个人隐私和法律另有规定的除外。"

④ 《收养法》第 22 条规定："收养人、送养人要求保守收养秘密的，其他人应当尊重其意愿，不得泄露。"《未成年人保护法》第 39 条规定："任何组织和个人不得披露未成年人的个人隐私。"《预防未成年人犯罪法》第 45 条第 3 款规定："对未成年人犯罪案件，新闻报道、影视节目、公开出版物不得披露该未成年人的姓名、住所、照片及可能推断出该未成年人的资料。"《妇女权益保障法》第 39 条规定："禁止用侮辱、诽谤、宣扬隐私等方式损害妇女的名誉和人格。"《律师法》第 33 条规定："律师应当保守在职业活动中知悉的国家秘密和当事人的商业秘密，不得泄露当事人的隐私。"《统计法》第 15 条规定："属于私人、家庭的单项调查资料，非经本人同意，不得泄露。"

此外，《中华人民共和国计算机信息网络管理暂行规定实施办法》第 18 条规定、《计算机信息网络国际联网安全保护管理办法》第 7 条规定①，对网络空间隐私权也提供了保护。

2. 舆论监督侵害隐私权行为

舆论监督侵害隐私权行为是指传媒及其从业人员在舆论监督报道的采写传播过程中，侵扰他人居住安宁，未经他人同意披露他人与公共利益无关的个人信息和个人事务，造成他人损害的行为。美国法律把侵害隐私权行为分为四项：侵入；公开揭露私事；公共误认；盗用。② 而笔者以为可将媒介侵害隐私权的行为分为以下两类：

（1）传播他人隐私。传媒在拥有传播信息权利的同时，也应承担尊重他人宁静生活的义务。将他人不愿为人所知的私人情况公布于众，无疑造成对他人私生活的侵扰。因此，该处传播他人隐私是指在违背当事人的意愿的情况下，通过媒介公开披露当事人与社会公共生活无关的个人信息、个人事务及其他私生活情况的行为。

（2）侵入他人私生活领域。新闻侵害隐私权的另一种表现就是传媒工作人员在采集信息过程中未经许可侵入他人私生活领域。私生活领域不仅包括私人场所，还包括公共场所的私人场合。所谓侵入，包括强制侵入和秘密侵入，不仅指亲身进入，也包括进行窥探、偷听、监视，未经许可摄影、录音和录像或者秘密摄影、录音和录像；还有骚扰。③

---

① 《中华人民共和国计算机信息网络管理暂行规定实施办法》第 18 条规定："用户应当服从接入单位的管理，遵守用户守则；不得进入未经许可的计算机系统，篡改他人信息；不得在网络上散发恶意信息，冒用他人名义发出信息，侵犯他人隐私……"《计算机信息网络国际联网安全保护管理办法》第 7 条规定："用户的通信自由和通信秘密受法律保护，任何单位和个人不得违反法律规定，利用国际联网侵犯用户的通信自由和通信秘密。"

② Hoolsinger, R. L. & Dilts, J. P.: Media Law, McGraw-Hill, Inc, New York, 1994, p. 217; from: Restatement of the Law Second, Torts Second, §652A.

③ 魏永征：《新闻传播法教程》，中国人民大学出版社 2002 年版，第 173 页。

3. 舆论监督与政府官员隐私权

（1）政府官员隐私权特殊性

政府官员隐私权的特殊性在于克减性或受限性。早在 20 世纪 30 年代，美国就确立了政府官员隐私权受限制的原则。如丹尼尔大法官在 1931 年 Melvin v. Raid 一案的判决中指出，将私生活状况进行公开，是符合公共利益的。如此情形下，公职候选人的隐私权并不存在。那些献身公共事业而非公职人员，在其私人生活无法与其所从事之事业完全分开的情况下，其隐私权也是不存在。① 该判例确立的法律原则是：为了公共利益政府官员的隐私权必须受到限制。换言之，政府官员部分隐私利益的价值在面对公共利益的价值时要被克减。

政府官员隐私权的这种特殊性是由其特殊的身份决定的。政府官员作为社会的特殊群体，拥有或可能拥有公权力，并被赋予管理国家、管理公共事务的责任，为防止其滥用权力，人民对他们享有监督权或罢免权。要充分行使此项权利，人民就必须了解他们的经历、才干、品德、性格、价值观、以至于家庭状况、财产状况等，这些状况虽然属于私人信息，但是这些个人状况不可避免地要对其所参与执行和管理的社会公共事务产生较大影响，直接地与公共利益产生了关系，脱离了"隐私"中的"私"的要求，不再属于隐私权保护的范畴，公民自然有权了解这些信息，新闻媒体也当然有权予以报道、评论。对此，恩格斯早就指出，一般情况下，个人隐私应当受到保护，但是，当个人的隐私涉及公共利益，如政治生活的时候，个人隐私就失去了"私事"的属性，而成为政治的一部分，也就不会受到隐私权的保护。而应成为历史记载和新闻报道不可回避的内容。也正是由于政府官员的许多个人信息已成为最重要的公共利益——政治生活的一部分，已成为公民的民主权利所指向和要求披露的对象，因此，对他们的隐私权进行适当限制，以满足公众的知情权，使公民能够更好地行使自己的民主权利，并促进政

———————

①　转引自张新宝：《隐私权的法律保护》，群众出版社 1997 年版，第 94 页。

府的合法、廉洁和高效运作。①

不过，对于如何认定"公共利益"，虽然学术界提出要正确界定公共利益，通常要遵循以下四项基本标准：公共性（公众性）、合理性、正当性和公平性，但是；我国法律中却并没有确立可具操作性的法定标准。如此情况下，我们如何判定政府官员的个人信息涉及公共利益的呢？笔者以为可以遵循"与知情权相对应"的原则。知情权包含三层含义：其一，是一种自然权利，是人们为了更好地适应周围的环境而必须具备的一种天赋本能；其二，是一种社会权利，是人们对整个社会所发生的自己所感兴趣的问题或情况进行了解的一种权利；其三，是一种政治上的民主权利，是公民对国家活动、国家事务所享有的依法知道的权利。② 如此看来，政府官员的个人信息只要是民主法治社会中公众应当知悉的或合理关注的事项，就可归入公共利益的范畴，传媒也就享有采访、报道该类事项的权利。这样的话，政府官员的隐私权不仅因为与公共利益有关有所减损，而且其与公共利益无关的个人私事如果引起公众的合理兴趣或具有"新闻价值"，传媒为满足民众知情权予以报道、评论也不构成侵权。

另外，判断政府官员的个人信息是否涉及公共利益还有一个标准就是看他的级别。官员的级别不同，他所掌握的权力大小就会不同，对社会产生的作用也就会存在差别：级别越高、权力越大，对公共利益的影响就会越大；反之，级别越低、权力越小，对公共利益影响也就越小。因此，我们可以从官员的级别标准来判断其个人信息哪些涉及公共利益而哪些没有涉及公共利益，从而对其隐私权进行不同的限制：级别越高权力越大的官员，其隐私权的权限就越小，隐私范围就越小；反之，其隐私权的权限就越大，隐私范围就越大。

（2）舆论监督侵害政府官员隐私权的构成要件

---

① 参见田韶华：《新闻侵权法律制度研究》，河北人民出版社 2001 年版，第 239 页。

② 韩大元、姚西科：《试论行政机关公开信息的理论》，《宪法学·行政法学》2001 年第 5 期。

　　虽然政府官员的隐私权受到克减，但并不意味着他们丧失隐私权，他们对于下列事项仍与其他普通民众一样受到隐私权制度的法律保护：住宅、通信、夫妻生活、家庭生活、其他与公共利益无关的事项等。传媒在对政府官员从事舆论监督活动的时候，极有可能把握不准，涉及政府官员的这些隐私事项而产生侵权。根据普通民事侵权行为的四个构成要件之说，笔者以为，舆论监督侵害隐私权的基本要素有以下四项构成：舆论监督侵害隐私权的行为、舆论监督侵害隐私权的损害结果、前两者之间有因果关系、行为人有过错。

　　不过，这里需要说明三个问题：

　　第一，舆论监督侵害隐私权的行为与损害结果是内在统一的。

　　隐私权的内容是个人不愿公开的与社会公共生活无关的个人信息和私人活动领域，所以，舆论监督侵害隐私权就是违背他人意愿披露其隐私或侵入其私生活领域。而由于信息或私人生活领域都是无形的，那么，隐私受到的侵害后果，就不像客观物质被侵害一样有客观外在的损害后果。实际上，他人私生活领域被侵入和不愿公开的个人私事被公开，本身就说明了损害结果的存在。但是，目前学术界还有另一种观点认为，侵权行为构成要件之一的"损害结果"，要么出现精神损害，要么造成物质损害，要么产生恶劣影响，否则不以侵权论。

　　这种观点实际上是将当事人精神痛苦的有无当成了确认损害结果的唯一标准。笔者认为此种观点值得商榷。因为此类损害结果是他人的隐私被公开，他人的私生活被侵入，而这种损害结果是通过受害人的精神损害和财产损失来表现的。也就是说，精神损害与财产损失只是损害结果的外延，而不是内涵。在司法实践中，它们只是衡量损害结果大小和严重程度的参考因素。而这种精神损害是指因隐私被公开，私人领域被侵犯而使受害人感到羞辱、痛苦、焦躁、忧虑等不正常的心理情绪。由于精神损害是一种个人的主观心理体验，所以，因个人的性格、背景、承受力等不同而不同。同样的损害事实，有的人悲痛欲绝、精神崩溃，而有的人感觉无所谓，精神上没有任何负担或负担很小。所以，不能因受害人没有精神损害而否认新闻媒介对他人隐私信息泄露的事实，即否认新闻媒介侵害他人隐私的存在。这里的财产损失是指受害人因精神损害所致的疾病的医疗费用、误工收入以及因隐私被公开而不利于自己的社会关系的变动造成的财产损失，如被辞退、退婚等造成的损失。总之，判断舆论监督侵害隐私权损害结果存在的标准就是舆论监督侵害隐私权的行为，即有行为必存在结果，行为和结果内在统一。

第二，舆论监督侵害隐私权的行为与损害结果之间的因果关系无需证明。

在上一个问题中，我们已分析得出损害结果与侵害行为是相伴而生，同时存在的。所以，他们之间的因果关系是不证自明的，无须受害人举证，但对于那些舆论监督侵害隐私权而导致的财产损失，如受害人因精神压力所致疾病的治疗费用、误工费用等，就要通过受害人举证来说明因果关系的存在。

第三，受害人对行为人的主观过错承担举证责任。

有人曾指出，在侵害隐私权案件中，对行为人应当适用无过错责任。因为如果以过错为要件，受害方证明对方的故意或轻率十分困难，而且严格责任的适用有助于人们谨慎地行使自己的权利，有利于新闻工作者加强自身职业道德和法制观念。① 笔者以为，该观点值得商榷。因为，在媒体侵害隐私权的案件中，受害人若是普通公民的话，由处于弱势地位的受害人负担证明强大势力的侵权行为人主观上存有过错（此处主要指对故意的证明）是非常困难的。基于现实公平的需要，采取上述观点具有很大合理性。但是，当受害人是政府官员时，由于舆论监督所承载的重大政治功能，若还由大众传媒承担举证责任的话，势必会造成大众传媒在开展舆论监督活动时总是担心侵权，导致"寒蝉效应"，最终影响舆论监督的功能和作用的正常发挥。因此，此种情况下，行为人主观过错的举证责任应转移到受害人身上。唯有此，才更能体现舆论监督的法治精神。

---

① 张新宝：《隐私权研究》，《法学研究》1990 年第 3 期。

216

# 第三节　中国特色舆论监督法治建设的路径选择

法治建设不但要法制化，而且还要追求公平、正义和效益最大化，在舆论监督方面就是不但要有法可依，体现法律对言论生存空间最大的保护，而且还要体现在社会基础层面对法治建设的支持和维护。因此，在我国舆论监督法治化路径的选择不外乎制度层面和社会层面两个方面。

## 一、制度层面的路径选择

有学者研究发现，在新闻诽谤诉讼中，中国新闻媒体的平均败诉率为63%，其中，在原告是公众人物或者政府官员的诉讼中，媒体败诉率高达65.07%，而在原告是普通公民的诉讼中，媒体败诉率是60.94%。① 而据美国爱荷华大学新闻传播学院多年的研究和美国"诽谤应诉资源中心"提供的统计资料，近30年美国新闻媒体遭遇新闻诽谤诉讼时的败诉率为9%，胜诉率为91%。其中，在原告是公众人物或者政府官员的诉讼中，媒体败诉率为4%，而在原告是普通公民的诉讼中，媒体败诉率是24%。② 以秉承"狗咬人不是新闻，人咬狗才是新闻"理念的美国大众传媒与遵循"以正面宣传为主"的我国大众传媒相比较，我国大众传媒畸低的胜诉率让人唏嘘不已。那么，是什么原因造成大众传媒在侵权诉讼中"受伤害的总是自己"？我们以为，最为根本的原因是我国法律对公民的言论自由与名誉权两种权利保护的不平衡，无论是在实体法中还是在程序法上，都重视对名誉权的保护而轻视对言论自由的

---

① 陈志武：《媒体、法律与市场》中国政法大学出版社2005年版，第84、94页。

② Randall Bezanson，"The Libel Suit in Retrospect: what plaintiffs want ant what plaintiffs Get"，California Law Review，1986年5月。David Logan，"Libel Law in the Trenches: Reflections on Current Data on Libel Litigation"，Viginia Law Review，2001年第87卷，第503~530页。转引自陈志武：《媒体、法律与市场》中国政法大学出版社2005年版，第84、95页。

保护。因此，为了扭转当前大众传媒在舆论监督活动中"很受伤"的处境，我们以为，从以下两个方面进行弥补就成为当务之急。

（一）**实体方面：舆论监督权的构建**

舆论监督能否成为一项权利，学界存在一定的争议，有学者不赞成将舆论监督作为一项权利，如魏永征认为"舆论监督只是新闻传播的一种效果或者新闻媒介的一项功能，而不是媒介或公民的权利"①；展江归纳出"舆论监督的本质在于，它是行使自身权利对权力运作尤其是权力滥用导致的腐败进行监督的一种民主形式，是公共领域的一个重要功能"②；张志铭指出"表达自由内含于我国宪法的规定之中，新闻自由是它的必然延伸。舆论监督只是这种自由权利发生作用的客观结果"③；卜建林、焦洪昌认为"可见就西方社会来看，传媒监督被严格限定在社会功能上，它并不是一种法定的权利，或者权力，而是由一定的权利所实现的社会功能。这个权利来源就是言论自由和新闻自由。通过宪法对言论自由和新闻自由的保护，传媒就可以起到监督政府的作用，但是法律决不允许传媒越俎代庖，成为法定的监督力量，也不允许传媒强制政府为或不为一定行为"。"从微观的角度看，新闻活动——形成了传媒与报道对象之间的直接的报道与被报道关系，这一关系是在自由、平等的基础上以双方的意愿自由决定的，不存在任何法律上的强制性。由于报道关系的平等性，传媒和报道对象之间不存在任何监督与被监督关系。""舆论监督无论是从直接的角度还是从间接的角度，在性质上都不是某个或某些特定主体的具体行为，这就是说舆论监督在本质上并不是一种行为，而是民主的一种机制，是一种对

---

① 魏永征:《舆论监督和新闻舆论监督是不同的概念》，http：//yzwei. blog-bus. com/logs/5856072. html。

② 展江、张金玺:《新闻舆论监督与全球政治文明》，社会科学文献出版社2007 年版，第 23 页。

③ 王好立、何海波:《"司法与传媒"学术研讨会摘要》，《中国社会科学》1999 年第 5 期。

民主社会必须的，且只能存在于民主社会的机制。"① 李咏认为："如果一个社会本身不存在对政府的制约力量，那么新闻界的报道就起不到任何监督作用，因为舆论监督并不是新闻活动的直接和必然的效果，而是通过第三类主体——公众——的监督权的放射性作用发挥其监督政府的客观功能。新闻界能发挥舆论监督的制度性功能，最终取决于使公众拥有监督权的社会制度，即民主制度。所谓'民主'的'民'是指人民整体，民主的基本含义是，国家的一切权力属于人民，政府只是接受了人民委托的一个代为管理的机构，管得好不好、合法不合法，自然要接受人民的监督。可见，'监督'是民主的国家和社会里的全体人民的权力，而非单个的公民、组织或团体的权力或权利；人民是作为一个整体来行使对政府的监督权力的，故而此处的'监督'也非某个或某些具体的、特定的个人或组织的行为。"② 但是，也有学者认为舆论监督是一种权利，如周甲禄认为："我国宪法中虽然没有'舆论监督权'一词，但这并不意味着我国宪法中不存在有关舆论监督权的内容，也不意味着现实中没有舆论监督的存在与需求。实际上，我国宪法规定中虽然没有用舆论监督权的概念，但在相关的条文中直接或间接规定了舆论监督权的内容。"③

　　面对上述针锋相对的两种观点，我们比较赞同后者的观点。纵观前者观点，他们基本上是一脉相承的，我们可以将其归纳为"社会功能论"，其论据有两个：其一，舆论监督在本质上并不是一种行为，而是民主的一种机制；其二，"监督"是民主的国家和社会里的全体人民的权力，而非单个的公民、组织或团体的权力或权利。

　　对此，我们不敢苟同。根据魏永征、张志铭的论述，他们一致

　　① 卞建林、焦洪昌等：《传媒与司法》，中国人民公安大学出版社2006年版，第68~70页。

　　② 李咏：《舆论监督的法理问题》，载展江主编：《中国社会转型的守望者——新世纪新闻舆论监督的语境与实践》，中国海关出版社2002年版，第137页。

　　③ 周甲禄：《舆论监督权论》，山东人民出版社2006年版，第8页。

认为，舆论监督是新闻自由的一项效果或一种功能。其实，在新闻传播领域，新闻自由是唯一一个最根本的、内容丰富的权利或自由，大众传媒在行使新闻自由的同时发挥"监督"的作用或功能是新闻规律要求使然。另外，从党的十三大首次提出"舆论监督"后，历经十四大、十五大、十六大、十七大等报告①中所提的舆论监督来看，官方高层也是只强调发挥舆论监督的作用。但是，我们并不能据此就可以否定舆论监督是一种行为。任何形式的"监督"在理论上都会有监督的功能或效果，但只强调"监督功能"或"监督效果"而不强调对权力的制约或对腐败的治理都是只见树木不见森林，或者只见现象不见本质。因此，大众传媒在从事新闻报道时产生舆论监督的功效，即对权力的制约或对腐败的治理，也是题中应有之意。而这种功效的背后是由一种行为来加以支撑，在新闻传播领域，这一行为就是大众传媒的以批评、建议为核心的采访、报道行为，约定俗成大家将其称为舆论监督。国内很多学者在对舆论监督进行定义的时候都有如此认识，如王强华等人认为"新闻舆论监督是新闻机构通过某种载体监视社会上不当作为和不良现象，披露并促其朝好的方向变化的行为"②；叶战备认为"舆论监督是指公民或组织借助新闻媒体形成舆论力量以对权力运行的偏差行为进行披露、建议、乃至批评以影响公共决策和公共行为的活动"③。另外，自 20 世纪 90 年代以来，我国的法律法规中已开始出现"舆论监督"的规定。《报纸管理暂行规定》(1990 年) 第 7

①  中国共产党十四大报告提出："强化法律监督机关和行政监察机关的职能，重视传播媒介的舆论监督，逐步完善监督机制，使各级国家机关及其工作人员置于有效的监督之下。"十五大报告提出："把党内监督、法律监督、群众监督结合起来，发挥舆论监督的作用。"十六大报告提出"加强组织监督和民主监督，发挥舆论监督的作用。"十七大报告提出："落实党内监督条例，加强民主监督，发挥好舆论监督作用，增强监督合力和实效"。

②  王强华等：《新闻舆论监督理论与实践》，复旦大学出版社 2007 年版，第 5 页。

③  叶战备：《权力制约视角下的舆论监督》，南京师范大学 2006 年博士学位论文。

条把"发挥新闻舆论的监督作用"列为报纸的职能之一。《消费者权益保护法》(1993 年) 第 6 条规定:"大众传播媒介应当做好维护消费者合法权益的宣传,对损害消费者合法权益的行为进行舆论监督。"《价格法》(1997 年) 第 37 条规定:"新闻单位有权进行价格舆论监督。"这三个法律法规规定中,或是将舆论监督作为报纸的一项职业性的权利,或是将舆论监督作为大众传媒的一项义务,或是明确规定舆论监督是大众传媒的一项权利,在法律层面上确认了舆论监督的行为。

对于"'监督'是民主的国家和社会里的全体人民的权力,而非单个的公民、组织或团体的权力或权利"的观点,我们以为有失偏颇。在宪政国家里,监督分为自上而下的监督和自下而上的监督。自上而下的监督是保持政治文明的最为有效、最为常规的制度性监督,监督机关都会获得法律的明确授权;而自下而上的监督一般是从政治层面来说的人民对政府的监督,强调"'监督'是民主的国家和社会里的全体人民的权力,而非单个的公民、组织或团体的权力或权利"具有一定的合理性,但是,由于这种自下而上的监督获得了宪法 (第 3、27、41 条之规定) 的认可,作为监督主体的"人民"就不再是一个集合概念,而是对中华人民共和国里每一个公民而言的。亚里士多德曾指出"人在本质上是政治动物",而且他还认为人不仅天生是社群动物,更必须在群体生活中才能解放自己,使本性获得完整发展,如果有人能不过群居生活,则此人"不是神灵,便是禽兽"①。既然人是社群动物,那么就必须通过传播与他人互动,才能从中认识到社会所型塑的自我;同时,社会的组成同样受到人与人藉由传播来批评和建构的影响,前一面向涉及自我人格的完善,后一面向则涉及社会的发展,因此,享有健康的传媒批评参与机会以及传播环境,应该是每一个人的基本人权。还有,公民或组织在从事监督活动的时候,可以采取任何法律不禁止的途径或手段,包括大众传媒在内的公民或组织通过大众传媒针对政府及其官员进行批评或建议就是采取合法途径之一。

---

① 逮扶东:《西洋政治思想史》,台北新文化 1991 年版,第 70 ~ 75 页。

如此一来，在大众传媒、公民与作为被报道对象的政府及其工作人员之间的监督与被监督关系的存在也就不证自明了。

当然，在对前者观点的论据进行一一驳斥后，我们还应对"舆论监督"为什么是一种权利进行分析。

1. 权利本质论①

在近代西方思想史上，格老秀斯把权利看做"道德资格"，霍布斯、斯宾诺莎等人将自由看做权利的本质，或者认为权利就是自由。如在霍布斯那里，自由意味着不受任何干涉和限制。洛克、普芬道夫虽然不像霍布斯那样把法律与权利对立起来，但还是采用了霍布斯关于"权利乃自由之范式"的概念。洛克说，权利意味着"我享有使用某物的自由"。康德、黑格尔也用"自由"来解说权利，但偏重于"意志"，而且，他们的概念与霍布斯的很不相同。康德说，权利就是"意志的自由行使"。黑格尔曾指出，一般说，权利的基础是精神；它们的确定地位和出发点是意志。意志是自由的，所以意志既是权利的实质又是权利的目标，而权利体系则是已成现实的自由王国。

以上解释都是将权利看做人基于道德上的理由或超验的根据所应该享有的东西，这种东西可能指向某种利益，如拥有某物或做某事，但这些思想家并不以利益本身为原点来解释权利。"格老秀斯和19世纪的形而上学法学家们强调的是伦理因素，即把利益的道德评价作为保障利益的根据。"②

对权利本质的另一种理解，着重于权利的客观方面。这就是实证主义和功利主义。它们把权利置于现实的利益关系来理解，并侧重于从实在法的角度来解释权利。德国法学家耶林使人们注意到权利背后的利益。他说，权利就是受到法律保护的利益。同时，不是所有的利益都是权利，只有为法律承认和保障的利益才是权利。

---

① 主要参见夏勇：《人权概念起源——权利的历史哲学》，中国社会科学出版社2007年版，第36～37页。

② 庞德：《通过法律的社会控制》，沈宗灵等译，商务印书馆1984年版，第46页。

基于上述不同认识，我们基本上可以窥见关于解释权利本质的几种传统倾向。这就是分别将权利看做道德资格、自由、意志、利益、法律赋予的某种力量或能力等。正像权利学者 Freeden 归纳指出，权利可以涉及许多不同的定义，其一是把权利看成属于人的规范属性，表述人类具有自我意识；其二是认为权利是使人有选择的资格；其三是权利具有积极行使、拥有、参与或完成的资格；其四认为权利关系到私人财产。[①] 这四种定义分别涉及了对个体自我的承认、人借由选择以成为应当之状态、参与资格、天赋人权等内涵。其中，在思维方式上包含着形上论和实在论、先验论和经验论、自然法主义和法律实证主义、重主观和重客观等方面的差异。

2. 舆论监督权的立论根据：权利的五大要素

其实，上述诸说都是从各自立场来描述权利的属性，它们并非各自排斥，而是可以互为表里。如果我们将这些不同侧面的属性描述结合到一起，并联系权利的实态，一定程度上呈现出的就是比较全面的有关权利本质的认识。如此看来，对于一项权利的成立而言，这些属性就会成为必不可少的组成要素，归纳起来主要有：利益、主张、资格、权能、自由。以其中任何一种要素为原点，以其他要素为内容，给权利下一个定义都不为错。可以说，从微观的角度看，一项具体权利之孕育、产生和确立，无非是这五个要素之形成；从宏观的角度看，权利概念产生的历史过程，也就是这五个要素逐渐形成的历史过程。[②] 正基于此，对舆论监督作为一项权利进行考察，我们根据上述五项要素分别进行评判。

第一，利益。一项权利之所以成立，是为了保护某种利益。一项权利之得以成立，也是由于利在其中。利益既可能是个人的，也可能是社会的；既可能是物质的，也可能是精神的；既可能是权利主体自己的，又可能是与权利主体有关的他人的。舆论监督获得保

---

① Freeden, Michael：《权利》，孙嘉明、袁建华译，台北桂冠 1998 年版，第 10~11 页。

② 夏勇：《人权概念起源——权利的历史哲学》，中国社会科学出版社 2007 年版，第 38~40 页。

护，对于公民来说，公民个人利益和价值就能得到实现，因为一方面，在公民普通权利受到不当侵害而获得不了应有的、及时的保护时，公民可以借自由的批评反对侵害，以恢复权利。如果没有舆论监督自由，这些侵害就难以引起公共舆论的反对。另一方面，公民行使舆论监督权，批评政府机关或政府工作人员，展现个人对政治参与及纠正权力、匡扶正义等方面产生的作用，使权利主体个人价值得到了实现。对于大众传媒来说，舆论监督获得正常开展，可以履行社会责任，树立媒体正义形象，与此同时，收视率、发行量、点击率都会获得极大的提高，广告费也就会随之"水涨船高"。对于社会来说，保护舆论监督权，权力的"恶"就会得到有效遏制，腐败现象就会减少，社会风气就会得到扭转。

第二，主张。一种利益若无人提出对它的主张或诉求，就不可能成为权利。一种利益之所以要由利益主体通过意思表达或其他行为来主张，是因为它可能受到侵犯或随时处在受侵犯的威胁之中。咳嗽、哭泣的利益通常并无受侵犯之虞，所以，无需来主张对它们的权利。因此，我们社会中有很多个体利益并没有成为法律主张的对象，没有成为权利，并不是因为权利制度不发达，而是因为这些利益并不是随时处在被侵犯的威胁之中。在民主社会中，政府信息公开成为大势所趋，满足公民的知政权成为各大传媒机构追求的目标之一。而满足政府信息公开和公民知政权所从事的舆论监督，在实践中却往往步履蹒跚，受到监督对象或有关部门和人员的阻挠或打击报复。① 通过考察历年记者被打事件可以看出，社会上有些人敢于胆大妄为是因为肇事者的违法成本还很小，这使得他们可以付出这个较小的成本去堵记者的嘴、去砸记者的采访器材。"中国曾经出台了《关于切实维护新闻工作者合法权益的暂行规定》，规定

---

① 2006 年 5 月，在"世界新闻自由日"那天，湖南长沙发生了一起记者被打事件。被打方乃央视"中国法治报道"栏目的记者，而事发之地，恰恰是湖南省精神文明建设基地长沙"世界之窗"文化旅游景区。近年来，记者采访被打，似乎已司空见惯，因此，几个年头被称作"记者被打年"，《新快报》某记者在 2003 年一年中，居然 5 次被打，其中一次竟险些丧命。只是湖南这次"殴记"事件，因为特别的对象、特别的时间以及特别的地点，而在全国引起哗然。

中明确指出：新闻工作者进行的正常采访活动，属于职务行为，各级组织和基层单位，除有明确规定外，不得封锁消息，不得拖延推诿，不得扣压证件和采访设备，严禁实施限制人身自由、威胁人身安全等行为，更不得对新闻工作者实施打击报复。但是这些规定在和地方强权和部门利益相撞时，受伤的大多还是那些处于弱势的新闻工作者们。为此，每年'两会'期间都有人大代表和有识之士提请《新闻监督法》尽快出台。全国人大代表王维忠代表认为有必要出台《新闻监督法》。在这部法律中首先要规定新闻媒介和记者的义务和权利。记者应该享有四种权利：知情权、无过错合理怀疑权、批评报道权和人身安全保障权。同时，对拒绝采访、暴力抗拒采访的人或单位，要作出处罚，对记者不能实事求是报道，甚至对当事人及其单位进行诽谤和诬陷，给当事人及其单位（或企业）造成政治、经济损失的，据情节轻重，追究记者的法律责任。"①

第三，资格。提出利益主张要有所评级。通俗而言，就是要有资格提出要求。资格有两种：一是道德资格；一是法律资格。例如，专制社会里的民众没有要求言论自由、选举自由的法律资格，但是具有提出这种要求的道德资格，这种道德资格是近代人权思想的核心，即所谓人之作为人所应有的权利。到了民主法治社会，民众对言论自由、选举自由不仅具有道德资格，更具有明确的宪法资格。② 对于舆论监督来说，虽然我国法律中并没有部门大法明确确立公民和大众传媒具有舆论监督的资格，但是我们除了在宪法中可以找到公民享有批评建议权的依据外，还能在《报纸管理暂行规定》（1990 年）第 7 条、《消费者权益保护法》（1993 年）第 6 条、《价格法》（1997 年）第 38 条之中找到舆论监督法律资格的影子。当然，我们还必须强调，上述规定对公民或大众传媒舆论监督法律

① 参见 http://www.xici.net/b682299/d42904667.htm。

② 如我国《宪法》第 34 条规定："中华人民共和国年满十八周岁的公民，不分民族、种族、性别、职业、家庭出身、宗教信仰、教育程度、财产状况、居住期限，都有选举权和被选举权；但是依照法律被剥夺政治权利的人除外。"第 35 条规定："中华人民共和国公民有言论、出版、集会、结社、游行、示威的自由。"

资格的确认很是薄弱，今后，宪法和有关基本法律中对该资格确认的扩大就成为舆论监督法治化发展的重点所在。

第四，权能。它包括权威和能力。一种利益、主张或资格必须具有相应的权能才能成立。权能首先是从不容许侵犯的权威或强力意义上讲的。其次是从能力的意义上讲的。权威也有道德和法律之分。由道德来赋予权威的利益、主张或资格，称道德权利；由法律来赋予权利的利益、主张或资格，称法律权利。这两种权威和与之相适应的两种权利既可以结合，也可以分离，人权在获得法律认可之前是道德权利，由于仅具道德权威，侵害它，并不招致法律处罚。在获得法律确认后，人权就既是道德权利，又是法律权利。因而，侵犯人权会导致法律后果。除了权威的支持外，权利主体还要具备享有和实现其利益、主张或资格的实际能力或可能性。无论是公民还是记者通过大众传媒对权力腐败现象、社会不良现象提出批评，从事舆论监督，基本上都会在社会上产生巨大的舆论反响。这种舆论反响形成的压力具有无形的权威，各级政府及其职能部门基本上都会对其做出相应的措施来加以平息。当然，前述"权威"属于道德权威，不具有强制性，实践中也确实经常出现舆论监督的采访被阻挠、打击的情况，有时即使舆论监督报道后，被批评对象（尤其是政府机构）依然我行我素，如此情况下大众传媒除了继续对此加以关注、连续报道外，别无它法。确认舆论监督权就成为解决此类尴尬的"良方"，因为舆论监督权一旦获得法律的确认，舆论监督也就具备了法律的权威，公民或大众传媒从事舆论监督就获得了国家强制力的支持，任何侵害舆论监督权的行为都会得到法律的严惩。

第五，自由。在许多场合，自由是权利的内容，如出版自由、人身自由。这种作为某些权利内容的自由（或称"自由权利"），不属于作为权利本质属性之一的自由。因为奴役权利、监护权利并不以自由为内容，但其本身的确是权利。作为权利本质属性或构成要素的自由，指的是权利主体可以按个人意志去行使或放弃该项权利，不受外来干预或胁迫。如果某人被强迫去主张或放弃某种利益或要求，那么这种主张或放弃本身就不是权利，而是义务。由于舆论监督是为公共利益服务的，虽然在具体舆论监督报道中可能会对某个人或组织的利益产生促进作用，所以多数情况下公民或大众传媒都是在维护社会正义、促进社会进步的感召下不畏强权拿起法律赋予的批评的武器，从事舆论监督活动。况且，由于舆论监督保护的利益的多元性、复杂性，舆论监督自由充分体现出了各个利益主体的意志。在法律上，舆论监督主体享有舆论监督权，不仅体现在享有从事舆论监督活动的自由，而且还体现在享有不从事舆论监督活动的自由。换言之，舆论监督权主体在法律层面上是享有任意处置权。不过，需要强调的是，虽然舆论监督主体放弃舆论监督在法律上并不会带来不利的法律后果，但是在道德层面，鉴于涉及公共利益，舆论监督权主体，尤其大众传媒放弃舆论监督，就会成为民众谴责的对象，从这个意义上讲，舆论监督还是舆论监督权主体的义务（道德义务）。

　　如此看来，舆论监督作为一项权利获得法律认可应该是没有问题的。不过，也有学者对"权利立论的基础"论证时指出，其完全"可以跳脱洛克天赋人权的自然权利，或是十八世纪思想家Edmund Burke 所说的'约定俗成的产物'。权利不必来自天赋，不必有其俗称的传统，只要有益于人们的生存，自然就具有了存在的合法性"[1]。对于人权，学者 Milne 提出"最低限度的普遍道德标准"[2] 作为人权的道德基础。Freeden 也强调，从权利的规范意识来看，其目的不只是主张权利可以根据道德原理进行逻辑的推演，而是主张人类的最大目的，乃是一种实在的共识，希望人们不只是可以生存，而且还要能生存得好一些。[3] 马克思痛斥资本主义造成人的异化，使得资本增值已经取代了人的价值。根据人本主义的立场，人类成员有权利最充分享用人生，社群因此在道德上有义务改

---

① 赖祥蔚：《媒体发展与国家政策——从言论自由与新闻自由思考传播产业与权利》，五南图书出版股份有限公司 2005 年版，第 183 页。

② 转引自夏勇：《人权概念起源——权利的历史哲学》，中国社会科学出版社 1992 年版，第 233 页。

③ Freeden, Michael：《权利》，孙嘉明、袁建华译，台北桂冠 1998 年版，第 16 页。

革一切有可能被看做妨碍其成员最充分享用人生的制度和做法。在社群中，对于人权的解释越开明，其成员充分造就自己人生的前景就越辉煌。① 归纳上述学者的观点就是，只要有利于社会和个人的发展，任何权利都能获得立论的合法性。那么，对于舆论监督而言，舆论监督是发生于个体与个体、个体与群体以及个体与政府之间的互动行为，除了涉及个体的人格发展与自我发现，更涉及权力的有效运转和社会的公共利益。因此，舆论监督的有效开展对于社会和个人的发展是具有巨大的理论和实践意义，而舆论监督这种重大效果对于说明舆论监督权取得立论的合法性也就顺理成章了。

### 3. 舆论监督权的内涵

作为一项宪政制度所保障的权利，舆论监督权是指公众或者大众传媒拥有的利用传播媒介披露国家事务和社会公共事务及其公务人员的言行，并对国家事务、公共事务提出批评、建议的权利。由于舆论监督是由系列行为组成的，因此，作为由公民的言论自由、新闻自由、批评监督权演化而来的具有独立价值的权利，舆论监督权的内涵在于保护公民或大众传媒在从事批评建议过程中所享有的自由而不受非法干涉。该过程的完整途径是事实→新闻源→记者或作者→新闻单位→发行、销售、播放→受众。简而言之，公民或传媒在将事实传送到受众的过程中所享受的，不被非法干涉的自由就是舆论监督权。如此看来，舆论监督权的主要内容由以下四个方面组成：

（1）搜集、获取新闻源的自由，或称采访自由。没有采访到新闻素材、搜集到新闻信息，新闻自由就会成为无水之源、无米之炊，有了新闻采访自由，新闻自由才能获得足够的能量支持。可以说，新闻采访对建构新闻传播系统的重要性毋庸置疑，它是这座大厦的基石。联合国教科文组织的一个报告指出："新闻人员有要求

---

① Milne, A. J.：《人的权利与人的多样性》，夏勇、张志铭译，中国大百科全书出版社1995年版，第81~83页、第184页。

不受妨碍地搜集消息情报并安全、有效地予以传送的权利。"① 舆论监督作为新闻自由的一个分支，对于采访自由的要求并没有什么不同，也是要强调充分了解、占有相关信息才能有效披露事实和做出公正的评价。

（2）批评建议自由，即所有公民和新闻传媒都可以通过大众传播对任何国家机关及其工作人员的违法失职行为提出批评和建议的自由。该项自由是我国宪法和法律所保护的公民和新闻传媒的一项民主自由，也是舆论监督权内涵中最具核心竞争力的自由。

（3）接近媒介自由，即利用大众传媒公开批评、建议的自由。由于舆论监督活动离不开大众媒介的参与，或者可以说，没有大众媒介参与的表达活动就不能称其为我们所强调的舆论监督。就因为舆论监督活动对大众媒介的如此依赖，舆论监督权题中之义也就包括了对媒介的自由接触、自由利用。所以，公民或组织必须通过大众传媒将政府机关或政府官员的权力异化、违法违纪等行为给予披露，并对此作出恰当的评论。

（4）传播自由。大众传媒的新闻报道离不开自由的传播环境，可以说，"传播自由是公开报道自由和表达自由的延伸"②。因为，从"言论自由"角度看，传统的言论自由虽然仍具价值，相关内涵也持续增长，但是因其受限于自由主义与个人主义的权利理论基础，已不足以应付资讯社会之所需。针对世人在传播方面的权利，必须思考传播对于个体自我与社会结构具有重大影响，这一点恰与当前联合国对于发展权的重视可以相互呼应。换句话说，唯有通过传播权的享有，个人和社会才能获得良好的发展。③ 从"表达自由"角度看，如果缺失传播自由，表达效果必将大打折扣，没有了影响失去了压力，舆论监督也就名存实亡。所以，舆论监督权的

① 肖恩·麦克布赖德等：《多种声音，一个世界》，中国对外翻译出版公司1981 年版，第 322 页。

② 周甲禄：《舆论监督权论》，山东人民出版社 2006 年版，第 28 页。

③ 赖祥蔚：《媒体发展与国家政策——从言论自由与新闻自由思考传播产业与权利》，五南图书出版股份有限公司 2005 年版，第 185 页。

主要内容之一必然是传播自由。

4. 舆论监督权与其他权利的平衡

法律对舆论监督权的认可，也就确立了舆论监督权的内涵，而权利内涵、外延的确定，必然会涉及该权与其他权利（权力）之间配置的平衡问题。不过，对此我们已经在本章第二节作了详细分析，所以，在此不再赘述。

（二）程序方面：举证责任的配置

分配举证责任，实质就是就何种事实应由谁承担举证责任，以及在争议的案件事实处于真伪不明的情况下由谁承担实体法上不利的诉讼后果。在民事诉讼理论中，举证责任制度的核心内容就是民事举证责任的分配问题，被称作"民事诉讼的脊梁"。在司法实践中，虽说每一个民事案件都可能出现举证责任问题，但以往新闻侵权案举证责任的分配却又如此的不尽如人意。

1. 举证责任的实质

"举证责任"源自于古罗马的《十二铜表法》（公元前450年颁布）。该法虽然有关于举证责任及举证责任分配的要求，但并没有给出一个有关举证责任的明确定义，且当时规定的举证责任仅仅限定于当事人向法庭提供证据的责任，强调的是主观上的证明责任而非客观证明责任，至于待证事实真伪不明的情况下，应当由谁来承担不利后果的问题，法官是不考虑的，也并非罗马诉讼中的主要问题。

自罗马法以来，举证责任一直被解释为行为责任，即当事人为避免败诉的风险所负有的提供证据证明理论的传统观念，德国、日本和台湾地区都有主张行为责任说者。不少日本学者认为："举证责任，就是当事人为了得到有利的裁判，对其主张的、特定的、重要的事实，而且是以证据为必要的事实，应该证明的责任。"日本学者松岗义正为举证责任所下的定义是："举证责任者，简言之，即当事人为避免败诉的结果，而有证明特定事实的必要。"可见，松岗义正也是从行为责任的角度解释举证责任的。①

---

① 参见曾冠棋：《举证责任法理探讨与实证评析》，中国政法大学2007年博士学位论文。

举证责任另一种解释就是结果责任，在大陆法系上被称为客观的举证责任或实质的举证责任。德国法学家尤利乌斯·格拉查（Julius Glaser）最早提出该解释后，经莱昂哈得（Leonhard）和罗森贝克（Rosenberg）等人深入研究，成为举证责任的主导概念。尤利乌斯·格拉查等人在分析举证责任时，撇开以当事人的举证活动为基点的传统认识，而是将待审的案件事实真伪不明状态与法院对此如何适用实体法合并起来思考，并将这个思考作为研究举证责任的基点，认为案件事实真伪不明是诉讼中常常会出现的一种客观状态，该状态的出现，同当事人的举证活动并不存在必然的联系，甚至在完全由法官收集证据的情况下，同样也会发生这种事实真假难辨的情形。退一步来讲，即使事实真假难辨，法官也必须根据工作需要对案件作出裁决，法官在作出裁决前要做的工作就是，确定哪一方当事人承担因其举证不能而产生的不利后果，以期最终判决其承担不利的诉讼结果，这就是举证责任之实质。

英美法系国家也认为举证责任有两种含义：法定的举证责任（legal burden of proof）和提供证据的责任（burden of ad-ducing evidence）。第一种含义是指："负有这种特定责任的当事人，对他已主张的任何双方有争议的事实负担着危险，如果最终不能证明主张，他将会败诉。"第二种含义是指："在诉讼开始时，或是在审理时，或是在审理或辩论过程的任何阶段，对争议事实提出证据的责任。"①

在中国，20世纪90年代以前，我国学界对"客观的证明责任"、"法定的证明责任"基本上持否定态度，认为举证责任是指当事人在诉讼中对自己的主张负有提出证据、证明其主张真实的责任。随着民事审判方式的改革，尤其是1991年《民事诉讼法》的颁行，当事人举证活动受到了重视。如《民事诉讼法》第64条中规定"当事人对自己提出的主张，有责任提供证据"，但对当事人举证不能的法律效果未作出规定。

民事诉讼理论界对举证责任的含义也认识不一，但多数学者认

---

① 李浩：《民事证明责任研究》，中国政法大学出版社1993年版，第7页。

为，举证责任包括行为意义上的举证责任和结果意义上的举证责任，这被称为双重含义说。在《民事诉讼法》第64条规定的基础上，《关于民事诉讼证据的若干规定》吸取民事诉讼理论界的研究成果，对举证责任的含义作出了规定，这种规定体现了双重含义说。如第2条第1款的规定①体现了举证责任双重含义说的第一种含义，即行为责任，就是当事人对自己所主张的事实负有提供证据予以证明的责任；第2款的规定②体现了举证责任双重含义说的第二种含义，即结果责任，就是当事人对自己的事实主张不能证明时，应当承担不利的法律后果；第73条第2款的规定③充分体现了举证责任的两种含义，体现了举证责任的行为责任和结果责任。④

由此可见，无论是英美法系还是大陆法系；无论是域外法还是中国大陆法，举证责任都有两种分类：行为意义上的举证责任和结果意义上的举证责任，并且将举证责任的本质涵义锁定在当事人败诉风险承担上业已成为大家的共识。因此，举证责任的承担也就意味着败诉风险的承担，换言之，举证责任就是举证负担，举证不能就是胜诉不能。

2. 美国新闻侵权中举证责任的配置

在美国新闻侵权诉讼审判中，联邦最高法院的"《纽约时报》诉沙利文案"具有里程碑式的意义。它第一次在媒体诽谤案件中运用了宪法第一修正案的理念对言论自由进行保护，其后几十年中的一系列判例，使诽谤从侵权法中脱离出来变成了一个宪法问题，也由此改变了美国法律对媒体诽谤案件的证明责任分配原则。

《纽约时报》曾于1960年3月29日刊登过一则题为《请倾听

---

① 第2条第1款规定："当事人对自己提出的诉讼请求所依据的事实或者反驳对方诉讼请求所依据的事实有责任提供证据加以证明。"

② 第2款的规定："没有证据或者证据不足以证明当事人的事实主张的，由负有举证责任的当事人承担不利后果。"

③ 第73条第2款规定："因证据的证明力无法判断导致争议事实难以认定的，人民法院应当依据举证责任分配的规则作出裁判。"

④ 梁书文主编：《关于民事诉讼证据的若干规定新解释》，人民法院出版社2006年版，第3页。

他们的呐喊》(Heed Their Rising Voices) 的政治广告，广告的内容是非暴力抗争运动以及警察对此的残酷镇压，特别是还提到蒙哥马利市 (Montgomery) 的警察对黑人学生实施了暴力。不过，广告中有个别细节与真实情况是不符的。L. B. 沙利文（L. B. Sullivan）是当地警察局负责人。他认为该则广告严重损害了他的名誉，控告《纽约时报》犯有诽谤罪。地方法院陪审团遵循严格的私人诽谤规则，判《纽约时报》败诉，并支付 50 万美元的赔偿金。《纽约时报》不服，上诉至联邦最高法院，并直捣病灶："按照下级法院所适用的'实质诽谤'原则，当一份出版物批评某个政府机构的官方行为，而陪审团如果觉得这份出版物是在'意图''损害'该机构最高领导的名誉，使之成为政府官员遭受'公众的蔑视'，那么这位官员就有权在诽谤之诉成立的要件方面获得'推定成立'的优待并得到惩罚性的赔偿。而出版者除非能够说服陪审团这份出版物的一切事实尤其是资料尽皆真实无妄，否则就无从为自己辩护。这种原则不仅免除了起诉方官员有关所受损害的举证责任，同时还使得恶意和虚假得以推定成立。适用这种责任规则就等于剥夺了新闻媒介的自由。"①

1964 年 3 月 9 日，联邦最高法院就纽约时报诉沙利文案作出裁决，9 名大法官一致同意推翻阿拉巴马州最高法院关于沙利文胜诉的判决，并在判决书中指出："有关公众事务的辩论往往会包含激烈与尖刻的成分，有时甚至是对政府和官员个人的令人不悦的攻击，但这种辩论应当不受束缚、活跃且完全开放。这个原则是国家作出的一项意义深远的承诺。……我们认为，宪法保障要求有一项联邦的法规来禁止政府官员向有关其职务行为的具有诽谤性的不真实的言论索取损害赔偿，除非他能够证明这种言论具有实质上的恶意——明知虚假或者不计后果的漠视真伪。"② 沙利文案确立的审判规则，就是当原告是政府官员（在 1974 年格兹诉罗伯特·韦尔

---

① Brief for the Petitioner, 376 United States Supreme Court Records and Briefs 254-314 (Vol. 12), p. 28-29.

② New York Times Co. v. Sullivan, 376 U. S. 254. (1964).

奇公司案中，这个范围被扩大为包含政府官员、知名人士等在内的"公众人物"）时，他不仅对涉讼的新闻报道有"证伪"的责任，而且需要证明被告有实际的恶意。所谓"实际恶意"是指明知虚假仍予刊登，或肆无忌惮漠视真伪。"实际恶意"含有两方面的意思：一是明知故犯，二是严重失职。明知故犯，意指被告明知消息与事实不符，还是不顾一切地将消息发表，换言之就是撒谎、造谣。严重失职，则是记者、编辑在对消息的准确性有怀疑时，不核实、不查证，照发不误。①

继 1964 年《纽约时报》案之后大众传播法中又一重要案件就是 1986 年《费城报》诉海普斯案。② 联邦最高法院奥康纳大法官就该案发表的法庭意见指出③，"在《纽约时报》案中，宪法规则取代了普通法的规则。我们确信，有关虚假性的普通法规则——被告必须承担证明真实性的责任——在这里也同样必须让位给宪法规定，即原告在获得损害赔偿之前不仅要承担证明过错的责任，还要承担证明虚假性的责任。在事实的查证过程中，通常并不能彻底弄清某一言论到底是真是假，而此时举证责任便有了决定意义。根据规则，要求原告就虚假性进行举证时，尽管有关言论的确是虚假的，但在某些案件中，原告却无法履行其举证义务。于是从理论上来说原告应当获胜的诉讼而以原告的败诉而告终。同样，根据另一规则，由被告来承担就真实性进行举证的责任，在一些案件中尽管言论的确是真实的，但由于被告无法履行其举证责任，于是从理论

① 吴飞：《名誉权与表达自由之价值冲突——"实际恶意"原则评析》，http：//www. studa. net/xinwen/090727/11542025-2. html。

② Philadelphia Newspaper v. Hepps，475U. S. 767.（1986）. 案情简介：海普斯是一家综合规划公司的主要股东，《费城报》一系列报道称，海普斯与有组织犯罪和干扰政府立法存在牵连。海普斯向宾夕法尼亚州法院提起名誉之诉，州法院判决不构成侵权，上诉到州最高法院后，州最高法院推翻了原判，被发回重审，最后官司打到联邦最高法院。

③ ［美］唐纳德·M. 吉尔摩、杰罗姆·A. 巴龙、托德·F. 西蒙：《美国大众传播法：判例评析》，梁宁译，清华大学出版社 2002 年版，第 168～170 页。

上来说原告不应胜诉的案件却胜诉了。所以无论采取哪一种规则，总有一些案件的结果会偏离我们所斯望的那种在所有言论都可以证明其真实性抑或虚假性时所应得出的结果"。因此，"有些言论无法辨别其真伪，而举证义务的分配却会决定这些言论的责任，这便导致了一种两难境地的产生。……（不过），我们相信宪法会要求我们将法律的天平倾向于保护真实的言论。为了保证有关公众所关注的言论不受阻挠，我们主张认为，当原告试图就有关公众所关注问题的言论向作为被告的媒介提出损害赔偿的要求时，普通法有关诽谤言论当然虚假的假设不能成立"。但是，"我们承认，要求原告来出示有关虚假性的证据将难以追究某些虚假言论的法律责任，而这种状况的存在却又无从证明。"不过，"宪法第一修正案为了保护那些事关重大的言论从而要求对某些虚假的言论也给予保护。""本案中的言论关涉政治程序的合法性，所以很显然应属'事关重大'。为了给有关公众所关注事务的真实言论提供'呼吸空间'，法庭甚至可以不去追究某些确实是虚假的言论的责任，而额外地要求诽谤之诉的原告证明被告的过错。因此我们在本案中不会破例去禁止那些连其虚假性都无法证明的言论。"

如此看来，解决新闻侵权，不仅仅一个是民法问题，而且还是一个宪法问题；解决新闻侵权的司法活动，既要从民事法律着手，还要从宪政保护的高度加以考虑。也只有这样，才能实现举证责任分配的公平，从而实现对权利的平等保护。

3. 完善我国新闻侵权中举证责任的配置

由于舆论监督报道的特性就是批评性，所以该类报道常常成为新闻侵权指控的对象，新闻是否虚假，主观是否过错，也就成为诉讼中争议的焦点。在新闻侵权案件中，对于如何确认内容真假，基本上存在两种路径：其一是从法律的角度理解事实，涉讼作品的内容必须有证据加以证实。这也就是说，作为被告的新闻单位、作者对内容的真实性承担举证责任；其二从法律对于侵权行为构成要件规定角度来看，涉讼作品的内容必须有证据证明其虚假，原告对内容的虚假负有举证责任。① 显而易见，这两种思路在事实真伪无法证明的诽谤案中会发生冲突。此时举证责任的分配，对诉讼的结果便具有了决定意义。对于新闻侵权的举证责任，目前理论界主要存在三种观点：第一种观点认为，新闻侵权作为普通名誉权案件的一种特殊形态，与一般侵犯名誉权案件没有什么不同，也同样适用过错责任原则，即原告承担证明被告新闻报道失实的责任；第二种观点主张，新闻侵权应适用过错推定原则，举证责任倒置，即由作为被告的新闻单位及其工作人员提供证据证明其主观无过错，不能证明的就应承担侵权责任；第三种观点认为，在诉讼中，原告只需证明被告确已从事了有关他的新闻报道，而被告对其报道的真实性须提供合法的证据，即"谁报道，谁举证"。提供不了证据，或提供的证据不足以证实的，都应认定侵权成立。在司法实践中，法官多持有此种观点。②

　　究竟将新闻侵权的举证责任分配给哪一方才能算公平合理呢？我们以为，公平地分配举证责任，是诉讼正义原则的基本要求。在司法实践中，举证责任分配的总原则是：举证责任的分担，法律有明文规定的，依法律来处理；法律虽无明文规定但有司法解释的，

---

① 魏永征：《新闻传播法教程》，中国人民大学出版社 2002 年版，第 173 ~ 174 页。

② 如 2005 年 4 月，上海市第一中级人民法院判决的唐季礼诉《青年时报》社等新闻诽谤案中，寰亚公司与斯坦利公司签订导演协议，唐季礼作为后者的导演被借用给前者，后因《青年时报》等的报道，寰亚公司终止协议。法院判《青年时报》社等败诉，但对其有无过错未置一词。显然，法院适用的是"过错推定"的原则。参见（2004）沪一中民一民（初）字第 13 号判决书。《财经》2002 年第 5 期上刊发了特约作者蒲少平的文章《世纪星源症候：一家上市公司的财务报表操纵》，报道世纪星源公司操纵报表、虚增利润和资产粗估达 12.3 亿元，世纪星源公司以侵犯名誉权提起诉讼，《操纵》一文列举了世纪星源操纵财务报表的 5 个实例，经法院审理认定其中 3 个实例内容基本属实。"车港工程"、"肇庆项目"两个操纵财务报表的实例则无相关证据。法院认为，根据新闻法规规定新闻单位对自己发表的新闻报道、文章具有审查、核实的义务，因此《财经》对其报道的真实性应负举证责任，判《财经》败诉。参见广东省深圳市中级人民法院民事判决书，（2002）深中法民终字第 2654 号。

应当根据司法解释处理；既无法律规定又无司法解释可依的，则根据经验法则对无需举证的事项加以确定；在极少数情况下，如果缺乏法律规定，又没有相关的司法解释，则可以适用公平原则对举证责任进行重新分配。①

首先，根据《最高人民法院关于民事诉讼证据的若干规定》（2001）的规定，举证责任倒置的适用，多是在提出主张的一方当事人限于客观原因难以或无法提供证据证明自己的主张，或另一方当事人负责举证更为适宜的情况下，为了平等承担举证责任，由造成侵害的一方当事人承担。其可分为下列四种：（1）实行因果关系推定的侵权诉讼。如环境污染致人损害的侵权诉讼；产品质量不合格致人损害的侵权诉讼。（2）实行过错推定的侵权诉讼。如建筑物或其它设施以及建筑物上的搁置物、悬挂物发生倒塌、脱落、坠落致人损害的侵权诉讼；因医疗纠纷提起的诉讼。（3）难以收集证据，难以举证的诉讼。如前述产品制造方法发明专利引起的专利侵权诉讼，共同危险行为致人损害的侵权诉讼。（4）对方妨害举证的诉讼。此乃根据公平原则及诉讼诚信原则而来。而新闻侵权并不属于上述范围，因此，在此类诉讼中，由大众传媒承担举证责任是没有法律依据的。

其次，我国《民事诉讼法》第64条规定："当事人对自己提出的主张，有责任提供证据。当事人及其诉讼代理人因客观原因不能自行收集的证据，或者人民法院认为审理案件需要的证据，人民法院应当调查收集。人民法院应当按照法定程序，全面地、客观地审查核实证据。"该条规定被学界简称为"谁主张，谁举证"。《最高人民法院关于审理名誉权案件若干问题的解答》（1993年）第7条规定："是否构成侵害名誉权的责任，应当根据受害人确有名誉被损害的事实、行为人行为违法、违法行为与损害后果之间有因果关系、行为人主观上有过错来认定。""因新闻报道严重失实，致

---

① 曾冠棋：《举证责任法理探讨和实证评析》，中国政法大学2007年博士学位论文。

他人名誉受到损害的，应按照侵害他人名誉权处理。"最高人民法院法《关于侵害名誉权案件有关报刊社应否列为被告和如何适用管辖问题的批复》中规定，报刊社对自己发表的稿件，承担审查核实的责任。该批复被认为是我国媒体对新闻真实性负有义务的主要法律来源。2000 年新闻出版署发布《关于进一步加强报刊摘转稿件管理的通知》规定，报刊在摘转新闻报道、纪实作品等稿件或正式出版物的稿件时，应坚持真实性原则，承担核实真伪的责任。根据上述有关规定，我们不难看出，在新闻侵权案件中，基本上遵循这样的举证规则：即原告（名誉权受害人）主张并证明被告（媒体或记者）报道或言论失实并在主观上具有故意；被告证明所发表的言论或报道内容真实及其履行了调查核实的义务。换言之，原告对言论内容的虚假性和被告主观故意①负举证责任，被告对言论内容的真实性和自己已尽到核实注意的义务负证明责任。

　　另外，由于"舆论监督是运用大众媒介帮助公众了解政府事务、公共事务和一切涉及公共利益的活动，并用舆论的力量促使人们沿着法制和社会生活共同准则的轨道运行的一种社会行为，是现代文明社会须臾不可缺少的"②，所以我们就应该对因大众传媒从事舆论监督所提起的诉讼采取区别一般公民间名誉侵权诉讼的举证要求，实现大众传媒与政府机关、政府官员、公共人物等之间真正公平的举证配置。具体来说，首先要强调的是原告对言论内容的虚假性和被告主观故意负举证责任，并承担举证不能的败诉后果，总体而言，原告承担的是结果意义上的举证责任；其次，被告只承担证明责任，即证明言论内容的真实性和自己已尽到核实注意的义务，承担的是行为意义上的举证责任。另外需要强调的是，对于舆论监督报道"真实性"的举证评判标准，我们主张应把目前采用

---

　　① 在本书"舆论监督与人格权"部分中分析得出"公民在舆论监督时由于过失造成政府官员名誉受损的，不受法律追究"，所以，在此我们仅将被告主观故意作为举证的对象。

　　② 孙旭培：《新闻学新论》，当代中国出版社 1994 年版，第 144~145 页。

的"内容真实"原则改为"来源真实"和"确信真实"原则。为什么要这样改呢？客观真实强调的是不依赖主观意识而存在的一种状态，而新闻真实强调的是，新闻工作者在遵循新闻规律的情况下对客观世界的一种认识状态；法律真实强调的是，法律专家或司法人员遵循诉讼规律、证据规则对客观世界的一种认识状态，主观认识与客观存在必然有差距，故新闻真实、法律真实并不能代表客观真实。在新闻侵权诉讼中，一定不可将新闻真实、客观真实、法律真实混为一谈，否则就是对辩证唯物主义认识论的背离。① 所以，在诉讼中原告所要证明的是"客观真实"，而被告所要证明的是"新闻真实"，当然，不管"客观真实"还是"新闻真实"，在法庭上若想获得法官的支持必须有证据加以支持。既然"客观真实"同"新闻真实"是有区别的，那么，法庭对这两者所需要的证据也就应有所区别，对于大众传媒来说，只要能证明新闻报道内容的信息不是道听途说、随意编造，而是有确切的信息来源渠道，并是在经过核查后发表，即满足"来源真实（指新闻报道的消息来源确实存在，包括有明确的当事人提供信息，转引自其他媒体的报道以及记者亲身采访调查所得的资料等）"和"确信真实（媒体必须对获得的信息穷尽必要和可能的核实手段，有理由相信其真实）"就是完成对"新闻真实"的举证。

基于此，法庭上可能会出现以下几种情况，首先，在原告能够证明舆论监督报道内容失实的情况下，若被告不能证明"新闻真实"，被告承担败诉的结果是毫无异议的；若被告能够证明"新闻真实"，法庭除责令被告以同样版面或时段在同一种媒介上给予澄清外，驳回原告其他诉讼请求。其次，在原告不能够证明舆论监督报道内容失实的情况下，不管被告能否证明报道内容是否真实，只要被告能够证明"新闻真实"，法庭就应驳回原告诉讼请求；不过，若被告连"新闻真实"都不能加以证实，法庭在驳回原告赔偿诉讼请求的前提下，可对被告

---

① 参见周泽：《新闻官司，媒体为何多喊冤——新闻"失实"侵权案件透视》，《法制日报》2001-09-28。

未作进一步核实即予报道给予批评。

## 二、社会基础层面的路径选择

学术界普遍认为，公民社会构成法治的根基。因此，对于舆论监督法治化而言，公民社会的根基意义也不例外。

### (一) 公民社会的培育

1. 公民社会的含义及其对政治文明的影响

Civil Society，公民社会，又称市民社会，从概念的渊源上讲是来自西方，最早可上溯至古希腊先哲亚里士多德。亚氏将其指为一种"城邦"（polis）。在西方思想史上，公民社会既是西方历史经验的一类社会实体，又是西方思想文化传统及其话语中的一种解释模式，其涵义几经变迁。①

作为近代西方政治哲学的真正奠基者，霍布斯最早提出了影响整个西方学术史的契约论观念。他用"权力让渡"的假设创立的契约观念，打破了"君权神授"的虚假而神秘的政治逻辑，把国家统治的合法性建立在了民意基础之上。该观念的提出反映了新兴市民阶级（资产阶级）不断成长的政治和经济利益，为公民社会理论的构建提供了可能性。洛克在霍布斯的基础上进一步完善了社会契约论，奠定了公民社会的法律基础。洛克认为，人的自然权利向国家的让渡并不意味着对自身的限制，而是出于对自身的保护和确认，因此国家权力被委托和默认的根本依据在于，这种权力"除了保护社会成员的生命、权利和财产以外，就不能再有别的尺度"；不仅如此，主权者也不再拥有至高无上、不接受任何权威制约和裁量的优先地位，而必须接受法律和立法机构的监督……否则公民可以废除不平等的契约，罢黜君权，使权力回归社会。② 这就说明，洛克已经将政府和政治行为的合法性建立在了保障社会的独

---

① 袁祖社：《权力和自由》，中国社会科学出版社 2003 年版，第 12 页。

② ［英］洛克：《政府论》（下），商务印书馆 1996 年版，第 105、91、92 页。转引自王雄：《新闻舆论研究》，新华出版社 2002 年版，第 292 页。

立和公民利益的完整的基础之上。孟德斯鸠继承了洛克的分权思想，并将洛克提出的"两权（立法权和行政权）分立，立法权居先"发展到"三权（立法权、司法权和行政权）分立，相互制约"的高度。他认为，要保障公民的政治自由，就必须设计出良好的社会政治——法律构架，以权力制约权力，防止任何一种权力的滥用，以维护公民权益和达成法治。与洛克一样，卢梭也承认社会先于国家存在并决定国家的发展方向，而民众与主权者之社会契约的订立，则使人类群体生活由自然状态过渡到社会状态。他企图以社会契约论观念反对封建专制政体，以公民社会来制衡国家权力，维护社会的平等和公民的自由。

总而言之，霍布斯、洛克、孟德斯鸠、卢梭等人的政治思想构成了西方政治理论演进史的主体，毫无疑问，他们所提出的"自然法"、"天赋人权"、"契约论"、"分权与制衡"、"人民主权"、"法律至上"等民主理念也就成为公民社会产生的理论渊源。

什么是公民社会呢？学术界长期存在争议。在黑格尔的体系中，市民社会是介于家庭和国家之间的经济和社会领域。黑格尔是第一个完整、系统地提出现代市民社会理论的人。他认为市民社会是独立的，却不是自足的。市民社会的不自足性只有凭借政治国家才能加以解决。在马克思那里，市民社会是独立于并决定着建立在其上的政治国家及其附属物的社会生活的领域，特别是经济活动的领域。马克思批判地继承了黑格尔的市民社会理论，科学阐述了市民社会的发展规律，纠正了被黑格尔颠倒的市民社会与国家关系，并且提出了消灭市民社会的途径。在哈贝马斯的理论中，市民社会具有重要的文化功能和统治功能。哈贝马斯提出了"公共领域"概念，揭示了"公共领域"的概念、特征、功能及其结构转型。这标志着国家——经济——公共领域三元分析模式的产生。在柯亨等现代市民社会理论家看来，市民社会则是国家与经济控制之外的那个社会领域。他们把经济从市民社会中分离出去，把市民社会看做介于经济和国家之间的社会领域，从而取代了传统的市民社会——国家的二元分析模式，正式确立了社会——国家——经济的三元分析模式。

另外，公民社会概念从整体上还被分为以下两类：一类是政治学意义上的，一类是社会学意义上的。两者都把公民社会界定为民间组织，但强调的重点不同：政治学意义上的公民社会概念强调"公民性"，即公民社会主要由那些保护公民权利和公民政治参与的民间组织构成；社会学意义上的公民社会概念则强调"中间性"，即公民社会是介于国家与企业之间的中间领域。

对此，我们以为，公民社会是一个历史范畴，在不同时期，其内涵会有不同的侧重。因此，对其界定时，我们必须采取开放的方式，以免出现随着社会的发展变化而造成先前界定的内容不适应性，同时，还要结合公民社会产生的旨趣。如此这般，公民社会是指旨在保护和促进公共利益或自身利益、价值的各种志愿性结社的集合体和民间关系的总和。其构成要素是各种非国家或非政府所属的公民组织，包括非政府组织，公民的自愿性社团、社区、协会组织，利益团体和公民自发组织起来的运动等。显然，公民社会有着相对于国家的自身规定性：一是非官方性，即这些组织是以民间的形式出现的，并不代表国家或政府的立场；二是相对独立性，即它拥有自己的组织机制和管理机制，有独立的经济来源，独立于国家或政府，形成与之具有一定能力的对抗力量；三是非盈利性，即它不把利润追求作为生存的主要目标，而是以提供公益和公共服务为基本价值取向；四是自愿性、自治性，参加公民社会组织的成员都不是外力强迫的，而是个人自由选择的结果，且公民社会主要依靠内部自发生成的秩序得以维持，按照自身法则运行，不受政治团体干预；五是参与性，公民社会组织体系具有参与国家事务并影响国家政策的权利，通过参与社会政治生活影响国家政策制定，获取个人利益和自由的维护或增进；六是公开性和开放性，即公众在公共领域进行探讨和进行政治参与的前提条件就是政务活动的公开性和公共领域的开放性。具体来说，公开性是指国家政治生活必须透明化，立法活动、行政活动和司法活动都向公众公开，法律的制定和公共决策的形成过程处于全社会的广泛监督之下。开放性是指公众可以自由地进入社会的公共领域，让各种意见在其中自由无碍地流通。

社会主义政治文明的建设，离不开公民社会的成熟和完善。因为，就总体而言，政治文明的建构有赖于国家与社会的相对分离，在社会内部产生制约国家权力的力量；就具体而言，公民社会的培育有利于政治文明在以下几个方面的实现：

（1）公民社会的培育有利于分权与法治的政治制度的产生

市场经济是公民社会存在的体制基础。由于市场经济就是自由竞争的经济，这种自由竞争在公民社会方面的体现就是利益分化、社会主体的多元化。具有不同利益追求的多元社会主体，为了实现各自的利益都会采取各种各样的方法加以保护，如此一来，社会利益冲突也就不可避免。尤其我国正处在社会整体转型的时期，经济的繁荣、工业化城市化的推进、权利意识的提高、大众传媒的渗透等等，都为社会的流动、市场的分化、利益和资源占有的不平衡、贫富差距的扩大等冲突现象创造了可能。而能够将这些利益矛盾转化成正常社会力量组织化形式的方法，也就是培育出代表不同立场的利益集团。换言之，为了提高通过政治参与方式来表达自身利益诉求的效果，那些利益、价值趋向相同的社会主体组成利益集团，以集团为代表谋取政治层面的利益就成为政治文明的有效选择。况且，政治文明的本质要求必须为社会主体的参与政治提供法律、制度和程序上的保证。如此而言，众多利益集团的出现也就预示着政治层面上的分权与法治。因此，公民社会的产生为社会对国家的分权监督提供了现实的基础。

结构—功能主义者认为，社会的分层化、功能专门化和有效整合程度是现代社会与传统社会的根本区别。现代社会体系各角色的"相互作用，特别是经社会公认的与各角色相关并且是由社会成员共同分担的权利和义务，受着行为规范准则的支配"①。当然，对

①　［美］安东尼·奥罗姆：《政治社会学》，张华青、孙嘉明等译，上海人民出版社1989年版，第94页。转引自罗延平：《公民社会的培育是社会主义政治文明建设的基础》，《唯实》2003年第6期。

于作为社会非常重要角色的政府而言，受其职责规范的支配，保护人权、限制权力，必然是题中应有之意。而与政府所要承担的职责相对应的行为规范，在现代社会中也只有以稳定性、程序性著称的法律制度才能胜任。同时，随着公民社会的深入发展，不同利益集团在公共问题上进行充分的协商、沟通、交流后所能达成的新的妥协，必然会体现到新的法律制度之中，这本身就意味着对法律制度的推进。

（2）公民社会的培育有利于民主型政治制度的产生

公民社会的培育一方面离不开政府采取一切政策措施对公民权利的保障，另一方面，也离不开公民对自由、平等、自治、诚实、守信等品格的追求。尤其对于公民拥有自由等品格而言，既是政府采取政策措施对公民权利提供保障的前提，又是萌发保护自身权利意识的条件，并为聚积保护个人权利的力量、促进民主、法治政治的成长提供了基础，为国家与社会之间的良性互动、政治文明的健康发展铺平了道路。

公民社会所具有的宽松环境和激励机制，可有效地推动社会经济的增长，为公民从事民主政治生活提供充足的物质基础。贫穷往往与专制相连，富裕往往与政治文明相伴。有自己独立经济利益并摆脱了贫穷的公民，为了保护自己的利益，往往组成利益集团，自发形成公民社会的公共领域，为公民提供一种组织化的政治参与渠道，而公民社会所具有的独立性，反过来又能保障这种政治参与的畅通无阻，充分体现了政治体系和政治过程的民主化。

（3）公民社会的培育有利于政治权威和政治行为的合理化

重塑政府权威，整合支持力量是新时期推进社会主义政治文明建设的重要内容，而民间组织正是政府重要的支持力量之一。20世纪80年代以来，中国民间组织获得了巨大的发展，逐渐担当起政府与公民间的沟通桥梁，可以说，它的兴起及其作用的发挥成为社会走向善治的必然要求。拥有权力并不等于拥有权威，因为，作为一种精神力量，权威源自社会的承认与认同，而社会承认与认同的基础是善治，即政府与公民之间的良好合作。不过，政府与公民间并非总能直接实现良好的合作，往往需要一个中介组织进行协调和沟通才能达到：一方面将公民对政府的要求、愿望、建议进行整合后传达给政府，另一方面又把政府的政策制定及依据和对相关问题的处理意见转达给公民；当然，还可以将公民对政策及相关问题处理意见的反应（支持或反对）传递给政府，再将政府收到公民的反应后对原政策加强、调整或者撤销的信息传达给公民，这种沟通往返次数可根据实际需要而定。通过利益表达和协调，作为中介的民间组织，发挥了缓冲带的作用：舒缓公民政治参与的张力，释放公民对政府的不满情绪，推动政府政治行为的合理化、公共决策的民主化和科学化，培育公民对政府的支持与赞扬，构建政府和公民之间的互动与互信。

2. 公民社会的培育

现代意义上的中国公民社会肇端于中国的改革开放。改革开放前的中国是单质构造的国家，其特点是国家实行计划经济，对经济资源进行高度垄断和对经济生活实施直接干预；同时，国家的政治结构横向分化程度低，国家政权通过自上而下的统治机构直接对民间社会、各种社会资源实行全面的控制，个人积极性和创造性的发挥受到严重束缚。改革开放后，尤其是市场经济体制的确立，使公民社会赖以存在和发展的经济、政治、法律和文化环境都发生了根本性的变迁，带来了诸如资源从国家流向社会、管理经济生活由国家直接管理转向间接的宏观调控等显著变化。正是随着这些变化，我国公民社会得以生发并发展迅速，具体表现在民间组织的大量涌现、大众传媒社会舆论的自主性回归、私人利益得到承认和鼓励、社会分层多元化等几个方面。

对于建构我国公民社会的具体策略，远的有学者提出"三阶段三种动力滚动式驱动"的发展模式①：第一阶段为"政策驱

① 参见施雪华：《现代化与中国市民社会》，《中国社会科学季刊》（香港），1994 年第 7 期。

动"，即公民社会的生长发育期。该阶段，中国的公民社会尚处生长发育期，尚未实现独立自治，尚不具备对国家和政府监督平衡的能力，因此，政府政策在资源配置方面占有支配地位。第二阶段为"体制驱动"，即公民社会的成长壮大期。该阶段，逐步得到健全的体制超越了政策驱动的限制，成为持续的发展动力，推进了中国公民社会的发展壮大。第三阶段为"市场驱动"，即公民社会的成熟期。该阶段，公民社会与国家、公民与政府将在更高层次上产生结构转型，实现一体化相互关系的建构。总体来说，这三种力量在上述三个阶段中同时存在且互补增益，不过值得注意的是，它们在三阶段各有侧重，交互更接。

近的也有学者提出我国公民社会建构中应主要遵循三方面的策略选择：政府外部推动、社会内部催生及政府和社会共同促成，并具体指出要转变职能，建立"小而强"政府；要大力推进社会主义市场经济的发展；建立健全相应的政策法规；社会本身还应抓住历史契机，培育公民社会组织。① 总体而言，上述学者所提的策略选择对于构建我国成熟的公民社会都具有很强的指导作用。但是，我们所关注的主要是大众传媒在构建公民社会中作用的发挥。众所周知，大众传媒对公民社会的形成与发展起着非常重要的推进作用，其"舆论监督"是公民社会透明度的标尺，是公民实现知情权的主渠道，是公民社会与政府沟通的平台和纽带，是公民社会对政府实行监督的工具，是公民利益诉求的重要途径。可以说，大众传媒不仅仅是公民社会表述的工具，公民社会监督的工具，而且还成为公民社会的有机组成部分，对中国的公民社会进行逆向的构建和培养。因此，大众传媒对于公民社会构建发挥的作用确实是独一无二、不可替代的。那么，在构建中国公民社会过程中如何发挥大众传媒良好的机制作用呢？我们以为，可以从以下几个方面着手：

---

① 张秀霞：《中国民主进程中的公民社会建设》，天津师范大学 2006 年硕士学位论文。

（1）对于政府而言，应逐步放松对大众传媒过于严格的控制，变直接管理为间接辅助和引导，并最终实现依法管理传媒。因此，大众传媒的改革应从制度的明晰化、法律法规的健全等方面着手，根据我国实际国情，完善大众传播法律体系，使媒体能够依法承担行使舆论监督的社会职能，使政府能够依法管理大众传媒，从而进一步提升传媒的社会功能。同时，还要在体制上将大众传媒的所有权与经营权两权分开，明确政府和传媒的权责所在。

（2）对于我国大众传媒而言，有事业单位之名（讲究社会效益），却无事业单位之实（几乎没有国家拨款）；有企业单位之管理（追求经济效益），却无企业单位之权利（不能自主经营）。这种双重身份的体制，造成公益性事业与经营性产业的发展难以两全。破解该项两难困境，关键是寻找经济利益与公共利益之间的均衡点，具体来说就是在市场化条件下的大众传媒如何保持、巩固、发展自身公共性的问题。

首先，完善大众传媒行业自律规范，提高大众传媒从业人员的自律意识，加强大众传媒从业人员的自律教育，实现和增强大众传媒自身公共特性。面对强大的经济利益的诱惑，传媒市场中"唯利是图者"或"意志不坚定者"都有可能因"糖衣炮弹"而行为失范，因此我们应该结合当前新闻实践中遇到的新情况和新问题，深入研究大众传媒行业的道德规范，丰富和细化自律规范，使之更加科学和便于操作，以及建立或配置完善的自律监管机构，以期弥补政府监管和立法规范的不足，规范大众传媒的新闻活动，减少大众传媒的失范行为，充分发挥大众传媒搭建公共论坛的作用，最终实现自身利益与公众利益的整合。

其次，还应建立一个超然于狭隘的政治利益与商业利益的公共媒体体系。公共媒体的宗旨是服务公共利益，核心使命是超脱于政治权力与商业利益，为公众提供公正、客观、权威、多元的新闻，促进公民社会的形成与发展，创建自由、公开、理性与多元的公共领域。公共媒体的两大源头分别是欧洲与美国。英国政府早在

1970 年就确立了以 BBC 为代表的，以"公共领域"理论为法理基础的、世界上最早的公共广播制度。而与欧洲公共电视对"公共领域"的关注相比，美国公共电视将"市场失灵"作为产生的法理基础。不过，欧美国家公共媒体有一个共同的组织运行模式：资金主要来源于公共视听费或社会资助，或有少量政府拨款，以此抵消传媒对商业利润的依赖及消弱政府干涉传媒的基础，并建立服务于公共利益的公共媒介体制。

对此，我们也应建立一个超然于狭隘的政治利益与商业利益的公共媒介体系。我们应紧密结合中国的国情进行，学习和借鉴欧美在公共媒体方面先进的运营模式，但绝不能照搬照抄他们的模式架构。基于此，笔者建议，在立法方面制定一部《公共媒体法》，或先行制定一部《公共媒体管理条例》之类的行政法规，待条件成熟后在其基础之上再颁布《公共媒体法》，对公共媒体的理念、组织形式、管理体制、经费来源、节目制播原则等方面进行明确规范。比如，在理念方面，应明确规定公共媒体为事业法人，以服务公共利益、促进社会文明为宗旨；在管理体制方面采用各级人民代表大会负责下的国有公营体制，成立公共媒体管理委员会具体负责对公共媒体的日常管理；等等。

（3）对于公民社会而言，以自由理性精神为内核的公民意识为其提供了内在驱动和有力支撑。社会的复杂性决定了生活在复杂社会中的人应该具备良好的素养，才能享受生活，获得更好的发展。比如，媒介素养和公民意识就是一个人必备的良好素养的两个部分。由于种种原因，我国公民媒介素养教育尚处于初级阶段，公民的媒介素养普遍偏低。受众在面对大众传媒每天每时发布的铺天盖地的、良莠不齐的信息，往往失去理性分析的辨别能力，常常对媒介所传播的信息良莠不分，善恶不辨，甚至深陷媒介之控制。因此要借鉴发达国家媒介素养研究之成果，媒介素养教育实践之经验，在中小学开展媒介素养教育，以期提高我国下一代公民对媒介负面、不良、无效信息的认识能力或免疫能力。

公民社会的培育，除了提高公民的媒介素养外，离不开公众公民意识①的培养。公民意识不仅能够反映社会变革要求，具备引导功能，而且能够对公众的价值追求在国家政策、法律条文中的体现进行审视和评价，具备反思功能，还能够对社会的应然状态与实然状态，如应然立法与实然立法之间的冲突予以整合，具备了耦合功能。如此看来，公民意识不仅能为国家制度带来合法性信仰、有效认同和服从，而且还能为公民社会的发展提供内在的驱动力。基于此，面对普遍缺乏公民意识或公民意识普遍淡薄的国民，我们应加强对国民进行公民意识的培养，培养的核心就是树立公众积极而负责地参与国家管理和社会公共生活，以促进国家与社会发展为己任的信念。也只有这样，作为国家、公民社会和个人三者之间的沟通桥梁，大众传媒才能对社会中独立的、负责任的公民的理性、建设性，甚至批判性的声音进行传递，实现或形成三者之间的良性互动。

**（二）公共领域的构建**

如果说公民社会的学说是西方政治理论发展的主线，构成了作为西方政治理论大厦骨骼的"宏大叙事"，那么，有关公共领域的学说则是公民社会理论的最重要节点之一，成为公民社会理论"宏大叙事"交响曲中最动人的华彩乐章。②

有学者曾指出："严格来说，'公共领域'并不是一个传播学概念，从汉娜·阿伦特首次提出到哈贝马斯的系统化，'公共领域'更多地是作为一个备受争议的政治学概念而存在。由于具体国情与政治体制的差异，这一概念是否适用于中国难有定论。"③不

---

① 公民意识是指公民个人对自己在国家中地位的自我认识，也就是公民自觉地以宪法和法律规定的基本权利和义务为核心内容，以自己在国家政治生活和社会生活中的主体地位为思想来源，把国家主人的责任感、使命感和权利义务观融为一体的自我认识。它围绕公民的权利与义务关系反映公民对待个人与国家、个人与社会、个人与他人之间的道德观念、价值取向、行为规范，等等。

② 王雄：《新闻舆论研究》，新华出版社 2002 年版，第 300 页。

③ 张卓：《中国传媒公共领域角色的异化与重建》，《新闻与传播评论》2004 年。

过，我们以为，该理论虽然滥觞于西方国家，但就公共领域的基本实践原则和基本理论诉求而论，它反映了人类普遍的价值观和共同追求。我们不能把公共领域的实践和理论仅仅看做是西方国家历史上所特有的东西而加以拒绝。我国虽然由于几千年封建专制的历史文化沉淀没有产生该理论的根基，但这绝不意味着该理论对我国当下的民主发展没有具体的指导性意义。

中国以改革开放为标志，进入了社会转型期。在这个转型中，社会主义市场经济体制确立后，政治民主化、经济自由化和文化多元化的现实追求都获得了长足的发展；国家和社会得到一定程度上的分离；各阶级、阶层在面对利益的不断调整，在政治上提出表达他们愿望的要求；政府由全能型向有限型转变，当它退出私人生活领域乃至一些公共领域后接替政府承担起有效管理责任的是公民社会。这些变化共同满足了我国的公共领域产生的实践条件。同时，我国已出现的公共领域反过来又极大激发了民众的公民意识，促进了社会意见的平等交流，批评和监督了国家的行政行为，确立了公共政策和立法的民意源泉，有力地推动了社会民主化进程。

在社会主义公共领域的构建过程中，大众传媒尤其是舆论监督发挥了不可替代的巨大作用，扮演了公共领域的建构者、组织者和引导者的社会角色。其实，鸦片战争后，中国近现代公共领域的构建就是由媒体所发起的。当时，资产阶级改良派报刊、资产阶级改革派报刊和中国早期共产主义报刊都发挥过巨大作用。尤其是，以康梁为主帅的资产阶级维新派报刊和以孙中山、于右任为主帅的资产阶级革命派报刊之间的论战，共同构建和营造了在中国历史上从未出现过的、相当开放的社会公共领域。"撇开双方论战的内容和结果不论，单就以这场论战为平台而形成的广泛的社会讨论而言，其议程之重大、讨论之充分、气氛之平等、民众和知识分子卷入之深及清政府言论压制之有心无力，都使 1906—1907 年间的这段时间成为中国近现代社会公共领域建设的黄金时刻。"① 我国改革开

---

① 王雄：《新闻舆论研究》，新华出版社 2002 年版，第 344 页。

放后，计划经济逐渐退出历史舞台，市场经济得以确立，社会主义法律体系得到了很大的完善，政治体制改革也得到了长足的发展。这一切都为公共领域的产生奠定了坚实的基础。不过需要强调的是，尽管建构公共领域的因素和动力肯定很多，但是，我们以为大众传媒的力量最为强大。哈贝马斯也曾指出："随着商业化和交往网络的密集，随着资本的不断投入和宣传机构组织程度的提高，交往渠道增强了，进入公共交往的机会则面临着日趋加强的选择压力。这样，一种新的影响范畴产生了，即传媒力量。具有操纵力量的传媒褫夺了公众性原则的中立特征。大众传媒影响了公共领域的结构，同时又统领了公共领域。"① 因此，在所有的建构公共领域的因素和动力中，公民只有借助大众传媒才能在全社会范围内以自由的、理性的、批判的等建设性的方式探讨和评论社会公共事务，才能有力地影响公共政策的制定，进而产生影响全社会的效果。我国目前大众传媒自身的"公共性"尚未完全被激发出来。正基于此，在某种意义上可以说，公共领域的建构就是建构大众传媒。那么，如何建构大众传媒呢？

其一，增强大众传媒经济基础的独立性。

公共领域理论认为，公众舆论是公共领域自由活动、形成舆论压力、监督和制约国家权力的重要途径，它在很大程度上体现着公共领域的政治功能。哈贝马斯甚至认为："有些时候，公共领域说到底就是公众舆论领域，它和公共权力机关直接相抗衡。"② 那么，作为公众舆论的制造者和引导者，大众传媒成为监督或制约国家权力的一种力量也就是题中应有之义。不过，大众传媒制约国家权力的程度是由大众传媒的独立性决定的。因为，如果大众传媒缺乏独立性，过多地被国家权力所掌控，那就不可能制约国家权力；如果

---

① ［德］哈贝马斯：《公共领域的结构转型》，曹卫东等译，学林出版社1999年版，1990年版序言第15页。

② ［德］哈贝马斯：《公共领域的结构转型》，曹卫东等译，学林出版社1999年版，第2页。

大众传媒完全忽视意识形态宣传，不体现国家意志，就与社会主义国家制度的本质规定性相违背，就可能得不到国家权力的支持，甚至丧失存在的合法性，最终的结果也不可能成为制约国家权力的力量。当然，大众传媒的独立性又很大程度上决定于大众传媒的经济基础。改革开放前，我国几乎所有的媒体在设立和日常发展方面都是政府全额拨款，无需忧虑生存。但是，这种经济基础独立性的缺乏，使大众传媒不仅难以承担构建公共领域主角色的责任，甚至还会利用权力赋予的话语霸权打压不同的声音，成为公共领域的"掘墓人"。改革开放后，在以经济建设为中心的指导下，我国启动了经济体制改革的序幕。对于大众传媒而言，国家逐渐减少乃至最终完全取消了行政事业性的拨款（党报党刊除外），将大众传媒有限地（产权结构和准入制度尚未放开）推向了市场。换言之，一定程度上大众传媒成为新闻市场中独立的产业。也正因为市场竞争的定位，新闻改革随之展开。随着新闻改革的不断深入，我国传媒领域从政府那里博弈夺回的言论空间也随之扩大，评论、舆论监督、谈话类节目、辩论性节目都获得了长足的发展。

如此鲜明的先后（以改革开放为界）对比，给我们的启示就是，大众传媒自身的经济地位与新闻自由具有非常密切的关联，换言之，"媒体的经济的独立有助于社会主义'新闻自由'理念的实现，有助于媒体抵制不应有的政治干预和'长官意志'，因而有助于媒体摆脱纯粹意识形态工具的自闭角色，在公共领域的建构中发挥应有的作用"①。

中共十六大，提出了完善文化产业政策、发展文化产业的问题，启动了我国文化体制新的一轮重大改革。那次改革涵盖了我国文化产业的所有层次，由于文化产业核心层的骨干是大众传媒业，而大众传媒单位除电影外大多以前被定位为事业，于是，一批原来属于事业性质的传媒单位整体或其中一部分就转制为产业单位即企业，同时，对相关市场准入和融资政策做出新的调整。随后国务院

① 王雄：《新闻舆论研究》，新华出版社 2002 年版，第 363 页。

和主管部门还出台了一系列政策性规范，如 2003 年除夕国务院办公厅发布《文化体制改革试点中支持文化产业发展的规定（试行）》、2004 年 2 月广电总局发布《关于促进广播影视产业发展的意见》、2004 年初广电总局发布《关于加快电影产业发展的若干意见》、2006 年初中共中央、国务院颁发《关于深化文化体制改革的若干意见》，等等。2009 年 7 月 22 日，国务院总理温家宝主持召开国务院常务会议，讨论并原则通过了《文化产业振兴规划》，这预示着又一场重大的文化体制改革即将拉开序幕，"将传媒的经济部分转制为企业"继续推向深入。那么，如何在这场文化改革中实现传媒的经济地位在独立性程度方面获得极大的提高，以此推进公共领域的构建，就成为我们要认真思考的问题。

其二，增强大众传媒的独立的地位。

改革开放后，我党和政府确立了以经济建设为中心的方针政策。经济体制改革随后全面开展，社会主义市场经济体制得以确立，市场资源完全由市场机制加以配置。由此带来的是，国民经济的繁荣，GDP 的逐年提高。不过由于种种原因，相对于经济改革我国政治体制改革却行动缓慢，取得的成果也差强人意。这种局面一方面极大地阻碍着经济体制改革的纵深发展，一定程度上还消解经济体制改革所取得的成果；另一方面，民主法治程度的不足一定程度上影响了公共领域的构建和发展。新中国成立初期，由于国际国内的恶劣环境，我党和政府采取高度集权的治国方式取得了令人瞩目的成绩。随着国际国内紧张环境的趋于缓和，和平与发展成为世界的主旋律，以经济建设为中心成为全国人民的共识的情况下，我国以缺乏透明度、缺乏内部有效监督为特征的权力运行机制方面却长期没有得到有效改善，整个社会缺乏自由活动的空间和自由流动的资源，国家主义和全能政府仍然盛行。在这种背景下，完善的公民社会不可能产生，社会监督体系无法真正确立。作为权力外部监督的重要组成部分，大众传媒也不可能得到应有的独立地位，即使在目前我国民主法治都获得了长足发展的情况下，大众传媒的具体业务也没有完全纳入依法从事的轨道，而是身陷行政权力的日常控制之中。大众传媒在政治层面的尴尬境地完全不符合目前党和政府所提出的政治文明建设的要求。因此，大众传媒的地位独立性问题就被提上议事日程。不过需要强调的是，我们所提的大众传媒"独立的地位"，并不是要让大众传媒脱离党和政府的领导。换言之，大众传媒"独立的地位"的实现，必须有一个前提，即党的领导。因此，我们必须在确保和加强党和政府对大众传媒政治领导基础上，将对传媒业务管理的行政活动都纳入法制轨道，使没有法律依据的权力运行逐渐脱离传媒管理领域，建立大众传媒在公共领域中的主体地位，强化大众传媒构建公共领域的主体意识。

# 第三章 传媒社会中政府信息公开制度的构建

## 第一节 政府信息公开与政治文明

### 一、政府信息公开的含义

什么是政府信息公开呢？对该问题的回答，我们需要从政府信息公开的产生谈起。政府信息公开是响应民主政治的要求应运而生的，其产生的背景是主权在君向主权在民大转变的完成。该转变的本质在于人民政治、法律地位的彻底改变，即由国家的被统治者转变成国家的主人、由以前的单纯的义务主体转变成权利主体。"因此，从国家公共权力的行使与公民的权利保证二者的关系来说，在公共权力的目的性和指向对象上都发生了变化。在此之前公共权力的行使者也就是公共权力的所有者，二者身份合一，决定了公共权力的行使目的是为了自己的直接政治统治，是为了稳固自己的权力，在这种情况下，其权力指向对象只能是对社会公众的强制统治。""在这种状况下，统治者在行使公共权力过程中只能采取最有利于自己强制统治的形式，因此也只能是以秘密统治为主要特征的政治形态。而人民在法律上成为主权者之后，人民在法律上成为国家权力的所有者，人民地位的改变决定了在代议政治条件下，公共权力的行使不再是直接维护权力行使者自身的私人目的，而是要在法律上或在形式上维护社会公众的利益和要求。也就是说，这一时期的政治不再是掌权者直接对社会成员的强制统治，而是一种社会公众对权力行使者制约与监督和权力行使者对社会进行统治或管理并存的状态。"①这种状态使得公共权力行使目的就成为保护、保障公民权利的实现。这样，强调政府信息公开就是强调行政机关所保有的信息来源于人民、属于人民，就是强调行政机关应尽的公开职责和公民权利的获得保护。

基于前述，我们再来认识政府信息公开含义。对该含义，学术界并没有形成共识。有人认为，政府信息公开就是政府机关依照法定程序以法定形式公开与社会成员利益相关的所有信息，并允许公众通过查询、阅览、复制、摘录、收听、观看、下载等形式充分利用政府所掌握的信息的行为与制度。② 也有人认为，政府信息公开是指行政机关通过公众便于接受的方式和途径将其利用公共资源、在行使公共权力过程中所获得的信息和情报（法律命令应予保密的除外）公之于众，允许公民、法人和其他组织通过查询、抄录、下载、复印、阅读等形式了解、掌握和保存这些信息。③ 还有人认为，政府信息公开就是指国家行政机关和法律、法规以及规章授权和委托的组织，在行使国家行政机关管理职权的过程中，通过法定形式和程序，主动将政府信息向社会公众或依申请而向特定的个人或组织公开的制度。④

而我们则以为，政府信息公开是指国家行政机关和法律、法规以及规章授权和委托的组织，以满足公民知情权为终极追求，采取法定形式中最便于公众接受的方式或途径，将行使公共权力时所获得的非国家秘密、商业秘密、隐私等信息，主动传达给公众或依申请而及时、充分地满足公民的信息需求的行为和制度。在该定义中，我们不仅强调政府信息公开的本质在于保障公民知情权，而且还进一步指出承担公开义务的主体必须采取便民的方式进行公开，

① 朱春霞：《论信息公开》，复旦大学 2005 年博士学位论文。

② 诸松燕：《我国政府信息公开的现状分析与思考》，《新视野》2003 年 3 月。

③ 吴红宇：《知情权、WTO 与政府信息公开》，《当代法学》2003 年第 8 期。

④ 刘恒等：《政府信息公开制度》，中国社会科学出版社 2004 年版，第 2 页。

重点强调必须使民众能够很便利地获知政府信息。之所以如此定义，是因为理论界存在如下认识：其一，有人从监督与制约的角度，认为信息公开的实质是通过自我革命的方式对行政运作存在的问题进行监督，从而达到整治示范、实现社会整合的目的。其二，有学者认为，从本质上讲，现阶段我国推进政府信息公开，其目的就是塑造政府公正透明、廉洁高效、勤政亲民的良好的形象，以增加公众的认知度，增强政府施政的权威性、号召力和对公众的凝聚力，以便更好地服务于公众利益。① 对上述观点，我们不敢苟同。从理论上而言，政府信息的公开确实能将公共权力的行使过程置于社会监督之下，但并不能就此说政府信息公开的实质在于监督行政，因为，信息公开的实质并不是为了监督而监督，其实质在于保证公民知情权的实现，监督行政只是实现公民知情权后所带来的客观结果。"从功能的角度来说，信息公开可以导致许多客观后果，如有利于民主的完善、有利于社会公众的监督，有利于提高行政效率、有利于促进依法行政、有利于反腐败、有利于改进党的领导，等等。这些后果的出现对于开展信息公开无疑具有积极的意义，但这些方面又是信息公开的客观后果，或者说是为了达到这些目的需要借助于信息公开这种形式，不能把其归结为信息公开的实质。"② 另外，信息公开的本质目的也不可能是为了"塑造政府良好形象"。因为，如果政府信息的公开一律遵循必须使公众切身感受到政府"亲民情怀"的"本质要求"，则政府滥用权力、官员腐败等"有损政府形象"的负面信息就不能公开和传播，这显然违背了"透明政府"的执政理念，违背了信息公开以"公开为原则、不公开为例外"的基本原则，也必然侵害了公众的知情权。

除了理论界出现上述不合时宜的观点外，在信息公开实践中，也曾出现过有关部门采取"不同的信息告知方式"愚弄公众的事例。在 2005 年松花江水污染危机中，按照有关政府的说法，爆炸

---

① 纪新青：《政府信息公开与大众传媒的角色定位》，《中国行政管理》2004 年第 11 期。

② 朱春霞：《论信息公开》，复旦大学 2005 年博士学位论文。

发生后政府就迅速通知了当地的企事业单位，而普通公众得知水污染的真相已是爆炸发生后数天了。对此，《时代》报道了环保总局负责人在新闻发布会上的一句话："传播信息有很多种途径，告知民众是一种，通告当地政府和受影响的企业单位是一种。"① 此句话被记者毫不留情地揪了出来，大字号放在报道的大幅图片下面。客观上来讲，该报道将中国政府部门置于非常尴尬和被动的境地。呼唤了多年的信息公开。在危机事件发生时，有关政府对待最大多数的普通公众却采取了所谓的"另一种公开"，这有悖于以公众权利为出发点进行信息发布的原则。

因此，在定义中，我们强调的"公开"，不能是为公开而公开，公开的方式很多，为了能够充分发挥政府信息公开的重要作用即充分满足公民的知情权，政府机关在公开信息时应根据信息内容，选择与其相关的公众最易获取的方式来公开，所以公开不应该只是形式上的，要从政府信息和服务的全局、公民权利等方面，从建设服务性政府、实现公民知情权的目标出发来进行公开。

二、政府信息公开是政治文明建设的必然要求

在封建专制社会里，"民可使由之，不可使知之"，形成了"刑不可知，而威不可测"的传统，政府信息全部归国家所有，不公开是原则，公开是例外。但是，民主社会是一个自由的社会。在一个民主社会中，政府与民众之间的上情下传、下情上达之类的信息沟通，尤其是上情下传，应是良性的、有序的和自由的。原因在于，民主政治是一种参与政治，公民政治参与是民主政治的核心，公民政治参与程度是检测政治文明发展的重要标准。可以这么说，如果没有公民的政治参与，就没有民主政治，也就没有真正的政治文明。公民对社会事务的参与程度与有效性完全是建立在对政务信息的了解和知情基础之上的。信息是理性沟通的基础，而理性的沟通又是民主的前提。政府信息的披露对民主政府的运作是不可或缺

---

① 转引自阎锋：《网络环境下我国政府信息公开建设探析》，暨南大学2006 年硕士学位论文。

的。美国约翰逊总统在 1966 年 7 月 4 日签署《情报自由法》时发表的声明中指出："这个源于我们所信仰的一个重要原则，在国家安全许可的范围内，人民能够得到全部信息时，民主政治才能最好的运行。任何人不可能对可以公开的决定蒙上一个秘密的屏幕而不损害公共利益。"政府信息公开的目的是促进公众对政府活动的了解，这是民主政治的基础。因为，因政府信息公开会带来两种效果：一是"黑箱行政"向"阳光行政"转换，政府机构及其公务人员难以继续保持神秘感或者说神圣感，在利益分配公开化的前提下，公共行政难以采取传统的暗箱操作；二是"官制行政"向"服务行政"转变，政府掌握的有关个人的公共信息向社会公开，转化为公共信息服务，其核心在于对公众知情权法治化、人性化的保障。由此也可以看出，政府信息公开制度的建立，是以公民对政府和公共部门拥有的公共信息享有的知情权为基础的。

信息公开在实质上是民主政治制度的本质要求，它通过政府管理表现形式的公开性，将国家政治权力的公开、公正、透明、规范行使和公民政治参与权、知情权的实现两个方面结合起来，即通过制度正义和程序正义，将"权力制约"和"权利保障"相结合，实现现代国家政府管理应当具有的社会正义价值并提高政府的公信力。① 政府信息公开制度的确立，有利于广大公民参政议政，促进政府依法行政，提高政府的公信力、控制力和科学决策水平，实现民主政治和防止腐败，推动政治体制改革和市场经济健康发展，奠定政府职能转变和树立良好的政府形象的基础。

**（一）依法行政的需要**

民主政府是一个规范化的政府，民主作为现代社会的行为规范是通过法律体系的不断完善来加以确立的。政府机关是国家法律和法规的执行者，同时也是社会规范的履行者，其自身行为的规范性会对整个社会规范的形成起到积极的示范和推动作用。所以必须加强民主政治建设，使民主政治制度化、程序化、规范化，这也是政

① 包兴荣：《关于信息公开与我国政治文明建设的思考》，《理论研究》2004 年 11 月。

治文明建设程度的重要体现。①

建设社会主义政治文明的重要途径是依法行政，依法行政的重要内容是政务公开、透明，保障公民的知情权，把信息公开法律化、制度化。在我国，依法行政的理论研究和实践活动是作为依法治国方略在政府行政领域的具体运用而被提出来的。十七大报告曾明确指出："健全组织法制和程序规则，保证国家机关按照法定权限和程序行使权力、履行职责。"由此可知，"国家机关按照法定权限和程序行使权力、履行职责"，是对依法行政最明确的表述。换言之，依法行政就是国家行政机关必须忠实履行宪法和法律赋予的职责，严格按照法定权限和程序行使权力，履行职责、接受监督。而"健全组织法制和程序规则"是依法行政的"保证"，也就是说，健全组织法制和程序规则是依法行政的两个基本条件。一是健全组织法制，保证行政机关按照法定权限行使权力、履行职责。行政机关行使职权与公民行使权利不同。公民行使权利遵循"禁止原则"，只有法律禁止的行为，公民方不得为之。行政机关行使职权遵循"授予原则"，也就是职权法定，行政机关做出凡是影响公民权利的行为，都必须有法律授权，法律没有授权的，就不得行使。这是人民主权原则的体现。二是健全程序规则，保证行政机关按照程序行使权力，履行职责。一旦行政机关的权限确定，关键就是行使权力的程序，也就是经过哪些步骤，运用何种方式，在多长时间内，按何种顺序达到目标。没有不经过程序就达到目标的可能。② 当然，不管是健全组织法制，还是健全程序规则，都是为政府机关执行公务提供依据。在我国，全国人民代表大会及其常委会制定的法律，国务院的行政法规，地方人民代表大会制定的地方性法规，国务院各部、委制定的行政规章和地方人民政府制定的行政规章，都是行政管理活动的依据。

---

① 潘荣华：《社会主义政治文明视野中的政府信息公开》，《前沿》2004 年第 3 期。

② 应松年：《论依法行政的基本条件》，《国家行政学院学报》2008 年第 4 期。

对于这些行政机关所要遵守的依据，政府必须通过各种媒介将其向全社会传播，告知天下。民众也只有在熟知各种法律、法规、规章的情况下，才能对行政机关的执法行为的合法性、合理性、适当性作出正确的判断和评价。同时，行政机关的执法行为也只有在全面公开的状态下，才能让权力在阳光下运行，提高政府工作透明度和公信力，保证人民赋予的权力始终用来为人民谋利益。所以，政府信息公开的实行，实现了依法行政的真谛。

依法行政的出发点是规范行政权力，归宿是保障公民权利和自由。现代政治理论认为，在国家与个人、政府与公民的关系中，如果发生冲突，作为个人的公民总易被置于不利的弱者地位，而行政权最有可能对个人或公民造成侵害。因此必须制约行政权，要求行政机关严格依照法律实施行政行为，不得滥用行政权力。依法行政应当保障人民的权利和自由，这就必须控制政府的权力，限制政府规制的范围。不过，实践证明，依法行政提出虽有很多年了，但执法犯法的事情却层出不穷。这就出现了一个问题，在我们正大踏步迈进法治国的时候，依法治国所需要的依据不可谓不丰富，为什么还会出现执法腐败呢？主观原因、客观原因很多，但我们以为，执法情况的公开不充分是极其重要的原因。信息公开制度的建立，不但会对行政执法的行为本身起到监督的作用，而且还会对行政执法人员造成一个威慑作用，令其在执法之前就有一个思想准备，执法中的任何徇私舞弊、贪赃枉法都有可能被披露，最终受到法律的追究，从而使那些想犯错误的行政人员不敢从事执法犯法的行为。

另外，政府信息公开本身的制度化、法制化，也是依法行政的本质要求。因为，只有通过立法的形式将政府承担公开公共信息的责任固定下来，民众才能真正享有知情权，才能拥有向政府索要除国家秘密、商业秘密、个人隐私以外的信息的权利；政府才能真正实现透明政府的理念、阳光下执政的追求，才能真正做到既保护了公民的合法权利，又维护了政府的威严，还能为公民提供评论的对象，吸取建议和意见提高执政的能力，最终实现政治的文明。

（二）公民参政的需要

公民参政是现代政治良性运作的必要条件，是现代民主的核心。政治参与的不断扩大也是政治文明、政治现代化、政治民主化不断进步的标志。

民主就意味着参与，换言之，没有参与就谈不上民主。无论直接民主还是间接民主，都需要公民的参与，在我们看来，古雅典式的直接民主是一种全面的民主，在现代民主国家的规模上难以实现，而代议制民主的参与又仅限于定期的选举投票，是一种最低限度的公民参与，有悖于民主的本意。因此，尽管代议制的间接民主形式是民主制国家的普遍做法，但不能因此而把民主等同于代议制；尽管"代议制是一种国家管理得颇有效率的制度形式，但并非一种最好的制度形式，代议制民主也有其固有的困境与问题。……目前看，使代议制这种间接民主与直接民主相结合可能会在一定程度上缓解和减少代议制的弊端，因而推进公民直接的政治参与是可行的政治选择"①。况且，随着社会的发展，经济的繁荣，人民对其民主权利的要求越来越高，人民已不满足于这种间接地参与管理的方式，越来越多的决策都是经人民直接参与讨论的结果。

科恩认为"民主是一种社会管理体制，在该体制中社会成员大体上能直接或间接地参与或可以参与影响全体成员的决策"②。科恩强调民主决定于参与。在参与民主论看来，衡量民主的尺度有三个方面，即广度、深度、范围。民主的广度是由公民是否普遍参与来确定的，属于民主的数量问题；民主的深度是由公民参与是否充分来确定的，它与民主的性质相关；民主的范围则是指全社会实际参与决定问题的多少及其重要程度，以及所起作用的大小，牵涉到的是民主的效能问题。按照科恩的观点，一个社会实现民主的程度，都同其成员以各种方式参与公共事务的多少、大小及范围有关。③ 对此，我们比较认同。不过，公民参与的广度、深度、范围

---

① 魏淑艳、王颖：《代议制的理论预设与实践困境》，《社会科学战线》2005 年第 6 期。

② ［美］科恩：《论民主》，商务印书馆 1988 年版，第 10 页。

③ 参见梁军峰：《中国参与式民主发展研究》，中央党校 2006 年博士学位论文。

是由什么来决定的呢？我们以为，政府信息公开决定了公民参与的广度、深度、范围。因为，公民只有在能够充分、便利获取政府各种信息的情况下，才能在思想上形成一种公民意识，而不是臣民或外人的感觉。正如约翰·纳尔森所言："当如此多的信息被封锁的时候，我们仿佛生活在——常常默认——他人的社会。得到信息促进一种意识的形成：社会就是构成它的人民，包括掌权者和公众。"① 在此"主人思想"的指引下，公民参与政治的积极性会大大提高，公民参与的广度方面就会获得很大的保证。同时，也只有在获得充分的政府信息时，公民才能够在提高自身知识文化素养的同时，充分发挥自身的智慧，有的放矢，提出多视角的、高质量的意见或建议，扩大参与的深度和范围。

另外，从政府信息公开本身来看，就蕴含着公民参与的本质。政府信息公开既包括政务公开，也包括政府掌握的信息的公开②，前者体现的是政府行为过程的公开，这种公开是公民参政的重要途径。政府的行为过程的公开主要是指政府的外部行政行为的公开，政府的外部行政行为可以分为抽象行政行为和具体行政行为两种。针对抽象行政行为而言，它所涉及的是不特定多数人的利益，民众的参与讨论非常重要，有益于提高决策的科学性、合理性和合法性。这个参与讨论的过程是公民参政的一种重要方式。而具体行政行为所涉及的是具体的、特定的个人或组织，行政权力运行过程的公开、利害关系人的申诉、举报等参与形式都是公民参政和防止腐败、提高效率的重要保障。一个个具体行政行为公开的过程，正是广大人民群众在行政领域参政的最好保障和实践体验。③

---

① 转引自向佐群：《政府信息公开制度研究》，知识产权出版社 2007 年版，第 19 页。

② 政府信息公开的范畴要大于政务公开的范畴，虽然两者都要求政府增强其行为的透明度、公开办事，但政务公开主要是指行政机关公开其行政事务，强调的是行政机关要公开其执法依据、执法程序和执法结果，属于办事行为及其制度层面的公开。而政府信息公开不仅包括行政事务公开，而且还包括对于政府行使职权过程中获得的信息的公开。

③ 参见王勇：《政府信息公开论》，中国政法大学 2005 年博士学位论文。

总之，政府信息的公开，拓展了行政参与的范围和深度，体现了政治制度文明的新发展。只有政府信息的有效公开，才能为公民的民主决策、民主管理和民主监督提供保障，公民政治参与的范围和程度才能逐渐拓展，参与的效能感和积极性才能得到前所未有的发展。

### (三) 治理腐败的需要

目前，我国政府官员腐败现象比较严重，广大人民群众对此深恶痛绝，引起了党和国家领导人的高度重视，中央提出了要从源头上预防和制止腐败的战略要求。腐败现象产生的原因主要有：一是权力高度集中，缺乏制衡；二是权力行使缺乏透明度。因此，要从源头上预防和从根本上根除腐败，就必须使政府信息公开化，"阳光是最好的防腐剂"，使权力运行过程处于群众的监督之下。换言之，政府信息公开是防止腐败，减少"权力寻租"的治本之策。另外，我们知道，民主政府应是一个高度透明的政府。公民只有在知情的前提下，才能有效监督、规范以及制约政府的行为，确保政府行为的合法性与合理性，避免政府违法行政和滥用权力。政府信息公开就能使政府行为始终处于公众监督的"阳光"之下，使政府在行使权力的时候始终不敢懈怠。政府信息公开作为一剂防腐剂，它能够有效地防止权力的滥用和扩张，防止权力异化和权力腐败。因此，政府信息公开是深入进行廉政建设的必然要求。

### 1. 从行政行为本性来看

政府行政行为以受法律规范拘束的程度为标准，可分为羁束行政行为与自由裁量行政行为。羁束行政行为是指法律明确规定了行政行为的范围、条件、程度、方法等，行政机关没有自由选择的余地，只能严格依照法律作出行政行为。而自由裁量的行政行为是指法律仅仅规定行政行为的范围、条件、幅度和种类的等等，由行政机关根据实际情况和合理原则决定如何适用法律而作出的行政行为。由于社会的复杂与多元，政府机关在管理社会的行为中大量采取自由裁量行为就成为必要。行政机关所采取的自由裁量行为使行政机关的管理具备了很大的能动性，有利于实现行政的管理目标。但是，行政人员在行使自由裁量权的时候，很容易出现随心所欲的滥用职权的行为。那么，为了能够有效地制约政府行政机关滥用自由裁量权的行为，最好的措施就是建立政府信息公开机制。因为，"只有公开，才能把党政机关和工作人员的活动置于众目睽睽之下，才能形成公务员廉洁自律及接受人民监督良好局面"①。

2. 从权力的发展来看

现代社会，政府管理职能范围的扩大，政府所掌握的公权力的范围也越来越大，其不仅拥有传统意义上的行政权，而且拥有行政立法权和行政司法权，另外还有越来越多的准立法权、准司法权及广泛的自由裁量权。行政权的不断扩张不仅容易出现行政专制，而且还为权力腐败提供了机会，最终会造成对公民权利的侵害。行政权的扩张具有其内在的必然性，是社会经济文化不断发展的要求。尤其在我国目前转型期，不断提高经济效益，加速社会发展，行政权力的扩张也就成为必然。在这种情况下，如果不通过政府信息公开，加强对行政机关的权力的制约与限制，那么行政机关就极有可能侵犯公民的权利，从而削弱人民主权的宪法基础。② 因此，必须对行政权的行使进行公开，形成监督，只有这样，才能体现主权在民的精髓，防止权力的异化；也只有这样，才能将行政权有效控制于法律的规范之内，实现依法行政，维护良好的社会秩序，保护基本人权，彰显社会主义政治文明。

3. 从信息的角度看

信息时代，信息作为一种资源，谁掌握了它谁就掌握了主导权，谁就可以通过对信息的有效利用、传播实现信息本身所蕴含的价值。作为社会的管理者，政府通过日常行政工作掌握了大量的政治、经济、文化等各方面的信息，成为社会上最大的信息管理者；尤其是，政府通过制定各种关系到千家万户的政策、法规还成为最大的规范类信息制造者。因此，国家政府机关与普通民众相比具有绝对的信息优势，其不单单掌握政策、法规及其执行情况、执行结

---

① 罗自刚：《行政公开与反腐败》，《行政与法》1998 年第 3 期，第 61 页。

② 参见张杰等：《政府信息公开制度论》，吉林大学出版社 2008 年版，第51 页。

果、各种统计数据等等，而且还掌握公民的很多个人信息，这种占有是单方面的、强制性的。这种单方占有的信息不对称性，必然损害"主权在民"的法治精神，必然扩大政府与公民之间的非平等性，造成公民"盲目服从"，难以实现自己的合法利益。另一方面，政府机构可能从事信息的非法交易，将其掌握的普通公众不知道的政策动向透露给自己的关系户，使自己的关系户利用该信息大发不义之财；政府机构还可能在政策法规制定、执行过程当中进行权力寻租敛财。可以说，腐败总是与秘密为伍，廉洁总是与公开同行，我们不能把腐败的责任仅仅归咎于官员的道德沦丧，更应该归咎于制度的不完善。① 因此，我们只有通过立法将信息公开设定为政府必须承担的责任和义务（国家秘密除外），实现公共信息的全民共享，才能从根源上遏制信息腐败、权力腐败。

### 三、政府信息公开在政治文明方面的价值分析

政府信息公开既是法律层次的一个重大课题，又是政策层次的一个重大课题，因此，从法律角度看，政府信息公开制度的建立，对于公民知情权的实现具有重大的价值；从政治角度看，政府信息公开既是政治文明的组成部分又是政治文明的追求目标。所以，政府信息公开对政治文明来说具有非同一般的影响。

### （一）提高公众参与度，保障人民当家作主的民主权利

传统政府治理模式下的政府信息公开方式基本上属于一种权力型公开方式。所谓权力型公开方式，是指政府公开什么，什么时候公开，什么渠道公开，都是由政府自己说了算。政府信息公开的出发点不是为了方便公众和维护公共利益，而是政府改善自身形象和自身管理的需要。这种公开方式"反映了行政公开浓厚的政策型，具有浓厚的清官意识和不确定性"②。政府信息公开制度建立的目

---

① 颜海：《政府信息公开理论与实践》，武汉大学出版社 2008 年版，第 20 页。

② 皮纯协、刘飞宇：《论我国行政公开制度的现状及其走向》，《法学杂志》，2002 年第 1 期。

的，是实现从权力型公开向权利型公开的转向，而这一转向在根本上依赖于政府治理理念的革新，只有在政府与公民形成了全新的权利义务关系框架下，政府相关信息的公开有明确的法律依据，才能把信息公开和公民知情权保障结合起来，公开的最终目的才是为了保证公众对政府信息了解的权利。① 换句话说，信息公开对政府来说是一种义务而不是一种权力。正如有学者分析指出："如果说权力型公开只是在政府权力范围内解决公开问题，那么，权利型公开则是在一个权利——义务框架内解决公开问题。公民在期间并非仅处于被动接受者地位，而是具有了主动参与、积极请求的主体性地位。"② 只有在服务型政府这样一种现代政府治理模式下，政府信息公开才能实现从权力型公开向权利型公开的转变。因为，服务型政府必然要求建立透明性政府，透明性政府的核心理念就是政府承担着将所掌握的公共信息，除了国家秘密、商业秘密、个人隐私外，向社会公众公开的义务和责任，放弃管理和决策行为中传统的暗箱操作习惯。

确立政府信息公开制度的首要意义在于促进公众参与国家管理。在传统的民主制度里，公众参与国家管理的主要方式是选举，然后通过选举出的议会和国家元首来实现参政。这样就可能存在如下问题：一是经过层层间接选举选出的行政机关在行使权力时难以保证其完全代表民意；二是立法和司法机关对行政机关的评价与监督常常是事后的评价与监督，难以有效地防止行政自由裁量权的滥用。③ 况且，在人民民主国家中，一切国家权力属于人民，根据宪法，人民除了选举外还可通过其他很多途径和形式来管理国家政治、经济、文化、社会等事务。但是，上述政治参与的有效实现必须具备一个前提条件，即政府信息的充分公开，因为，没有关于政

---

① 石路：《当代中国行政权力中的公民参与问题研究》，华东师范大学2007年博士学位论文。

② 朱炜：《论政府信息公开法律制度的构建》，《浙江工商大学学报》，2004年第4期。

③ 张龙：《行政知情权的法理学研究》，吉林大学2005年博士学位论文。

府活动的信息在政府与公民之间的自由流动，公民民主的实现势必受到影响。显而易见，如果公众对候选人的背景及其所持观点不了解，就难以做出理性的选择，就不能选出最合适能为大家提供服务的官员；如果公众不了解国家、经济、文化、社会事务等各方面的信息，人民参与管理国家事务、经济文化事务、社会事务就成了一个民主的闹剧，人民当家做主也就失去了存在的基础。

同时，政府信息公开，使政治参与由社会主义民主的一般原则变成了可实际操作的程序和规则，为公民参与政治提供了各种制度化的途径和渠道，还可以培养社会优良的政治文化，极大地激发了公民政治参与的自觉性与积极性，从而提高人民的民主意识和参政议政意识。

（二）使政务公开法制化，有效保障公民知情权及其个人权利与自由

鉴于国情的复杂和管理体制的瑕疵即行政权限间划分不清、责任区分不明，我国的行政管理往往会出现交叉管理的现象，有利益、出成绩的事项各相关部门争相管理，无利益、难出成果的事项各相关部门争相与其划清界限。更有甚者，先前对那些普遍看好的事项争相管理的部门，一旦出现负面问题需要追究责任的时候，就会百般推诿。

当然，与此对应的政务信息公开常常也是多头管理，各自为政，相互之间缺少统一性，从而难以协调。由于各个管理部门都有自己的工作经验与习惯，就造成各地方、各部门在政务公开的内容侧重点、程序规则等具体做法上存在较大的差异，甚至是相互矛盾。而一个部门积累的经验难以为其他部门所利用，加大了整个制度的成本，也造成对公众行政知情权的保障杂乱无章、无具体法律可依的尴尬状况。

对此，我们必须积极加强相关立法，使得在行政过程中处于信息劣势地位的公民可以及时了解政府的信息，了解自己的各项权益，进而有效地对其加以主张和保障。而以公民知情权为其法理基础的政府信息公开制度，就成为民主发展史上敢担历史重任的角色。政府信息制度建立的目的不在于帮助政府实现有效管理，当然

事实上该制度的确立确实给政府带来了有效管理，而在于如何更好地服务于民众，如何更好地保障公民的知情权。① 因为，只有保障了公民对政府行为的相关信息的知情权，才能表明政府开诚布公的姿态和诚意，增进全社会公民对政府的信任与支持。公民才能在与政府的对抗中实现权利预防和平等抗衡，才能与政府实现良好沟通与合作。据此，政府信息公开制度，不但为民众评价政府行为提供基本的信息支持，而且可以保障民众了解行政权力的行使状况，并进一步发表言论，提出意见和建议，进而影响政府的立法和决策，增强其合理性和科学性。即通过行政知情权实现公众由知政而议政，由议政而参政。

另外，政府通过政务信息公开法制化，除了实现知情权、对民主具有重要意义外，它还是表达自由的前提。因为，公民若不能享有充分的信息，就不可能形成完整而独立的思想，而脱离思想的情况下，表达本身的自我价值也就无从谈起，表达自由自然也就成为海市蜃楼，成为无源之水、无本之木。没有充足的权威信息来源，人们往往无法辨别哪些思想是正确的，哪些思想是错误的，哪些思想是偏颇的，哪些思想是公道的等等。如此情况下，鉴于公众自身能力的有限，再加上进入现代社会以后，信息越来越多，且良莠不齐，公众无法做出理性的决定，甚至可能做出错误的决定。科恩就曾指出："一个社会如果希望民主成功，必须负责提供并发行普遍参与管理所需要的信息。"② 政府就要责无旁贷地承担起权威信息发布的责任。在 2003 年 SARS 事件的初期和中后期，我国政府对疫情信息所采取的截然不同的态度和措施产生了鲜明对比的效果，

---

① 如果说，政府信息公开制度建立初期，其目的是保障公民的知情权，那么，在当今的信息时代，政府信息公开制度的目的则变得具有多重性了。公民知情权的保障制度措施，政府服务宗旨的实现，政府信息社会生产力的转化等等，这些都基于政府信息公开制度的建立。并且，正是建立其目的的内涵的不断丰富，政府信息公开制度才得以不断发展。参见王勇：《政府信息公开论》，中国政法大学 2005 年博士学位论文。

② ［美］科恩：《论民主》，聂崇信、朱秀贤译，商务印书馆 1988 年版，第 159 页。

并最终战胜疫情，充分体现了政府信息公开在满足公民知情权和表达自由方面的重大意义。

**（三）促进信息流动，维护秩序稳定**

政府信息公开制度要求各级政府部门都要依法将除了国家秘密、商业秘密、个人隐私之外的各种公共信息通过各种媒介向社会传播，也要承担公民依法向其索取公共信息时及时提供的责任和义务。由此可以看出，政府信息公开必然会促进信息在政府与公民、公民与公民之间的流动。

秩序的形成和维护要求人们在日常社会活动中采取某种行为前要了解一定的规则和一定的状态信息。政府需要公开的信息就包括这两方面内容，即规则信息和状态信息。规则信息是关于社会秩序应该如何运行的各类社会规范，主要表现为各类国家政策、法律法规规章和社会准则；状态信息是反映社会秩序实际运行状态和运行方式的信息，如环境状态、产业布局、产业生产经营状态、交通状况、社会风俗习惯、市民生活状态、经济运行状态、社会民主法制状态，等等。政府信息公开可以保障公民对上述两类信息的知悉，使公众能够充分了解自己所处的环境以及在如何实现自身利益最大化的同时尽量规避风险（如侵犯他人权利、触犯法律法规，等等），进而有计划地从事与周围环境协调一致的行为。如此一来，对于公民行为的结果，不但行为者本人可以预测，周围其他的人也能对其所采取的行为将要造成的后果有所预见，从而有利于稳定的社会秩序的形成。

另外，从社会心理学来讲，政府信息的充分公开，可以使公众及时、准确、全面地知悉政务信息，有利于公众情绪的稳定，从而实现社会的稳定；反之，如果政府不能及时、准确、全面地公布一些与民众工作、生活息息相关的重要信息，就会造成谣言的丛生，扰乱民心，甚至可能造成巨大的社会灾难或者民族危机，从而破坏社会的稳定。尤其是在突发事件或者危机事件爆发后，政府根据预防危机管理程序和信息处理机制，及时适当公布公共危机信息，对于澄清真相，稳定民心和维护政府信用，消除社会公众的惶惑恐惧心理，尽快恢复正常的社会秩序具有非常重要的作用。据此，有人说，"政府的危机信息处理机制就是'储蓄'公共信息财富的社会保障工程"①。

　　稳定压倒一切。其实，稳定问题早就成为我国社会主义政治、经济、文化等方面最为重大的问题。没有稳定，就不可能顺利地进行各种改革，也更谈不上政治、经济、文化的发展。目前，影响社会稳定的因素很多，如贫富差距的扩大、就业压力的增大、执法犯法的增加、犯罪腐败的猖獗，等等，尤其是官民关系的紧张，对于社会稳定构成了极大的危险。因此，我们以为，政府信息公开的有效开展对于维护社会稳定的作用最为重要的是体现在增强党群和干群关系方面。当前在一些基层，干群关系并不够密切，有的甚至出现矛盾激化的情况，影响到社会的稳定。② 其中一个重要原因，就是这些基层政权机关及其工作人员作风不民主，办事不公开，有的甚至利用职权为个人、亲属和小团体谋取私利，损害群众利益。政府信息公开制度的确立与实施，可以通过这种信息公开带来的监督形式极大地促进政府机关及其工作人员端正工作作风、完善工作方法，有利于密切党群关系、干群关系，增强群众对政府的信任，妥

――――――――――

　　①　高波：《政府传播论》，中国传媒大学出版社 2008 年版，第 199 页。
　　②　贵州瓮安 2008 年"6·28"事件所出现的民众与政府关系扭曲的情形，在我国基层治理层面上，具有一定的普遍性。因此，反思瓮安事件，不仅需要跳出偶然事件的表象，还需要跳出个别化事件的细节之争，去反思为什么会出现那种政府与民众关系不应有的扭曲和变异。政府与民众关系的问题，就根本意义上看，就是民众在政府治理和公共生活中的角色与地位问题。民众的角色和地位，与我们一直强调的民生、民权、民主等建设和谐社会理念息息相关。要消除出现在瓮安的那种必然性，必须真正将民生、民权、民主作为政府经济和社会管理活动的核心目标。参见：《法制日报：反思瓮安事件，民生的背后是民权》，http：//news．ifeng．com/mainland/special/wengan628/comments/200807/0711_3933_646668.shtml。2008 年除了瓮安事件外还发生了多起严重的群体和个人事件，"杨佳袭警事件"、"和交警抢夺遗体事件"、"引爆煤气罐事件"，等等。这些事件都巧合地凑在一起，我们不得不思考这些事情问题本身。而这些事件都牵扯到基层执法部门，交警、公安、城管。基层执法者是统治者的窗口，他们的一举一动、一言一行代表着一个政府，一旦这些部门的执法手段蛮横、粗暴、不公正、专横、跋扈为少数集团谋取非法利益，就会出现干群、党群关系的断裂，直接影响社会的稳定。

善处理各种社会矛盾和冲突，维护安定团结的稳定大局。

**（四）防治腐败，提高行政效率**

自 20 世纪上半叶以降，随着公共事务的日益增多和复杂化，行政权力得到了极大的扩张，许多国家的国家权力中心从议会转移到政府。如何控制行政权力滥用、防止行政权力的腐败成为世界各国共同关注的棘手问题。

目前我国对行政权力的监督主要有四种，即权力机关的监督、上级政府对下级政府的监督、政府的自我监督和社会监督。前三种监督形式可以称之为内部监督，属于权力型监督。社会监督是一种外部监督方式，属于非权力型监督。在行政权力监督体系中，内部监督往往具有一定的局限性，表现为国家权力机关的监督作用弱化，政府专门监督机构受制于监督客体，权威性不强，监督缺乏系统性，难以发挥整体功能等。而作为外部监督的社会监督在很大程度上弥补了内部监督机制的不足，在我国权力监督体系中具有举足轻重的地位。因此，建立我国现代行政权力监督制度，除了要完善内部监督机制外，更重要的是要充分发挥社会监督的作用，实现社会监督的制度化和程序化。

但是，社会监督作用的充分发挥离不开政府信息的公开。也可以说，在某种程度上，政府信息公开制度的建立就是社会监督制度化和程序化的一部分。因为，政府信息公开，使得权力的运行过程处于民众的视线当中，民众对于权力行使的依据、过程环节、结果等一目了然，打破了以往权力运行的隐蔽性。在权力运行过程透明化的条件下，使权力行使人员在试图以权谋私、徇私舞弊时不得不考虑到民众和社会舆论的监督，和以身试法后将要面临到的巨大政治、法律风险，最终使其放弃搞以权谋私、权钱交易，起到防止腐败不可替代的重大作用。在这个方面，日本通过制定信息公开条例有效遏制政府腐败的例子为世人树立了榜样。①

充满腐败的行政体系，行政效率肯定无从谈起，政府信息公开

---

① 参阅渠涛：《日本的公民知情权》，载李步云主编：《信息公开制度研究》，湖南大学出版社 2002 年版，第 344～349 页。

更是天方夜谭。政府信息公开起到了防止腐败的效果，政府工作人员都能克己奉公、秉公执法，公民都能信仰法律和政府的权威，拥护和支持政府决策，那么，行政效率的高效就成为必然。反之，"从行政系统的整体性看，否定行政知情权，进行不必要的政府信息保密，会使得行政立法和行政决策中缺乏利益充分表达与冲突协调的必要过程，这样也许立法和决策效率提高了，但是其后的执行过程往往困难重重、效率低下。这也必将大大降低整体的行政效率，可谓得不偿失"①。

### 四、促进政府信息公开，提升政治文明的战略措施

#### （一）从宏观层面上来说，在宪法中确立知情权

知情权的确认和信息公开制度的发展，在理论层面和实践层面上都是以现代政治文明为背景，体现人类社会对民主政治理解的深化和民主要求的提高，也是公民在法律范围内享有的民主权利不断扩大的一种表现。

#### 1．知情权的法理缘起

从制度层面看，二百多年前的瑞典在宪法上确认了知情权作为法律权利的雏形。瑞典《关于著述与出版自由的1766年12月2日之宪法法律》，废除了对出版物的事前审查，允许自由印刷并传播政府文件，它极大地增强了公众通过报纸杂志等印刷媒体自由表达思想的权利，"知情权"以"获取和接受信息或者以其他方式了解他人观点的自由"的形式第一次出现在世界法律史上。这种知情权的理念形成于瑞典王权衰落、资本主义"自由时代"到来之际，并在世界上首开"信息公开法"的先河。这部法律被赋予基本法的地位，属于世界首创。不过，该法规定了有关教会事先审查的若干例外以及对四大阶层、中央政府及其官员的若干特殊保护，反映了它所具有的历史局限性。其后，该法几经修改，最终确认任何人

---

① 张龙：《行政知情权的法理学研究》，吉林大学2005年博士学位论文。

均有权查阅政府文件，一切国家机关均为公开的对象。① 然而，瑞典的上述规定仅仅是知情权作为法定权利诞生的最初表现形式，既没有"知情权"的表述，又无现代意义知情权的内涵。知情权作为一项具有确定含义的人权概念，是在"二战"后由美国新闻界人士提出来的一个口号，并很快发展成为一项法定权利。因此，探寻知情权的法理缘起，我们应从美国人手。

尽管美国宪法没有明文授予公众"知情权"，但是认为美国公众享有"知情权"的人士，一再从开国元勋的政论中和宪法中挖掘其法理依据，从有关的宪法条文中进行演绎推导。②

美国殖民地时期，北美十三州人民因批评殖民者当局而引发了一系列政治事件，由此推动人们了解政府情况的意识的觉醒。1765年，约翰·亚当斯在波士顿公报发表文章声称，有知识的民众是对英国最有效的反抗，获得政府信息是民众不可剥夺、不可让渡的神圣权利。③"对君主政体的反抗和由此而产生的独立运动，彻底改变了18世纪60年代和70年代的形势，将'了解真相的百姓（informed Citizen）'的理念推向了公众话语的中心舞台。1776年大陆会议宣告独立，并将13个殖民地变为发挥作用的合法共和国，'了解真相的百姓'的理念也就具有了新的涵义并增添了意义。"④1787年费城制宪会议上，宾夕法尼亚州的詹姆斯·威尔逊（James Wilson）指出："人民有权知道其代理人（agents）正在做什么、

① 参见冯军：《瑞典新闻出版自由与信息公开制度论要》，《环球法律评论》2003年第4期；傅光明：《论瑞典三位一体的政务公开制度》，http：// bbs1. people. com. cn/postDetail. do？ id＝1883983；林爱君：《论知情权的法律保障》，复旦大学2007年博士学位论文。

② 秦珊、邱一江：《美国新闻界与知情权运动》，《学术论坛》2008年第6期。

③ Robert J Tayloretaled Papers of John Adams, Vol. 1, Cambridge, Mass. Belknap Press of Harvard University, 1977. p108.

④ Foerstel, Herbert N. Freedom of Information & the Right to Know：The origins & Applieations of the Freedom of Information Act, Greenwood Publishing Group, Incorporated, 1999. p1-4.

已经做了什么。立法机关决不可随意秘密进行议事。"① 詹姆斯·麦迪逊（James Madison）在 1822 年 8 月 4 日致 W. T. 巴里的信中强调："如果民主政府没有公开信息，或者说缺乏获取这种信息的途径，那么，这不是一出闹剧就是一出悲剧，也可能兼而有之。知识将永远统治无知。人民要想自治，必须用知识所给予他们的力量来武装自己。"托马斯·杰斐逊（Thomas Jefferson）进一步指出："我相信人民的正确判断力将永远被看做最精锐的军队。他们也许一时会被引入歧途，但是很快就将自我纠正过来。人民是其统治者唯一的监督者；甚至他们的错误也有助于促使统治者恪守他们制度的真正原则。过于严厉的处罚这些错误，将会压制公共自由的唯一保障。预防此类对人民的不合常理的干预的办法，就是通过公共报纸的渠道，向人民提供关于他们自己事务的全部信息，并且力争使这些报纸渗透到全体人民群众中间。"② "政府的基础在于民意，要防止人民犯错就应将关系其本身事务的全部资讯给予人民。" "政府信息公开的重要性如同太阳对空气中细菌一样重要，也像路灯对防止小偷一样重要。"③ 杰斐逊极力主张信息自由流通和信息市场的自由竞争，并力促将言论自由、出版自由载入宪法。

美国宪法第一修正案尽管是为保障言论自由而设的，但也蕴含了对公民知情权的保障，该修正案成了美国此后知情权进一步发展的根据。它规定，国会不得制定下列法律：建立宗教或禁止宗教自由；削减人民言论或出版自由；削减人民和平集会及向政府请愿申冤之权利。由此可见，知情权于当时虽未有专门的法律加以保障，但却是不言自明的。

另外，在知情权运动兴起之前，美国地方法院和最高法院在相

---

① ［日］芦部信喜：《现代人权论——违宪判断的基准》，有斐阁 1983 年版，第 397 页。

② Michael Emery, Edw in Emery, The Press and America an Interpretive History of the Mass Media ［M］. by Allyn & Bacon A Simon & Schuster Company Needham Heights, MA02194 1996。

③ ［美］托马斯·杰斐逊：《杰斐逊选集》，商务印书馆 1999 年版，第 544 页。

关诉讼中的裁决，为公众获取政府信息提供了最初的法理依据。因此对这些判例也要有所认识。如在殖民地时期的曾格案件，确立了在诽谤罪的诉讼中，只有谎言才构成诽谤，如果所说是事实，不论说的对象是谁都不构成诽谤。这被视为是新闻自由的伟大胜利，它为主权在民，民众拥有知情权这类革命性的概念开辟了道路，这些理念都包含在后来的美国宪法中。① 共和国创立后，美国法院主要是根据宪法《第一修正案》、《第十四修正案》进行涉及"知情权"案件的审理，其中影响较大的有弗洛沃克诉美国案、艾布拉姆斯诉美国案、吉特洛诉纽约州案；而被认为是最具有里程碑意义的判例是尼尔诉明尼苏达州案（1931）。首席大法官查尔斯·休斯在此案结案时说：美国概念的新闻自由自从殖民地时期起就有着极为广泛的迫切需要，并一直在政府的压制中努力争取获得新闻自由。他引用麦迪逊的话说：新闻对自由的影响是，它可以对政府官员进行习惯法尚无法严格限制的具体报道来详细地监督他们。②

2. 知情权的宪法渊源

（1）公民知情权的宪政分析

宪政（constitutional government），立宪政体的简称，是由近现代资产阶级思想家力主倡导并由当代民主法治国家普遍认可和施行的国家治理方式和政治模式。简而言之，宪政就是宪法政治，以宪法治理国家。具体而言，宪政指由绝大多数社会成员制定或承认具有最高效力的宪法性法律（通常指成文宪法），通过该宪法性法律确定公共权力的组织形式、相互关系、职责权限、活动规则以及确立和保护公民权利所形成的政治体制。③ 宪政的基本要义在于两点：一是确立和保障公民的基本权利；二是明确对国家权力的分工与制约。知情权作为公民的基本权利，是构成现代国家民主宪政的基础要素。因为，既然人民大众是国家的主权者，政府只是实现民

① 秦珊、邱一江：《美国新闻界与知情权运动》，《学术论坛》2008 年第 6 期。

② Near v. Minnesota, 283 U. S. 697 (1931).

③ 张龙：《行政知情权的法理学研究》，吉林大学 2005 年博士学位论文。

意的机关，那么，民众就有权通过各种方式，其中主要是新闻媒体，来了解政府工作的一切情况。只有这样，民众才能有正确的辨别和准确的判断，从而能够选举出自己信赖的政府成员并对他们进行有效的监督，防止政府权力的无限膨胀而产生对社会的恶。一个民主的政府，必须经常了解民众对其决策和其他工作情况的意见，否则，它势必闭目塞听，会做出某些违背民意的决策和判断，任何政府及其首脑人物处理事情都必须以公开性为起点，而不是以保密性为起点。①

首先，知情权是实现人民主权的必然要求。人民主权论是指国家的一切权力来源于人民，人民是国家的主人和最终的统治者。换言之，"人民主权论"表明人民是一切权力的源泉，国家主权属于人民，人民是国家的主人。该理论源于西方古老的民主理论和自然法理论，经由古典时期的自然权利理论与社会契约论的发扬光大而最终得以形成，其在近现代的主要政治表现形式就是宪政。

在我国，确立人民民主专政的国体和人民代表大会制的政权组织形式从《共同纲领》和1954年《宪法》就已开始。历部宪法明确宣布中华人民共和国的一切权力属于人民的人民主权原则，这就确认了人民根本利益的至上性。2004年宪法修正案明确确立"三个代表"的重要思想为我国政治生活和社会生活的指导思想，而"三个代表"的核心思想就是强调执政党和国家政权应代表最广大人民的根本利益，且最广大人民的根本利益从某种意义上说就是包括公民知情权在内的诸多公民个人利益的集合。这为我国建立健全完整的公民知情权宪政制度提供了总的指导思想。由此可知，人民主权论，是公民一切政治权利合法来源的宪政基础，知情权作为一项民主政治权利，其合法来源的宪政基础同样是人民主权论。基于人民主权论，国家的财产是人民共同的财产，国家权力行使过程产生以及依据权力掌握的信息，同样属于人民共同的财产。人民对自己的财产状况当然有了解、掌握、使用的权利，因此，人民对政府

----

① 徐耀魁：《西方新闻理论评析》，新华出版社1998年版，第187~189页。

权力行使过程中所产生的以及依据权力掌握的信息，理所当然有了解、掌握、使用等权利，政府则负有满足人民信息需要的义务。

其次，知情权的人权确认是宪政制度发展的历史趋势。

人权是一个历史、发展的范畴，虽然在不同的历史时期，或同一时期的不同国家人权的范围和形式会有所不同，但把保障人权确立为立宪基本目标已逐渐成为各国立宪进程中的共同价值取向。基于美国前总统威尔逊所言："宪法必须成为'活的机关'，宪法的实质是国民的思想与习惯，宪法必须随国民生活的变迁而生长发展"，换言之，宪法基本权利本身作为一种主、客观权利的结合体，应随着社会的不断发展和人们认识的不断深入而不断丰富和发展，具体表现为社会越发展，权利种类便越丰富，由应然权利变为法定权利、再变为现实权利的可能性和现实性也就越大。很多国家在政治、经济的迅猛发展以及公民民主、权利意识日益增强的情况下逐渐把知情权从"表达自由"的概念中凸显出来并提升至基本人权的范畴，使其在宪政制度中得到更充分的确认和保障。可以说，作为基本人权的知情权，已经得到当代世界各国法律的普遍认可并被载入有关国际宣言和条约之中。①

但是，我国宪法并没有明确规定知情权，在我国宪法权利体系中知情权充其量是一项"隐含权"。虽然在我国《政府信息公开条例》中规定了"获取政府信息"权益，但这种知情权缺乏宪法保障的状况在一定程度上确实制约着公民其他宪法性权利，如选举权与被选举权、批评建议权、申诉控告权、国家赔偿请求权等的有效行使。正像其他学者所言："公民享有知情权的另外一层法律意义

———————

① 1946年联合国大会通过的第五十九号决议中，知情权被宣布为基本人权之一，该决议宣布：获得情报自由为基本人权之一，是属联合国所致力维护之一切自由之关键。其后，知情权又在1948年的《世界人权宣言》中得到确认。该宣言第19条规定：人人有权享有主张而不受干涉的自由和通过任何媒介和不同国界寻求、接受和传递消息和思考的自由。《公民权利和政治权利国际公约》第19条第2款规定：人人有发表意见的权利，此项权利包括寻求、接受和传递各种消息和思想的自由，而不论国界，也不论口头的、书写的、印刷的，采取艺术形式的或通过他所选择的任何其他媒介。

是通过政府提供的信息，公民可以更好地实现宪法法律所规定的权利。"① 另外，知情权也是公民生存权、发展权的题中之义。在现代社会中，信息已经成为每个人活动的基础和原动力，每个人都需要大量的信息来判断自身处境，做出各种选择，促进自身的发展与进步。同时，现实生活中存在着诸如自然环境、社会治安、政府决策等信息直接影响甚至威胁着个人的生存与发展。只有充分了解这方面的信息，公民个人才能采取各种手段予以应对，趋利避害。②

综上所述，根据"宪政是以宪法为依据，以民主政治为核心，以法治为基石，以保障人权为目的的政治形态和政治过程"③ 加以判断，我国民主宪政建设尚处于初级阶段，在未来的修宪或宪法解释活动中，将知情权加以人权确认是符合世界宪政制度发展的历史趋势。

最后，知情权是监督权力的必然要求。

在我国，政权的人民性和政治的民主性，决定了公民有权监督国家机关的活动和国家机关工作人员的行为，且公民监督有着明确的宪法依据，受到宪法和法律的保障。因此，监督国家机关及其工作人员不仅是公民的应有权利或道德权利，而且还是一项重要的宪法权利。但是，公民是否能够对行政机关及其公职人员进行有效的监督，对行政机关及其公职人员拥有充分的了解就成为必要或前提条件。可以说，充分保障公民知情权是监督权力运行的必然要求。

（2）公民知情权的宪法保障。

虽然瑞典1766年公布的《出版自由法》中确立了公文公开原则，但并没有明确提出知情权的概念。而最早将知情权作为一项基本权利加以确认和保障的宪法是1949年《联邦德国基本法》。该法第5条第1项明确规定："人人有以口头、书面和图画自由表达

---

① 《加快政府信息公开步伐，促进中国社会信息化进程：国民经济信息化与政府信息公开研讨会纪实》，《法制日报》，2000-08-20。

② 于海涛：《论知情权的宪法保障》，《河海大学学报（哲学社会科学版）》，2008年第2期。

③ 李龙、周叶中：《宪法学基本范畴简论》，《中国法学》1996年第9期。

和散播自己的观点以及自由地从一般可允许的来源获得消息的权利。出版自由和通过广播和电影进行报道的自由受保障。不建立检查制度。"第 17 条规定："每个人都有由其个人或同他人共同用书面形式向有关当局和议会提出请求和诉愿的权利。"第 42 条第 1 款规定："联邦议院的会议公开进行。"此外，联邦德国还通过法院组织法、宪法法院法、行政法院法等系列组织法的形式来保证当事人的知情权，从宪法制度上明确认可知情权是一项基本权利。

一般在宪法层面确认公民知情权的方式有两种①：第一种方式是通过法院对表达自由的解释，将信息自由解释为宪法权利的一部分。如 1982 年，印度最高法院裁定获得政府信息是《宪法》第 19 条所保护的言论自由和表达自由权的一部分；韩国宪法法院分别在 1989 年和 1991 年的两个判决中确认，《宪法》第 21 条所规定的表达自由隐含了知情权。第二种方式是宪法直接规定信息自由权，如作为瑞典宪法性法律的《出版自由法》对信息自由做了非常详细的规定。我们以为，除了上述两种方式外，应还有一种方式是通过引申的方法。如在美国宪法上对知情权的规定主要是第一修正案的规定："国会不得制定关于下列事项的法律：确立国教或禁止信教自由；削减言论自由或新闻自由；或剥夺人民和平集会和向政府请愿申冤的权利。"我国《宪法》第 2 条规定公民有参政议政的权利，第 35 条规定公民有言论表达的自由；第 41 条规定公民有批评建议权等等，这些规定中都没有有关知情权的描述，但是，知政是参政、议政的前提和基础，只有知情权得到保障的前提下，人们才能更好地行使管理国家公共事务的权利，更好地行使舆论监督、言论表达的权利。否则，缺失知情权，上述权利只能成为所谓民主法治社会中的点缀。由此可见，知情权在宪法中是可以引申出一定基础的。

泰国 1997 年《宪法》第 58 条、尼泊尔 1990 年《宪法》第 16 条、菲律宾 1987 年《宪法》第 3 条第 7 节中都对知情权进行了规

---

① 参见张明杰：《开放的政府——政府信息公开法律制度研究》，中国政法大学出版社 2003 年版，第 99～101 页。

定；阿根廷《宪法》第 43 条、委内瑞拉《宪法》第 28 条对知情权进行了规定；在中东欧，阿尔巴尼亚 1998 年《宪法》第 23 条、白俄罗斯 1994 年《宪法》第 34 条、罗马尼亚 1991 年《宪法》第 31 条、保加利亚《宪法》第 41 条、爱沙尼亚 1992 年《宪法》第 44 条、乌克兰 1996 年第 29 条都规定了公民获得政府信息的权利。另外，知情权也在一些有关人权的国际公约中得到了充分的肯定，如 1946 年联合国通过第 59 号决议宣布："查情报自由原为基本人权之一，且联合国所致力维护之一切自由之关键。"这实际上承认了属于信息自由范畴的知情权为基本人权。1948 年联合国发表的《世界人权宣言》第 19 条规定："人人有权享受主张和发表意见的自由；此项权利包括持有主张而不受干涉的自由，和通过任何媒介和不论国界寻求、接受和传递消息和思想的自由。"1966 年《公民权利和政治权利国际公约》第 9、18、19 条将《世界人权宣言》的这一宗旨与规定进一步具体化。由此可以看出，知情权作为受宪法保障的公民的基本权利已经得到当代世界法律界的普遍认可。

　　面对世界各国汹涌澎湃的基本权利扩大化的趋势，学界对将知情权纳入基本权利体系是如何看待的呢？有学者认为，应当将"知的权利"认定为基本人权，并认为："'知的权利'是否为宪法上权利？或以何条文为依据？与在信息公开法上应否明确'知的权利'，系属不同层次问题，不应将'知的权利'在宪法上并无规定，或宪法解释上并无共识，作为不列入之理由。"[①] 也有学者以当下进入"信息时代"为由，认为知情权有必要入宪。[②] 还有学者认为："在开放体系中，得成为人民权利者固然皆应受保障，但并非每项人民权利之保障皆可或皆应提升至宪法保障之层次，必须视该项权利主张者之普遍性、权利性质上不可侵害性之程度，以及法

─────────────

　　① 蔡秀卿：《现代国家与行政法》，台湾学林文化事业有限公司 2003 年版，第 337 页。

　　② 参见汤德宗：《政府信息公开请求权人之研究》，载汤德宗、廖福特：《宪法解释之理论与实务》（第五辑），台湾"中央研究院"法律学研究所筹备处 2007 年版，第 272 页。

益保护之重要性等诸多方面，去衡酌该权利是否值得以宪法保障之。"基于这样的考虑，"修宪者若无意将信息权直接纳入宪法规范中，透过大法官之解释，亦可将信息权融入宪法第 22 条之概括保障中，但须通过以下宪法适用与解释的涵摄过程之检验"①，等等。上述各方学者虽然所持理由不同，但皆以"知情权"应入宪为论点。不过，对于是启动修宪程序还是通过宪法解释将知情权添加于公民基本权利体系之中，有学者为我国全国人大常委会指出"路就在脚下，关键是它能不能迈出第一步！"② 由此可见，将公民知情权提升为基本权利，以宪法的形式保障知情权已经迫在眉睫。

**（二）从微观层面上来讲，充分发挥大众传媒的作用**

政府信息公开离不开大众传媒的参与，当然，促进政府信息公开，更离不开大众传媒作用的充分发挥。

1. 确立大众传媒在信息公开中的主渠道地位

这里我们强调"确立"大众传媒在信息公开中的主渠道地位，只是从政府行政机关的主观意识层面而言的，因为客观层面大众传媒在信息公开中发挥主渠道作用体现得越来越明显，完全没有必要再从物质层面要求将大众传媒确立为信息公开的主渠道。

众所周知，行政机关基本上都有自己的传播信息的渠道，比如各机关网站、公报、公告栏等等，但是，仅仅要求政府机关通过上述渠道传播政府信息就希望能满足公民知情权实属非分之想。基于此，借助大众传媒覆盖范围广和传播信息量大、传播速度快与反馈迅速、受众人数众多的优势，通过大众传媒及时将政府公开的公共信息进行全方位、立体式的传播就成为信息公开中的不二选择。现代社会之所以称为信息社会，是因为目前的信息技术异常发达，报刊、广播、电视、互联网等四大媒体技术基本上支撑了当代信息传播的格局，也基本上奠定了实现公民知情权的物质基础。据国家新

---

① 李震山：《多元、宽容与人权保障》，台湾元照出版公司 2005 年版，第 187 ~ 189 页。

② 章剑生：《知情权及其保障——以〈政府信息公开条例〉为例》，《中国法学》2008 年第 4 期，第 149 页。

闻出版总署网站 2008 年 8 月发布的统计数据，2007 年全国共出版期刊 9468 种，平均期印数 16697 万册，总印数 30.41 亿册，与上年相比种数持平，平均期印数增长 1.59%，总印数增长 6.62%；报纸 1938 种，平均期印数 20545.37 万份，总印数 437.99 亿份，与上年相比，种数持平，平均期印数增长 4.27%，总印数增长 3.17%。另据国家广电总局网站 2008 年 4 月发布的统计数据，2007 年广播综合人口覆盖率达 95.43%，电视综合人口覆盖率为 96.58%。我国现有广播电视播出机构 2587 座，广播电视节目套数为 3760 套（其中付费广播电视节目 155 套），有线电视用户超过 1.5 亿户，有线数字电视用户达到 2006 万户。① 据 2009 年 7 月 CNNIC（中国互联网络信息中心）发布的第 24 次中国互联网络发展状况统计报告显示，截至 2009 年 6 月 30 日，中国网民规模达到 3.38 亿人，普及率达到 25.5%。网民规模较 2008 年底年增长 4000 万人，半年增长率为 13.4%，中国网民规模依然保持快速增长之势。

宽带网民规模达到 3.2 亿人，占网民总体的 94.3%。中国手机网民规模为 1.55 亿人，占整体网民的 45.9%，半年内手机网民增长超过 3700 万人。2008 年 12 月—2009 年 6 月中国大陆互联网基础资源对比如下：

|  | 2008 年 12 月 | 2009 年 6 月 | 半年增长量 | 半年增长率 |
|---|---|---|---|---|
| IPv4(个) | 181,273,344 | 205,031,168 | 23,757,824 | 13.1% |
| 域名(个) | 16,826,198 | 16,259,562 | −566,636 | −3.4% |
| 其中 CN 域名(个) | 13,572,326 | 12,963,685 | −608,641 | −4.5% |
| 网站(个) | 2,878,000 | 3,061,109 | 183,109 | 6.4% |
| 其中 CN 下网站(个) | 2,216,400 | 2,410,546 | 194,146 | 8.8% |
| 国际出口带宽(Mbps) | 640,286.67 | 747,541.40 | 107,255 | 16.8% |

① 参见《传媒经济再腾飞的历史契机：中国传媒经济三十年学术峰会综述》，http://media.people.com.cn/GB/22114/45733/142915/8639952.html。

上述数据清楚地说明互联网已经发展成为中国影响最广、增长最快、市场潜力最大的产业之一。

其实，大众传媒早已成为公众获取政府信息的最有效的平台，换言之，大众传媒相对于公民知情权的实现是必不可少的，有下列两项调查可以佐证。2004年1月中央下发《中共中央国务院关于促进农民增加收入若干政策的意见》，作为改革开放以来中央关于三农问题的第六个"一号文件"。四川省农调队对大邑、富顺、安岳、仪陇、荣经等县开展了"农民增收需要政府做什么以及农民对中央1号文件有何反应"的调查，在回答"你知道中央、国务院就农民增收发出的'一号文件'吗？"的问题时，有23.3%的被调查农户回答"知道"，有55.6%的被调查农户回答"知道一点"，有21.1%的被调查农户回答"不知道"；在知晓的渠道上，65.5%的农户是通过广播、电视知晓的，但对文件的具体内容不十分清楚和明白，有12.7%的农户是看报纸知晓的，有10.9%的农户是听说的，还有10.9%的农户是乡镇干部传达的。① 河南省农调队对唐河、方城、卢氏等10个县的440家农户进行了问卷调查，在回答"你知道中央、国务院就农民增收发出的'一号文件'吗？"的问题时，有46.6%的被调查农户回答"知道"，其中有68.8%的农户是通过广播、电视知晓的，但对文件的具体内容不清楚、不明白。②

但是，面对上述大众传媒繁荣似锦和信息传播主渠道的现状，有的政府机关在历史和现实的种种原因作用下，却并没有在主观意识层面要将大众传媒作为政府信息发布主渠道，奢望继续将大众传媒仅定位于宣传工具，有意无意地采取各种非常规手段削弱、限制大众传媒在传播政府信息方面的作用发挥。不过，自以人为本、依

① 四川省农调队：《四川农民对中央"一号文件"的知晓度调查》，http：//www.sannong.gov.en/fxye/nejjfx/200405270854.htm。

② 河南省农调队：《河南农民对实现增收的看法和希望》，http：//www.san-nong.gov.en/fxye/nmsz/200405270832.htm。

法治国、科学发展观逐渐确立为我党和政府的执政理念后，建设透明政府和善治政府就成为我国政府改革的重要目标，政府对自身社会职能和执政方式的认知也获得了新的飞跃，政府与媒体的关系从而在一定程度上得到了调整。"从中央到地方都在以一种更加成熟和开放的态度去看待媒体，日益突破封闭的新闻管制思维。过去那种将媒体视为异己约束力量的观点正在逐渐消解，媒体的社会使命被重新解读为实施善政、促进社会变革的有力助推器。"① 尤其是在 2008 年汶川地震、广西百色那读矿 "7·21" 事故、深圳 "9·20" 火灾这些突发性灾难事件中，相关政府部门都做到了不遮掩、不回避，第一时间公布灾情；还有 2008 年奥运期间相关信息的国内外发布，《外国常驻新闻机构和外国记者采访条例》（2008 年 10 月 17 日）的实施，都保证了境内媒体和境外媒体获得了一视同仁的待遇。

2. 政府信息网络传播的建构

政府信息公开的程度如何可以从以下两个方面作出判断：其一，法律法规划定的政府信息公开的范围；其二，政府信息公开所传播的范围。所以，政府信息公开的绩效不仅决定于依法所能公开的范围，而且取决于政府机关所选择的传播渠道。如此一来，《政府信息公开条例》选择 "便民原则" 也就顺理成章了。便民原则所强调的是政府机关要选择最能方便人民获取政府信息的途径或方式来进行传播。而网络的普及及其传播快捷、信息共享、不分时段、不分地域等特点，使其成为政府机关体现 "便民原则" 传播信息的最佳方式。对此，我们以为，以下是构建政府信息网络传播格局所应考虑的非常重要的三个方面。

（1）完善政府网站

我国政府网站的发展历程是伴随着政府信息化的发展历程一步步推进的，是一个从单一到丰富、从表面到内涵、从宣传到应用不

---

① 董天策、陈映：《信息公开与传媒变局——2008 年我国新闻实践的突破与启示》，《西南民族大学学报》（人文社科版），2009 年第 1 期。

断深化的过程，直到 2006 年 1 月 1 日，中央政府门户网站正式开通标志着形成了完整的中国政府网站体系。2009 年 1 月 11 日，中国软件测评中心发布 2008 年中国政府网站绩效评估结果①，指出 2008 年部委网站信息公开指标的平均绩效指数为 0.623。50% 以上网站发布信息公开目录初步实现了政府信息的规范性公开；70% 以上网站的法规文件、统计信息、人事及公务员招考信息、规划计划等信息更新及时、内容比较全面。2008 年省级政府网站的信息公开指标平均绩效指数为 0.578。21 家省级政府网站发布政府信息公开目录，19 家省级政府网站对信息公开指南和相关制度进行了发布；超过 80% 的省级政府网站对 "政府采购"、"法规文件" 的信息公开较为全面，内容更新及时。2008 年地市级政府网站信息公开指标的平均绩效指数为 0.39。37.1% 的地市级政府网站发布信息公开目录，16.7% 的地市级政府网站制定了信息公开规定；21.3% 的地市级政府网站建立了依申请公开渠道；80% 以上的地市级政府网站实现了对法规文件、规划计划、统计信息、财政资金等信息较为全面的公开。2008 年区县政府网站信息公开指标的平均绩效指数为 0.439。26 家区县政府网站编制并发布了信息公开目录；超过 50% 的区县政府网站建有专门的政务信息公开频道或栏目；80% 以上的区县政府网站对概况信息、法规文件、规划计划等信息进行了比较全面、及时的公开；50% 以上的区县政府网站加大对政府采购、应急管理、财政预决算等深度政务信息的公开。

对比上述各组数据，我们以为，一方面，相对于历年情况，2008 年政府网站建设在信息公开功能方面都获得了明显的提高和进步，体现了政府职能转变的趋势，定位更加明确；在信息内容上，开始着手纵向横向各级政府部门信息的共享、应用的协同，为网站内容保障工作提供更为广阔的信息渠道。另一方面，上述数据也表明当前政府网站建设仍然存在一些不足，如发布信息不完整，

---

① 转引自周亮等：《2008 年中国政府网站绩效评估工作及结果说明》，《电子政务》2009 年第 1 期。

信息量少，信息更新速度慢；信息一致性、权威性、准确性还难以保证、难以衡量；网站建设与政务工作结合不够紧密；网站实用性距离用户需求尚有很大差距；政府信息的检索功能不完备、目次和索引不全面、辅助信息不完备等等，与发达国家先进政府网站还存在较大差距，这对进一步提升网站服务水平造成了严重的障碍。

对于政府网站所取得的成绩我们要保持和深化，而对于存在的不足我们要设法弥补和完善，尤其是在政府网站信息公开方面要继续努力重点建设。对此，2008 年中国政府网站绩效评估结果指出应从以下几个方面不断推动政府网站健康持续发展①：其一，加强政府行政服务资源梳理，不断提升信息公开的规范性；其二，加强公共企事业单位服务资源整合，拓展服务覆盖范围；其三，加强公众需求分析，进一步提升网上服务的人性化水平；其四，加强公众参与制度建设，促进网上互动规范化、日常化；其五，加强社会宣传，大力提升政府网站的社会认知度和满意度。除了上述五方面外，我们以为还应从以下两方面完善：第一，从技术层面保障公民的知情权。目前政府信息基本上都是以文本形式呈现，并辅之以少量低分辨率的图片，远远不能满足民众对信息多元化形式的要求。例如：对于政府机关召开的各种听证会，如果政府网站能提供听证会的音频或视频信息必将提高听证会信息公开的程度。另外，政府网站应避免人为设置技术性障碍的不良倾向。有的政府网站有故意设置政府信息网页浏览障碍的嫌疑。例如：虽然在政府中公布了信息目录链接，但从来都打不开。对于这种现象，北京市朝阳区的政府信息网上公开制度就明确指出，各部门信息公开必须方便居民查阅，不得故意设置阅读访问障碍，如果信息公开工作流于形式或被居民投诉，该部门将被处以在区政府网站上予以曝光等一系列处罚。同时，还列举了五项人为设置阅读障碍行为：1. 个人注册：要浏览政府相关信息，先要注册为会员。2. 堆积无效信息：浏览者看到所需要的信息前必须点击多个对话框，阅读很多无关信息。

---

① 参见 http://www.ccidjianli.com/jixiaopinggu/wenjian/2bufen/zongjie.htm。

3. 输入手机号：浏览者要阅读信息，先要输入个人手机号。4. 输入密码：政府网站设置阅读权限，浏览者必须知道密码才能进入相关信息目录。5. 大量子目录：浏览者要阅读自己需要的信息时，需要点击进入多个子目录。① 第二，从标准规范层面，制订政府网站建设指南规范信息公开。为了保证政府信息能够有序组织和整理、高效率的检索和获取，我国应该制订政府信息描述和管理的元数据标准、政府信息目录系统和政府信息资源交换体系，将其作为政府信息管理底层的支撑标准；为了保证政府信息能够在政府网站科学有效地展示和提供，必须制订政府网站建设指南，确立政府网站信息可用性、可及性标准，将其作为政府与用户交互的信息平台支持标准。② 目前，国家标准化委员会和国务院信息化工作办公室委托国家电子政务标准化总体组制订了《政务信息资源目录体系》和《政务信息资源交换体系》的国家标准，在政府信息资源管理规范方面取得了初步成果，但标准所倡导的理念和方法还没被普及，标准在政府信息公开、推广和应用方面的进一步完善还需要付出艰苦的努力。现在还缺乏国家级的政府网站建设指南。③

（2）拓展商业网站

政府信息公开的根本目的就是满足公民的知情权，充分发挥政府信息资源的作用，所以对于依法能够公开的政府信息应当采取最佳的公开方式达到尽可能广的公开效果。不过，再好的公开方式也要满足公开范围的扩展性，政府网站也不例外。政府网站尽管是政府机关首选的公开政府信息的主渠道，但不能说是点击率极高的网

---

① 窦楠：《网上政府信息公开不得设置网页浏览障碍》，http：//news. ccw. com. cn/news/htm2004/20040423_ 10ACI. htm。

② 参见周晓英：《政府网站的政府信息公开：内涵、经验、问题和对策》，《电子政务》2009 年第 5 期。

③ 不过有一些地方政府制订了政府网站建设地方标准，比如北京市 2004 年发布的《政府网站建设与管理规范》；常德市 2004 年发布《中国常德政府门户网站建设管理暂行规定》；石家庄市 2006 年 7 月发布的《石家庄市政府网站群建设和管理规定》等等。

络媒体。虽然目前我国政府网站历经十多年的发展和完善,取得了令人瞩目的成绩,但我们不得不承认当下还没有出现哪一个政府网站的点击率能够超越新浪、雅虎、搜狐、网易等这些商业性门户网站,所以政府部门若想扩大政府信息的影响,真正实现公民毫不费力就能获得政府信息,借助那些商业网站高流量的信息平台的优势就成为各政府部门在拓展政府信息公开方面的很好选择,即加强与商业门户网站的合作,扩大政府信息影响范围。我们以为,具体而言可以采取以下措施:首先,在知名商业网站的首页设置全国各级政府网站导航的超链接标示;其次,可以在知名商业网站上开辟政府信息公开的专区,简短介绍政府信息的相关情况,并设置超链接,将欲意详细了解全部信息内容的公众指引并带入相应的政府网站;再次,可以在知名的商业网站上发布广告。社会公众对政府网站的认知度和满意度是衡量网站服务水平的重要因素。合理的社会宣传是提高政府网站的社会认知度和满意度、有效促进政府网站服务水平的有力手段。各级政府网站应结合社会公众实际需求,策划实用性的服务指南,通过商业门户网站加强政府网站服务内容、服务功能的社会宣传工作,迅速提升政府网站的社会认知度和满意度。

(3)开发其他网络渠道

互联网虽然在我国获得了日新月异、突飞猛进的发展,但目前互联网的普及率还有待于进一步提高,尤其在农村,据统计,"截至 2008 年底,农村网民规模才达 8460 万人,且'数字鸿沟'不仅仅存在于城乡之间,也存在于东中西部地区之间。城镇居民的互联网普及率是 35.2%,农村仅为 11.7%。农村网民分布的区域差异更为明显,超过 50% 的农村网民集中在东部农村地区,但与 2007 年相比,东部地区的网民所占比例降低了 8.5%,而中部地区上升了大约 7.9%,西部地区网民比重也有所增长"。不过,由于手机价格和话费的普遍降低,手机在我国基本上成了日用商品,据统计,"2008 年是中国移动电话用户增长最多的一年,全国移动电话用户达到 64123.0 万","2008 年移动电话与固定电话之间的用户规模差距已经超过 3 亿，手机的普及率是 48.5 部/百人，而固定电话的普及率是 25.8 部/百人，随着固定电话用户的减少，手机用户的增长，3G 应用的发展，手机作为上网终端迅速崛起。截至 2008 年底，中国手机上网用户达到 1.2 亿，城镇手机上网用户达 7789 万人，占城镇网民总体的 36.5%。农村手机上网用户约为 4010 万人，占农村网民总体的 47.4%。2009 年，随着中国 3G 应用的发展，手机上网也将进入快速发展时期，农村手机上网市场的前景可期，农村通信市场将会成为中国互联网快速增长的新动力。"[1] 由此，我们完全可以说，电信网络尤其是移动通信网络在我国已经成为信息传播的另一个覆盖面广、影响力大的网络媒体，手机上网、手机短信应当也业已成为政府信息公开的又一个重要渠道。尤其是面对突发事件，已有很多有关政府部门通过短信群发实现信息发布的成功案例。[2]

## 第二节　政府信息公开与大众传媒

### 一、大众传媒对政府信息公开制度建立的贡献

#### （一）新闻界率先提出"知情权"概念

"二战"后，在反思法西斯主义何以猖獗时，理论界普遍认为是由于政府的权力过于强大，政府秘密主义横行。尤其是在冷战思维笼罩下，丘吉尔主张的强行隔离东西方的铁幕政策进一步演变为

---

① 中国互联网络信息中心：《2008—2009 中国互联网研究报告系列之"中国农村互联网发展状况调查报告"》，第 6、7、30 页。

② 参见《吉林长春：政府发短信告诉农民价格信息》，http://www.agri.gov.cn/ztzl/xxgzjyjl/gdjyjl/t20071102_914844.htm；《政府急发短信阻击停水谣传》，http://www.foshaninfo.com/news/2008/0220/article_5749.html；《市政府应急办昨发短信提醒市民加强防范暴雨袭击》，http://www.jzcool.com/news/jingzhouqu/62887.htm；《四川地震陕西各市震感明显，政府发短信安抚市民》，http://xian.qq.com/a/20080513/000057.htm，等等。

控制信息思想文化交流的"纸幕"政策。在和原苏联为首的社会主义国家对抗、防止泄密的借口下，诸多有关国计民生的科学技术和政治、经济及文化信息均视为与制造原子弹及国家安全相关的情报，纳入"国家安全保障体制"，由政府监控管制。联邦政府各部门动辄以国家安全、政务机密等含糊、笼统的理由对本应公开的信息资料进行扣压，极大地阻碍了行政情报的公开，严重妨碍了信息自由。虽然当时美国《联邦登记法》（1935 年）早已出台，美国政府信息公开的主要途径之一——政府机关主动公布已经成形，但是离国会和民众要求的行政程序规范化还有相当大的差距。针对当时美国联邦政府机构这种内部蔓延的消极对待政府信息公开、任意扩大保密权限的官僚主义倾向，民众和新闻界迫切希望政府能够解除保密措施和新闻审查制度。尤其是新闻界为了保证消息来源和报道自由，最先并最为积极地扛起了反对秘密主义的大旗，站在了反对秘密主义、要求行政情报公开的中心位置。

在此背景之下，1945 年美国 AP 通讯社专务理事肯特·库珀（Kent Cooper）在一次演讲中率先提出了"知情权"这个概念。库珀认为，美国报纸拥有宪法保障的印刷权，这一权利被称为新闻自由。但是如果政府压制了新闻，报纸就不能适当地为公众服务。他把人民拥有的这一权利定义为"知情权"。"这是对老自由的新称呼。"[1] 库珀指出，政府在"二战"中和"二战"之后实施新闻检查制度造成了公众了解的信息失真和政府间的无端猜疑，政府若不尊重公民的知情权，就不会有政治的自由，因此作为新型权利的知情权应该取代宪法中的"新闻自由"规定。[2] 库珀还强调，爱国主义源于人民自己的信服，它是建立在对政府所处理问题信息详细、

①　转引自秦珊、邱一江：《美国新闻界与知情权运动》，《学术论坛》2008年第 6 期，第 43 页。
②　1945 年，库珀致信杜鲁门总统，建议将新闻自由这一新形式写入战后的所有和平条约中。在没有采纳之后，他又请求联合国把新闻自由宣言中的"新闻自由"改为"知情权"，同样没被采纳。

完整的基础上的，而不是产生于政府的自身宣传基础上。建立在尊重公民知情权基础上的政府只有通过为民众提供详细、完整的信息，并在政府与个人之间建立平等的合作伙伴关系，政府的权力才能得到知晓信息公众的支持。

库珀对"知情权"的定义与"新闻自由"密切相关。但它有着更为广泛的含义。它不仅要求给予美国公众信息自由，还包括对世界民主的支持。在国内战线，库珀坚持要维护美国的民主，就必须保障新闻自由，保障向公众提供完整的信息。他说："除了战时需要外，不应该设立新闻检查制度，所有的新闻渠道必须是公开的，并保证均等地获取信息源"，"我恳求让美国的报纸为全世界所有的国家树立一个祈佑知情权的纪念碑"①。

### （二）新闻界是发起"知情权"运动的主导性力量

1946 年 7 月 11 日，杜鲁门总统签署了"行政程序法"。该法的本来目的是"尽可能地公开官僚的事务，促进多数市民参加政策制订过程"②。然而，具有讽刺意味的是，这样一个以保障情报公开为目的的法律，由于其本身对情报公开所规定的种种限制，反而成为各级行政机构抵制情报公开的依据。该法所规定的情报公开的例外情况有：（1）基于公共利益的秘密；（2）仅涉及机构内部管理的情报；（3）有正当理由可以不予公开的情报。这三种可以不予公开的情报，在该法律中并未做出具体说明，而给行政机构留下了随意解释，并任意扩大不予公开情报范围的余地。加之，该法中规定，那些可以公开的情报，只向具有"正当理由并且具有直接利害关系的人提供"。这样，能够获得行政情报的人的范围又大大缩小了。③

---

① 转引自秦珊、邱一江：《美国新闻界与知情权运动》，《学术论坛》2008 年第 6 期，第 43 页。

② Dennis D. Riley, Controlling the Federal Bureaucracy, Temple University Press, 1987, p. 152~159.

③ 堀部政男编：《各国情报公开——个人隐私法比较》，日本评论社 1996 年版，第 41 页。

从 1948 年开始，美国新闻界就对政府官员日益增强的抑制公众信息的趋向深表忧虑。1950 年，美国报纸主编人协会成立了信息自由委员会，向抑制新闻自由的非民主行径发起进攻。从此，美国报纸主编人协会和协会下属的信息自由委员会就成为推动知情权运动的主要组织。运动过程大致可分为三个阶段①：

第一个阶段：唤醒公众认识。巴兹尔·L. 沃尔特斯在就任第一届信息自由委员会主席之前就指出，美国政府对国内信息自由的控制使得美国新闻界在国内担负的责任与在国外担负的责任同样重要。② 就任信息自由委员会主席后，根据该委员会接收到的关于新闻采访受阻的大量投诉，他进一步认识到信息不自由对国家的危害：信息不能自由流动，不能自由地获取信息，就没有民众的自由权利，美国引以为豪的所谓民主、自治就面临严重的挑战。③ 巴兹尔的呼吁不仅唤起人们对这一问题的重视，也激发了新闻界为争取"知情权"而斗争的责任感。在他的号召下，新闻界开始向压制信息自由的政策发起进攻。信息自由委员会开始接受为解决这一问题而提出的咨询，同时向新闻工作者们提供建议和帮助。

第二个阶段：明确目标，扩大影响。巴兹尔的继任者詹姆斯·S. 波普对"知情权"运动的贡献是：明确了维护公众知情权要解决的具体问题，例如如何认定政府官员的行为是掩盖信息？怎样才能依法证实这些官员的做法是错误的？改革应从何处入手？如何将采访报道中新闻界与政府之间的冲突，凝合扩大为强有力的社会运动，等等。记者或媒体在采访报道中碰到的问题，单个看各有不同的情形和特点，但综合整体来看，就成了能否维护、确保新闻界采

---

① 参见秦珊、邱一江：《美国新闻界与知情权运动》，《学术论坛》2008 年第 6 期，第 44 ~ 45 页。

② Proceedings of the Annual Convention of the American Society of Newspaper Editors in Problems of Journalism 1948, P. 150 ~ 51, 168 ~ 69. "our responsibility lies in the domestic field aswell as in the international field……" Basil Walters, Bulletin of the ASNE Oct, 1, 1948.

③ Problems in Journalism, Proceedings of the 1951 Convention of the American Society of Newspaper Editors 1951. p. 170.

访权、报道权的原则问题。透过记者、媒体的个别遭遇来分析新闻界的整体境遇；将分别的、不同类型的个案归纳总结，上升到维护整个新闻界正当的采访权、报道权的高度，这就是信息自由委员会专心致志的工作，因为他们十分清楚，及时向公众传递真实全面准确的公共信息，是实现公众"知情权"的前提，为此新闻界的采访权和信息处理权就必须得到保障。正是由于这些卓有成效的工作，信息自由委员会成为具有全国影响的呼吁维护公众"知情权"的机构。

为使上述具体问题得到一个系统、完整的解决，1951 年，报纸主编人协会委托克罗斯就美国各级政府（联邦、州、市镇）的信息政策和具体实施情况准备一份综合报告。通过全国范围的调查，1953 年克罗斯以《人民的知情权：获取公共档案的法律途径和程序》为名出版了调查报告。克罗斯认为"公共事务是公众的事务"，"自由地获得公共档案和公共事务程序信息是他们的天赋权力。人民必须具有调查检查事关他们事务行为的权利。获取信息的方法必须是简便的。人民所享有的这些权利必须上升到用法律的形式加以维护"①。在这里，克罗斯高瞻远瞩地提出了通过立法的形式，使"知情权"得到确认。至此，"知情权"由一个概念、宣传口号，发展到要求以法律形式加以确认的权利。克罗斯深知，以法律的形式确认"知情权"是一条漫长的路，他说"宪法第一修正案为此指明了道路，新闻界的任务是举起这一火炬"②，再次强调了新闻界所担负的历史责任。

第三阶段：建立政治同盟，推动立法确认。在组织方面，除了报纸主编人协会外，美国还有几家报纸也成立了信息自由委员会或是类似的组织，对州政府和地方政府的保密行为进行了斗争。在新闻报道方面，新闻界整合力量，改变各自为政的分散局面，使

---

① Cross, Harold L. The People's Right to Know. Columbia University Press, 1953. p. 132。

② Cross, Harold L. The People's Right to Know. Columbia University Press, 1953. p. 132。

"知情权"问题成为社会关注的焦点。在思想舆论准备方面，关于"知情权"和"信息自由"的论著不断涌现，主要的代表作有肯特·库珀的《知情权：一项对新闻压制和宣传恶行的阐释》、詹姆斯·拉赛尔·威金斯的《自由还是保密》。这些论著使"知情权"、"信息自由"的概念广为传播，形成一种社会思潮，越来越多的人认识到政府信息公开的必要性和紧迫性。在推动立法战略方面，第三任信息自由委员会主席威金斯与国会议员组成了重要的政治联盟。

在以新闻界为主导的持续压力和国会的推动下，1958 年 8 月 12 日，艾森豪威尔总统签署了"内务条例"修正案，说明"内务条例"并没有被授予向公众保密信息的权力。这个修正案虽然只有 19 个字即"本节的规定不是授权对公众拒绝提供或者限制适用政府信息"①，但却是美国国会通过的第一个专门有关信息自由的法案，美国知情权的法律确认走出了第一步。

（三）政府信息公开制度的确立及其完善

20 世纪 50 年代美国的秘密主义极大地阻碍了美国行政情报的公开，新闻界、法学界、律师界、在野党以及其他民众广泛呼吁消除秘密主义，积极要求行政情报的公开。尤其是 1954 年 3 月 1 日美国政府在南太平洋进行核试验导致了严重的核污染，但记者的报道遭到了政府的强烈抵制。于是，媒体发起了各界广泛参与的"知情权"的大谈论。在此背景下，1955 年，美国国会设立了以莫斯众议员为首的"关于政府情报的众议院特别委员会"，对美国的行政情报公开状况进行调查。经过 11 年的准备、争论、妥协，终于在 1966 年美国国会参众两院通过了《情报自由法》(Freedom of Information Act)，次年 7 月 4 日正式生效。

《情报自由法》一改美国传统上将政府文件视为行政机关的财产、行政机关有特权决定其公开还是不公开的旧观念，确立"政府文件具有公共财产的性质"②。《情报自由法》解决了 1946 年

① 王名扬：《美国行政法》，中国法制出版社 1995 年版，第 956 页。
② 王名扬：《美国行政法》，中国法制出版社 1995 年版，第 962 页。

《行政程序法》中存在的三大缺陷：第一，关于情报公开的申请人，《情报自由法》废除了1946年《行政程序法》中关于必须是"适当且有直接利害关系的人"的规定，而代之以"任何人（any person）"，即无论何人（不管是否是美国人、是否在美国居住）均有权向行政机构申请查阅、复制行政情报；第二，关于除外情况，废除了1946年《行政程序法》中含糊不清的关于情报公开适用除外（即不予公开）的事项的规定，而代之以含义清楚、定义相当狭窄的9种适用除外事项规定；第三，对于行政机构拒绝公开行政情报，该法明确规定申请人有权向联邦地方法院提起诉讼。① 总之，通过这一法律，"行政情报公开"成为了一般原则，而不是例外；"行政情报公开"成为最高目标。《情报自由法》所确立的这些原则"在美国历史上是一次革命，在世界行政的发展上也是一个重要的里程碑"②。

虽然《情报自由法》正像上述所言，在保护公民取得政府信息方面获得了极大的进步，但由于当时的环境及人们的认识水平所限，仍存有很大的不足。不过，几年后由美国主流媒体引发的两件大事使公民的知情权保障有了实质性的突破，在一定程度上弥补了些许不足。

20世纪60年代中期，深陷越南战争的美国遭受重大损失，于是，引起人们对美国政府的战争决策正当性的极大怀疑，并提出严厉批评。《纽约时报》从1971年6月13日起连续刊登被美国国防部列为绝密文件的《美国的越南战争政策制定过程史》，对美国卷入该战争的始末进行了详细追述，并发表相关评论。美国政府以违反反间谍法为由，要求法院制止该报继续刊登。同年6月15日，纽约市联邦地方法院裁决该报暂时中止刊登有关报告和评论。这一事件在美国社会引起极大反响，新闻媒体和社会各界纷纷对法院的判决提出批评。15天后，美国最高法院最后判决：政府无法证明

---

① D. C. Rowat 编著：《情报公开与行政秘密：发达国家的动向》，日文版，堤口康博译，早稻田大学出版部1982年版，第341页。

② 王名扬：《美国行政法》，中国法制出版社1995年版，第957页。

这种报道会给国家安全造成重大的、直接的损害，因此，宪法规定的言论和报道自由优先，判决美国政府败诉，《纽约时报》胜诉。1972 年又暴露出尼克松总统在竞选中窃听竞选对手情况的"水门事件"，事件发生以后，行政当局以种种借口，向新闻界和公众封锁有关的情报。人们对行政当局的不信任达到了顶点。在这种情况下，1974 年，美国国会上下两院通过了对 1966 年《情报自由法》的修正案。1974 年 10 月 17 日，当时的福特总统以该修正案违背宪法，并且实施的可能性并不存在为由，否决了这一修正案。然而，美国众议院于 1974 年 10 月 20 日以 371 票对 31 票，美国参议院于 1974 年 11 月 21 日以 65 票对 27 票均超过法律所需要的 2/3 多数票，再次通过了这一法案。这样，该修正案自 1975 年 2 月 19 日起开始生效。①

1974 年的修正案，有两点重要的修正：第一，该法规定：联邦各行政机关，应将民众关于情报公开的申请情况及行政机关的处理情况，每年向国会提交一份详细的报告；第二，为彻底实现所有行政机关的行政情报向民众公开的目的，该法修正案对联邦"行政机关"（agency）的定义加以扩大。修改后的"情报自由法"明确规定："行政机关"一词，指各个行政机关、军事机关、联邦政府所属各独立法人、受联邦政府规范制约的法人；就是说也包括了构成联邦政府行政机关的其他机关（比如总统府、各独立委员会等）②，这样负有公开行政情报义务的行政机关的范围，就大大地扩大了。

该法后来经 1976 年、1986 年、1996 年修改，编入美国法典第552 条。为了适应大量使用电子数据的情况，20 世纪 90 年代克林顿政府上台后，于 1995 年制定削减公文法，并于 1996 年通过《电

---

①　黄德林：《略论美国"情报自由法"之形成与发展》，《法学评论》2000年第 1 期，第 149～151 页。

②　D. C. Rowat 编著：《情报公开与行政秘密：发达国家的动向》，日文版，堤口康博译，早稻田大学出版部 1982 年版，第 342 页。

子情报自由法》，解决了因政府记录电子化带来的电子情报公开问题及对公众关于情报公开的申请答复迟缓的问题，是对《情报自由法》的补充和修改。

综上所述，自《情报自由法》制定以来，在多方民主人士和团体的推动下，尤其是新闻界的努力，经过多年的实践和完善，美国已在保障公民知情权方面形成了较为完备的法律体系和制度。但遗憾的是，2001 年发生的"9·11"事件对美国的信息公开制度造成了消极影响，时任司法部长的阿司克罗夫特于 2001 年 10 月 12 日发布了实施《信息自由法》新的备忘录，将前任部长"可预见的危险"的标准改变成为"合理的法律根据"标准，即只要行政机关有合理的法律根据，就可以对九类例外信息予以保密处理。①但是，根据上述大众传媒在美国政府信息公开制度确立及其完善过程中所发挥的不可替代的、非常重要的作用，我们可以预知，在未来推动各国信息公开制度进步与完善的历史性的责任必然还要由大众传媒来担当！

**（四）大众传媒是落实政府信息公开制度的最关键因素**

政府信息公开制度的落实情况，虽不能说是由大众传媒来决定，但是缺乏大众传媒的积极参与，政府信息公开的效果肯定非常有限。因为，若政府传播信息仅凭体制内的组织传播及其口耳相传的人际传播，信息传播的时效性、广度和深度、保真性都会受到质疑。况且，当今风靡各民主国家的政府新闻发言人制度，直接针对的对象就是大众传媒，换言之，大众传媒是政府新闻发言人与民众之间传递信息的最重要、最主要通道。所以，大众传媒之于政府信息公开制度就同物质基础之于上层建筑一样，在一定程度上是决定与被决定的关系。杰斐逊曾说过："离开了对新闻自由的保护，就无其他自由的保障可言，没有监察官就没有政府，但是哪里有新闻出版自由，哪里就可以不需要监察官。"② 国内学者李良荣、张春

---

① 周汉华：《美国政府信息公开制度》，《环球法律评论》2002 年秋季号。

② 徐耀魁：《西方新闻理论评述》，新华出版社 1998 年版，第 245 页。

华指出："新闻本质上是民主的事情。知情权和表达权是人民民主的核心和基础，也是新闻媒体赖以生存的根基。大众传媒是公民表达权与知情权得以实现的重要载体，没有媒体的参与，公众的知情权、表达权，乃至参与权、监督权都无法落实，所谓的民主权利也就失去了保障。"①

首先，政府利用大众传播媒介发布和分配重要信息，一方面向公众传递政府信息或公布政府决策以期得到公众参与和支持，另一方面也是在做宣传和引导舆论。例如，在德国大众传播媒介中，广播电视成为政府机构向公众提供信息的重要手段。联邦宪法法院曾先后于 1961 年、1971 年和 1981 年作出过 3 个关于电视的裁决，都明确指出：无论是公共的还是私营的广播电视事业，都必须保障"形成自由、全面而真实的舆论"。联邦宪法法院于 1981 年 6 月 16 日公布的《关于电视的第三个裁决》中指出，法律"必须保障广播电视事业不能为个别社会集团所控制，保障各有关社会势力均拥有对节目总体的发言权，保障报道自由不受伤害"。联邦各州于 1987 年制定并于 1991 年 8 月又重新制定颁布的《联邦德国广播电视国家协议》，以及联邦宪法法院于 1991 年作出的关于电视的第 6 个裁决都明确规定，广播电视必须独立于政府，广播电视公司应拥有决定播出他们认为合适的任何节目的自由，政府的职能是提供一个保障广播电视言论的多元性的组合框架。在联邦各州的新闻法中，还要求行政权力当局履行提供信息的法定义务。在当今德国，新闻自由和广播电视自由及其言论的多元性要求，与信息自由结为一体，成为保障公民知情权的重要准则②。瑞典法律赋予新闻媒体以充分的知情权和报道权，法律规定政府不准干预新闻报道。奥地利人民监察院每周召开一次新闻发布会，向全国新闻界通报情况，散发材料，利用新闻传媒

---

① 李良荣、张春华：《论知情权与表达权——兼论中国新一轮新闻改革》，《现代传播》2008 年第 4 期。

② 肖燕雄：《西方大众传媒与信息公开》，《当代传播》2004 年第 2 期。

揭露官员的腐败行为，推动政府改进工作。① "在美国，记者不但通过参与政府举办的记者会获取政府信息，而且还可以根据《情报自由法》、《会议公开法》等法律查阅政府记录、旁听政府会议，从而扮演政府公开信息和公众知情的桥梁。"② 我国早已生效的《政府信息公开条例》（2008 年 5 月 1 日实施）明确规定了政府信息公开的方式和程序："行政机关应当将主动公开的政府信息，通过政府公报、政府网站、新闻发布会以及报刊、广播、电视等便于公众知晓的方式公开。""行政机关应当及时、准确地公开政府信息。行政机关发现影响或者可能影响社会稳定、扰乱社会管理秩序的虚假或者不完整信息的，应当在其职责范围内发布准确的政府信息予以澄清。"由此可以看出，大众传媒作为政府报道与信息披露的最主要的通道第一次获得了法规的确认。

其次，大众传媒具有深入调查获得第一手材料和从事深度报道的能力。大众传媒在面对政府及其相关部门采取各种阻拦手段欲盖弥彰时，往往是愈挫愈勇，秉承"铁肩担道义，妙手著报道"的新闻专业主义理想，排除万难，有时还要冒着生命危险，搜集、采访到被掩盖、被粉饰的信息，并及时全面地向全社会披露。人民群众获取被报道、披露的信息后，依据法律、法规、道德、习惯等价值标准，做出自己的评价。各种评价信息汇集到一起就会形成无比强大的舆论。舆论是人们对社会生活本身诸多方面的综合性看法，它体现了公众的意志，反映了人心的向背，因而可以对被评价对象的言行产生诱导和规范的作用。英国著名学者边沁曾经对公众舆论在政治生活中的作用做过精辟论述。他认为：公共权力的行使容易受到诱惑，公共舆论的监控作用是必不可少的。由全体公众构成的

---

① 袁峰：《政府信息公开与行政权力监督》，《中共天津市委党校学报》2008 年第 1 期。

② 韩大元，杨示林：《论行政信息的主动公开制度》，《河南省政法管理干部学院学报》2004 年第 2 期。

法庭是不会受到腐蚀的，与其他的法庭相比更加开明、更加权威、更加重要、更能够凝聚民族的智慧和体现社会正义。它决定着公民的命运，所做出的处罚任何人无法逃避。① 所以，大众传媒在主动去挖掘政府及其相关组织本想隐藏的信息方面具有强大的"舆论"后盾支撑，所披露出来的一个个震撼全社会的新闻事件及其政府的妥善处理（参见在后面的"工具性价值：防止腐败"部分列举了一些近几年所发生的典型新闻事件），都显示出了在推动我国民主法治进程方面所具有的不可替代的、效果明显的强大能力。

再次，我国《政府信息公开条例》的真正落实离不开大众传媒。美国立宪先驱麦迪逊曾说："如果民主政府没有公开信息，或者说缺乏获取这种信息的途径，那么它要么是一出闹剧的序幕，要么就是一出悲剧，或者两者兼而有之。"公开信息的传递通道依赖什么？毫无疑问，大众传媒责无旁贷。因此，在政府信息公开的实践中尊重媒体、信赖媒体、利用媒体而不是一味简单指责或者压制媒体至关重要。一言以蔽之：信息公开要先开传媒通道。这实际上也是我国《政府信息公开条例》第 15 条采取"便于公众知晓的方式公开"规定的应有之义。

## 二、政府公开信息对大众传媒的作用

### （一）制度层面：政府信息公开制度是新闻立法的一部分

由于关涉意识形态密切，所以国内任何一个其他领域都没有像新闻业立法这么难。新闻立法的呼声最早出现刚刚拨乱反正、改革开放的 1980 年，1980 年全国五届人大会议、五届政协会议期，就有代表和委员提交新闻立法的提案。随后，中国社会科学院新闻法研究室的《中华人民共和国新闻法（试拟稿）》于 1985 年拟出；上海的新闻法起草小组于 1986 年 11 月拿出《上海市关于新闻工作的若干规定》（征求意见稿）；新闻出版署于 1989 年将《中华人民

---

① 袁峰：《政府信息公开与行政权力监督》，《中共天津市委党校学报》2008 年第 1 期。

共和国新闻法》（送审稿）送到国务院请求审查。至此，作为 20 世纪 80 年代中国新闻立法活动高潮的结晶，著名的三个新闻法草案面世。1989 年 2 月，国家新闻出版署署长杜导正宣布：新闻法草案将于年底提交全国人大常委会讨论审议。然而，1989 年"政治风波"之后，新闻立法工作就完全停滞。不过，人大代表关于新闻立法的呼声，到今天为止，从未间断。

有很多人在论证中国应当有新闻法的时候，提到大陆法系国家有成文的新闻法，法国、德国、俄罗斯分别有成文的《新闻自由法》、《新闻法》和《大众传媒法》。但是，应当明确的是这些法律是以限制新闻自由为主的法律。或者说是通过界定新闻自由权与国家权力、新闻自由权与其他公民权利、新闻媒体经营者权利与新闻记者个人权利的界限来保障合理限度之内的新闻自由。基于此，得出"正因为新闻立法的调整对象广泛，不是一定要有一部叫做'新闻法'的法律才是新闻立法的唯一做法，通过分散在各种法规和法条中进行新闻立法的方法，可以回避意识形态问题的争论，从而规避政治风险"①。

虽然新闻立法会给传媒带来"条条框框"，但立法后传媒毕竟可以在有序、保障的氛围下运转，而不像现在，侵害新闻自由的事件屡屡发生却得不到应有的惩罚。因此，我们始终认为中国要走向法治社会，新闻立法肯定必不可少。不过，对于上述结论我们倒是比较赞同。因为，由于新闻业涉及的领域实在是太广泛了，若仅靠一部新闻法就想毕其功于一役是很不现实的。所以，广义上的新闻法要涉及法律体系中几乎所有门类，如宪法、民法、刑法、行政法、经济法及《民事诉讼法》、《刑事诉讼法》、《行政诉讼法》等各项法律。正基于此，有学者指出，在实行制定法或成文法的大陆法系国家，新闻法主要表现为各种法律文件，而在英美法系国家，习惯、判例等在新闻法中有重要地位。这些法律文件可以粗略地分为三大类：1）宪法和专门的新闻（大众传播）法；2）信息自由

———
① 高一飞：《论我国新闻立法的使命》（上），《新闻知识》2008 年第 9 期。

法；3）诽谤法和隐私法。① 但也有学者对上述分类不满意，指出广义的新闻法（大众传播法）包括的实质内容应当包括：1）宪法中的保障新闻自由条款；2）国家安全法与刑法中的危害国家安全罪条款；3）各种新闻出版、广播电视行政管理法；4）信息自由法、保守国家秘密法；5）诽谤与隐私法。②

对此我们不难看出，不管上述分类哪个更完善，广义上新闻立法无不包括"信息自由法"。其实，从渊源来说，历史最为悠久的新闻法——瑞典 1766 年的《新闻自由法》，至今还作为世界上第一部信息自由法而独享盛誉。这种信息自由法与新闻法相伴而生的肇始及其发展，说明了也奠定了信息自由法是作为新闻立法的一部分而存在的事实。③ 例如，德国、西班牙等宪法性文件都一并确认了新闻自由和"媒体不受阻碍和歧视地获得信息的权利"。尤其在德国，主要是通过全国新闻立法和地方有关新闻立法来规范政府信息的公开。在德国联邦和州的新闻传播法都规定国家和政府一切从业人员有义务向新闻记者等媒体代表提供有关信息。柏林《新闻法》第 4 条规定："当新闻界能够表明自己是在履行公共职责的时候，官方有义务向新闻界的代表提供信息。"除非：（1）涉及按保密条例规定必须保密的事务；（2）有关信息公布或者过早公布会损害或危及公众利益的事项；（3）因信息传播使合法机构的正当活动受到妨碍、延误或危害；（4）触及应该受到保护的个人利益。基于此，国家和政府有关机构一般情况下不得禁止和阻挠其从业人

---

① 展江：《以新闻立法促进社会进步——第八个记者节感言》，《青年记者》2007 年第 21 期。

② 高一飞：《论我国新闻立法的使命》（上），《新闻知识》2008 年第 9 期。

③ 在瑞典《新闻自由法》（1766 年）中，申请人请求公开公文书的权利，是被包括在出版自由的权利框架内，而不是被作为一项完全独立的权利单独存在，即当事人申请公开公文书的"正当"目的只是基于自由出版的需要，向申请人公开也只是通过媒体向社会公开的一个中间环节。因此，从法律规定的层面上考察，最初的政府信息公开方式只是一种，即通过纸质的媒介形式——报纸来公开政府文件。

员向新闻媒介提供信息。一些世界性或者地区性的国际条约也采取这种规范方式,如联合国大会通过的《世界人权宣言》、《公民权利和政治权利国际公约》都在同一个条文中一并规定,"人人有权享有主张和发表意见的自由"以及"寻求、接受和传递消息和思想的自由"。

当然,我们还可以从西方学者的理论分析中获得这种认识。有西方学者认为,新闻法要解决五个问题:第一,从哪里争取自由,如何保障新闻不受国家权力和社会势力的干涉。第二,为谁的自由,即为媒体自身还是受众。第三,新闻自由是给媒体经营者还是记者个人。第四,多大程度的自由,即新闻自由与其他权利发生冲突时如何调整不同利益。第五,以何种方式保护新闻自由。如新闻自由是一种制度性权力还是普通的公民权利。① 马萨诸塞大学的媒体与社会中心的主任埃伦·休姆从另一个角度进行了概括,认为自由媒体在民主政体中发挥四个重要作用。第一,自由媒体对当权者发挥监督作用,要他们向人民负责(向政府问责)。第二,自由媒体将需要得到关注的问题公布于众(公布问题)。第三,自由媒体使公民知情,进而让他们能够作出政治抉择(教育引导民众)。第四,自由媒体增进人与人之间的联系,给公民社会带来凝聚力(联系民众)。② 从上述新闻法要解决的第一个问题和媒体发挥的前三个作用来看,新闻立法重点要处理的是政府与新闻自由的关系,即政府权力与新闻监督的关系。而新闻监督的本质意义在于人民监督,所以大众传媒必须向民众提供足够的资讯,提供并促进公正讨论的机会,促使舆论的生成,对政府构成强大的监督压力,使其远离腐败。但是,大众传媒如何才能获得满足大众需求的足够的资讯呢?为政府设定公开信息义务,为大众传媒获得政府信息提供权利保障的立法遵循国际惯例就是《信息自由法》或者《政府信息公开法》。如美国、法国、日本等主要西方国家基本完成了信息自由

---

① 刘迪:《现代西方新闻法制概述》,中国法制出版社 2008 年版,第 4 页。
② 埃伦·休姆:《新闻自由的作用》,《美国参考》2007(4)。

的立法。其中美国的《信息自由法》修正案于 1975 年生效后，援引该法要求联邦政府部门提供情报服务的人数不断增加。据统计，到当年 8 月，司法部平均每月收到 2000 起信息索取、查询的申请，其中 1/4 来自大众传播媒介。① 澳大利亚的《信息自由法》通过以后，对于非隐私信息的申请方面，来自媒体的信息索取、查询申请虽然不是最多的，但是也达到了 20% 的比例。② 由此可见政府信息公开对于媒体采访权实现的意义。

（二）价值层面：政府信息公开能够保障采访权实现与媒体舆论监督权的实现

价值本质不在于真实的事实性，而是它们的有效性。这种有效性表现在：首先，价值附着在对象之上，并且由于价值的附着对象变成有价值的；其次，价值与行动主体相联系，并且由于这种联系，主体的行动变成评价即价值判断。③ 因此，从价值层面来看，政府承担公开信息责任所从事的公开信息的行为对大众传媒的新闻自由实现具有极大的作用，而这种作用就是"有效性"。

1. 政府信息公开能够保障采访权实现

2006 年 4 月，上海《解放日报》记者马骋为了对某一新闻事件进行深入采访，向上海市城市规划管理局传真了采访提纲，该局没有予以答复。随后，他又以挂号信的形式向该局寄送了书面采访提纲，再次遭到拒绝。无奈之下，马骋向上海市黄浦区人民法院提起行政诉讼，要求法院判决上海市城市规划管理局按照《上海市政府信息公开规定》，向其提供由自己申请应当公开的政府信息。上海市黄浦区法院于 6 月 1 日正式受理此案。一周后，马骋突然以

① 宋小卫：《美国〈信息自由法〉的立法历程》，http：//www. chinaelections. org/。

② 陈欣新：《表达自由的法律保障》，中国社会科学出版社 2003 年版，第 21 页。

③ 参见苏国勋：《理性化及其限制——韦伯思想引论》，上海人民出版社 1988 年版，第 272~273 页。

"放弃对被申请人的采访申请"为由，撤回了诉状。① 作为国内首例新闻记者起诉政府部门信息不公开的案件，引起了社会各界的广泛关注，所产生的积极意义是显而易见的。② 但由于原告的撤诉而使该案没能促成保护记者采访权、促进政府信息公开的有标杆意义的司法范本的出笼。

从政府角度来看，政府信息公开是对社会各主体的平等公开，换言之，政府信息公开的权利主体基本上是没有限制的。应当说，一切机关、团体、组织和公民个人，即"任何人"都有权请求负有公开义务的主体（政府机关）履行其公开义务。③ 由此可知，政府信息公开权利主体并不排除作为现代社会最重要的信息传播中介的媒体。从大众传媒角度来看，采访权本身就是一种知情权，在很多情况下是一种消极权利，国家、社会和他人只是承担不予任意妨碍、干涉、阻挠记者正常采访的义务，普通公民并没有必须承担接受记者采访的法定义务，有权拒绝；当采访政府所掌握的政务公共信息时，采访权就成为一种积极权利。政府机构作为采访权的特殊义务主体，有责任向记者提供除国家秘密、商业秘密、个人隐私等法律保护之外的各种信息，无权拒绝记者正当的采访要求。这一论断的法理依据在于：政府受民众委托、经民众选举而产生，是服务民众的公共机构；政府机构所生产、掌握的信息绝大多数属于公共信息而非私人信息，与公众利益密切相关，应该让公众知悉和使

---

① 《上海记者状告市规划局信息不公开后撤回起诉》，http://news. 163. com/06/0612/11/2JDQEG1J0001124J. html。

② 如江西省检察院检察官杨涛6月3日在"西祠胡同"上发帖说，作为记者的马骋起诉上海市城市规划管理局，具有积极的双重破冰意义：一方面，他的诉讼是在争取记者的采访权利；另一方面，他的诉讼也是在争取公民的知情权利。参见《记者起诉规划部门的破冰意义》，http://www. xici. net；司法部研究室副研究员、《中国司法》杂志副总编刘武俊认为，该案彰显了公民政务知情意识的觉醒和政务知情权的诉求。参见《司法个案督促政府信息公开》，《法制日报》2006-06-12。

③ 《中华人民共和国政府信息公开条例》第1条规定，为了保障公民、法人和其他组织依法获取政府信息，提高政府工作的透明度，促进依法行政，充分发挥政府信息对人民群众生产、生活和经济社会活动的服务作用，制定本条例。

用；政府机构生产、掌握的信息成本来自税收，政府信息本质上是一种"公共财产"和"公共资源"，其所有权人为社会公众，政府机构有责任、义务向公众开放信息；政府机构是公民知情权的义务主体，而公民的知情权主要依靠记者的采访权来实现，因此政府机构负有向记者提供信息的特定义务。① 因此可以说，正因为政府信息公开的制度构建，才使采访权在法律上找到了最直接依据，为采访权"应然权利"属性转化为"实然权利"提供了司法可能。

另外，信息公开对媒体来说还有着特别的意义。因为对媒体而言，信息不公开，就意味着无法表达；"假如没有什么可以表达的，那么宪法所确认的言论和表达自由将失去意义。"② 国际交流问题研究委员会也认为，"新闻人员有要求不受妨碍地搜集消息情报并安全、有效地予以传送的权利"；虽然"人人都应享有搜集和传播消息情报的权利以及发表意见的权利，但是新闻人员需要行使这些权利作为他们有效地进行工作的基本条件"③。因此，接近政府信息、要求政府信息公开的权利并非针对媒体而设计，而是媒体权利的应有之义。媒体的采访权行使已内含了接近信息和信息公开的要求。同时，我们还必须正视"据有关方面统计，我国约80%的社会信息资源掌握在政府部门手中"这个现实，作为天生就是传递信息的大众传媒，若在政府信息公开的前提下，会获得怎样的蓬勃发展，实现公民知情权会是怎样的高效，这些都是不言而喻的。

2. 媒体舆论监督权的实现有赖于政府的信息公开

正如本书第二章所做的分析，舆论监督是指公民利用大众传媒对国家机关及其工作人员所从事的职权行为和能够对他们公正行使职权产生影响的社会行为进行揭露、批评和提出建议的行为。它是

① 陈建云：《采访权与政府信息公开——从我国首例记者起诉政府部门信息不公开案件谈起》，《新闻记者》2006年第10期。

② T. Barton Carter. Mass Communication Law. Beijing: Law press, 2004. p. 256。

③ 联合国教科文组织国际交流委员会：《多种声音，一个世界》，中国对外翻译出版公司1981年版，第322页。

公民依法管理国家事务的民主权利的体现，是人民参政议政的一种形式，是现代宪政制度的一个组成部分，是现代政治文明建设须臾不可缺少的。

基于舆论监督的含义，我们可推知舆论监督权应包含以下意思：公民有权利用大众传媒披露与公共利益相关的事务并对政府、社会公共事务及社会现象进行批评和建议。舆论监督权最主要的指向就是国家权力机关，包括依法行政、日常工作和运行信息，其是由公民的言论自由、批评建议权延伸出的具有独立价值的权利，是宪政制度所保障的一项制度性权利。

不过，如果政府机关不公开信息，或者法律不明确界定其信息的披露或豁免范围，或者政府机关在披露什么、披露多少信息方面并没完全依照法律规定操作，那么，大众传媒的舆论监督权也就无法得到落实或者无法得到全面落实。因为，一方面，作为最主要的信息生产者和持有者，政府掌握了全社会80%以上的信息资源，理应通过大众传媒的信息公开促进信息资源更快更好地开发利用；另一方面，本质上舆论监督权的实施也要求作为被监督者的政府部门的信息透明化，大众传媒只有在搜集到信息的基础上才可以进行分析论证最终形成信息产品并借此达到监督政府部门的目的。在封闭的环境下，或者在采集、接近信息时，频频遭政府机关自由裁量的拒绝的前提下，媒体就无法了解相关的国家事务和社会公共事务，相对应也就不可能进行表达或者即使是表达也是无的放矢，切中不了要害而显得毫无价值。因此，可以这么说，政府信息公开就是舆论监督权实现的前提，是大众传媒形成思想、观点和意见的关键条件。不承认政府具有信息公开的法定义务，或者不允许大众传媒利用政府机关掌握的信息，就无法发挥或者无法充分发挥媒体传播中介、舆论监督的功能。

全国人大常委会2007年8月30日通过了《中华人民共和国突发事件应对法》(2007年11月1日施行)。这部专门法律删除了2006年草案中对媒体报道的限制性规定，即："新闻媒体违反规定擅自发布有关突发事件处置工作的情况和事态发展的信息或者报道虚假情况，将由所在地履行统一领导职责的人民政府处以5万元以上 10 万元以下罚款。""突发事件的相关信息由该地人民政府统一发布,新闻媒体的相关报道也归其统一管理。"这一删除行为表明,最大程度地发挥大众传媒的传播信息功能,确保信息发布畅通、透明的宗旨已在法律上得到了充分确立。

**(三) 实践层面:政府信息公开制度的贯彻执行对新闻媒体的实践会产生极大的促进作用**

政府信息公开制度的贯彻执行对新闻媒体的实践会产生很大的促进作用,为了说明这种作用,我们选择已生效的《政府信息公开条例》(以下简称《条例》) 为例来加以分析。

首先,确定了媒体的权利与政府的义务。

《条例》第一条指出:"为了保障公民、法人和其他组织依法获取政府信息,提高政府工作的透明度,促进依法行政,充分发挥政府信息对人民群众生产、生活和经济社会活动的服务作用,制定本条例。"这说明该条例把保障包括大众传媒在内的所有行政相对人依法获得政府信息作为首要的立法目的,体现了关注民生、保障权利、提供服务的精神,完全实现了信息公开由政府机关的自愿的、非义务性配合转化为法定必须履行的义务。更为直接的是,《条例》不但在第六条规定了"行政机关应当及时、准确地公开政府信息",在第四条①要求相关政府及其部门指定专门机构负责政府信息公开的事宜,而且首次在行政法规层级的法律文件中确定了公民、法人或者其他组织的信息请求权。尽管该条例并没有明确规定各级政府组织必须承担接受大众传媒采访的义务,但是大众传媒

---

① 第四条:各级人民政府及县级以上人民政府部门应当建立健全本行政机关的政府信息公开工作制度,并指定机构 (以下统称政府信息公开工作机构) 负责本行政机关政府信息公开的日常工作。政府信息公开工作机构的具体职责是:(一) 具体承办本行政机关的政府信息公开事宜;(二) 维护和更新本行政机关公开的政府信息;(三) 组织编制本行政机关的政府信息公开指南、政府信息公开目录和政府信息公开工作年度报告;(四) 对拟公开的政府信息进行保密审查;(五) 本行政机关规定的与政府信息公开有关的其他职责。

作为"法人"中的一员，理应享有第 13 条规定①的权利，要求政府部门配合采访，政府部门也应承担提供相应信息的义务。

其次，媒体获取政府信息的方式和程序的规范化。

为了便于包括媒体在内的信息索取者获取政府信息，同时也为了防止行政机关寻找借口拒绝信息公开，《条例》对政府信息公开的方式和程序作了规范性的要求。第一，在方式方面，该条例第十五条规定：行政机关应当将需要主动公开的政府信息，通过政府公报、政府网站、新闻发布会以及报刊、广播、电视等便于公众知晓的方式公开。对于该条款的解读，我们不能将认识止于政府部门可以选择报刊、广播、电视等大众传媒作为公开传播信息的通道，我们还应从大众传媒作为信息公开的法定途径这个层面，反向引申出大众传媒必然具有从政府部门获得信息的权利。第二，在程序方面，该条例第二十条明确指出：公民、法人或者其他组织依照本条例第十三条规定向行政机关申请获取政府信息的，应当采用书面形式（包括数据电文形式）；采用书面形式确有困难的，申请人可以口头提出，由受理该申请的行政机关代为填写政府信息公开申请。如此一来，大众传媒想要通过采访政府部门取得"根据自身生产、生活、科研等特殊需要"的信息，也必须填写书面申请。当然，对于大众传媒来说，一般情况下并不存在填写书面申请困难的情况，所以不可以采用口头形式提出。而针对传媒申请，该《条例》第二十一条设立了信息持有人的答复机制，即对信息公开的申请人，无论信息公开、提供与否，必须要分别情况进行答复：如为应当公开的信息，告知其获取该政府信息的方式和途径；如属不予公开范围的，应当告知申请人并说明理由；如依法不属本行政机关公开或者该政府信息不存在的，应当告知申请人，对能够确定该政府信息的公开机关的，应当告知申请人该行政机关的名称、联系方式

---

① 第十三条：除本条例第九条、第十条、第十一条、第十二条规定的行政机关主动公开的政府信息外，公民、法人或者其他组织还可以根据自身生产、生活、科研等特殊需要，向国务院部门、地方各级人民政府及县级以上地方人民政府部门申请获取相关政府信息。

等。第三，对于两种特殊情况，该条例分别作出了规定：其一；对于申请公开的政府信息中含有不应当公开的内容，第二十二条指出，若能够作区分处理的，行政机关应当向申请人提供可以公开的信息内容，即遵循分割原则；其二，对于申请公开的政府信息涉及商业秘密、个人隐私，公开后可能损害第三方合法权益的，第二十三条指出，应当书面征求第三方的意见，若第三方不同意公开的，不得公开。但是，行政机关认为不公开可能对公共利益造成重大影响的，应当予以公开，并将决定公开的政府信息内容和理由书面通知第三方。另外，对于行政机关答复的时效，该条例第二十四条也进行了约束："行政机关收到政府信息公开申请，能够当场答复的，应当当场予以答复。行政机关不能当场答复的，应当自收到申请之日起 15 个工作日内予以答复；如需延长答复期限的，应当经政府信息公开工作机构负责人同意，并告知申请人，延长答复的期限最长不得超过 15 个工作日。"

上述这些规定，一方面奠定了政府由管理角色到服务角色转型的基础；另一个方面也为媒体索取、查阅有关政府信息提供了可遵循的规范化的程序，并在此基础上更好地实现舆论监督和公民的知情权。

再次，为媒体开展舆论监督指明了方向

正如前述，政府信息公开制度的确立，使得舆论监督能够师出有名、有法可依，便于从源头上遏制和预防腐败。各级政府组织依法行政的过程公开透明，并不代表能够完全杜绝政府官员的徇私舞弊、贪赃枉法、假公济私等违法乱纪行为，但是大众传媒的有效介入无疑会大大降低腐败发生的几率。对此不再赘述。

《条例》第九条①以非常宽泛的用语概括了政府承担主动公开的信息范围，极大地保障了公民知情权的实现。同时，该条例又通

---

① 第九条：行政机关对符合下列基本要求之一的政府信息应当主动公开：（一）涉及公民、法人或者其他组织切身利益的；（二）需要社会公众广泛知晓或者参与的；（三）反映本行政机关机构设置、职能、办事程序等情况的；（四）其他依照法律、法规和国家有关规定应当主动公开的。

过第十、十一、十二条的重点列举，将人们最关心、行政人员最容易违法乱纪的领域指出来，包括重大建设项目的批准和实施情况，政府集中采购项目的目录、标准及实施情况等，使公民的合法权益获得最大的保障。尤其是，《条例》第十一条中列举的政府信息公开重点，有针对性地划出了最容易被做手脚、颇受民众非议的项目："设区的市级人民政府、县级人民政府及其部门重点公开的政府信息还应当包括下列内容：（一）城乡建设和管理的重大事项；（二）社会公益事业建设情况；（三）征收或者征用土地、房屋拆迁及其补偿、补助费用的发放、使用情况；（四）抢险救灾、优抚、救济、社会捐助等款物的管理、使用和分配情况。"

该条例之所以在通过概括的方式规定政府信息公开范围后还要通过分别列举的形式将重点区域以法规的方式规定，是因为立法者与民众都有一个共识：这些都是腐败的重灾区域，也是现实生活中一些政府官员利用权力谋取私利的要害所在。因此，对这些领域的信息强制公开，实际上是为了杜绝某些不法行政人员的违法可能，至少是增加了其操作难度。对于担负舆论监督职责的大众传媒来讲，该条例对信息公开范围的确定无疑是为大众传媒下一阶段集中报道或曝光的重点选定了范围、指明了方向。

最后，媒体信息索取、查询受阻后的救济司法化

"权利依赖于救济（Rights depends upon remedies）。"① "一项不能被主张、被要求、或请求享有行使的权利，不仅是'有缺陷的'，而且是一个空洞的规定。"② 救济是防止对权利的侵害，以及当权利受到侵害时矫正和补救受到的侵害的手段。③ 这些片言碎语都在说明一个耳熟能详的古老法律格言：有权利必有救济。换言之，想使法律所确定的权利成为现实的、可靠的权利，必须以有效

---

① H. W. R. Wade：Administrative Law, Clarendon Press, Oxford, Fifth edition, p. 513.

② S. J. Stoljor, An Analysis of Rights, the Macmillan press, Ltd., 1984, p. 4. 转引自夏勇：《人权概念起源》，中国政法大学出版社 2001 年版，第 50 页。

③ Henry Campbell Black：Black's Law Dictionary, fifth edition, p. 1162.

的救济手段尤其是诉讼方式作为有关主体的权利救济的依托，即一旦主体依法享有的权利受到侵害，该权利主体可以通过有效的救济途径特别是通过向法院提起诉讼的方式获得救济，否则法律所规定的权利只能成为文明社会中的一个美丽的装饰。政府信息公开制度中也存在同样问题，正因为知情权的存在，公开信息就成为政府部门的一项责任和义务，对于政府部门不依法履行自己的信息公开义务，法律上应该有救济途径来对公民的获取信息的权利加以保护。否则，就会出现无论获得政府信息的权利设计得如何严密，在很大程度上这个权利只是一个立法者许给公民的空头支票。因而救济原则是政府信息公开法律制度的基本原则之一。

　　纵观世界各国信息立法和司法实践，大多数国家在信息公开的执行上都设置了救济手段，以修正行政机关的不公开、怠于公开和不正确公开信息的行为。我国也不例外，我国《条例》第三十三条第一款规定，"公民、法人或者其他组织认为行政机关不依法履行政府信息公开义务的，可以向上级行政机关、监察机关或者政府信息公开工作主管部门举报。收到举报的机关应当予以调查处理。"第二款规定，"公民、法人或者其他组织认为行政机关在政府信息公开工作中的具体行政行为侵犯其合法权益的，可以依法申请行政复议或者提起行政诉讼"。据此我们以为，该条款比较系统地规定了包括媒体在内的信息权利主体在信息索取、查询受阻后的救济途径，即申诉、申请行政复议和提起行政诉讼。如此一来，对于大众传媒而言，如果认为政府部门在执行信息公开上有不作为时，或者在执行信息公开行政行为时不当阻碍了正常的采访权时，可以通过向上级行政机关、监察机关或者政府信息公开工作主管部门举报，也可采取行政复议或者提起行政诉讼等多种途径来维护采访的权利。需要强调的是，在大众传媒自认为合法权利受到侵害后，是提起行政复议还是提起行政诉讼，完全由媒体自己来决定，可以直接提起行政诉讼，也可以在提起行政复议后不服复议决定再提起行政诉讼，但是不可同时提起行政复议和行政诉讼。对法院判决不服可以上诉，但不可再提起行政复议。如此看来，该条例对救济途径的具体设置使媒体接近政府信息的有了切实的保障，强化了媒体对行政机关的监督，在一定程度上也强化了媒体舆论监督权。

## 三、大众传媒法治化与政府信息公开制度共同的价值追求

### （一）终极追求：实现公民的权利

一般而言，任何一部出台的法律，都会不同程度地受到立法价值的影响。不同的立法价值，不仅影响到对特定立法之必要性的认识，而且对特定立法的宗旨及其终极关怀都将产生非常重要的影响。

大众传媒法治化的本质意义在于真正实现新闻自由，而新闻自由的最终目的就是实现公民的知情权。可能有人会说，新闻自由的实现并不是为了保护公民的知情权而是为了保护公民的表达权。其实，对于这个问题的认识就跟"先有鸡还是先有蛋"一样，不是很容易能够厘清这两者间的关系，比如有人认为知情权实现不了，表达权就不可能真正实现，即一个人对某事务不了解的情况下不可能说出什么有价值的话来；也有人认为表达权实现不了，知情权就不可能实现，即不让人，尤其是有思想的人，自由地说话，人民大众就不可能获得新思想、新观点。但是，我们以为，从传播规律来看，大众传媒业之所以产生目前如此蓬勃发展的势头，就是因为适应并满足了广大民众获取信息的迫切需要；从人类史发展来看，历代专制王朝对媒介传播信息严酷控制的真正的用意在于，通过钳制人们的口和笔来达到信息流动的断裂，最终实现愚民政策；从大众传媒的社会功能来看，之所以能够产生各种各样的社会功能的前提就是民众通过大众传媒获得了各种各样的信息，不同内容的信息对于不同接受者就会产生不同的反应，呈现出来的行为被归纳后就是不同的社会功能。由此，我们可以说，大众传媒法治化下的采访和报道自由，最终目的并不是为了实现表达权，而是通过保护表达权将终极关怀落在公民知情权的实现。当然，至于公民在获得充分的信息后，利用这些信息去提高自己的学术素养或处事能力，还是去经商、工作，还是娱乐自己的身心或陶冶自己的情操，还是去参政议政或揭发腐败等等，法律对此就不会再做详细调整。

通过考察世界各国信息公开制度的立法情况，我们可以发现，

很多国家立法机关制定信息公开法都是基于人们获知政府信息的需要，直接或间接地强调"以保障公民知情权"为立法目的。换言之，很多国家以自由为政府信息公开的立法价值，以最大限度地保障与实现公民的自由和权利免受不必要的侵害和威胁，在立法必要性认识上，以公民自由为最高利益。因为，"信息公开法律制度的建立，是公民知政、参政、议政和督政权落实的前提和保障。在整个信息公开制度中，只有在知政权、参政权保障的基础上才有督政权保障；只有保障了督政权，知政权、参政权保障才能是有效的；只有知政权、参政权和督政权都得到保障，信息公开才是完整的，也才能真正体现民主政治、法治行政的本质和价值"①。

韩国《信息公开法》第一条明确规定："本法目的，在于规定拥有、管理信息的公共机关的公开义务以及国民要求公开信息的有关事项，以保障国民的知情权，保障国民参与国家事务的权利和国家政策执行的透明性。"南非《信息公开促进法》序言明确了两个"立法目的"："1. 通过行使获取信息的权利，在公共和私立机构中培养一种透明的和负责任的文化氛围；2. 积极推进社会进步，使南非人民能够有效地获取信息，以帮助他们更充分地行使和保障自身权利。"

美国《信息自由法》虽然没有明确立法目的，但我们可以从该法实施前的有关声明中探知其内涵，约翰逊总统在签署该法时发表的声明中含有以下内容："今天我所签署的……这个法律发源于我们所信仰的一个重要原则：在国家安全许可的范围内，人民能够得到全部信息时，民主政治才能最好地运行。任何人不可能对可以公开的决定蒙上一个秘密的屏幕而不损害公共利益。我们怀着这样一个深刻的自豪感而签署了这样一个法律。美国是一个公开的社会，在这个社会里，人民知道的权利受到重视和保护。"② 美国司法部部长克拉克则在美国《信息自由法》即将实施时发表的声明中提出："如果一个政府真正是民有、民治、民享的政府的话，人

---

① 刘俊祥：《行政公开的权利保障功能》，《现代法学》2001 年第 5 期。
② Stein, Mitehel, Mezines: Administrative law, 1991, V. 2, ch. 7, p. 100.

民必须能够详细知道政府的活动。没有任何比秘密更能损害民主，如果公众不了解情况，所谓自治，所谓公民最大限度参与国家事务，只是一句空话。如果我们不知道我们怎样受管理，我们怎么能够管理自己呢……当政府在很多方面影响每个人的时候，保障人民了解政府活动的权利，比任何其他时代更为重要。"① 从美国总统和司法部部长的声明可以看出，《信息自由法》的立法目的是保障民主政治，保障人民"知道的权利"。

尽管大多数国家的信息公开法都明确以保障公民的知情权为立法目的，但由于不同的文化、经济和社会背景也有少数国家因为对"知情权"的权利属性认识比较模糊，在具体立法中采取比较拘谨的态度，并不将知情权保障作为首要目的。如，日本的《行政机关拥有信息公开法》第一条规定："本法的目的是，根据国民主权理论，就行政文书开示的请求权②作出规定，依此规定谋求行政机关保有的信息更加公开，使政府的诸项活动向国民的说明责任得到履行，同时有助于推进在国民正确理解和批评之下的公正、民主的行政。"该条文没有将"知的权利"写入。对此，《信息公开法纲要案的思考》的解释是：该法以国民主权理念为基础，以公示和请求权为核心，而"知的权利"用在法律条文中是否适当，作为法律问题有必要另外讨论；"知的权利"基本上是抽象的权利，有待于以法律规定为具体的权利，"知的权利"用在信息公开法中会引起各种理解，不适宜写入条文。③ 可见，日本政府对"知的权利"，是作为抽象的理论问题对待的，在具体立法中采取了比较拘谨的态度。

但是不管怎样，没有政府信息公开，就不会有政府和公众的

---

① 王名扬：《美国行政法》，中国行政出版社 1995 年版，第 959～960 页。

② 日本《信息公开法》第三条规定，任何人可以向行政机关长官提出信息开示的要求。根据《信息公开法纲要的思考》对此问题的解释，不仅限于本国国民，在日本的外国人也可以成为开示请求人，在国内没有居住地的限制，也没有是否与本人有利害关系的限制和将该信息作何使用的限制。

③ ［日］右崎正博等：《情报公开法》，日本：三省堂 1997 年版，第 22～35 页。转引自林爱珺：《论知情权的法律保障》，复旦大学 2007 年博士学位论文。

真正沟通，也就不会存在政府与公众之间的真正信任。如果仅仅规定政府信息公开的义务，而不直接赋予公众要求行政机关提供信息服务的知情权，即使公众能够通过行政机关的尽职尽责满足信息要求，法律所直接保护的也只是公众的信息利益而非信息权利，一旦信息要求不能得到满足，公众也无法以政府侵权为由提起权利请求诉讼。所以，政府信息公开不仅仅是一种办事或管理制度、办事工具，如可以提高行政效率、维护政府形象等，而且还是、也必须是一种知情权的保障机制，即公民除了可以主动向政府申请获得相关政府信息外，政府如果出现侵犯公民知情权的情况，公民还可以申请行政复议或者提起行政诉讼。当然，也只有以公众知情权为基础，政府信息公开制度才会具有广泛的社会学、经济学、法学基础，闪烁着现代法制文明的光芒，并保持旺盛的生命力。

（二）工具性价值：防止腐败

一般认为，现代社会对国家权威性构成最严重挑战的，当属腐败现象的存在和蔓延。因为腐败会损害政府的形象和声誉，使人民对政府失去信心，使执政党失去民众的支持。对于腐败的成因，Vito Tanzi 认为：1）管制和授权……不透明的管制，导致市民与政府官僚主义之间打交道要付出过多的交易成本和时间；2）税收……包括管理程序缺乏透明度……其同时认为，腐败的间接原因是……规章、法律和管理过程缺乏透明度，内容含糊不清，相关文件不能向公众公开，公共建设项目缺乏公开竞争。世界银行报告（1997）认为，腐败的大部分活动基本上是各类交易活动，这些交易不是公开交易而是私下交易。Sachs，Woo 和 Yang 认为，在中国对制度进行安排的政府官员同时也是规则的制定者、执行者、仲裁者和参与者。游戏规则的特征是不透明、不公正、不稳定，造成制度化的国家机会主义和猖獗的腐败。① 由此可知，秘密性是腐败最主要的成因。"公共事务缺乏透明度，为腐败提供了极佳的机会，

---

① 参见刘飞宇：《转型中国的行政信息公开》，中国人民大学出版社 2006年版，第 132 页。

使腐败行为秘而不宣。无法揭露真正的腐败，同时也使腐败被泛化。"不公开可以玩权术，不公开可以徇私舞弊，不公开可以将权力演变为资本，进行权钱交易，是通向腐败的黑通道。

列宁早就对政治活动的神秘、保密与政府腐败的关系进行过精辟的论述，他指出，官僚政治的神秘性正是官僚政治腐败和无能的根源；只有在实现了真正的公民参政，实现了公民权对政府权力的监督之后，才能有效地防止权力的腐败和公职人员的专断。"只有当群众知道一切，能判断一切，并自觉地从事一切的时候，国家才有力量。"① 韦伯也认为："官僚体制的行政管理按其倾向总是一种排斥公众的行政管理。官僚体制只要有可能，就向批评界隐藏它的知识和行为。"②

因此，基于"阳光是最好的防腐剂"的理念，公开公共事务，确保权力在阳光下运行就成为从根本上治理腐败的唯一选择。政府信息公开的法治化能够规范行政行为，最大限度地防止腐败；大众传媒的法治化能够保障舆论监督行为，最大限度地揭发腐败。

首先，政府信息公开制度完善了权力制衡机制。政府信息公开制度要求政府各部门将其职能、办事程序、办事结果等行政内容公布于众，将权力运行的界限告诉民众，从而减少行政越权行为。同时，政府信息公开制度要求行政机关公开"自由裁量权"的资讯，细化"自由裁量权"，从而减少权力运行的随意性。在这方面，上海市的一些做法为我们提供了成功的经验。例如，2004 年上海市工商局在梳理涉及工商处罚权的法规条例时，将 1270 条拥有行政自由裁量权的条款化解成 3900 条细则，使工商执法人员在一根根明晰的准线上执法。③ 从而保证了行政权力运行的公开透明，减少了腐败行为的发生。国外以政府信息公开促进廉政建设的例子很多。近二十年来，日本地方政府颁布了 400 多条有关政府信息公开

---

① 《列宁选集》第 3 卷，人民出版社 1972 年版，第 316 页。

② ［德］马克斯·韦伯：《经济与社会》（下卷），商务印书馆 1998 年版，第 314 页。

③ 袁峰：《让权力在阳光下运行》，《学习与实践》2008 年第 3 期。

的法令。信息公开的请求者揭露了某地方政府的六位官员曾经用纳税人的钱大肆吃喝，一次性喝光三十多瓶啤酒、三十多瓶日本米酒的丑闻；出于公众和社会各界的压力，日本的地方政府将食品和饮料预算削减一半以上；仅 1995 年到 1997 年，就节省开支 10 亿美元。①

　　其次，利用大众传媒监督政府，也是实现公民的知情权的重要方面。德国媒体专家赫尔曼·迈恩指出："如果说在议会制政府中设置的其他组织不能或不能充分地履行批评和监督的职能，那么大众传播媒介的批评与监督便具有重要意义；如果没有报刊、广播电台和电视台发现弊端，并通过报道引起议会的质询和派出调查委员会，民主社会就会处于屈服于腐败或官僚主义专横的危险之中。"② 梁启超也曾指出："舆论操之，舆论无形，而发挥代表者，莫若报馆，虽谓报馆为人道之总监督可以也。"③ 虽然梁氏未免夸大了新闻监督的作用，因为除了新闻监督还有更有效的司法监督，显然新闻监督称不上总监督，但是我们并不能否认新闻舆论监督所具有的不可替代的、影响深远的作用。美国的卡特教授曾经列举了美国实施《信息自由法》之后新闻记者依法揭露的政府权力滥用的几个著名事件：①揭露有关核弹试验以及给犹他州的居民带来辐射危险的信息；②联邦调查局和中央情报局在 20 世纪 60 年代和 70 年代的过度作为（如对美国人民的非法监视）；③舰队司令们在他们的驱逐舰上享用着价值 1.7 万美元的沙发和 4.1 万美元的地毯；④五角大楼允许武器承包商向司法部索取因游说国会为他们的武器系统

---

　　① Thomas Blanton. The world's right to know, Foreign Policy；Washington；Jul/ Aug 2002：50。

　　② Henmann Meyn，"Meesenmrdien in der Bundesrepublik Deutschland"，转引自刘光兴：《德国的知情权制度》，《岳麓法学评论》第二卷，湖南大学出版社 2001 年版。

　　③ 李秀云：《梁启超的新闻舆论监督思想》，《南开大学学报》（哲学社会科学版）2003 年第 5 期。

拨款而支付的费用，等等。① 在国内，近些年我国新闻媒体掀起了此前少有的舆论监督浪潮，如 2007 年的"重庆钉子户"、"厦门PX 项目"、"无锡太湖蓝藻"、"山西黑奴工"、"陕西华南虎"；2008 年的"温州赴美考察团"、"南京天价烟房产局长事件"、"张家港官太太团出国事件"、"贫困县县委书记戴 52 万元名表事件"、"云南躲猫猫事件"、"瓮安事件"、"林嘉祥事件"；2009 年的"灵宝事件"、"七十码事件"、"邓玉娇案"，等等。

总之，不管是政府信息公开还是舆论监督，它们的诉求都在于实现人民的知情权。因为，只有发挥人民的监督作用、健全权力监督机制，才能从根本上解决腐败问题。正如毛泽东所指出的："只有让人民来监督政府，政府才不敢松懈。只有人人起来负责，才不会人亡政息。"②

## 第三节　政府信息公开制度的完善

### 一、政府信息公开的基本制度

#### （一）政府信息公开的基本原则

法律的稳定性决定了法律总是落后于现实，面对日新月异的社会发展，不可能事事都会找到相对应的法律条款以期加以调整。如此一来，根据法律的基本原则的精神处理法律条文所难以解决的问题就成为很好的选择，当然这也是现代法治国普遍遵循的做法。政府信息公开的基本原则就是在政府信息公开法的制定、执行、遵守以及解决政府信息公开争议过程中所必须遵循的基本准则，它贯穿于政府信息公开的立法、执法和监督救济的各个环节之中。

通过对世界上已建立的信息公开制度的考察，发现各国政府信息公开法律制度有一个共同的原则就是："以公开为原则，不公开

---

① 卡特等：《大众传播法概要》，中国社会科学出版社 1997 年版，第 158页。

② 黄炎培：《八十年来》，文史资料出版社 1982 年版，第 49 页。

为例外"，即原则性地规定政府信息应当公开，并以列举的方式明确划定不予公开的例外信息。比如，芬兰《公文公开法》第一条规定："除本法或者其他法律另有其他特别规定外，官方文件必须公开。"日本《资讯公开法》第五条第一款规定："除请求公开之行政文书该当下列各款之不开示资讯，行政机关首长必须对公开请求者，开示该行政文书。"等等。

这一原则的基本含义是："政府行为除依法保密的以外，应一律公开进行；行政法规、规章、行政决策以及行政机关作出影响行政管理相对人权利、义务的行为的标准、条件、程序应依法公布，让相对人依法查阅、复制；有关行政会议、会议决议、决定以及行政机关及其工作人员的活动情况，除依法应保密以外，应允许新闻媒介依法采访、报道和评论。"① 该原则一般包含以下内容：1. 所有的政府信息都应予公开，不公开的信息都必须以列举的方式进行规定，凡未被明确规定可以豁免公开的信息都必须公开；2. 行政法规、规章、行政政策以及行政机关作出影响社会公众权利义务的标准、条件、程序都应予公布，让社会公众查阅、复制；3. 有关行政会议应允许社会公众旁听，特别是应允许新闻媒体进行采访和报道；4. 有关行政决定、行政机关及其工作人员的活动情况，应让社会公众知悉，包括允许媒体知悉和报道。②

该原则之所以是基本原则就在于它奠定了政府信息公开制度的基本思想、基本宗旨。由于在传统的政府管理模式下，当权者常常为了行政的便利，封闭一切政府信息，且还常常认为政府信息是政府的财产，想怎么处置就怎么处置，所以保密就成为政府管理社会的常规做法，公开就成为偶尔为之的例外。这种严重缺乏民主气氛和机制的政府管理模式，必然会产生大量的暗箱操作、权钱交易等腐败现象，是现代法治国家所丢弃的、鄙视的。而"以公开是原则，不公开为例外"作为一项基本原则被确立，就成为人类政治

---

① 姜明安：《行政法与行政诉讼法》，北京大学出版社、高等教育出版社1999年版，第51页。

② 林爱珺：《论知情权的法律保障》，复旦大学2007年博士学位论文。

文明史上一大转折点。它的实施能够把政府及其工作人员的管理思维模式彻底地予以扭转，从而导致对政府的定位、对政府信息的财产性本质的认识都会有根本的再认识，这也就在源头上确定了政府信息公开制度的价值取向，这种价值取向本质就是政府的服务行政；它的实施不仅可以极大地调动公民的权利意识，促进公民参与政治的积极性，而且对公民的知情权起到了很好的保护作用。

因此，进入新世纪后党中央大力推进政务公开，观念发生了根本性的转变：强调政务公开要从程序和观念以及制度上处理好保密和公开的关系，通过完善保密制度，明确公开义务，在保证国家秘密得到有效恪守的前提下，尽可能地公开政府信息，保障公民的知情权。我国《政府信息公开条例》的颁布和实施基本体现了"以公开为原则，不公开为例外"的基本要求，在第一条、第五条、第六条和第二十七条①中只规定了政府信息公开的具体原则，如权利原则、公开原则、平等原则、便民原则和免费原则，但遗憾的是"以公开为原则、不公开为例外"并没有在该条例中给予明确的规定。

**（二）政府信息公开的主体**

1. 权利主体

对于政府信息公开而言，研究权利主体就是研究谁有权利请求政府信息公开。对此，很多学者认为，政府信息公开主体是指有权请求政府信息公开的任何人②，即没有资格限制，一切机关、团

---

① 第一条规定，为了保障公民、法人和其他组织依法获取政府信息，提高政府工作的透明度，促进依法行政，充分发挥政府信息对人民群众生产、生活和经济社会活动的服务作用，制定本条例。第五条规定，行政机关公开政府信息，应当遵循公正、公平、便民的原则。第六条规定，行政机关应当及时、准确地公开政府信息。第二十七条规定，行政机关依申请提供政府信息，除可以收取检索、复制、邮寄等成本费用外，不得收取其他费用。行政机关不得通过其他组织、个人以有偿服务方式提供政府信息。

② 张明杰：《开放的政府——政府信息公开法律研究》，中国政法大学出版社 2003 年版，第 123 页；刘恒等：《政府信息公开制度》，中国社会科学出版社 2004 年版，第 21 页；王勇：《政府信息公开论》，中国政法大学 2005 年博士学位论文。

体、组织和公民个人——任何人都有权请求负有公开义务的主体履行其公开职责。没有资格限制就是对申请人的自然属性、国籍、目的没有限制。当然，这是一种理想化的认识，实际上，由于各国不同的国情和法制传统，各国对该权利主体的规定并非整齐划一的都与此一致。不过，各国政府在制定政府信息公开法律制度时，都有一个追求就是尽可能地扩大权利主体的范围，满足全体人民的需求，与服务型政府的宗旨保持高度一致。

下面我们对该权利主体的无限性做一个扫描考察：

（1）对申请人的自然属性没有限制。换言之，申请政府信息公开的权利人既可以是自然人，也可以是法人或其他组织。世界各国对该权利主体的一般表述是"任何人均有权利请求……公开信息"[1]。不过，在国际上虽然对自然人作为该权利主体是没有异议，但对于法人能否享受获得政府信息的权利却存有争议。有人认为信息公开法为那些想从政府机关获取竞争对手的商业信息的商业组织从事不正当竞争提供了途径。对于这种担心，有几种解决方式：第一，通过单行立法解决商业信息披露问题，即完全将商业信息排除在信息公开法的适用范围之外；第二，限制商业组织依据信息公开法提出信息公开申请的权利；第三，通过信息公开法的例外规定，对商业秘密给予足够的保护。[2] 我们以为，该问题的关键不在于能否赋予商业组织信息申请权，而在于能否对商业秘密和信息公开实施平衡保护，若能实现这种动态平衡，商业组织成为该权利的主体就毫无疑问。并且，很多国家通过例外规定保护商业秘密确实实现了法人、其他组织的平等信息公开。当然，不论是国外那些私人商业媒介还是我国国有新闻单位都是"法人"中的一类组织，所以，国内外信息公开立法对新闻媒体并不排除。

（2）对申请人的国籍没有限制。从世界各国的信息公开立法情况来看，对于国籍问题尽管大多数国家没有限制，但并非没有差

① 英国 2000 年《信息公开法》第 1 条。
② 参见周汉华：《美国政府信息公开制度》，《环球法律评论》2002 年秋季号。

异。主要表现在以下三个方面①：第一，只允许本国公民或居民提出信息公开请求，外国人不能依据信息公开法提出公开申请，即权利主体的范围仅限于本国公民或居民。这以加拿大、澳大利亚和韩国的信息公开法为代表。② 第二，允许外国人和本国公民一样可以依据信息公开法提出信息公开申请并获得政府文件。这以日本和新西兰国家的信息公开法为代表。③ 第三，规定任何人都可以得到本国政府的信息，但外国人不能像本国人一样享有同等权利，其获得信息受到了一定限制。如芬兰 1951 年的《公务文件公开法》第 6 条第 1 款规定了芬兰公民均可获得应当公开的公务文件；第 3 款规定外国获得上述文件需由文件的提供机关自由裁量决定。

（3）对申请信息的目的没有限制。各国信息公开立法中的资格争议，主要体现在"国籍"方面，而对于申请信息的目的鲜有约束，一般表述都是，只要在法律规定的申请的范围内，不管申请人获得政府信息的目的如何，义务主体都应该公开。

2. 义务主体

---

① 参见汪全胜：《政府信息公开法律关系简论》，《电子政务》2006 年第 2 期。

② 加拿大《信息公开法》第 4 条规定，只有加拿大公民或加拿大移民法所指的永久居民可以提出公开请求并获得政府文件；对于其他人员的信息公开申请，则由枢密院主席制定公开的条件并以行政命令来决定是否对外国人公开。澳大利亚《信息公开法》第 1 条规定："本法的目的在于赋予本国公民调阅、查阅联邦政府及其机关所掌握官方文件的权利。"韩国《信息公开法》第 6 条规定，全体国民有权请求公开情报，外国人的情报公开请求由总统特定。这说明韩国信息公开法中信息公开请求权人只能是韩国国民，外国人的情报公开不适用该法。

③ 日本《行政机关拥有信息公开法》第 3 条规定："任何人都可以依据本法的规定，向行政机关首长请求公开该行政机关拥有的行政文件。"这里关于"任何人"的含义，日本行政改革委员会在其提出的《信息公开法纲要案的思路》中指出："国民构成行使公开请求权主体的中心。但是其并不是将主体仅仅限定在国民的范围中，在排除外国人方面不具有积极意义。"新西兰《信息公开法》第 12 条明确规定了五种权利主体：新西兰公民；新西兰永久居民；现在新西兰之人；在新西兰登记设立的公司；未在新西兰登记设立，但在新西兰设有营业所的公司。这种规定可以看出，它所规定的权利主体并未限制外国人，但只是在新西兰境内的外国人才可以提出申请。

政府信息公开的义务主体是指依照法律承担公开政府信息义务的机关。政府信息公开义务主体的范围不仅直接关系到公民可以向哪些机关或组织申请信息公开及公民知情权实现的程度问题，而且还直接影响到政府信息公开的范围。因为，作为义务主体的机关或组织越广泛，相应的被公开的信息总量就会越多，信息涉及面就会越广泛，公民知情权的实现程度就会越高。因此，义务主体的确定对于政府信息公开制度而言很是重要。

但是，由于各国行政主体理论的差异，造成了不同国家和地区对政府信息公开义务主体的认定也不尽相同。比如，法国将其行政主体主要分为三类：（1）国家；（2）地方团体；（3）公务法人。日本现代行政法中将行政主体分为两类：（1）国家；（2）公共团体，即由国家设立并规定其存在目的的公法人，可分为地方公共团体、公共组合和行政法人三种。我国台湾地区将行政主体归纳为两大类：（1）私人，包括自然人和私法人。私人成为行政主体，其权源来自公权力授权和委托。（2）公法人，包括公法财团、公共机构、公法社团，其中公法社团又分为地域团体和身份团体（农会、渔会等）。虽然上述各国和地区在认定义务主体时各具特色，但是，政府信息公开的义务主体非常广泛却是共识。

有学者在总结世界各国和地区对政府信息公开义务主体范围规定的基础上，通过两个标准划分的形式将义务主体的范围进行了界定①：一是功能标准，分为三种情况：（1）只有执行行政管理职能的机关才是义务主体；（2）负有一定管理职能的公法人是义务主体；（3）负有一定管理职能的私法人是义务主体。二是经费标准，即对义务主体的界定通常考虑该机构是否是由国家财政支持，如果是由国家财政支持的，则为义务主体，否则不是。也有学者考察世界上其他国家或地区的立法情况，认为信息公开立法调整的义务主体范围从小到大依次可分为四个层次："一是指适用于政府的行政机关（美国、日本）；二是适用于立法、行政和司法等所有的国家

---

① 参见张明杰：《开放的政府——政府信息公开法律制度研究》，中国政法大学出版社 2003 年版，第 129～131 页。

机关（欧盟）；三是除了所有的国家机关以外，还适用于行使公共权力的其他组织（新西兰）；四是除国家机关和行使公共权力的其他组织以外，还适用于一般的企业或者司法团体（南非）。"①

从司法实践来看，国务院的《政府信息公开条例》第一条规定：本条例所称政府信息，是指行政机关在履行职责过程中制作或者获取的，以一定形式记录、保存的信息。这就说明，在中国，政府信息公开的义务主体仅限于行政机关，且第 3 条和第 4 条②明确指出，作为承担政府信息公开义务的行政机关，是指各级人民政府及其指定的机构。对此，很多人认为，我国的义务主体的范围过于狭窄，没有把掌握涉及公民重大利益的信息的机关，如司法机关、权力机关等，包括进来，是行政立法的一大遗憾。但是我们以为，造成该遗憾的原因不是别的，而是由于该《条例》的位阶低，只是行政法规而非行政法，这一本身的局限性决定了政府信息公开的义务主体范围不可能包括司法机关或权力机关。因此，为了适应时代的发展，对比国外有关政府信息公开义务主体的规定，通过信息公开法典式立法从而扩大义务主体的范围是符合世界潮流的，也是大势所趋。

（三）政府信息公开的范围

政府信息公开的本质意义在于对公民知情权的保护。因此，不论英美法系还是大陆法系，世界各国基本上都采取了"以公开为原则，不公开为例外"的政府信息公开的立法模式，即对需要公开的信息只作原则上的规定，而对不能公开的信息却做出明确、具体的规定。

1. 不予公开的信息

不予公开信息的范围亦称为信息公开的例外。各国的信息公开

---

① 周汉华：《起草〈政府信息公开条例〉（专家意见稿）的基本考虑》，《法学研究》2002 年第 6 期。

② 第 3 条规定，各级人民政府应当加强对政府信息公开工作的组织领导。第 4 条规定，各级人民政府及县级以上人民政府部门应当建立健全本行政机关的政府信息公开工作制度，并指定机构（以下统称政府信息公开工作机构）负责本行政机关政府信息公开的日常工作。

立法对此均有规定，且基本上都是采取列举的方式具体限定不公开信息的范围。不过，尽管由于国情或法律传统的不同，各国信息公开立法对此并没有整齐划一的规定，但是，在一些核心理念方面各国还是具有共识的，主要有①：（1）国家重大利益信息，包括涉及国家安全、国防、外交等国家重大利益的信息。（2）个人信息，包括个人隐私、能确定个人的特定信息、公开后能对个人利益造成损害的信息。（3）企业信息，包括企业的商业秘密、以保密为条件向政府提供的信息等。（4）决策信息，包括政府机构之间、政府机构内部、政府与企业或个人之间就有关工作业务问题进行研究、审议、讨论的有关信息，还包括政府机构为参加诉讼等程序所准备的材料等。（5）刑事执法信息，包括涉及正在进行刑事调查的信息。值得注意的是，政府信息以公开为原则、不公开为例外并不是绝对的，政府信息公开或不公开的具体内容可因公共利益发生变化。当保护个人隐私、商业秘密等信息与保护公众利益、国家利益相矛盾时，必须依利益衡量原则确定其是否公开，即"两利相权取其大，两害相权取其轻"。如我国《政府信息公开条例》第十四条第4款规定，行政机关不得公开涉及国家秘密、商业秘密、个人隐私的政府信息。但是，经权利人同意公开或者行政机关认为不公开可能对公共利益造成重大影响的涉及商业秘密、个人隐私的政府信息，可以予以公开。

2. 公开的信息

（1）政府信息公开义务主体本身的信息

首先，政府信息公开义务主体的职权范畴、工作程序和办事规则。

政府信息公开义务主体的职务范畴的公开主要是指公开政府机关的机构设置，明确政府机关及其内部机构的职能分工、具体职责，公开政府信息公开义务主体所拥有的指挥、命令和制裁的权力等。同时，公开政府机关工作人员的职权范围以及履行职责、执行公务过程中禁止做的事项等。工作程序、办事规则的公开是指公开

---

① 参见林爱珺：《论知情权的法律保障》，复旦大学 2007 年博士学位论文。

办理有关事务的工作流程，都有哪些具体环节及其每一个流程环节所依据的法律法规，所要求的条件、标准，等等。

其次，政府信息义务公开主体的重大人事、国民经济、战略发展等方面的信息。

政府信息义务公开主体的重大人事、国民经济、战略发展等方面的信息是政府行政权力比较集中体现的区域，也是与广大民众的切身利益关系密切。因而，政府信息公开的重点应是重大人事、国民经济、战略发展等方面信息的公开。这方面的信息内容，具体而言，重大人事方面的主要有：领导干部履历、分工情况；干部人事管理情况；干部职工收入分配、福利待遇情况；公务员录用、评选先进的条件、程序及结果；政府机构改革人员分流情况等。战略发展的主要有：本行政区域的社会经济发展战略、发展计划、工作目标及工作情况；事关全局的重大决策；行政法规、规章、规范性文件及其政策措施；当地重大突发事件的处理情况；政府承诺办理的事项及完成情况。国民经济方面的主要有：政府财政预算及其执行情况；重要专项经费的分配使用情况；重大基本建设项目招投标情况；重要物资招标采购情况；政府投资建设的社会公益事业情况；接受社会捐助的资金、物资的分配、使用情况；机关内部财务收支情况等。①

（2）政府信息公开义务主体的具体工作信息

首先，政府信息公开义务主体及其主要工作人员的基本情况，主要是指政府机关名称、地址，负责人及工作人员的姓名、负责事项、办公地点、工作时间、联系方式等。如保加利亚《公共信息获取法》第15条第（一）项规定，应定期出版的最新信息中包括："D. 被授权接受公共信息的各行政办公室的名称、地址、电话和工作时间。"

其次，政府信息公开义务主体的行政过程所涉及的信息。

---

① 参见刘恒等：《政府信息公开制度》，中国社会科学出版社2004年版，第40~41页。

政府信息公开义务主体的依法行政的过程应该公开。① 在行政过程中所涉及的信息很是庞杂，主要应公开以下几个方面：行政职能、行政内容（尤其是收费、处罚标准）、行政依据、行政条件、行政程序、行政时限、行政结果、行政纪律、服务承诺、投诉途径等等，都要向社会或行政相对人公开。另外，政府信息公开义务主体的议事信息必须公开，包括议事过程、参与的议事人员和议事决议。西方很多民主法治国家对此都进行了明确的规定，比如美国《阳光下的政府法》对合议制行政机关会议的召开及其相关程序作了具体规定，以保障公众充分了解联邦政府作出决定的过程。② 有的国家甚至将其提升到宪政层次来看待，如日本《宪法》规定：议会的会议都是公开会议，只有经出席议员2/3以上多数同意才可以举行秘密会议；两议院分别保存各自的会议记录，除认为秘密会议记录中应特别保密者外，均须发表，公布于众。法国《宪法》也规定，全部议事记录在《政府公报》上发表。

**（四）政府信息公开的方式**

政府信息公开的方式是指什么呢？有人认为，政府信息公开的方式就是指通过什么方式公布政府信息，也就是说，政府信息以什么样的载体形式公布于社会或政府信息公开申请人。③ 换言之，就是政府信息通过什么途径或手段来传播，比如通过公开

---

① 美国的政府信息公开法律制度是由《情报自由法》、《阳光下的政府法》以及《行政程序法》等所组成的有关信息公开方面的法律体系。我国尚无《行政程序法》，在出台此法之前，行政程序的公开就成了目前的权宜之计。

② 该法规定合议制行政机构的会议除了十种例外情况外，都应当公开举行，该十种例外情况中，有七种与信息自由法规定的免除公开的事由相同，只有三种是《信息自由法》没有规定的：（1）讨论控诉一个人的刑事犯罪，或者正式控诉某人的会议；（2）讨论行政机关参加诉讼、仲裁、进行正式裁决等事项的会议；（3）会议讨论事项过早公开会引起经济上的投机、危害金融机构的安全或严重妨碍行政机关执行预定的计划。参见林爱珺：《论知情权的法律保障》，复旦大学2007年博士学位论文。

③ 王勇：《政府信息公开论》，中国政法大学2005年博士学位论文。

栏、政府出版物、新闻媒体、网络等载体来公开政府信息。我们认为，上述表达并不全面，除了该意思外，政府信息公开的方式还应指政府信息从义务主体传达到社会公众的各种表现形式，比如是政府信息公开义务主体主动公开还是依当事人申请公开，是收费公开还是免费公开，等等。政府信息公开的方式在政府信息公开中占据着重要的地位和发挥着不可替代的作用，在一定程度上可以决定着政府信息的范围、效果和效率，可以影响公民知情权的实现程度。

1. 主动的公开方式

政府信息应当公开的内容，不仅包括政府机关的职责以及行政管理程序和执法程序，还包括政府机关在履行职务过程中产生、收集、整理、使用、保存的涉及经济、科学以及社会各方面信息。面对如此浩瀚的信息海洋，公众有时也不知到底需要哪些具体信息，因此，政府信息公开义务主体依法主动公开相关政府信息的方式就在信息公开中居于非常重要的地位。尤其对于那些对全社会有重大影响、依法应当由公众知晓的政府信息，政府信息公开义务主体就应通过适当的方式、便于公众知悉的方式向全社会公开，以确保公众知情权的实现。根据我国《政府信息公开条例》第十五条规定："行政机关应当将主动公开的政府信息，通过政府公报、政府网站、新闻发布会以及报刊、广播、电视等便于公众知晓的方式公开。"我们可从以下几个方面分析主动的公开方式：

（1）政府出版物

政府出版物是指政府为了及时公开重大的政府信息而定期直接出版的专门刊物。由于该专门出版物是政府所办，因此，其公开的内容具有很强的严肃性和权威性，若有其他载体的信息内容相冲突，均以政府出版物上所载内容为准。在我国，就国家层面而言，除继续办好已正式出版的综合性的全国人大常委会公报、国务院公报、最高人民法院公报、最高人民检察院公报之外，还应考虑或着手出版更具有专门性质的国家立法公报、行政法规规章公报，特别是判例公报和监察公报。立法公报和行政法规规章公报不仅要刊载已完成了的立法原文，也要刊载有关立法事项及立法过程中有关法律实施状况的调查、听证、解释说明、辩论、质询等相关资料。①
对于上述政府出版物，我们以为目前免费提供虽有困难，但只能收
取工本费不能走市场化的道路，特别是为了提高传播时效、扩大传
播实效，我们建议政府应加强同大众传媒的合作与联系，充分发挥
大众传媒的传播政府信息的优势，定期将新出版的刊物免费派送各
大新闻媒体。

（2）新闻发布会

新闻发布会的公开方式是指政府机关通过举办新闻发布会、记
者招待会、记者座谈会或通过新闻发言人发表谈话等形式，将意欲
为社会所知的信息向报纸、期刊、电台、电视台和网络媒体等新闻
媒体公布，并借助这些媒体的广阔的覆盖面向社会公众进行传
播。② 新闻发布会是政府信息发布与新闻媒体传播最完美的结合，
政府机关可以充分利用新闻媒体的迅速性、广泛性、聚焦性、解读
性、评价性等本身属性，实现在最短的时间内让尽可能多的社会公
众获得信息及相关评论。新闻发布会充分适应了信息社会的媒介化
发展，极大地满足了公众通过大众传媒收集信息的习惯要求，是当
今世界各国政府进行政府信息公开的非常重要的途径和方式。甚至
可以说，新闻发布会是唯一一种能同大众传媒保持积极的、及时
的、能动的互动关系的政府信息公开方式。

（3）办事指南

该类公开信息的方式包含了很多具体形式，常见的有办事指南
（手册）、政务公开栏、明白栏、办事流程表、公示板、办事卡片
的，等等。我国《政府信息公开条例》第十六条对此进行了规定：
"各级人民政府应当在国家档案馆、公共图书馆设置政府信息查阅
场所，并配备相应的设施、设备，为公民、法人或者其他组织获取
政府信息提供便利。行政机关可以根据需要设立公共查阅室、资料

---

① 参见孙琬钟：《当代中国民主政治中政府信息公开的法制化》，《中国信
息界》2004 年第 8 期。

② 参见刘恒：《政府信息公开制度》，中国社会科学出版社 2004 年版，第
80 页。

索取点、信息公告栏、电子信息屏等场所、设施，公开政府信息。"同时，第 19 条还规定："行政机关应当编制、公布政府信息公开指南和政府信息公开目录，并及时更新。"

（4）政府网站

早在 1996 年，美国为了适应由于计算机的广泛运用而带来的信息电子化和电子政府的兴起，针对《情报自由法》进行了修改。该修正案在信息公开方式上着重强调了以下两个方面：一是规定行政机关要能动地进行情报公开，凡属必须提供给公众阅览和复制的记录，1996 年 11 月 1 日以后做成的文书，该日以后一年内，必须使之可以通过 internet 等计算机网络形式获得；二是网络信息公开方式应成为主要的公开方式，在政府部门的网站上要设立电子阅览室，所有通过其他方式向社会公开的情报，公众都可以在电子阅览室中看到并可以自主下载复制。英国也不甘落后，于 1994 年进行"政府信息服务"的实验，1996 年公布"直通政府"计划，并在绿皮书中提出以电子方式传送政府服务给社会公众。这些计划不但拉近了政府与民众的距离，且给予民众更多的与政府往来的管道。据统计，早在 2001 年之前在英国 40% 的政府服务是可以通过互联网提供给公众。①

我国的政府门户网站从 1999 年实施政府上网工程以来，受到各级政府部门的高度重视，得到了快速发展。不过，目前我国的政府网站存在很多问题，既有政府网站所公开的信息"避重就轻"、量少、时效差等不足，也有政府网站宣传不够、民众大多不知道有什么样的政府网站的弊端。面对如此情况，我们以为，前者只有转变政府机关的行政理念，真正将"以公开为原则、不公开为例外"原则贯彻到实际工作中去，才能得以改观；后者可以通过加强政府网站与国内知名的门户网站战略合作或者在知名的门户网站上设置政府网站的超链接，最终使民众养成常上政府网站获取政府信息的好习惯，从而提高政府网站的利用率。

2. 依申请的公开方式

① 参见王艳红：《英国电子政府建设成效显著》，新华网。

根据我国《政府信息公开条例》第十三条之规定，公民、法人或其他组织还可以根据自身生产、生活、科研等特殊需要有针对性地向政府信息公开义务主体申请取得某种信息，使信息公开申请人可以在浩如烟海的政府信息中迅速、全面地获得自己所希望的信息，这可以从根本上克服政府信息公开义务主体在主动公开政府信息时采取宣传方式所带来的"华而不实"的不良后果。因此，着重规范依申请公开信息行为就成为各国信息公开立法中普遍的做法。由于依申请公开主要是一对一的公开，在公开的方式上比政府机关主动公开相对要简单很多，其常见方式主要有提供阅读（或聆听、观看）、口头答复、提供复印件（抄本、副本）、在线提供电子文本（电子政府公开方式的表现形式之一）等。但是，当被申请的信息存有某种特殊情况时，依申请的公开方式就需要采取特殊处理，比如申请的信息中若有部分依法不应当公开的内容时，我们就要采取具体情况具体分析的方法，通过将能公开的信息和不能公开的信息区分开来，并把能公开的信息按照申请人的意思表示给予公开。再比如，申请的信息中涉及商业秘密、个人隐私时，公开后可能损害第三方合法权益的，政府就应该采取法定方式征求第三方的意见。对此，我国《政府信息公开法》第二十二条和第二十三条都有所规定。

（五）政府信息公开的程序

依各国的经验，信息公开的方式主要有两种，一是主动公开或强制公开，即政府机关主动公开某些信息而不需要申请。二是被动公开或申请公开，即只有在信息申请人申请时，公开义务主体才依程序决定是否公开。北欧国家多采用申请公开形式，奥地利、日本也采用申请公开的形式。兼采用两种形式的有美国、法国、荷兰、澳大利亚、加拿大和新西兰等国。① 我国《政府信息公开条例》的

---

① 参见法治斌：《迎接行政资讯公开时代的来临》，载杨解君：《行政契约与政府信息公开》，东南大学出版社 2002 年版，第 191 页。转引自张明杰：《开放的政府——政府信息公开法律研究》，中国政法大学出版社 2003 年版，第 168页。

规定也是兼采用两种形式。

1. 主动公开政府信息程序

政府信息主动公开程序在各国信息公开法中一般规定的都较为简单，主要包括信息公开的方式、时限和审查这三项。政府信息公开的方式前已讨论，因此，我们只对政府信息公开的期限进行说明。我国《政府信息公开条例》第十八条规定，属于主动公开范围的政府信息，应当自该政府信息形成或者变更之日起 20 个工作日内予以公开。法律、法规对政府信息公开的期限另有规定的，从其规定。换言之，在我国大陆地区，法规只给政府信息公开义务主体最长 20 天的时间来处理并公开新产生或变更的政府信息。我国台湾地区《行政资讯公开办法》第 7 条规定："行政机关应就主动公开之行政资讯制作目录，记载资讯之种类、内容要旨、作成或取得时间及保管期间、场所"，"前项行政资讯，行政机关应于作出或取得之日起三个月内，制作目录，并将目录刊载于政府公报、其他出版品或公开于电脑网站。"不过需要强调的是，在这个法定期限内，政府机关除了要将信息整理、制作成易于公开的形式外，还要承担一份非常重要的工作就是审查。审查什么呢？审查所要公开的信息是否是国家秘密、商业秘密或个人隐私，只要符合其中之一，就不能公开了。如我国《政府信息公开条例》第十四条规定："行政机关应当建立健全政府信息发布保密审查机制，明确审查的程序和责任。行政机关在公开政府信息前，应当依照《中华人民共和国保守国家秘密法》以及其他法律、法规和国家有关规定对拟公开的政府信息进行审查。行政机关对政府信息不能确定是否可以公开时，应当依照法律、法规和国家有关规定报有关主管部门或者同级保密工作部门确定。行政机关不得公开涉及国家秘密、商业秘密、个人隐私的政府信息。但是，经权利人同意公开或者行政机关认为不公开可能对公共利益造成重大影响的涉及商业秘密、个人隐私的政府信息，可以予以公开。"

2. 依申请公开政府信息程序

首先，申请。

我国《政府信息公开条例》第二十条规定："公民、法人或者其他组织依照本条例第十三条规定向行政机关申请获取政府信息的，应当采用书面形式（包括数据电文形式）；采用书面形式确有困难的，申请人可以口头提出，由受理该申请的行政机关代为填写政府信息公开申请。政府信息公开申请应当包括下列内容：（1）申请人的姓名或者名称、联系方式；（2）申请公开的政府信息的内容描述；（4）申请公开的政府信息的形式要求。"由此可知，在我国申请的形式只有一种即书面，只不过在申请人确有困难时，由受理机关代写一份书面申请罢了。通常情况下申请者提交的申请书应当载明申请人的身份、联系方式、请求公开信息的名称及必要的查找线索以及申请日期等基本情况。如果申请是由法定代理人或法人代表提出的，则也应该在申请书中注明代理人或代表人的上述基本情况。至于是否要在申请书中写明申请政府信息公开的目的，不同的国家有不同的要求。我国《政府信息公开条例》不限制信息使用的目的，所以申请书的内容一般不要求必须说明用途和目的。

其次，受理。

受理是政府机关对当事人的信息公开申请表示接受的一种具体行政行为。政府机关在接到申请后，应当在一个确定的法定期限内及时查验申请人提交的申请及有关证明文件。对符合规定的申请，应当依法受理，对不符合申请条件的应当不予受理或要求在规定的期限内予以补正。对于依法不属于本行政机关公开或者该政府信息不存在的，应当告知申请人，对能够确定该政府信息的公开机关的，应当告知申请人该行政机关的名称、联系方式；对于申请内容不明确的，应当告知申请人作出更改、补充。对于上述各种不予受理的情况，政府机关都应以书面形式说明不予受理的理由。在法定期限内，政府机关没有明确答复的视为不受理。

再次，审查。

审查是政府信息公开义务主体在明确表示受理申请人申请之后与在做出答复之前，对申请人的申请所指向的信息是否应当公开所做的一种审核调查。审查的标准就是看申请公开的信息是否是国家秘密、商业秘密和个人隐私。如前述所引我国《政府信息公开条例》第十四条所规定。

最后，答复。

政府机关对申请人的申请书和要求公开的信息进行审核后，就应该依法做出回应，即答复。我国《政府信息公开条例》第二十一条规定："对申请公开的政府信息，行政机关根据下列情况分别作出答复：（1）属于公开范围的，应当告知申请人获取该政府信息的方式和途径；（2）属于不予公开范围的，应当告知申请人并说明理由；（3）依法不属于本行政机关公开或者该政府信息不存在的，应当告知申请人，对能够确定该政府信息的公开机关的，应当告知申请人该行政机关的名称、联系方式；（4）申请内容不明确的，应当告知申请人作出更改、补充。"

从公开的时限方面而言，国外立法的规定中主要有 15 日和 30 日两种时限，并都规定有特殊情形时可以将时限相应延长一倍，但只能延长一次。① 对此，我国《政府信息公开条例》第二十四条也作了相应的规定。

从第三方保护方面而言，政府机关在审查申请的过程中，若发现如果被申请的信息涉及第三方，公开该信息将损害第三方的利益，政府机关必须通知第三方提出意见。第三方不同意公开的，不得公开。"这是信息公开法权利平衡原则在具体程序设计中的表现。"② 但是，在第三方不同意公开的情况下，若行政机关认为不公开可能对公共利益造成重大影响的，就应当予以公开，并将决定公开的政府信息内容和理由书面通知第三方。如我国《政府信息公开条例》第二十三条之规定。

---

① 颜海：《政府信息公开理论与实践》，武汉大学出版社 2008 年版，第 166 页。

② 张明杰：《开放的政府——政府信息公开法律研究》，中国政法大学出版社 2003 年版，第 179 页。

## 二、中国信息公开制度的现状

### （一）我国信息公开制度的建设情况

根据国外信息公开法律制度建设经验，建设政府信息公开法律制度的模式有三种①：第一种是先由地方性法律规范建立地方的政府信息公开法律制度，在地方制度成熟后，再制定国家的信息公开法。日本是采用的这种模式；第二种是先有统一的政府信息公开的政策性规定，在时机成熟时制定信息公开法。英国是采用这一模式的国家；第三种模式是直接制定全国性的信息公开法律规范。我国没有采用上述任何模式，而是采取了将第一种模式和第二种模式相结合的模式，即先在各地方建立地方性法律规范，然后颁布《政府信息公开条例》，等时机成熟，还要制定《政府信息公开法》。

1. 《政府信息公开条例》颁布前的信息公开制度建设

任何一部法律或法规都能在宪法中找到依据，因为法律或法规都是对作为母法的宪法所规定的法律关系的一种具体化。信息公开制度也不例外，也可以在宪法中寻找到它们的渊源。如《宪法》第 2 条规定："中华人民共和国的一切权力属于人民。人民行使国家权力的机关是全国人民代表大会和地方各级人民代表大会。人民依照法律规定，通过各种途径和形式，管理国家事务，管理经济和文化事业，管理社会事务。"第 35 条规定："中华人民共和国公民有言论、出版、集会、结社、游行、示威的自由。"第 41 条规定："中华人民共和国公民对于任何国家机关和国家工作人员，有提出批评和建议的权利；对于任何国家机关和国家工作人员的违法失职行为，有向有关国家机关提出申诉、控告或者检举的权利，但是不得捏造或者歪曲事实进行诬告陷害。"这三条基本上把作为国家主人的人民享有知道作为仆人的政府机关及其工作人员的日常工作行为的权利规定的是很明确的。

---

① 张明杰：《开放的政府——政府信息公开法律研究》，中国政法大学出版社 2003 年版，第 214～215 页。

尽管在我国《政府信息公开条例》出台以前没有一部全国性的有关信息公开方面的专门立法，但是，不能说没有有关信息公开方面的法律规定。如我国《统计法》、《档案法》、《保守国家秘密法》中都涉及了公开问题；《价格法》(1997 年) 的第 23 条、第 24 条①的规定，同时该法第 37 条②还规定了对价格的社会监督和新闻监督；《行政处罚法》(1996 年) 第 4 条和第 31 条③；《行政复议法》(1999 年) 第 23 条第 2 款④；《政府采购法》(2002 年) 第 3 条⑤；《行政许可法》第 5 条、第 30 条、第 40 条⑥；《公务员法》

---

① 第 23 条规定："制定关系群众切身利益的公用事业价格、公益性服务价格、自然垄断经营的商品价格等政府指导价、政府定价，应当建立听证会制度，由政府价格主管部门主持，征求消费者、经营者和有关方面的意见，论证其必要性、可行性。"第 24 条规定："政府指导价、政府定价制定后，由制定价格的部门向消费者、经营者公布。"

② 第 37 条："消费者组织、职工价格监督组织、居民委员会、村民委员会等组织以及消费者，有权对价格行为进行社会监督。政府价格主管部门应当充分发挥群众的价格监督作用。新闻单位有权进行价格舆论监督。"

③ 第 4 条规定："行政处罚遵循公正、公开的原则。"第 31 条规定："行政机关在作出行政处罚决定之前，应当告知当事人作出行政处罚决定的事实、理由及依据，并告知当事人依法享有的权利。"

④ 第 23 条第 2 款规定："申请人、第三人可以查阅被申请人提出的书面答复、作出具体行政行为的证据、依据和其他有关材料，除涉及国家秘密、商业秘密或者个人隐私外，行政复议机关不得拒绝。"

⑤ 第 3 条规定："政府采购应当遵循公开透明原则、公平竞争原则、公正原则和诚实信用原则。"

⑥ 第 5 条规定："设定和实施行政许可，应当遵循公开、公平、公正的原则"；第 30 条规定："行政机关应当将法律、法规、规章规定的有关行政许可的事项、依据、条件、数量、程序、期限以及需要提交的全部材料的目录和申请书示范文本等在办公场所公示。申请人要求行政机关对公示内容予以说明、解释的，行政机关应当说明、解释，提供准确、可靠的信息。"第 40 条规定："行政机关作出的准予行政许可决定，应当予以公开，公众有权查阅。"

（2005 年）第 5 条、第 26 条①；《城市规划法》（1989 年）第 28 条②；《环境保护法》（1989 年）第 11 条③；《气象法》（1999 年）第 22 条第 2 款④；《传染病防治法》（2004 年）第 38 条⑤；《防震减灾法》（2008 年）第 52 条⑥。

除了上述法律中有关信息公开方面的规定外，党的政策和国务院及各部委的法规、规章及其相关的规范性文件也是多有涉及，还有地方政府出台的信息公开方面的规定。

2. 《政府信息公开条例》颁布的意义

首先，《政府信息公开条例》统一了内容，避免了混乱。

在我国，从中共中央、国务院到地方政府的规范性文件中，有关信息公开方面的规定相差很是悬殊。第一个方面就是概念的混用，即混用了"政务公开"和"政府信息公开"。这两个概念的内涵是有差别的，因为，政务一般指政府的事务性工作，泛指行政事务，所以，政务信息即是与行政事务相关的信息。而政府信息是指行政机关在行使权力过程中，产生、收集、整理、使用及其掌握的

---

① 第 5 条规定："公务员的管理，坚持公开、平等、竞争、择优的原则，依照法定的权限、条件、标准和程序进行。"第 26 条规定："录用公务员，应当发布招考公告。招考公告应当载明招考的职位、名额、报考资格条件、报考需要提交的申请材料以及其他报考须知事项。"

② 第 28 条规定："城市规划经批准后，城市人民政府应当公布。"

③ 第 11 条规定："国务院和省、自治区、直辖市人民政府的环境保护行政主管部门，应当定期发布环境状况公报。"

④ 第 22 条第 2 款规定："各级气象主管机构所属的气象台站应当按照职责向社会发布公众气象预报和灾害性天气警报，并根据天气变化情况及时补充或者订正。"

⑤ 第 38 条规定："国家建立传染病疫情信息公布制度。国务院卫生行政部门定期公布全国传染病疫情信息。省、自治区、直辖市人民政府卫生行政部门定期公布本行政区域的传染病疫情信息。"

⑥ 第 52 条规定："地震灾区的县级以上地方人民政府应当及时将地震震情和灾情等信息向上一级人民政府报告，必要时可以越级上报，不得迟报、谎报、瞒报。地震震情、灾情和抗震救灾等信息按照国务院有关规定实行归口管理，统一、准确、及时发布。"

公共信息。"'政府信息'的范围远远大于'政务信息','政务信息'是包含在'政府信息'中的。"① 另外，即使是对政府信息公开持有相同理解的省市，其政务公开的内容也是相差甚远，比如有的将政务公开仅限定于县级以下的行政机关，而有的规定省内各级行政机关均要实施政务公开。因此，《政府信息公开条例》的出台从根本上确立了核心概念的统一，采纳了"政府信息"这个概念。第二个方面在于，各地政府信息公开的内容差别很大。有的省市规定的公开内容很小，仅限于政府机关职权行使方面的公开；而有的省市规定的很大，不仅包括人权、财权、事权等方面要全部公开，而且还包括党务、官员的收入、会议情况，等等。而《政府信息公开条例》的出台统一了认识，定义了"政府信息"，通过列举的方式将"例外"信息和重点需要公开的内容写明，基本上达到了统一指导全国各级政府信息公开的开展。当然，根据下位法服从上位法的原则，各地政府信息公开制度必须同该条例保持一致，否则地方法规的规定自动无效。

其次，《政府信息公开条例》转变了已有的理念。

《政府信息公开条例》在扭转各级政府已有的理念方面，比较突出地表现在以下两个方面：一方面，扭转了"重形式轻实质"的"面子理念"。很多地方虽然制定了政务或政府信息公开制度，但并没有很好地执行，只是将这种制定行为作为"应景"式的姿态而已，实际工作中的公开行为也是为了应付上级检查，建立"形象工程"，并没有将实质内容公开。即使做了一些公开行为，也是将其作为宣扬政绩的重要通道。而该条例宣扬的却是"既重形式更重实质"的理念，作为一部法规，明确规定除例外信息外都是可以公开的信息，并将多年来易发生腐败的领域的公开重点标出，各级政府必须严格遵守，没有任何商量的余地，因为，政府机关在信息公开行为中，不得"偷工减料"或"张冠李戴"，否则公民可以依据该条例的规定启动救济程序。另一方面，扭转了制度层

---

① 杨诚、高阳：《我国政府信息公开若干问题辨析》，《西南民族大学学报（人文社科版）》2005年第3期。

面的理念。该条例颁布以前，各级政府基本上都是将信息公开作为办事制度的公开或树立政府形象的公开①，并依靠单方面的"承诺"主动实施，至于公开什么、怎么公开、什么时候公开都是由政府根据"实际"情况来决定，有关监督检查还是由政府机关自身来完成。而《政府信息公开条例》颁布之后，我国的信息公开制度转变成权利型的公开制度，强调信息公开的实质在于满足公民知情权的需要，信息公开成为公民知情权、参与权的核心组成部分。公开的范围、途径、程序、形式、条件等等都得到了法规的明确规定，而且知情权的行政或司法救济也获得了明确规定。由此，在实践层面上我们强调，政府信息重点不在于办事层面的公开，有时为了公开政府信息，需要办事层面的公开，有时仅仅是对有关信息的公开，未必要求办事层面的必然公开，比如对信息的搜集过程，就不需要公开。因此，政府信息公开一般不包括办事程序的公开，而是信息本身的公开，办事程序的公开主要是行政程序法所调整的范围。

再次，《政府信息公开条例》转变"运动员"和"裁判员"合二为一的状况。

法治的要义在于治权，分权不失为一种治权方式。因此，将决策权与执行权分设于不同机构也就成为不言而喻的法治要求，即决策机构与执行机构必须合理分开，决策机构通常情况下是不能自行决定与其本身有利害关系的事项的。但是，现实情况中，在各个地方政府所进行的信息公开或政务公开制度的创设过程中，各地的人民政府既作信息公开制度的设计者，又当信息公开制度中的义务担当者，同时还是信息公开制度的执行者，典型的是"既当裁判员又当运动员"，无不是对上述法治理念的一种挑衅，一种背离。从所制定的制度本身而言，确实也体现出了某种程度上的"权力本位"倾向，并没有将公民的获知权作为制度的

---

① 如厦门市人民政府（2000）综 113 号《关于全面推行和规范政务公开工作的通知》就提出："逐步实现政务公开的制度化、规范化，使这项工作深入持久地开展下去，使之成为政府履行公务的基本制度和基本工作方式。"

终极目标，只是将信息公开作为一种政府机关的工作方式或工作作风。但是，《政府信息公开条例》的出台，从某种程度上就改变了上述的不足，虽然不是从根本上解决了上述的问题，因为只有全国人民代表大会及其常务委员会出台信息公开法才能从根本上解决上述问题，但是，作为全国最高的行政机关——国务院制定的《政府信息公开条例》，在位阶上仅次于法律，享有很高的权威性，完全脱离了地方政府各行其是的弊端，某种程度上转变了"运动员"和"裁判员"合二为一的状况，增强了制度内的协调性。

### （二）当前我国信息公开制度的缺陷

随着我国《政府信息公开条例》的颁布与实施，我国信息公开制度已达相当高的水准，各级政府的信息公开工作都在有条不紊地依法开展着。但是，这并不能说当前我国信息公开制度没有缺陷，实际上，当前我国的信息公开制度距法治文明的实质要求尚有一段差距。

#### 1. 《政府信息公开条例》的位阶是法规

立法都要涉及层级问题，即立法的位阶问题，具体而言，就是指何种立法主体在制定一国法律体系中处于何种地位的法律规范。根据《立法法》第7条之规定："全国人民代表大会和全国人民代表大会常务委员会行使国家立法权。全国人民代表大会制定和修改刑事、民事、国家机构的和其他的基本法律。"我们可知，全国人民代表大会及其常务委员会是我国最高的立法机关，它们所颁布的规范性文件都是法律。而根据该法第56条之规定："国务院根据宪法和法律，制定行政法规。"我们可知，《政府信息公开条例》是由国务院制定颁布的，是一部行政法规而不是法律。在位阶上仅次于法律。在《政府信息公开条例》颁布前，不少学者认为，为了防止基于部门利益的考虑，出现具有部门利益性的立法，我国进行政府信息公开立法，应该直接进入最高立法层级，即由全国人民代表大会或其常委会直接制定《政府信息公开法》。但是，在我国由于种种原因的存在，如配套法律规范的约束（如《档案法》、《保密法》等）、结构转型所产生的社会性制约因素①、国际立法规律（即先低层级立法，然后向高层级转变，最后制定全国范围内统一的法律）的认识②等等，国家最终还是出台了一部信息公开方面的行政法规。该条例的出台虽填补了我国在这方面行政法规的空白，使得政府信息公开有法可依，但是，我们不得不承认，无论从立法技术、立法层级，还是从立法内容、法规适用，都与先进的法治理念存有很大的差距，制定更加完备、层级更高的法律无疑就成为健全我国信息公开法律体系的根本之策。

　　2. 信息公开制度体系的不健全

　　政府信息公开法律制度是一个相互协调、有机统一的整体，从国外的立法来看，通常包括政府信息公开法、阳光下的政府法、隐私权法、保密法、新闻自由法、档案法、行政程序法、财产申报法等等，它们共同构成政府信息公开法律制度体系。各国正是根据本国整体法制建设的状况以及其政府信息公开制度建设的社会环境等诸因素，分别构建符合本国国情的政府信息公开法律制度体系，并按本国的构架，推进整体政府信息公开法制建设的发展。从世界范围来看，美国的政府信息公开立法的架构是被公认最为完善的，它主要有三个法律构成：一是1966年制定的《情报自由法》；二是1976年制定的《阳光下的政府法》；三是1974年制定的《隐私权法》。这三个法律奠定了政府信息公开的法律基础，三个法律的有机结合，使美国的政府信息公开法律制度最为完善。比如，《情报自由法》是关于政府文件的公开，实际上是关于决策结果的公开；而《阳光下的政府法》适用于合议制行政机关的会议的公开，实际上是对决策过程的公开。③

　　而我国政府信息公开之所以会出现这样或那样的问题，一个非常重要的原因就是相关法律体系内的内容缺失。内容缺失方面主要体现在与政府信息公开制度紧密相关的"隐私权法"、"行政会议

---

①　朱春霞：《论信息公开》，复旦大学出版社2005年版，第65页。

②　王勇：《政府信息公开论》，中国政法大学2005年博士学位论文。

③　王勇：《政府信息公开论》，中国政法大学2005年博士学位论文。

公开法"、"财产申报法"、"行政程序法" 等等,尚未在法律体系中出现。政府机关在行政工作中不仅掌握了大量的公共信息,而且也掌握了大量的个人信息,其在开展信息公开工作的时候,极有可能将个人的信息泄露,给公民带来不必要的伤害,那么制定相配套的"隐私权法" 或在民法典中将隐私权加以详细规定就成为必要。况且已生效的《政府信息公开条例》第十四条第 4 款规定:"行政机关不得公开涉及国家秘密、商业秘密、个人隐私的政府信息。"但什么是隐私?什么是隐私权?在我国法律中却没有明确。另外,在我国行政系统中,虽然推行的是首长负责制,但根据有关法律的规定,"仍然需要通过'两会'即全体会议和常务会议决策重要的行政事项,具体行政部门决策本部门的重要事项也要通过会议形式,如办公会议、扩大会议、专题会议等,因此,建立行政机关各类会议公开制度,制定《行政会议公开法》是对政府信息公开法的重要补充"①。同时,公职人员财产申报制度在西方也是一个非常普遍的制度,都是为了确保公职人员的清正廉洁,如此看来,《财产申报法》必然也是政府信息公开制度体系的组成部分。最后需要强调的是,行政公开原则在很多国家都是被行政程序法所规定,可以说,行政公开贯穿于整个行政程序法,作为政府信息自由法的行政法上的依据,《行政程序法》 的制定在我国早已是"箭在弦上"。

3. 知情权制度的缺失

2007 年 4 月 5 日,国务院颁布了《政府信息公开条例》,但它并没有"知情权"的表述。因《政府信息公开条例》的立法资料尚未公开,"立法草案说明"也未见诸于报刊,所以论证为什么没有"知情权"的表述现在尚无确切的材料可资。但是,对比《政府信息公开条例》 第一条之规定②与《政府信息公开条例草案

① 向佐群:《政府信息公开制度研究》,知识产权出版社 2007 年版,第 180 页。
② 该条例第一条之规定:"为了保障公民、法人和其他组织依法获取政府信息,提高政府工作的透明度,促进依法行政,充分发挥政府信息对人民群众生产、生活和经济社会活动的服务作用,制定本条例。"

（专家建议稿）》的第一条之规定①，我们发现，在《政府信息公开条例》中不仅缺少"知情权"的表述，而且在"制定本条例"之前缺少"根据宪法"四个字。由此我们是否可以做以下推断：基于中国现行宪法对知情权并无明确规定，所以，在《政府信息公开条例》中既不可能直接使用知情权，更不可能同时出现"知情权"和"根据宪法"，否则将在该条例与宪法之间造成一种规范体系上的逻辑紧张关系，不可避免会出现合宪之争。对于这种迫不得已而"删除"之的做法，我们表示理解，毕竟由行政法规确认一项宪法中没有的"知情权"是行不通的。

### 三、中国信息公开制度的完善与实践的发展

#### （一）"政府信息公开法"的制定

"政府信息公开法"，是指由全国人民代表大会以宪法为依据制定的调整政府信息公开法律关系的法律。面对上述我国目前政府信息公开制度和信息公开实践所存在的种种不足，立足于最高层级制定信息公开法就成为众多学者的共识。

政府信息公开法的最终价值追求在于公民知情权获得保护，而这种保护的获得却是通过该基本法规范政府机构公共信息的公开目的、范围和程序及其信息公开义务主体的具体行政行为来实现的。因此，政府信息公开法的制定将会成为我国法治文明史上最值得标榜的丰碑。同时，以政府信息公开法为核心的政府信息公开制度体系也会获得前所未有的补充和完善，保密制度、档案制度、会议制度等法律制度都会得到重新修订，使之与信息公开法所倡导的"以公开为原则，不公开为例外"保持高度一致；隐私权制度、行政会议公开制度、财产申报制度、行政程序制度、新闻法等与之配套的法律制度也会得到前所未有的发展和突破。

制定政府信息公开法迫切需要解决的主要是以下几个方面：

---

① 《专家意见稿》的第一条之规定："为保障公众行使知情权，参与管理国家和社会事务，促进政府信息流动，监督政府机关依法行使职权，依据宪法制定本条例。"

1. 立法目的的确立

世界各国在制定政府信息公开制度时首先要回答的问题就是立法目的为何的问题。我国制定政府信息公开制度也不例外，《政府信息公开条例》第一条就规定了，为了保障公民、法人和其他组织依法获取政府信息，提高政府工作的透明度，促进依法行政，充分发挥政府信息对人民群众生产、生活和经济社会活动的服务作用，制定本条例。但是，纵观世界各国的政府信息公开制度①，虽然它们的名称、制定时间、过程存有很多不同，然而它们在立法目的追求方面却是高度一致，即实现公民知情权。由此可以发现，我国条例在立法目的方面的不足，主要表现在以下几点：首先，保障获取政府信息与保障知情权是有区别的，因为，知情权的范畴要远远大于获取政府信息所体现的权益，所以，实现知情权要比获取政府信息在信息公开范围方面要求大得多，况且，知情权所强调的是对于国家权力的控制，其针对的主要对象是防止国家权力的滥用，而获取政府信息的目的在于发挥这些信息在"生产、生活、经济活动"方面的"服务作用"；其次，"提高政府工作的透明度"应该作为政府信息公开的途径，而非作为"目的"被提出，某种程度上是本末倒置；再次，在"充分发挥政府信息对人民群众生产、生活和经济社会活动的服务作用"中只强调了对"生产、生活和经济活动"的"服务作用"，而将最为重要的"保障公民参与管理

① 韩国《信息公开法》第 1 条明确规定："本法目的，在于规定拥有、管理信息的公共机关的公开义务以及国民要求公开信息的有关事项，以保障国民的知情权，保障国民参与国家事务的权利和国家政策执行的透明性。"瑞典的《出版自由法》第 1 条规定："为了促进自由进行意见交换和启发公众，所有瑞典公民可以自由获取公文档案。"日本的《行政机关拥有信息公开法》第 1 条规定："本法的目的是，根据国民主权理论，就行政文书开示的请求权作出规定，依此规定谋求行政机关保有的信息更加公开，使政府的诸项活动向国民的说明责任得到履行，同时有助于推进在国民正确理解和批评之下的公正、民主的行政。"美国《电子信息自由法》(1996 年) 明确指出了信息自由法的四点目的："①确保公众对行政机关的记录及信息的获得，促进民主；②改善公众对行政机关的记录及信息的获得；③确保行政机关遵守法定期限；④使行政机关记录及信息应用最大化。"

国家事务的权利"加以回避，这不能不说是一个非常重大的"导向错误"。当然，上述几个不足的根源都在于"保障公民知情权"的缺失。

其实，我国该条例出台前，有专家确实提出了立法目的保护知情权问题，但随后就有人指出，由于我国法律体系中从来没有确立过知情权的概念，所以，作为行政法规的《政府信息公开条例》依法①是不能对上位法中不存在的一种权利进行规范。

2. "以公开为原则，不公开为例外"原则的确立

中国社会科学院法学研究所于2000年初设立"信息社会和中国政府信息公开制度研究"课题组，以周汉华教授为主，他们提交了《政府信息公开条例草案（专家建议稿）》。在该草案中明确规定了该项法规是以"公开为原则，不公开为例外"作为信息公开的基本原则，但是令人意外的是在正式颁布的《政府信息公开条例》中却未能保留该项原则。这就预示着我国政府在某种程度上对政府信息公开持有保留态度，没有打算让我国的政府信息公开制度一步跨入世界先进行列。这也就说明，我国的政府信息公开制度建设仍任重而道远。

制定信息公开法，首先要解决的就是基本原则问题，如果对此还是采取回避态度，我们可以很肯定地预测，新法仅仅可能在形式上或程序上对条例进行突破，在本质内容方面不会有什么大的突破或发展。因为，"以公开为原则，不公开为例外"决定了其他具体原则，如合法、及时、便民原则，权利原则，平等、救济原则等等，能否彻底落实。它还强调，凡是政府所掌握的信息都应该公开，且公开与否的决定权不在于政府，只有法律明确规定不公开的信息政府机关才能不公开。信息公开不仅包括政府及其所属部门所掌握的信息公开，而且那些依法授权的非行政单位所拥有的信息也需要公开；不仅要公开政府机关以及依法授权的非行政组织的职

---

① 《立法法》第6条规定："立法应当从实际出发，科学合理地规定公民、法人和其他组织的权利与义务、国家机关的权力与责任。"第7条规定："全国人民代表大会和全国人民代表大会常务委员会行使国家立法权。"

权、职责以及行政管理和执法程序，而且公开它们在履行职务过程中产生、收集、整理、使用、保存的所涉及政治、经济、文化、科学等社会各方面的信息。

3. 扩大信息公开义务主体的范围

国际上政府信息公开法发展的趋势就是逐渐扩大信息公开的范围。由于信息公开法所强调的信息都是由信息公开义务主体所掌握，所以，信息公开义务主体范围的扩大也就意味着公民所能获得政府信息范围的扩大。由此可知，信息公开范围的扩大不仅限于"例外"信息的明确和缩小或减少这一条途径，通过扩大义务主体的范围也不失为另一条扩大信息公开范围的重要途径。政府信息公开范围的扩大在于更好地满足公民的知情权，而公民知情权的充分实现带来的是对权力机关及其工作人员的更好的监督，在社会良好的监督下，权力机关也必然会成为清洁廉明的权力机关。由于权力机关不仅限于各级政府，其还包括立法机关、司法机关等，所以，信息公开法律制度的完善离不开立法、司法机关的公开制度的建立。如此一来，将立法机关、司法机关及其他依法行使职权的公共机关纳入到信息公开义务主体范畴之内，就成为信息公开立法时适当扩大信息公开义务主体范围的应有之意。

4. 完善救济制度

我国《政府信息公开条例》第三十三第 2 款条规定："公民、法人或者其他组织认为行政机关在政府信息公开工作中的具体行政行为侵犯其合法权益的，可以依法申请行政复议或者提起行政诉讼。"由此可知，我国目前在信息公开领域中，公民知情权的救济制度有两个：行政复议和行政诉讼。

行政复议制度普遍存在于世界各国的法律体系之中。作为行政机关内部监督和纠错机制、行政救济机制的重要环节，行政复议制度是一种行之有效的制度。行政复议机关借用法院审理案件的某些方式，作为第三人对行政机关和行政相对人之间的行政争议进行审查并作出裁决，因而是具有一定司法性的行政行为。与诉讼程序相比，行政诉讼的制度价值不仅在于对行政行为合法性的审查，还在于对其合目的性（合理性）的审查①，另外，这一制度期限短，程序简单，便于尽快确定申请人的权利状况，及时解决争议。不过，我们需要强调的是，由于它是行政机关内部的程序操作，"官官相护"的嫌疑无从消除，很难从根本上克服部门利益的影响。况且，信息公开争议所涉及的信息都是国家秘密、商业秘密、个人隐私等之外的信息，这类信息的内容具有极强的技术性和专业性，需要由颇具专业知识、经验和技术才能的人才能很好地裁决该类纠纷。同时，我们还要强调，在政府信息公开领域，虽然行政诉讼是对获得政府信息权利的最后的由法院实施的司法救济手段，权威性强，但是，由于诉讼程序繁琐、复杂，所耗费的时间长，也许诉讼程序结束时，所申请的信息对于申请人来说可能已经没有价值了，因为，信息公开申请人对某信息的需要往往存有很强的时效性。

　　基于上述行政复议和行政诉讼在实践中所出现的不足，我们以为，完善信息公开救济制度就成为我们面临的重要课题。目前国际上除了上述最为常见的救济制度外，还有专门信息委员会制度②、独立的信息专员制度③、信息裁判所制度④，等等。这三种制度各

---

　　①　参见马怀德主编：《中华人民共和国行政复议法释解》，中国法制出版社 1999 年版，第 5 页。

　　②　专门信息委员会制度是指在政府内部设立由专家和部分信息官员组成的委员会，处理信息公开申请人不服政府信息公开机关不予公开信息决定的行政争议申诉问题，或为信息公开申请人提供有关信息申请相关问题的咨询活动的一种制度。

　　③　独立的信息专员是独立于政府机关之外的，主要通过决定通知书、提供信息通知书和执行通知书等三种形式处理政府信息公开申诉案件。最为典型的独立信息专员制度是在英国，其价值在于最大限度地通过非司法性的程序解决争议，使很多政府信息公开案件在进入裁判所或司法程序之前得以解决，极大地提高了效率，减少司法成本。

　　④　行政裁判制度是 20 世纪以来"福利国"的产物，英国在这方面非常健全并拥有独特的历史。信息裁判所就其性质和特点而言，对行政的独立性较强，但也不同于法院，其程序严格性、地位的独立性不及法院，然而，其职能确实是整个司法的一部分。具体说：信息裁判所的组织独立于行政机关，由议会创立；信息裁判所独立办案，不受行政机关及其官员干预。

有千秋，且存在于不同的国家，我国应通过研究取之精华、剔除糟粕，大胆地引入先进的救济程序，以期弥补上述我国目前救济程序之不足。不过，需要注意的是，我国《行政复议法》第十九条规定，"法律、法规规定应当先向行政复议机关申请行政复议、对行政复议决定不服再向人民法院提起行政诉讼的，行政复议机关决定不予受理或者受理后超过行政复议期限不作答复的，公民、法人或者其他组织可以自收到不予受理决定书之日起或者行政复议期满之日起十五日内，依法向人民法院提起行政诉讼。"一般情况下，在这 15 日内不可能加入任何其他救济程序。且政府信息公开条例也不可能突破行政复议法的规定，这就造成，缺失信息公开法是无法引入其他救济程序的。如此一来，通过信息公开法引进其他救济程序，对于政府信息公开法律制度的发展而言，具有非同一般的意义。

**（二）知情权的宪法确认**

本部分内容，在本章第一节"促进政府信息公开，提升政治文明的战略措施"标题下进行了分析，在此不再赘述。

**（三）完善信息发布制度**

对于信息发布，我国《政府信息公开条例》在实践层面为确保公民知情权的实现规定了以下四个方面的途径：其一，行政机关应当将主动公开的政府信息通过政府公报、政府网站、新闻发布会以及报刊、广播、电视等方式公开（该条例第十五条之规定）；其二，各级人民政府应当在国家档案馆、公共图书馆设置政府信息查询场所，配备相应的设施、设备（该条例第十六条第一款之规定）；其三，行政机关可以根据需要设立公共查阅室、资料索取点、信息公告栏、电子信息屏等场所、设施公开政府信息（该条例第十六条第二款之规定）；其四，行政机关应当编制、公布政府信息公开指南和政府信息公开目录并及时更新（该条例第十九条之规定），对属于主动公开范围的政府信息原则上应当在其形成或者变更之日起 20 个工作日内予以公开。

信息发布方式或途径的确立虽然很重要，但是，若不从制度层面加以完善的话，信息发布的质量也只能是事倍功半。因此，我们以为，当前在信息发布方面迫切需要加强建设的是以下两个制度。

1. 建立首席信息官（Chief Information Officer，简称 CIO）制度

政府 CIO 制度萌芽于 20 世纪 80 年代的美国。进入 20 世纪 90 年代中期后，《信息技术管理改革法》①（1995 年）及其修订案②（1996 年）、《克林格——科恩法案》③（1996 年）的陆续出台标志着政府 CIO 职位得到了法律的认可。政府 CIO 职位的确立，使信息资源管理有了明确的部门，有效提升了政府部门的信息资源管理水平。进入 21 世纪后，政府 CIO 制度被正式写入法律条文中并明确颁布④。特别是"9·11"之后，美国政府意识到了信息沟通的重要性和联邦政府与州政府合作的必要性，制定了政府 CIO 定期交流制度。

除美国外，英国、加拿大、新加坡等国也纷纷设立该项制度，可以说，在政府内部设立高层次的、专业化的、权威性的专门信息管理机构，将在未来成为世界各国普遍的做法。

"首席信息官"概念是在 20 世纪 90 年代初出现于中国，与美国情况相似，也是首先出现在企业界，随后才被政府注意到，如"信息化领导小组"、"信息化办公室主任"、"信息中心主任"等词组的出现，说明了在某种程度上首席信息官制度在政治领域的实

① 该法明确授权在管理和预算处（OBM）下设立一个美国政府 CIO 办公室，由总统任命的 CIO 出任办公室主任。

② 该修订案明确规定每个联邦机构都要设立 CIO。该修订案还要求建立一个 CIO 委员会，以便定期地指导和协调执行机构中与信息技术和信息资源管理有关的活动。

③ 该法案规定了政府 CIO 的管理任务和政府 CIO 应当具备的核心能力，并制定了培养相关能力的知识体系等内容。

④ 美国《2002 年电子政务法》明确要求联邦政府各部门、各州的每个部门都设立相应级别的首席信息官即（CIO），定期向上一级首席信息官汇报工作，并听从上一级首席信息官的指挥与协调，从而在全国范围内形成了非常严密的组织结构和专人管理体制。同时该法还正式设立了"首席信息官理事会"，该理事会由各政府部门的 CIO 组成，其主要职责是负责定期指挥和协调执行机构中与信息技术和信息资源管理有关的活动。

践中被具体化了。当然，我国的这种具体化是低层次的，缺乏规范化、缺乏制度支撑的"泛化现象"①。正像 2007 年国家信息中心组织编纂的电子政务蓝皮书《中国电子政务发展报告》所指出的：与发达国家相比，我国政府首席信息官权威性不足，严重阻碍了中国政府信息化建设的进程，成为推动我国电子政务建设向纵深发展的瓶颈问题之一。

不过，我们也不能不正视一些发达区域的地方政府和信息公开方面的专家在这方面所做的努力，如上海、江苏、北京、广东等地，就早已先后开始在企业和政府机关实行 CIO 制度，特别是北京市宣武区在行政机关设置 CIO，而且是位居决策层面的 CIO；2003 年由周汉华等专家起草的《中华人民共和国政府信息公开条例（草案）》第 25 条规定：各政府机关应任命本机关的首席信息官，并保证其行使职权的工作条件和任职保障。尽管早已生效的《政府信息公开条例》由于种种原因没有对其进行规范，但是，随着在此方面实践的欣欣向荣和理论研究的不断深入，我国政府首席信息官制度的建立正呼之欲出。

2. 完善新闻发言人制度

新闻发言人，一般是由国家、政党、社会团体任命或指定专职（比较小的部门为兼职）的新闻发布人员，其职责是在一定时间内就某一重大事件或时局的问题，举行新闻发布会，或约见个别记者，发布有关新闻或阐述本部门的观点立场，并代表有关部门回答记者的提问，从而达到通过媒体迅速传播政府信息的目的②。将新闻发言人的资质、产生及其职责进行规范所形成的制度就是新闻发

---

① 《中国首席信息官成长模式与现状调查报告》的调查显示，在这 253 个有效样本中，公共管理与社会组织（主要为政府部门），大多设立了 CIO。这说明"电子政务"、"政府信息化"的政策，得到了各级政府、事业部门的积极响应，政府 CIO 的设置（至少在类似名义上）已经成为一种不可抗拒的趋势。参见：《见证 CIO 群体成长历程（1）》，http：//industry. ccidnet. com/art/70/2005 1229/404223_ 1. html。

② 刘建明：《宣传舆论学大辞典》，经济日报出版社 1992 年版，第 357 ~ 358 页。

言人制度。

对于各级政府而言，新闻发言人制度是行政管理的一种重要手段，它一方面是政府控制新闻传播的工具，另一方面也是政府通过新闻界和公众进行沟通的方式。实施新闻发言人制度决不仅仅是用来表现行政管理机制的一种完善，而更多的是将其作为政府信息公开的一条重要渠道，被广泛誉为中国政府迈向信息公开的第一步。可以说，正是在上至中央下至地方轰轰烈烈的新闻发言人制度构建的基础上，我国第一部信息公开行政法规：《政府信息公开条例》出台了。而用该条例的颁布来关照新闻发言人制度，意义也非同凡响。

但是，由于种种原因，我国新闻发言人制度在制度设计和实践操作等方面仍存在着很多问题，主要表现在以下几个方面：首先，在法律法规方面缺乏具体规范和保障。新闻发言人制度从根本上关照的是公众知情权和社会民主政治建设，所以，对于哪些消息可以披露，哪些消息不能披露，信息披露的程序是怎样的，如何落实责任人和追究失职责任，都是必须回答的问题；还有，新闻发言人该在什么情况下发言，发什么言，怎么发言，对谁发言，发言或不发言的后果如何承担，对于这些细节问题，都是必须予以考虑的。然而现实中，对于上述问题的要求各政府部门大多停留在口头上，如果具体到实施的过程中，就存在无法可依的情况。另外，监督机制不健全，直接结果是导致新闻发言人制度的不完善。其次，信息发布部门侵害记者权利。政府新闻发言人制度的主要任务是向新闻媒体公开发布新闻或信息并通过各媒体的报道来满足受众的需要，缺少新闻媒体的参与，新闻发言人也就没有存在的必要了。因此，新闻发布会在本质上是离不开大众传媒的参与，它的社会功能和作用只有通过与传媒的互动才能实现，而且互动越积极越深入越能满足公众知情权。但是，目前一些地方政府尤其是有问题的地方政府为了自身的利益，对问题和缺点不是文过饰非，就是避而不谈；不仅不积极配合记者的工作，而且有的部门还以政府文件的形式"剥夺"记者的采访报道权①。此外，政府和新闻发言人在邀请记者或回答记者问题时常常进行选择，往往根据自己的喜好将自己不喜欢的媒体记者排除在新闻发布会之外或即使邀请了也不给其提问的机会。这样，就失去了政府新闻发言人存在的价值。再次，各级政府过分强调新闻发布会的社会舆论引导功能，而漠视公众知情权的实现和公开信息的义务承担。

面对上述新闻发言人制度所存在的不足，我们应该如何完善呢？

第一，出台新闻发言人具体法律规范。我国《政府信息公开条例》虽没有提"新闻发言人"，但该条例第十五条却将"新闻发布会"规定为行政机关主动公开政府信息的方式或途径之一。新闻发布会必然要有新闻发言人，如此一来，该条款也算是间接地对新闻发言人进行了规范。既然新闻发布会是行政机关主动发布信息的主渠道之一，那么新闻发言人就应遵守该条例所规定的信息发布的范围、例外以及时效。同时，我们还以为，新闻发言人在召开新闻发布会时面对记者的提问所做的回答，其实也是该条例所规定的政府信息被动公开方式之一，只不过由于这种面对面相互交流信息方式的特殊性，所以被动公开所要求的"书面申请"和"书面答复"就只能省去了。尽管从理论上我们可以作上述的引申，但是，由于该条例规定的很是宽泛，并没有对新闻发言人进行具体规范，所以对新闻发言人任职资格、信息披露范围、程序、责任及其追究机制就成为政府信息公开立法的规范对象了。

第二，建立新闻发言人与媒体间的良性互动机制。政府设立新闻发言人的主要目的就是为了公开新闻或发布信息，但新闻发言人并不是新闻载体、信息载体。他的传播对象一般来说是大众传媒的代表，即新闻媒体的记者；其传播途径是通过各媒体各自的报道。

① 如2002年7月，兰州市公安局向《兰州晨报》、《西部商报》、《甘肃青年报》、《兰州晚报》等新闻媒体发出了《关于个别记者涉警曝光失实的函》，称有16位记者的报道"经调查完全失实"，故以后公安机关各分、县局和市局机关部门将不予接待上述记者的采访。

因此，新闻发言人制度在操作上是为传媒服务的机制，它的社会功能和作用只有通过新闻发言人和传媒的互动才能显示出来。可以说，新闻发言人和传媒的相互关系是一种相辅相成的辩证关系。新闻发言人为传媒提供必不可少的新闻素材，提供用于新闻深度加工的原材料，传媒取得这些政府信息"原材料"后，加工成能够满足公民知情权的新闻报道。而政府通过新闻发言人发布的信息所具有的权威性、公信力、导向性等特点，也使传媒对此求之不得、趋之若鹜。基于此，完善新闻发言人制度就要强调新闻发言人发布信息必须坚持真实原则、准确原则、及时原则和依法原则，还要强调新闻媒体必须避免夸大其词、断章取义、捕风捉影等违背新闻规律的一些做法。

第三，拓宽新闻发言人制度的实施途径。新闻发言人制度的实施主要是采用新闻发布会的形式，目的就是通过大众传媒将政府信息传递给民众，这样一来，政府信息传递的效果就很难由政府一家决定了，因为，大众传媒的积极能动性发挥得如何，也是很重要的。那么如何突破这种现状呢？新闻发言人制度实施方式的多样化就成为不得不考虑的选择。在以网络为信息传播与交流工具的当今，注重新闻发言人的网络化建设更具有特别重要的意义。尤其是，现在大多数网络媒体都开通了在线视频，既通过网络将新闻发布会的实况进行直播，又通过网络留言或音频将网民的提问呈现在新闻发言人的面前，吸引广大网民的积极参与，直接实现了政府与民众的现场沟通。因此，我们以为，充分利用计算机网络，增强新闻发言人的信息发布互动性，扩大发布范围，是今后完善新闻发布制度的一个非常重要的一个方面。

# 第四章　传媒社会中公民政治参与体制的构建

## 第一节　传媒社会公民的政治参与①

### 一、公民政治参与的概述

随着全球化的浪潮和公民社会的兴起，公民政治参与在 20 世纪后半叶的民主制度中被赋予了越来越重要的地位。公民政治参与的深度和广度也成为衡量民主进程的一个重要标准。改革开放以来，中国一直强调"公民的有序参与"，并将其作为推进中国特色社会主义民主政治的一项重要内容。公民参与是民主政治的核心问题之一，无论对于政治国家，还是对于公民社会，公民参与都是实现善治的必要条件。

#### （一）政治参与的概念

政治参与是现代西方政治学提出的一个重要术语，国外学者对于政治参与的研究由来已久。美国学者塞缪尔·P. 亨廷顿和 J. 纳尔逊对政治参与的界定广为国内政治学界所引用：1. 政治参与是实际的活动；2. 政治参与是普通公民的政治活动；3. 仅仅限于旨在对政府施加影响的活动；4. 不关注活动的结果；5. 包括主动与动员参与。② 根据《布莱克威尔政治学全书》的理解，政治参与是

---

①　本节内容是由武汉大学新闻与传播学院 2008 级硕士生王洁所写。

②　郭秋永：《政治参与》，台北联经出版事业公司 2001 年版，第 22 页。

指 "参与制定或贯彻公共政策的行动"①。

　　国内学者对政治参与概念的界定不可避免地受到国外学者相关观点的影响，其中代表性观点主要有：1. 王浦劬等认为："政治参与是指普通公民通过各种合法方式参加政治生活并影响政治体系的构成、运行方式、运行规则和政策过程的行为"② 2.《中国大百科全书·政治学》认为，政治参与 "是公民自愿地通过各种合法方式参与政治生活的行为"③。《当代世界政治实用百科全书》也认为，政治参与一般 "指社会成员按照一定的法律程序参与政治生活的政治行为"④。3. 文晓明、王立新等认为，政治参与 "是政治系统内的社会成员为了维护和实现自己的利益，根据该政治系统认可的程序和规范，采取一定的手段和方式选择政治领导人、影响政治决策、监督决策实施的政治运行过程"⑤。

　　国内外学者都通过不同的视角对政治参与做出了概念定义，这些定义中还存在有所争议的问题主要集中在：1. 政治参与的主体只是普通公民，还是包括政府机构成员或者政治家等职业政治人？2. 是否应把社区、有政治影响力的社团等对象纳入政治参与的客体范畴？3. 是否应把不合法政治参与，或者说制度外参与列入政治参与的范畴？4. 政治意识、政治意愿、政治不作为等是否也算作政治参与？

　　本节的研究对象只是从事政治参与的普通公民，不包括职业政治人在内；制度外参与是政治参与的重要组成部分，因为它同样能对公共政治生活产生重大影响，而且社会实践中制度外参与的大量存在也构成了政治参与制度化建设的巨大驱动力与鞭策力；随着民

----

　　① 〔英〕戴维·米勒等：《布莱克维尔政治学百科全书》，中国政治大学出版社1993年版，第563页。

　　② 王浦劬主编：《政治学基础》，北京大学出版社1995年版，第47页。

　　③ 《中国大百科全书·政治学》，中国大百科全书出版社1992年版，第485页。

　　④ 《当代世界政治实用百科全书》，中国社会出版社1993年版，第173页。

　　⑤ 文晓明、王立新：《社会主义民主政治运行机制研究》，人民出版社2004年版，第168页。

主的发展，世界上 NGO（non-government organization）力量的崛起，社区、社团等各种非政府组织都在政治生活中起到越来越大的作用，因此这些群体理应归入政治参与的客体范围；如果没有切实的政治参与行动便不能称为政治参与，政治意识、政治意愿也只有通过具体的参与行为，才能起到实际的参与政治的作用，因此政治参与本质上是一种实践行为。

通过以上对政治参与概念的陈述和梳理，我们比较赞同中国人民大学杨光斌教授提出的概念表述：经典的政治参与概念是公民通过一定的方式直接或间接地影响政府的决定或与政府活动相关的公共政治生活的政治行为。而在中国特殊的环境下，公民政治参与的活动不但包括影响公共权力，使自身权益得以实现的行为，还包括大量的因受公共权力侵害而捍卫自身权益的活动，甚至包括群体性纯粹为发泄对社会的不满的行为。①

（二）政治参与的一般形态

"所谓参与形态，就是公民参与政治的各种形式、方法、渠道、手段的总称。"② 如果从宽泛意义上讲，政治参与形态的内容相当丰富，凡是旨在对公共决策发生了影响和推动作用的公民行为都可归为政治参与形态的范畴。

学术界习惯对政治参与的形态从性质上划分：制度内的政治参与与制度外的政治参与。前者也可称作常态的政治参与，即为法律所允许的政治参与，它主要包括政治投票、政治选举、政治结社、政治表达、政治接触。随着信息和科学技术的发展，政治参与的手段也在不断增加，比如网络政治参与、手机短信等。制度外参与（或者表述为非制度化参与），它是突破现有制度规范、没有法律依据甚至是违法的政治参与行为，其主要表现形式有蓄意滋事型

---

① 杨光斌：《公民参与和当下中国的治道变革》，《社会科学研究》2009 年第 1 期。

② 陶东明、陈明明：《当代中国政治参与》，浙江人民出版社 1998 年版，第 125 页。

（非法集会抗议），暴力型（打击报复、暴力对抗围攻）。① 最为典型的制度外参与有 20 世纪 80 年代的大学生"街头政治"、20 世纪 90 年代开始的弱势群体的"群体性事件"、殴打政府或者司法部门工作人员干扰其正常工作等。

值得一提的是，新技术的出现使得法律对于新型公民政治参与方式的合法性仍没有一个准确科学的标准来进行判断，因而现实中常常存在同时融合了制度内参与和制度外参与的政治参与方式。例如网络参与中的一些言论，以及人肉搜索涉嫌违法或违纪官员的行为。而被归为制度外参与的"群体性事件"，其中也包含依法维权的部分，而且事实表明大多数"群体性事件"起先都是以维权为目的通过合法渠道进行，但在多次有组织呼吁和反映问题却没有得到妥善解决的情况下，最后采取了过激的参与方式。因此在新时期下，单纯地将政治参与形态分为制度内参与和制度外参与这两类是不科学和不准确的。

## 二、中国目前公民政治参与存在的问题

**（一）总体而言，中国公民政治参与广度与深度都较为不足，而且参与深度普遍弱于参与广度**

"公民社会指数"（CSI：Civil Society Index）是一种旨在评测世界各国公民社会状态的指标体系。② 2003—2005 年，清华大学公共管理学院 NGO 研究所主持实施了中国公民社会指数研究。得出的总体结论是：中国公民社会在参与的广度和参与的深度两个亚维

---

① 谭德宇：《当代中国民主发展中的公民政治参与问题研究》，华中师范大学 2007 年博士学位论文。

② "公民社会指数"最终用来描述公民社会的是一个公民社会构图，该构图由 4 个维度组成：结构、环境、价值、影响。这些维度共分解为 25 个亚维度，其中结构维度分为公民参与的广度、公民参与的深度、公民社会的多样性、组织层次、内部关系以及资源这 6 个亚维度。每个亚维度的评估方法是 0～3 分，分值由低到高表示发展由弱到强。公民政治参与的广度关注的是全社会成员参与公共事务的人数比例，公民政治参与的深度则关注参与的性质及其是否达到充分的程度。

度的得分均为 1.0。中国公民参与较为不足，其中特别是参与的深度普遍弱于参与的广度，这意味着参与的制度性程度不足，存在结构性欠缺。①

中国公民政治参与的体制还有待完善，参与的渠道畅通情况也并不十分理想，一定程度上导致了以上中国公民社会指数研究的结果。中国自 1949 年起建立的公民政治参与机制，主要包括民意代表机制（如人大）、政治协调机制（如政协）和民意表达机制（如信访）等。在此基础上，近年来还进一步开辟了社会协商和对话制度、舆论参与和监督制度、专家咨询制度、民意测验制度，等等。② 但这些参与体制在现实中并没有完全发挥应有的功能，其实际作用因为各种原因被不同程度地弱化，从而也使得公民政治参与在合法的范畴内缺少足够的途径。

### （二）公民无序参与、制度外参与逐渐增多

由于公民正常的合法的参与受阻，因此无序的政治参与大量出现。现实情况中，越来越多的制度外参与、抗议性参与和暴力参与等相互渗透，相互转化，并存在合流的趋势。中国各地的群体性事件一直在上升，中国科学院心理研究所专家王二平博士日前引述官方数据说，群体性事件从 1995 年的超过 1 万起，持续增加到 2005 年的超过 6 万起，2007 年已经超过 8 万起。进入 2008 年下半年，在举办北京奥运会前，中国不同地区接连发生严重的警民冲突与群体性事件。③ 最突出的例子是瓮安、孟连、陇南事件，2009 年又发生江西南康事件、湖北石首警民抢尸事件等。《人民日报》的评论亦称，中国正面临在经济挑战之下维护社会稳定的艰巨任务。社会生活中不稳定因素增多，矛盾多发、易发。评论指出，解决这一问题的关键就是确保"群体性事件"不失控。

---

① 高丙中、袁瑞军主编：《中国公民社会发展蓝皮书》，北京大学出版社 2008 年版，第 166~168 页。

② 梁军峰：《中国参与式民主发展研究》，中共中央党校 2006 年博士学位论文。

③ 廖海青：《如何面对"群体性事件"?》，《南风窗》2009 年 3 月 11 日报道。

（三）公民政治参与层次较低，形式主义与非责任化倾向还普遍存在

贾西津博士将参与的层次归结为以下四个：（1）出场式参与，即公民出现在现场，但由于政府对参与程序和过程的控制，公民的参与对政策决策并不构成影响；（2）表达式参与，即政府设立议题和参与领域，公民可以参加、表达自己的看法，但最终的决策依然由政府做出；（3）对话式参与，即政府有一定的保障机制保障公民被吸收进决策过程并能产生一定影响；（4）共治性参与，也就是说，作为民主体制的一部分，公民参与政策的程序、过程、效力得到制度保证。① 从这四个政治参与层次来看，中国公民政治参与更多的还是停留在出场式参与和表达式参与层次上，对话式参与与共治性参与还远远不足。

政治参与根据公民能动性分为形式参与和实质参与。虽然宪法中规定有公民政治参与的形态，比如言论、出版、集会、结社等，但现实中由于以追求稳定为最高目标等原因，很多权利得不到很好的落实，大多是泛泛的形式参与，实质参与的机会少之又少。

（四）公民内部群体的政治参与意识与政治参与能力不协调，发展也不平衡，分化严重

我国公民构成成分十分复杂，按照职业身份、城乡、地域、年龄等不同标准划分出的不同公民群体，都呈现出不同的政治参与技能与政治参与意识。这导致政治参与不广泛、不平等，并且片面化、散点化。中国 2007 年曾参加"世界价值调查"（World Values Survey），其中有对不同公民群体政治参与意识与政治参与行为的调查：

对政治是否感兴趣是公民政治参与的重要基础。2007 年"世界价值调查"（World Values Survey）在中国对不同职业的公民有关政治感兴趣的程度（非常感兴趣、有些感兴趣、不是很感兴趣、一点儿也不感兴趣）进行了调查统计。各职业群体对政治感兴趣

① 贾西津：《公民有序政治参与的制度条件探讨》，《"转型期中国公民社会的发展——国际的视角"国际学术研讨会》，北京大学公民社会研究中心，2005 年 10 月 28 ~ 29 日。

的程度依次是：军人 Member of armed forces（83.3％）；非体力劳动办公管理者 Supervisory Non manual-office worker（83.3％）；自由职业者 Professional worker（71.2％）；其他 Other（cs）（66.2％）；技术体力劳动者 Skilled manual Semi-skilled（66％）；农业工人 Agricultural worker（65.8％）；非体力劳动办公人员 Non manual-office worker（62.5％）；雇主/拥有 10 人以上规模组织 Employer/manager of establishment with 10 or more employed（61.2％）；雇主/拥有 10 人以下规模组织 Employer/manager of establishment with less than 10 employed（60％）；无业者 Never had a job（54.7％）；非技术体力劳动者 Unskilled manual（54.5％）；半技术体力劳动者 Semi-skilled manual worker（54％）；领班或者管理者 Foreman and supervisor（53.3％）；有田的农民 Farmer：has own farm（50％）。①

可以看出，军人和办公管理者是对政治最有兴趣的群体，远远高于其他群体，而且这两个群体没有一个调查对象选择了"一点儿也不感兴趣"；而占中国人口大多数的农民则有 50％对政治"有些感兴趣"，50％对政治"不是很感兴趣"。

对不同职业的公民参与政治团体的不同情况（非成员、不活跃的成员、活跃成员）也进行了调查统计。从调查中可以看出，军人、办公管理者参与政党的积极性都比较高，有田的农民参与政治团体最不积极，其次是农业工人。各群体之间参与政治团体的差别悬殊。②

（五）利益驱动下有些政治参与功利化、狭隘化严重

改革开放尤其是社会主义市场经济体制的实行带来了社会结构的深刻变革：权力主体是企业家阶层；企业家阶层的利益最大化必然造就出社会弱势群体（大体包括农民、农民工、蓝领产业工人与雇员、个体工商户、城乡贫困人口和失业半失业人员等）；各种

① 原始数据来自于世界价值观调查，网址为 Http：//www. worldvaluessurvey. org/。

② 原始数据来自于世界价值观调查，网址为 Http：//www. worldvaluessurvey. org/。

新兴的民间组织（主要包括社会团体、民办非企业单位、基金会）；新兴中产阶级，等等①。道德化政治向利益化政治转移，开启了中国利益政治的新纪元。

在市场经济条件下，政治参与主要成为了公民维护自身权益尤其是经济权益，解决自身问题的一种手段，争取政治权力、表达政治愿望和要求的比重非常小。比如农民最关心、最需要的是经济上的发展，山西永济农民协会算是比较成功的农民自组织参与案例，但仍因利益纷争引发许多问题。很多参与的群众说得非常直白："参与这种活动就是要挣钱，没钱不干。"②

### 三、大众传媒在公民政治参与中的作用

作为一个后发国家，中国不仅面临着其他转型国家都面临的经济发展和政治民主的挑战，还面临着发达的现代大众传媒尤其是互联网给中国政治形态带来的巨大改变和全新议题。那么，大众传媒在公民政治参与中到底扮演什么角色呢？

**（一）大众传媒在公民政治参与中的积极作用**

1. 大众传媒在政治参与发生前提中的积极影响

（1）大众传媒提高公民政治参与的可行性和积极性

首先，大众传媒使公民能够低成本、高效率地获得政治参与所需的信息。信息是"决策"的原料、参与的基础，握有一定的信息是民众参与政治生活的必要前提。Silvio Waisbord 在《为什么民主需要新闻调查》一文中指出："信息是给予警觉公众权力的主要资源，公众最终通过投票和参与使政府切实负起责任来。随着以新闻媒体为中心的政治在当代民主国家中地位的上升，新闻媒体已经使其他社会团体黯然失色，成为影响公民生活的问题和进程的主要

---

① 杨光斌：《公民参与和当下中国的治道变革》，《社会科学研究》2009 年第 1 期。

② 贾西津主编：《中国公民参与案例与模式》，社会科学文献出版社 2008 年版，第 137 页。

信息来源。"① 以往由于受落后的教育、交通和通讯技术的限制以及信息传播数量和质量的影响，普通公民和政治职业者之间对信息的占有严重不对称，少数政治职业者握有大量信息，越往高层，越能掌握大量和全局性的信息，而普通公民只能掌握有限的和局部的信息，缺乏参与政治生活的必要信息。普通民众要想获得参与政治的必要信息，只能付出高额的成本，通过各种原始渠道耗费大量的财力、物力和精力，且效果不佳。② 而大众传媒突破信息传播的时空界限，改变过去单一的信息传播渠道，将信息以多中心、开放式、交互性的传播渠道告知给公民，报纸、电视、广播、杂志、互联网已经成为公民低成本、大容量获取和选择信息的重要方式。以下表格是将"世界价值观调查"（World Values Survey）在 2007 年对 2015 名中国公民针对"信息来源（Information Source）"所做的调查数据整合而成③：

| 信息来源 | 日报(Daily Newspaper) | 广播或电视新闻（News broadcasts on radio or TV) | 杂志(Printed Magazines) | 广播或电视深度报道（In depth reports on radio or TV) | 互联网和电子邮件（Internet,Email) | 与朋友和同事交谈(Talk with friends or colleagues) |
|---|---|---|---|---|---|---|
| 上周使用过 | 23.0% | 75.0% | 16.7% | 54.4 % | 11.0 % | 43.3 % |
| 上周没有使用过 | 76.2% | 24.7% | 82.2% | 44.6 % | 88.0 % | 55.6 % |
| 无回答 | 0.8% | 0.3% | 1.1% | 0.9% | 1.0 % | 1.0 % |
| 总计 | 100% | 100% | 100% | 100% | 100% | 100% |

① Silvio Waisbord：《为什么民主需要新闻调查》，http：//www. usembassy-china. org. cn/jiaoliu/jl02&0301/why. html。

② 乔兰娣：《信息化对中国政治参与的影响及其对策》，东北师范大学2005 年硕士学位论文。

③ 原 始 数 据 来 自 于 世 界 价 值 观 调 查，网 址 为 Http：//www. worldvaluessurvey. org/。

　　由于此项调查对象中有 1085 名都是农业工人，占了总调查人数一大半，因此得出以大众传媒作为信息源的数据比较低。但是仍然可以看到，广播电视的新闻和深度报道已经成为公民获取信息的主要方式，甚至超过了传统的人际交往方式。大多数公民都可以通过媒体获取跟自己利益相关的政治信息，包括立法活动、法律条款、政策制定、政策实施、行政预算、公共开支以及其他相关的政治信息，便于有效地参与公共决策过程，对公共管理过程实施有效的监督。这大大节省了人们参与的时间和金钱，从而降低了参与成本，政治参与的可行性大大提高。

　　其次，大众传媒对公民理性、自主、负责任的政治参与意识有熏陶与教育作用。现代民主政治在具备了一套完整的制度设施和基本程序后，其成功实施很大程度上取决于成熟的具备适度政治热情、良好民主素养的参与主体。中国公民的参与意识虽然已明显增强，但公民仍然有依赖威权政府的惯性，在政治参与中也不同程度地存在政治狂热或者政治冷漠现象。推动"人的现代化"进程对于增强公民参与意识至关重要，因为"现代人"具备进行良好政治参与的能力和特征。美国著名学者英格尔斯通过对发展中国家的现代化过程的大量实地考察和个案分析，指出：接触大众传播媒介与个人现代性之间有一种相当规则而且很强的关系，并且明确强调"大众传播媒介在形成个人的现代性方面是一个真正独立的力量"①。勒纳的《传统社会的消逝》一书提到：即使在"目不识丁"的农民当中，凡处在大众传播媒介之下的人，现代化程度比不处于其下的人高。大众传媒通过各种方式向公民传授相关法律知识、政治技能，强化他们依法参与、理性参与的理念，并逐步引导公民理性、自主而负责任地进行政治参与，从而提高其知政、议政、参政的能力，增强其政治参与的效能感。比如媒体经常公开地讨论地方选举、法治和维权，并邀请专家给予专业化的分析、建议和指导：《南方周末》、《民主与法制》、《财经》等纸质媒体，还有

①　［美］阿列克斯·英格尔斯等：《从传统人到现代人——六个发展中国家的个人变化》，顾昕译，中国人民大学出版社 1992 年版，第 220 页。

中央电视台的《焦点访谈》等，从对政府的批评到政府政策的合法性与可行性的理性探讨，消减了政府在公民心中强权神秘的形象。即使是政治参与最不活跃的农民群体在接受 2007 年中国人价值观调查时也因为大众传媒而表露出自己的判断："共产党给老百姓办事，肯定要听老百姓的意见，现在报纸上讲民主政治，当官的肯定得要老百姓选，这是说得通的。这个我同意……"①

第三，大众传媒一定程度上代表弱势群体表达问题和需求引起公众关注，网络媒体更是可以使弱势群体能够组织起来进行更有效的政治参与。"弱势群体"（有时也被称为"社会脆弱群体"、"社会弱者群体"，英文为"social vulnerable groups"），按照国际社会学界和社会政策界达成的基本共识，被界定为"由于某些障碍及缺乏经济、政治和社会机会，而在社会上处于不利地位的人群。"社会弱势群体包括妇女、儿童、残疾人等由于身体或者智力因素所造成的弱势人群，在当代中国，弱势群体更多的是指由于社会制度安排而造成的弱势群体。② 最大的群体是流向城市的农民工，其次是"下岗"或者失业工人，以及城市贫困人口等。弱势群体在物质生活上处于贫困，在市场竞争中处于弱势地位，部分地由于这两项原因，他们在社会和政治层面尤其是利益表达能力上也处于弱势地位。

中国正处于社会转型时期，社会话语机制呈现出一定的断裂特征——政治精英占据着制高点；知识精英的话语空间日趋扩张；经济精英用财富支撑其话语霸权；社会弱势群体的话语权往往处于文本的重视与实际边缘化之间的尴尬境地③，媒体在帮助或者代表弱势群体发出声音引起社会关注上大有可为的空间和潜质。自 2003 年以来，以工资拖欠为核心的农民工问题在媒体中大量出现，媒体

---

① 赵孟营：《跨入现代之门——当代中国的社会价值观报告（2007）》，北京师范大学出版社 2008 年版，第 105 页。

② 汪凯：《转型中国：媒体、民意与公共政策》，复旦大学出版社 2005 年版，第 131～132 页。

③ 贾西津主编：《中国公民参与案例与模式》，社会科学文献出版社 2008 年版，第 223 页。

重点展现了农民工经济利益被侵害，以及工作环境、社会保障、子女教育等相关问题，与官方对农民工的政策关怀相辅相成。尤其是温家宝总理为农民工讨薪的新闻更是将农民工经济权益的保护提上了国家法律和政策议程，得到全社会对农民工善意的关注。艾滋病患者、乙肝患者、同性恋等弱势群体成员能够在网络上通过论坛或者专门网站聚集组织起来，成为虚拟社区、虚拟团体的个人，不仅会减少个体的无力感与孤独感，还会增强作为这个虚拟团体一员的意识，加强对团体行动的关注，并有可能加入到团体的政治参与行动中去，表达利益诉求，呼吁社会公正的对待和理解。比如，从2003年起，由"肝胆相照"论坛发起的"对全国公务员录用中限制乙肝病毒携带者的规定进行违宪审查"的建议，得到社会各界的积极响应。2004年8月1日至8月31日，人事部办公厅、卫生部办公厅就《公务员录用体检通用标准（试行）》面向社会公开征求意见。网民对此予以了积极回应，仅指定邮箱就收到反馈电子邮件5300多封。2005年1月20日，国家人事部和卫生部正式公布了政府部门录用公务员的全国统一体检标准，首次明确乙肝病毒携带者可以担任公务员。

第四，大众传媒为公民政治参与能力的提高提供平台和培训场所，培养其良好的政治参与思维与习惯，从而为良性高效的政治参与打下基础。大众传媒的发达使得全民都能够提供线索，公民可以关心和调查政府在做什么，官员受到监督批评逐渐普遍；公民通过与传统媒体的互动，通过网络媒体进行理性而公开的讨论，等等。这可以帮助公民熟悉政治生活，通过自我学习和相互学习，了解民主规则的程序，掌握民主生活技能，从而更好地参与民主政治过程。大众传媒在其中对公民政治参与的心理与意识起到了引导、规范的重要作用，使大多数公民在政治参与中把"建设"、"合作"、"渐进"、"秩序"放在首位并作为自己遵循的行为准则。大众传媒帮助公民提高自由、负责地表达个人意见的能力，促进公民对不同意见的包容能力，面对意见冲突的协调能力以及解决问题的能力。

尤其是网民这一政治参与群体，经过2008年以来发生的拉萨"3·14"骚乱、奥运圣火网上传递、网络反腐等许多事件的洗礼，事实证明公民的言行在继续朝着公民社会的道路前进，公民利用媒体来进行政治参与的能力在不断提高，由此产生的舆论压力可以帮助政府在处理重大事件时更理性，更符合民意。

（2）大众传媒有助于营造良性宽松的政治参与环境

社会民主的发展进步，宽松的政治环境将使得公民具有更强烈的社会主体意识与责任意识，积极参与社会管理。一个良好有序的参与环境，会给公民传递这样一种信息，即公民个人的积极参与会影响到政策变化，公民所期望的利益会通过他们对政治的参与和介入得到体现，公民通过影响决策的过程而获得对他们有利的决策结果。他们的意见和呼声会迅速地得到回应，他们的参与价值在社会中能够得到充分的体现。从而使社会公民打破对政治的消极态度，把政治过程变被动的接受为一种积极的参与。① 而公民参与环境的完善，会为公民提供更多的参与机会和参与空间，增强公民的参与积极性，使公民更多地加入到参与实践中去。一个安全宽松的参与环境，才可以保障公民的合理诉求，才能激发公民广泛的参与热情。

大众传媒在营造自由而活跃的参与氛围和舆论环境方面有着得天独厚的优势：积极地对公民合法政治参与进行宣传鼓励；当公民政治参与受到某些权力的侵害时，传媒有责任和义务通过公布信息、发表评论等方式引起社会关注，呼吁政府有关部门采取措施对公民参与权进行保护。2009 年王帅发帖举报灵宝违法征地遭跨省追捕，大众传媒对其政治参与遭到侵害后营造了声势浩大的舆论支持环境。强大的舆论压力使得王帅被释放，并得到了道歉和赔偿，相关官员也被追究责任。更重要的是这之后越来越多的与王帅有着相似经历的举报人也开始利用媒体维护自己的合法权益，如两次发帖两度被跨省追捕，并已在牢狱中羁押一年的（内蒙古）吴保全。新华网、《新京报》、《人民日报》、中央电视台等都通过评论等方式解读该事件，论题从王帅单个遭遇发散开去，涉及公民监督政府

① 张存：《论我国公民政治参与环境的建设》，《山东省农业管理干部学院学报》2006 年第 4 期。

是合法权益、地方政府的滥用职权、互联网在政治民主进程中的作用等各项议题。贺卫方等法学专家通过媒介从法的角度剖析诽谤罪的界定，提出警惕政府滥用诽谤罪。媒体与各界呼吁保护举报人的力度越来越大，引起强烈反响，也间接影响到了最高人民检察院在2009年5月初对《人民检察院举报工作规定》的修订和颁布实施。该《规定》就畅通群众举报渠道做出新的要求：拓宽举报渠道，除坚持原有走访、书信、电话等形式外，结合信息化迅速发展实际，增加了网络、传真等举报渠道；举报人为了自身安全，可以选择自己认为合适的地方和安全的方式向检察机关举报；检察机关依法查处打击报复举报人的行为，实行严格的保密制度等。

通过以上叙述，事件发生的逻辑路径为：公民利益被当地政府侵害→公民制度内举报未果→公民网上披露引起关注→当地政府跨省追捕公民→公民向传统媒体报料→其他媒体跟进→相关政府通过媒体反驳公民指控→问题基本解决→各界普遍讨论→类似事件相继通过媒体暴露出来→媒体大范围总结和分析→相关法规出台。在灵宝王帅发帖案之前，其实已有重庆"彭水诗案"、山西"稷山文案"、陕西"志丹短信案"、山东"高唐网案"、湖北蕲春数百网民集体举报案等。正是媒体的报道创造出了一个支持和保护公民政治参与的舆论环境，王帅才能最终得到公正的待遇，由此也才有王帅案之后的"内蒙古吴保全案"、"河南农民师喜照"能有机会被重审。

（3）传媒促使权力机构的调整更有利于公民的政治参与

首先，传媒促进政治体制改革，强化了政治制度对参与的体制效用，使其更加重视公民政治参与。大众媒介的发展很大程度上改变了公民掌握信息、组织动员的能力甚至参与的观念与模式，封闭式、金字塔式的政治体系已经不能适应新时代的要求。"政治体系所能提供的参与渠道越多越通畅，政治参与就越加便利，相应的参与就越多。只要克服较少的障碍，便可行动，人们就去参与，遇到的障碍越大，人们就越不大会介入政治。"① 因此"扩大公民的有

① ［美］罗伯特·A. 达尔：《现代政治分析》，上海译文出版社 1987 年版，第 138 页。

序政治参与"才一再被执政党所强调，并通过体制内各种方式探寻实现的途径：关于信访、选举、举报、舆论监督、反腐等政策法规的修订和出台，并努力追求这些参与渠道的通畅。传统模式在决策过程中话语权利和知识都是被政府垄断的，现在则有所改变。①另一方面，信息时代的政治决策面临更大的风险，不但决策数量激增，而且非常规化、非程序化决策不断增多。管理和决策都极其依赖于信息，而民意更已经成为决策者在进行决策时不容忽视的一股力量。唯有通过民众的广泛参与，通过大众传媒对民意的上传下达，政府才能了解民众的需求，才能保证政治决策的效益最大化和科学化。因此政治体系必须积极架构有利于民众政治参与的制度结构，使民众能够有机会迈进议程设置这样一个环节，并且保护媒体在表达民意上的报道自由。比如说，各种各样的开门立法、开门决策，吸纳公众意见；比如温总理一再强调的"三问"：问政于民、问绩于民、问需于民。

其次，大众传媒，尤其是网络媒体，是权力机构进行政务公开和电子政务的重要渠道和载体，方便了公民政治参与。建设透明政府和善治政府成为中国政府改革的重要目标。2008 年 5 月 1 日起施行的《中华人民共和国政府信息公开条例》规定了公开的方式，主要是通过大众媒体，即"第十五条：行政机关应当将主动公开的政府信息，通过政府公报、政府网站、新闻发布会以及报刊、广播、电视等便于公众知晓的方式公开。"从 1999 年到 2008 年底的 10 年间，中央政府部门和地方省市一级已全部建立政府门户网站，地市级和县级政府拥有门户网站的比例也分别达到 99% 和 92%。网站的信息发布功能较强：提供政务新闻、政府公告、机构职能、机构章程和会议信息的政府网站所占比例分别达到 89.21%、77.49%、75.5%、51.93% 和 53.92%。② 在公民政治参与过程中，

---

① 王锡锌：《治道与治术：从管理模式走向参与治理模式》，2009 年 6 月 27 日在中国政法大学的演讲。

② 王长胜、许晓平：《中国电子政务发展报告（2009）：开发信息资源 提升服务能力》，社会科学文献出版社 2009 年版，第 56 页。

政府门户网站的最重要意义是改变了公众和政府信息不对称的问题。以往公众没有渠道，只能通过传统媒体被动接受支离破碎的信息。但是现在公众就可以通过政府门户网站做到知政、议政以及与政府进行直接沟通和交流，也使得政治参与中最困难的"监督权力"有了更高的可行性。2009年9月1日，贵阳市政府宣布即日起正式启动市政府系统网络新闻发言人工作。一些媒体称这是全国首个以政府名义推出网络新闻发言人的制度。在这之前，云南省已在基层政府和公安部门试点推行网络新闻发言人制度。8月，广东省工商局开始以"广东省工商局网络发言人"的网名答疑网友。从SARS事件中诞生的中国政府新闻发言人纷纷从现实走向网络。[①]

综上，大众传媒在提高公民政治参与的积极性与可行性，营造良性宽松的政治参与环境以及促进权力机构针对政治参与的变化进行调整方面都有着重要的积极作用，从而在政治参与前提这一环节中扮演了不可缺少的角色。

2. 传媒在政治参与过程中的作用

（1）传媒对政治参与主体的支持和引导

首先，传媒丰富了公民政治参与手段，是参与的重要有效渠道。由于大众传媒的覆盖面广泛，影响力巨大，媒体硬件环境客观上为公民政治参与提供了较为充分的技术条件支持。公民在法律规定的那些政治参与方式外，也非常信任和倾向于利用媒体来进行政治参与。对于报纸来说，公民一般是通过写信、打电话或电子邮件等方式进行参与。广播和电视的谈话性节目也是公民通过媒介进行政治参与的重要组成部分，如中央电视台的《实话实说》、上海人民广播电台的《市民与社会》等。

互联网极大地改变了公民政治参与的方式，甚至改变了中国的政治形态。网络媒体带给公民政治参与自由性、便捷性和安全性，从而也就带来了公民参与效能感的空前提高和参与规模的急剧扩

---

① 彭美：《中国各地政府新闻发言人从现实走向网络》，《南方都市报》2009-09-03。

张。据 2009 年 1 月发布的中国互联网络发展状况统计报告显示：2008 年中国的网络新闻使用率较 2007 年提升了近 5 个百分点，网络新闻用户达到 23400 万人，互联网已经成为一个不可忽视的舆论宣传阵地。作为用户自创内容的重要应用，博客自诞生以来，一直保持快速的增长势头，截至 2008 年底，中国博客作者已经达到 16200 万人。① 网络调查、网络举报、网络访谈、网络议案、网络论坛等各种网络政治参与形式使得网络揭丑、鸣冤、时评、政论异常"兴旺发达"，这在别的国家是很少见的。

2008 年被称为网络舆论监督年，2009 年则被称为网民问政年。2008 年，"网络问责"事件排浪式地出现：深圳海事局党组书记林嘉祥在餐馆中涉嫌猥亵女孩和以"官员身份压人"的视频在网上曝光而被停职；网民在上海地铁站捡到的温州官员多张海外旅行费用报告和收据导致有关官员被开除或受到纪律处分；网民从南京市房管局官员周久耕在网上的一张照片中看出其价值不菲的江诗丹顿手表及每包 150 元的香烟，一周后，周久耕被免职。② 而 2009 年两会开始之前，人民网、中国政府网和新华网都推出"2009 年两会调查"专题，网友和手机用户可以通过投票和留言来表达自己关注的话题，并提出建议。有研究者以"强国论坛"为例指出，网络民意具有强大的政治批判和监督作用，注重于情感抒发和政治沟通，但不是为了获取政治权力或直接制约政治权力的实施。③ 除此之外，2009 年云南躲猫猫事件、杭州飙车案、邓玉娇判决案等，网络政治参与都扮演了主导性的角色。

总体而言，公民可以向媒体提供线索，可以向传统媒体投稿、写信、打电话、发电子邮件，可以在互联网上以发帖、回帖、写博客等方式对具体公共问题发表自己的意见，还可以通过手机大规模地传递信息，表达意愿和寻求帮助。这些都能使公民的诉求得到社

---

① 中国互联网络信息中心（CNNIC）:《第 23 次中国互联网络发展状况统计报告》，2009-01-13。

② 《2008"网民年"网络问责事件震动官场 问题官员无所遁形》，人民网。

③ 赵金，闵大洪:《对话闵大洪：网络舆论——民意表达的平台》。

会关注，从而解决问题影响决策。

其次，传媒是公民声音的放大器。这里有两层含义：一是指大众传媒的传播力量能够消除单个公民政治参与的无力感，引起更为广泛的公众注意和支持，促进公民组织性的政治参与；二是指大众传媒能够汇集公众舆论使其显著到引起权力机构注意和重视的程度，使公民参与真正能产生实质效果。① 大众传媒通过议程设置决定符合它们报道方针和价值取向的公民政治参与的内容，并在报道中突出强调这些议题，从而使得这些政治参与内容能够引起公众注意从而进入公众议程领域，成为公众广泛讨论的议题。在信息爆炸和注意力极为宝贵的今天，现代社会越来越需要经由大众传媒方能"产生"有影响力和强大效果的公民参与事件。几乎可以说，现今的公众事件若不能成为"媒体事件"，不能强化公众关注和公众压力，已鲜有事件意义可言了。

目前中国公民政治参与呈现出从观念化参与向现实行动参与变化的趋势，而大众传媒，尤其是互联网和手机等新媒体为公民组织和动员政治参与提供了强大的技术支持。在厦门 PX 事件②中，正是少数积极的"厦门人"通过 QQ 群"还我厦门碧水蓝天"、小鱼社区以及短信群发等方式，并依托每一个参与者的个体化社会联系，以这些媒体为载体集中讨论与 PX 事件有关的公共利益问题，并成功地动员组织了 2007 年 6 月初的"散步事件"。③ 其后又有上

---

① 贾西津主编：《中国公民参与案例与模式》，社会科学文献出版社 2008 年版，第 225 页。

② 2007 年 3 月，赵玉芬等 105 名政协委员提出政协一号提案《关于建议厦门海沧 PX 项目迁址的议案》。2007 年 5 月 30 日，厦门市政府召开新闻发布会，宣布厦门 PX 项目"缓建"，并启动"公民参与程序"；2007 年 6 月厦门市民走上街头通过散步，表达"反对 PX，保卫厦门"意愿。6 月厦门市政府委托中国环境科学院进行"厦门市城市总体规划环境影响评价"。2007 年 12 月期间，厦门市组织各种公民参与形式，如网上投票，公众座谈会等。2009 年 1 月 20 日，国家环保部正式批复翔鹭集团的 PX 和 PTA 两个项目，项目已确认落户于厦门相隔近百公里的漳州古雷半岛。

③ 王锡锌：《公众参与和中国新公共运动的兴起》，中国法制出版社 2008 年版，第 165 页。

海磁悬浮事件：上海市民运用媒体组织起来集体到南京路购物以此来表达意愿。由厦门的"散步"到上海的"购物"，以及后来重庆和广州等地出租车司机罢运事件中采用的"喝茶"，媒体都成为了公民动员和组织参与提供技术支持的强有力工具。

第三，传媒自身或者传媒给意见领袖提供了平台去理性引导公民政治参与方向，引导公众舆论，使之不至于偏离正常轨道。公众不可避免有时候是盲动的，不是每个人任何时候都有辨别力，一些耸人听闻的信息特别容易鼓动人们，导致社会传染效应，使问题澄清前已造成严重后果。网络参与的群体更是容易出现"群体极化"的现象，即团体成员一开始即有某些偏向，在商议后，人们朝偏向的方向继续移动，最后形成极端的观点。① 网络舆论中存在不少发泄情绪的偏激言论，甚至还有进行谩骂和人身攻击的帖子。如果在"监督"过程中，偏激或者极端的情绪化观点占了上风，无主见的群体成员的情绪就会受到影响，被偏激的观点所感染，造成人多势众的局面，原本的舆论监督就会变成非正常的舆论暴力。在网络泄愤事件中，铺天盖地的"民意"也许并不是社会多数成员的意志；在网络民族主义事件中，以极端言行构建"我们"和故意捣乱的意识不容忽视，其中的非理性和情感宣泄成分也是不容否认的。②

媒体自身一般通过发表评论来剖析问题，从而引导公众正确认识事件和理性参与其中。在 2008 年奥运圣火传递受阻事件中，新华社发表《把自己的事情办好，就是最大的爱国》、《将爱国热情倾注到发展行动中去》、《以理性态度表达爱国情感——专家、网民谈"抵制家乐福"事件》、《专家指出：理性对待——为国家发展赢得更大空间》等一系列呼吁"理性爱国"的报道，众多传统媒体也都发表时评使得"理性爱国"的参与理念被大多数人所认识和接受。

---

① ［美］凯斯·桑斯坦：《网络共和国——网络社会中的民主问题》，黄维明译，上海人民出版社 2003 年版，第 50～51 页。

② 王军：《试析当代中国的网络民族主义》，《世界经济与政治》，2006 年第 2 期。

知识分子通过博客等新媒体实现了自己的话语领袖价值,他们的言论通过传统媒体的传播和扩大,对公众产生更大的启蒙作用,也会引领舆论去纠正一些不公正现象。中国知识分子一直有着"先天下之忧而忧,后天下之乐而乐"的责任感和使命感,在传媒时代,他们的声音能够传播得更远,影响的人也更多。知识分子群体近年来对社会正义、宪政民主、公民社会和公共领域、现代性认同等一系列问题的讨论,都充分反映了他们的公众问题意识。知识分子不仅通过媒体直接参与了许多公众事件的讨论,而且还将这些讨论引向对公共政治和社会伦理更普遍的思考。2000 年 10 月 30 日,经济学家吴敬琏在中央电视台《对话》节目中谈论"基金黑幕";2000 年 11 月 3 日,秦晖教授在《中国经济时报》上撰文,结合当时农村税费改革的现状,对改革实践中有可能出现的问题进行了建设性的预警,他命名的"黄宗羲定律"在不久后召开的"两会"上被共和国新任总理温家宝提及,引发了"两会"代表、媒体和学术界对农村税费改革和农民负担问题的深切关注;"法官职业化"、"司法制度变革"、"宪政"是北京大学法学教授贺卫方布道的三个关键词,中国在这三个方面的弊端,造成了民众与司法机构间几乎积重难返的紧张。①

除了知识分子,还有一大群草根的意见领袖对于网民具有巨大的号召力和影响力:根据博雅公司(Burson-Marsteller)近 8 年来的持续调研,约有 10% 的网民通过博客、BBS、邮件、电子杂志、播客、Wiki、手机短信、MSN/QQ 等多种传播手段在有意无意之间影响着其他 90% 网民的观点和态度。博雅公司将这 10% 的人群定义为"E-fluentials"(e 见领袖)。②

(2)大众传媒是公民与权力机构有效沟通的桥梁

大众传媒所具有的传播社会信息、引导公众舆论以及监督政治权力的三大功能,为政府和公众的互动提供了便利,一定程度上促

---

① 《南方人物周刊》特别策划:《公共知识分子 50 人》,2004-09-07。
② 周鹏程:《e 见领袖:网络传播新力量》,《国际公关》2008 年第 1 期。

进了公民参与公共权力机构的立法、决策和治理。① 一方面，传媒是职业的信息发布机构，其中政治信息是其信息发布内容中的重要部分，传媒通过发布政治新闻、报道政治讨论等方式将政府的政策法规进行"下达"，扩大政府的支持范围；另一方面，大众传媒在一定程度上能够反映现实，反映公众意见和呼声，具有一定的公众立场，是将民意进行"上传"的有效渠道。

大众传媒使得公民与权力机构之间的信息流通更加方便通畅，提供了充分的多渠道信息交流，在缓和危机和消除误解方面有着不可忽视的力量。中国政府正在逐渐由全能型转为服务型，公民社会日益壮大，需要大众传媒以"中间机构"的身份协调二者的关系，寻求国家与社会的适度平衡和建设性互动。转型社会时期，社会公共危机事件以及群体性事件频发，信息的传播与控制在其中起到决定性的作用。网络与新媒体传播环境下，当突发群体性事件发生时，企图"捂盖子"的基层政府正在逐渐失去发布控制信息的优先权：据以往的经验，社会上的突发事件一旦发生，一般2至3小时后就可在网上出现，6小时后便被多家网站转载，24小时后网上的跟帖和讨论就可以达到高潮。在此过程中，如果政府不及时发布相关信息，各种谣言就会乘虚而入。② 如2009年石首抢尸事件中，由于石首政府一度拒绝媒体采访，在长达约80个小时内，一方面是政府的新闻发布语焉不详；一方面是网友借助非正式媒体发布信息、探寻真相。据不完全统计，在这段时间里，体现政府立场的新闻稿只有3篇；而一网站的贴吧中就出现了近500个相关主帖，在一些播客（视频分享）网站，出现了不止一段网友用手机拍摄的视频。③ 网上流传"酒店内还有几具尸体"、"酒店内发现吸毒用具"、"酒店老板是石首市长弟弟，并从事贩毒"等各种谣言，使

---

① 贾西津主编：《中国公民参与案例与模式》，社会科学文献出版社2008年版，第209页。

② 陶睿：《论群体性事件与政府网络舆情控制》，《现代商贸工业》2009年第10期。

③ 陆侠：《石首事件中政府新闻发布语焉不详》，《人民日报》2009-06-24。

舆论矛头更加激烈地指向政府，在网络空间和相当的民众中形成了一种充满焦虑、显现暴力，乃至质疑当地政府的舆论倾向。而与此形成对比的是，贵州瓮安事件发生之初，网上也有许多谣言，但是通过网络媒体与传统媒体披露事实真相后，公众质疑得到回应，事件也迅速平息。

大众传媒成为高层决策者突破下属信息屏蔽、了解民情民意的一个主要通道。官方与民间，公民行动与高层决策，通过它可以进行多方互动。大众传媒作为公共空间，将国家发展与社会公众发展联系起来，在协调、平衡和统一各种不同关系、不同利益的过程中，通过双向对称传播，使政府与公民在了解、沟通的基础上达成一致，实现政府利益与公众利益的统一。这将有利于政府在开放的社会中寻找更广泛的支持，从而促进公民对政府的自愿合作和对政治的自觉认同。

3. 传媒在政治参与发生后的作用

（1）传媒将政治参与的结果公布给广大公众，并总结分析政治参与的成功经验与不足

现在越来越多的大众传媒都倾向于运用评论或者深度报道的方式来回顾和总结整个政治参与过程，引导公众进行纵深思考与讨论，从而使各个政治参与行为不只是断裂的个体，每一个具体的公民政治参与事件能够给后一个带来启发与教训，使得公民政治参与能够成为一个延续的、不断发展的历史进程。

2009 年"躲猫猫"事件后，《华商报》发表《躲猫猫事件究竟改变了什么》、《中国青年报》发表《躲猫猫事件舆论不能代替法治》、《人民日报》发表人民时评《躲猫猫能否激发代表履职》等，主要内容为："民意的热情再高，舆论的浪花再大，也无法替代健全法治与制度改革的作用。网友调查案件，不可能成为法治社会的常态，如果忽视司法程序本身的作用，过分强调网民调查的力量，还很可能与法治精神背道而驰。"① 新华网以《"躲猫猫"比"周老虎"的巨大进步》、《新京报》以《威伯：躲猫猫调查受质疑

———————————

① 毕诗成：《躲猫猫事件究竟改变了什么》，《华商报》2009-02-28。

并非网民不该调查》、《南方日报》以《云南有关部门撬动真相的
实验价值》和《创意模式在网络口水前却步?》,正面解读了云南
省委宣传部此举的意义,肯定了云南政府此举为积极姿态和开风气
之先的创新,肯定了网友积极参与,并指出众多网友在参与过程中
有期望过高的不足。《广州日报》发表《躲猫猫事件中的公民权
利》,《南风窗》发表《"躲猫猫"的惨剧、闹剧与正剧》,《东方
早报》发表《躲猫猫事件与公权力的盗用》,《中国青年报》发表
《有多少李荞明可作制度转身筹码》等,从公民权利的普及教育、
现行制度对公民政治参与的束缚、还有许多疑点要继续追查等方面
不断总结、评论此事件。可以说,正是由于各家媒体以"百花齐
放,百家争鸣"的态度积极地从各种角度向受众分析和展开"躲
猫猫"事件,同时不忘将公民理性参与、依法参与的普及教育渗
透其中,"躲猫猫"事件才能在中国公民政治参与的进程中成为一
个有影响力的标本案例。

(2) 传媒追踪后续结果,保护公民的利益与权利

在信息爆炸的时代,新闻总是层出不穷并能迅速传播,而新闻
的时效性又是媒体的生命。每一个事件在舆论空间内的"热度"
毕竟有一定生命周期,公众注意力就是事件生命力的来源。而一旦
公众注意力被人为转移或者被其他新冒出的事件所吸引,也许一项
公民政治参与的行为并没有结束,就被传媒遗忘进而被人们遗忘
了。传媒应该呈现完整的政治参与过程,并尤其注意公民的问题到
底有没有解决,权益是否得到最后的落实保护。

曾经在学界、新闻界以及大众之间引起过密集关注和热烈讨论
的厦门 PX 项目,在厦门人的政治参与之后被迁址。有消息称是迁
往漳州,但官方没有给予任何明确回复。这是 2007 年至 2008 年初
我们可以从媒体上知道的全部内容。那么这个据称有污染危险的石
化项目到底迁往哪里了?迁址地区的公民权益会因为发展而被牺牲
掉吗?2009 年 1 月 12 日,国家环保部发布了原则通过的一些建设
项目的环境影响评价结果,PX(漳州)项目环评原则通过。PX,
这个在大众视野中消失了 18 个月的项目再次浮出水面。对此,《新
京报》报道《厦门 PX 项目将移址漳州》;《第一财经》报道《厦

门 PX 项目移址漳州　环评原则通过》；《中国青年报》报道《漳州 PX 项目通过环评　眼下不是好时机》；《新华网》报道《厦门 PX 项目移址漳州环评原则通过　投资 137.8 亿》；《潇湘晨报》报道《PX 项目，谁为不污染保证负责?》；《千龙网》报道《漳州 PX 项目需明示何以"橘生淮南"》；《东方早报》报道《漳州 PX，仍需消除恐慌民意》；《南方周末》报道《厦门 PX 事件追踪：漳州全力争取项目更名落户》等。虽然这些媒体追踪报道了此事，但关注度和力度远远低于 2007—2008 年那段时期对于厦门 PX 的报道，在公众中引起的反响也并不大。

除以上所述外，权力机构还可以将已做出的调整、制定的政策或者法规公布在大众媒体和官方网站上，允许公民提出意见，进行进一步的修改。

### （二）大众传媒在公民政治参与中的不足之处

虽然大众传媒大量报道公民参与的进展情况，通过各种方式鼓励和支持公民参与，但总体而言，不论是党媒体、都市类媒体还是包括网络媒体在内的新媒体，中国媒体目前采用的仍是：由国家控制的有限商业运作模式，在政治上必须严格遵守"宣传纪律"①。在这种氛围下，兼之新崛起的公共关系业和广告业的侵蚀，加上市场发育的不成熟和法治精神的缺失，有可能出现传媒的"双重封建化"，即：传媒成为公权力和公权力主导下的市场拉拢或打压的双重对象；或者传媒卷入党派/帮派政治，充当党同伐异的工具。②虽然在公民政治参与过程中，就新闻工作者而言，动机纯正者也许是居于多数，但是难道媒体没有追逐名利的性质吗？媒体能够不受"眼球经济"、"注意力经济"的驱使，去追求发行量、收视率、用户率和广告量的最大化和规避"政治风险"吗？实际情况往往是

---

① 贾西津主编：《中国公民参与案例与模式》，社会科学文献出版社 2008 年版，第 235 页。

② 展江：《警惕传媒的双重封建化》，《中国传媒报告》2003 年第 3 期。

两种动机兼而有之，这是中国新闻工作者公开承认的现象。① 但是起决定作用的仍然不是市场，而是官方的态度。不论大众传媒是进行舆论监督还是积极推动公民参与，都离不开行政部门的支持和保护。

大众传媒缺乏宪政体制和新闻法的制度保障，因此在与权力机构的博弈中必然不具备一种平等的、强力的地位。虽然中国宪法规定，公民有言论、集会、结社和出版等自由，但是这些规定和原则要完全实现还有困难。早在20世纪80年代，《新闻法》在中国就被提上立法议程，但历经波折至今悬而未立。虽然改革开放以来，政府也出台了一些新闻管理条例和规范性的文件，尤其是这两年制定的一些法律法规，如《突发事件应对法》、《政府信息公开条例》、《外国常驻新闻机构和外国记者采访条例》等，都对新闻传播活动进行了一定程度上的规范。但我们以为只有通过新闻立法，通过一部新闻法才能很好地管理新闻界和与新闻界相关的社会领域，赋予新闻界以采访、报道、评论等权利，也让新闻界承担一定的义务，使它能够更加主动尽责地在推动中国公民政治参与方面做出贡献，并防止它对社会和公民个人造成损害。

以上是中国媒体在公民政治参与中的普遍不足，但现实生活中由于媒体的性质不同也就导致了各类媒体不同的问题。胡锦涛总书记2008年在人民日报的讲话中把现在的媒体分为三类：第一类是纯粹的官方媒体。第二类是都市类媒体和新闻类周刊，目前在大城市、经济发达地区相当活跃。第三类就是网络媒体。胡锦涛总书记也指出既然是三类媒体就不能要求做一样的事情。② 那么在这个问题上应该将这三类媒体分开来分析：

1. 官方媒体

首先，由于官方媒体性质为党和政府的喉舌，性质决定了该类

① 贾西津主编：《中国公民参与案例与模式》，社会科学文献出版社2008年版，第243页。
② 展江：《新世纪的舆论监督——一种公民社会的视角》，燕山大讲堂2009年3月28日。

媒体基本上只能表达官方态度，新闻报道的基本立场是官方立场，因此在反映民声、维护公民权利方面要依托高级领导的重视和批示，也必然会随着政策的松紧变化而变化。官方舆论与民间舆论如果形成两个互不搭界的舆论场，不仅是非常危险的，也意味着官方媒体所要达到的传播效果是无效的。尤其是在突发事件发生时，官方媒体多被官方要求统一口径，成为官方的传声筒。一些领导怕自己"领地"内的负面现象或问题被曝光，怕"家丑"外扬，动辄以各种各样的"说情、招呼、禁令"，逼迫官方媒体的舆论监督绕道而行、不敢碰硬，造成官方媒体报道"犹抱琵琶半遮面"。而且官方媒体也被列入官方分级体系中，也有自己的行政级别。比如中央媒体可以对各地方进行问题披露和舆论监督，省机关报可以对省以下地区进行舆论监督，而官方媒体以下对上，对高于自身等级甚至是平级的官方机构进行舆论监督的现实可行性似乎不大。

其次，官方媒体报道方式多为板着面孔的官式语言，不易为广大普通公民喜闻乐见，传播效果欠佳。比如在金融危机背景下，国际国内的经济形势严峻，稳定民心是需要"知情权"来支持的。国家虽然出台了一系列经济政策和救市措施，但很多民众并不能完全理解这些政策和措施里面的含义。针对"四万亿计划"，很多民众批评其投资方向不顾民生，但较少的官方媒体能够用浅显易懂的方式跟民众阐释清楚"四万亿计划"所隐含的提供就业机会等对民生有利的因素。而 2008 年 12 月 13 日温家宝总理在日本参加中日韩峰会的间隙对当地华人华侨的 30 分钟的讲话却有着与官方媒体照本宣科迥然不同的效果。香港中评社的报道评述此举道："在较为轻松、非官式的场合下，用生动的语言为国家近期推出的重要政策做出阐述、补充和宣传，将信息传达给国内的人民。"① 虽然在官方的媒体报道、社评当中，这些信息都以官方的语言传递过，然而有时候公民并不能完全理解深层含义，所以很多时候公众还要去猜背后的意思。

———————————

① 《温家宝出席中日韩领导人峰会：不住旅店　办成一大事》，《广州日报》2008-12-15。

2. 都市类媒体和新闻类周刊

第一，政治级别不高、自主性受约束是都市报不能很好地改善公民政治参与、从事舆论监督的不足之一。都市报的兴起确实给公民一个很好的反映社会弊病、政治参与的有效途径，但可以看到，在中国现行的新闻体制下，都市报大多以区域性为主，依托在当地党报下。比如《南方都市报》是南方报业的子报、《华西都市报》是四川日报报业集团子报。党报在履行上传下达的宣传任务的同时，将反映社会现实、针砭时弊的功能交由都市报履行，虽然是各司其职，但在体制上束缚了都市报的手脚。假使公民通过都市报参与社会议题的讨论，但都市报在编辑方针、事件处理上要听从母报的指示，结果可能是由于统一口径的需求而不得报道，或是在揭露了一些社会现象后，由于母报的指示，结果不了了之。

中国的宣传体制按照层级划分，当地党报严格控制本区域内的新闻监督，使得当地的都市报往往在参与本地社会事件的舆论监督上力不从心，只好谋求异地监督。而当地民众在反映民生时，往往当地都市报不能很好地充当民众的发言人。

第二，报道内容窄化和过于琐碎化仍然困扰大多数都市类媒体，挤占了公民对严肃政治问题、社会问题的注意力，某种程度上弱化了公民积极政治参与的意识。一方面都市报为了吸引主要受众群——城市居民，报道比较局限于居民感兴趣的民生服务性内容。民生服务是公民政治参与的重要部分，但绝不是全部内容。大多数都市类媒体中也存在新闻娱乐化问题：大量的娱乐八卦、家长里短、隐私逸闻等充斥版面；报道手法"煽情、色情、琐碎"。另一方面，大多数都市类媒体在涉及公民政治参与等严肃内容时，报道内容挖掘不够深入，多重复雷同，在报纸评论等方面也缺少公信力强的理性深入分析。

3. 网络媒体

首先，网络媒体的所有制是多样的（人民网的出资人中有默多克，腾讯、网易、新浪这些网络公司也不是官办的），因而网络媒体仍然要受制于商业势力，当公民政治参与和商业利益集团发生冲突时尤其明显。莫尔（Moore）认为互联网商业化最终会腐化网络的民主政治潜力。在三鹿毒奶粉事件中，网友曝出著名搜索引擎和新闻网站对关键词屏蔽的消息，不论百度是最终严辞拒绝还是妥协，百度至少承认了三鹿曾以 300 万元对其进行公关以求屏蔽保护。

其次，网络由于匿名的性质，充斥着大量虚假信息，如何在海量信息中有效区分真实和虚假的成分，是对民众网络生存能力的巨大考验，更是其政治参与能否保持足够理性的重要前提。网络中盲目参与和非理性参与也大量存在：公民表面上拥有无数信息，实际上却失去了自己的真正思想，以至于民众的政治参与只能在人云亦云的盲从中失去理性。

再次，网络公民政治参与主要是靠网民的注意力形成巨大的舆论压力来进行。一方面层出不穷的事件仍然会被喷涌而出的信息所淹没，有些严重的问题因为没有得到网民声势浩大的关注仍然得不到解决；另一方面，网民注意力的集中持续时间比较短，一件事情还没有结束或者政治参与的效果并未完全显现，网民就又关注别的事件去了。因此，为了吸引网民注意，公民在通过网络进行政治参与时不得不绞尽脑汁制造噱头以博得关注。灵宝王帅发帖案中，其实他反映的是政府征地的问题，但是为了引起人们注意，用了当时比较热门的"抗旱"，在网上发表《河南灵宝老农的抗旱绝招》一帖；王帅案得以解决后，有着同样因言获罪遭遇的河南临颍县农民师喜照，以"又一起王帅事件"为噱头，继续发帖，青年吴保全也是以"内蒙古的王帅"才受到网民和媒体的关注。在 2008 年以来的网络政治参与事件中，多以"重庆最牛钉子户"、"史上最牛官腔"、"最年轻市长"、河南信阳"最牛局处级别墅群"等为标题，好像不贴上个"最"字就无法吸引眼球了，政治参与也呈现出娱乐化、戏谑化的趋势。

最后，很多研究者已经对互联网增强监督国家的能力提出质疑，认为国家反而会利用它来更隐蔽地控制信息。凯文（Kvenl）等还认为网络上会出现错误政治信息，政府甚至可能做到垄断政治信息。

除以上所述，网络政治参与还存在以下问题：大量网络推手、网络公关的出现，严重干扰公民通过网络媒体进行政治参与；网络基础设施以及技术条件的发展不平衡给公民政治参与带来了新的不平等——"数字鸿沟"。同时，中国公民过度依赖网络政治参与，而无视常规的现实生活中的参与渠道，也引起社会和学界关注。

但总体来说，在中国，舆论是公民政治参与的最重要的武器，大众传媒的发展无疑增强了公民形成舆论、反对霸权的能力。可以说，大众传媒是中国公民进行政治参与的常见方式和重要途径。

# 第二节　大众传媒与公民的法律参与

## 一、公民的法律参与与政治文明

政治参与是政治现代化、政治民主化程度提高的重要标志，扩大公民有序的政治参与，是社会主义政治文明建设面临的重大课题。政治参与体现在政治过程的各个环节，如选举参与、法律参与、民主监督等等，其中，公众参与立法、参与司法，在立法过程或司法活动中充分表达自己的意见，依法实现对国家事务、社会事务的管理，是公民政治参与权的集中体现。改革开放以来，随着我国社会主义政治文明的不断发展，我国公民法律参与程度不断提高。

### （一）公民的法律参与是政治文明建设的重要组成部分

#### 1. 民主是政治文明的核心

民主具有丰富的政治文明意蕴。民主奉行一系列独特的原则，如人民主权、权力制约、权利救济、程序运作、多数议决并保护少数，等等，这些原则通过民主理念、民主制度和民主行为等得到体现。作为一种政治理念，民主与等级特权相对立，与平等、自由、权利相贯通；作为一种政治制度，民主拒绝集权专制，实行"多数人的统治"；作为一种政治行为，民主排斥独裁专制，集中表现为公民参政议政。① 因此，缺乏民主，法治就无从谈起；缺乏民

---

① 何士青：《政治文明的法学解读》，中国社会科学出版社 2004 年版，第 106 页。

主，权力分立就不可能存在；缺乏民主，文明的政党制度就是天方夜谭，民主在政治文明中占据着非常重要的地位，发挥着非常重要的功能，可以说，民主就是政治文明的核心。

民主作为一种政治行为，集中表现为公民有序参政。所谓有序参政，是指普通公民通过各种合法方式直接或间接地参加政治生活，影响政治体系的构成、运行方式、运行规则和政策过程的政治行为。公民有序参政是民主的最集中表现，是民主的最直接表现，离开民主的有序参政，民主就没有实际内容。① 正基于此，在一个民主国家中，判断法治的标准并不在于法律制度的多少，而在于这些法律制度是否由人民制定的、是否反映人民的意志或利益，在于民主是否成为法治的灵魂。具体来说，法治秩序的有效建立虽然离不开法律系统自身的改革与创新或依靠国家权力自上而下推动，但更离不开法律系统外部的社会主体的积极参与，法治秩序的运行与发展是以公民参与法律为支撑的。

我国自改革开放以降，随着市场经济的飞速发展，政治体制改革的深入推进，人们的思想观念在某些方面发生了重大变化。人们逐渐意识到个人利益的重要性，将个人利益从国家利益与集体利益的枷锁中解放出来，自我意识与权利意识开始觉醒。人们注重利益与权利的表达与伸张，最有效的途径就是参与立法、参与司法。利益多元化是现代社会的典型特征，公民参与法律表达利益的过程就是对多元利益进行整合的过程；公民参与法律表达利益、整合利益的过程同时也是促进法律民主化的过程。

首先，公民参与立法的民主体现。② "人们参加社会的重大目的是和平和安全地享受他们的各种财产，而达到这个目的的重大工具和手段是那个社会所制订的法律。"③ 因此，参与立法是公民表

---

① 何士青：《政治文明的法学解读》，中国社会科学出版社 2004 年版，第115 页。

② 本部分参考了李泽：《公民的法律参与与中国法治秩序的构建》，黑龙江大学 2004 年硕士学位论文。

③ ［英］洛克：《政府论》（下篇），叶启芳，瞿菊农译，商务印书馆 1964年版，第 82 页。

达利益、确认权利的最重要的手段。现代社会的发展促使社会主体日益重视自身的利益和权利，并且根据社会的发展变化主动要求政府从法律上予以确认。① 公民的要求必须有适当的途径来表达，那么"立法自身——这些办法的创订和积极的规定——便是一种应用。众人都希望运用他的意志来参加决定适用于他的法律"②。使其能够表达自身的愿望与要求。公民参与立法的传统可追溯至古希腊，雅典公民通过公民大会直接参与立法。近代卢梭提倡"主权在民"，法律是公意的体现。"凡是不曾为人民所亲自批准的法律，都是无效的，那根本就不是法律。"③ 他主张公民直接参与立法，体现自己的意志。由于近现代社会发展的复杂性，公民只能通过立法机关参与立法，但有些国家也保留了人们直接立法的权利与形式。在美国，人民出于对立法机关的失望与怀疑，相信以自己的直接行动制定法律会更有益于社会。他们依据主权在民的原理通过行使创制权与复决权而进行直接立法。④ 公民参与立法表达利益、确认权利也是法律民主化的要求与体现，是法律民主化过程中的关键因素。法治秩序需要民主，民主从某个层面意味着合作与共同决策。⑤ 法律民主化要求公民参与立法，即在法律产生之初允许公民表达自身的利益与愿望，并在法律中充分体现，从而实现法律制定的民主化。如果立法过程缺乏公民的参与，就容易造成法律与社会生活的脱节、隔离，导致法律的无效。没有公民的参与，立法机关的立法就容易形成纸面化现象，不能客观、真实、及时地反映社会

---

① 高鸿钧：《中国公民权利意识的演进》，载夏勇主编，走向权利的时代（修订本），中国政法大学出版社 1999 年版，第 46 页。

② ［德］黑格尔：《历史哲学》，王造时译，上海书店出版社 2001 年版，第 442 页。

③ ［法］卢梭：《社会契约论》，何兆武译，商务印书馆 1990 年版，第 125 页。

④ ［英］詹姆斯·布斯斯：《现代民治政体（下册）》，张惠慈等译，吉林人民出版社 2001 年版，第 916～917 页。

⑤ 施米特·卡尔：《民主是什么，不是什么?》，载刘军宁主编：《民主与民主化》，李柏光等译，商务印书馆 1999 年版，第 26 页。

的实际需要，仅仅体现为一种纯粹的技术性规范，"不能具有其成为法律所绝对必需的条件，即社会的同意"①。

其次，公民参与司法的民主体现。司法公开化、民主化是实现司法公正，矫正司法偏差，尤其是防止司法腐败的重要保证。公民参与司法的活动无疑为司法公开化、民主化提供了一条新的路径。一方面，公民参与司法需要司法个案及其审判活动有更高程度的透明，在更大范围内公开，司法信息在很大程度上成为社会共知、共享的信息，由此将使司法同社会之间的隔膜逐步消除。另一方面，比公众旁听庭审等措施更有意义的是，公民不仅通过各种媒介对案情及处置过程有了了解，且还在公共性质的领域中参与了其间的讨论，对案件处置发表自己的意见和意向。最终形成的相关司法裁决中，也就包含了对公众意见的考虑，这在一定程度上体现了司法民主。还有，社会共同关注下的个案处置，基本消除了司法机构及其成员重大失误甚至营私舞弊的可能，对司法的监督作用在此过程中可以得到更充分的体现。

2. 人民当家作主是政治文明建设的本质要求

作为建设社会主义法治国家的政治基础，人民当家做主是依法治国和社会主义政治文明的本质要求和具体体现。社会主义国家政权是"一切权力属于人民"、"实行人民民主专政"的国家政权，人民当家做主既是权力属于人民、人民民主专政的本质要求和具体体现，又是人民根本利益得到实现的根本保障。

公民参与立法或司法蕴含了人民当家做主的理念。很显然，参与法律这一制度是通过让公众参与立法或司法来实现人民当家做主，实现人民直接管理国家事务这一民主权利，可以满足人们的民主需要。我国是人民民主专政的社会主义国家，国家的一切权力属于人民，公众参与法律活动是宪法和法律确立的一项基本原则，是社会主义民主在立法、司法活动中的具体体现，也是国家政治文明的重要标志，同时也是我国宪政建设的题中应有之义。

---

① ［英］洛克：《政府论》(下篇)，叶启芳、瞿菊农译，商务印书馆1964年版，第82页。

现代民主政治一般认为国家一切权力来自人民，人民作为主权者，通过选举代表组成立法机关，制定法律再由行政、司法机关来实行，以此实现人民对国家的统治和管理，实现主权在民的原则。具体来说，在实现形式上民主政治在中西方的表现是不同的。在西方国家参与立法主要是通过被赋予人民主权形式的议会主权的代议制来实现的，是一种少数人的民主，不过从形式上看也是人民直接或间接参与立法管理国家的人民主权实现方式；参与司法主要是通过被赋予人民主权形式的陪审团制度来实现的，在报名申请陪审员资格的普通公民中确定人选组成陪审团参与司法审判活动。而我国的宪政实践决定了我国是人民民主专政的社会主义国家，人民是国家的主人，因此人民必然通过各种形式参与管理国家事务、社会事务。而人民参与管理国家事务、体现人民当家作主的最根本途径是人民通过全国人民代表大会直接或间接参与立法，制定法律、确定国家大政方针，并通过人民陪审员制度参与制定的法律的实施，来管理国家事务，体现主人翁地位。

**（二）政治文明理念是公民法律参与的强大武器**

**1. 自由与平等是公民参与法律的价值追求**

从古希腊以来，人们追求正义的努力始终没有停止。法律来自正义，参与法律就意味着对正义的永恒不懈地追求。正义意味着"每个人对与其他人所拥有的最广泛的基本自由体系相容的类似自由体系都应有一种平等的权利"；"社会的和经济的不平等应这样安排，使它们被合理地期望适合于每一个人的利益，并且依系于地位和职务向所有人开放。"① 正义的核心价值是自由与平等。它们体现在法律中，构成法治的内在价值。因此，对法律的参与就是对自由与平等的追求，从而实现法治对正义的变动的回应。

**（1）法律参与增进主体的自由**

法治是一个动态的发展过程，也是一种对社会的秩序进行合理管理和规划的重要手段，可以说法治本身就是对于社会秩序的调控

---

① ［美］约翰·罗尔斯：《正义论》，何怀宏等译，中国社会科学出版社1988年版，第60~61页。

以及对于社会文明发展的支持。在法治的实现过程中，孕育着相应价值：自由。

首先，自由意味着不受干预，"一个人不受其他某人或某些人武断意志的强制。这种状态常常被看做'个人的'或'人身的'自由"①。不受干预的范围越大，给主体留下的活动空间越多，主体就越自由。而现实生活并不总是令人如意，个人自由时时会受到他人尤其是权力的挑衅与干预，如此情况之下，公民唯有通过参与法律来维护、保障个人自由，使之免受侵犯。现代社会的复杂多样，需要各级政府具备强有力的驾驭能力，这必将导致政府权力的急剧膨胀，使之更容易在不知不觉中侵犯公民的自由。因此，应最大程度地防止权力对自由构成的威胁，即使政府的用意是好的；公民自由的伸张在一定意义上取决于国家权力的退缩，那么，公民参与法律就成为实现公民自由的伸张与国家权力的退缩的一种有效途径。公民通过立法把自由法律化为权利，并确定自由的范围，包括基本自由、自由的量度和自由的边际；通过法的实施保证自由的实现，包括解决自由与其他价值的冲突，解决不同自由权利之间、不同人的自由之间的冲突，为自由的享有者提供实现自由的具体方式和途径，并将自由和责任联结起来，为平等的自由提供保护机制，对侵犯自由的违法犯罪进行法律制裁，以保证自由的彻底实现。

其次，自由意味着自我实现。"自由在本质上是积极的。积极的自由所赐给的幸福是最高度自觉的幸福。"要达到这种自由，"个人必须纯粹化——必须变成为一个实在的、具体的个人，作为一个世俗的个人分享着普遍的利益，并且依照普遍的目的行动，知道'法律'，而在法律中找到满足"②。这也就意味着公民应当主动地参与法律，了解、利用法律，才能充分实现这种积极意义上的自由。

---

① ［英］哈耶克：《自由宪章》，杨玉生等译，中国社会科学出版社 1999 年版，第 28 页。

② ［德］黑格尔：《历史哲学》，王造时译，上海书店出版社 2001 年版，第 344、348 页。

再次，自由意味着法律下的自由，即遵守法律的自由。最先明确表达个人自由理想的是古希腊人，他们的自由观是法律下的自由观，是一种奉法律为王的状态。自由，并非人人爱怎样就可以怎样的那种自由。"在一个有法律的社会里，自由仅仅是：一个人能够做他应该做的事情，而不被迫去做他不应该做的事情。……自由是做法律许可的事情的权利，如果一个公民能够做法律所禁止的事情，他就不再有自由了，因为其他的人同样会有这种权利。"① 在法治国中，公民只有在遵守法律的前提下，才能获得充分自由。

（2）法律参与促进平等的实现②

平等构成法律的一种内在要求，法律的规定体现着平等的内涵。因此，公民参与法律势必促进平等价值的实现。人类的平等是自古以来人们一直追求的理想。斯多葛学派明确主张，任何人包括希腊人和野蛮人、上等人、下等人、城邦公民与外来人，奴隶和自由人，富人和穷人都是平等的。人与人的平等是自然造就的。③ 早在 1776 年的美国《独立宣言》中就明确宣称人人生而平等。平等意味着一种"包容性"。包容性意味着公民资格，意味着一个社会的所有成员不仅在形式上、而且在其生活的现实中所拥有的民事资格与政治权利以及相应的义务，也意味着机会以及在公共空间中的参与。④ 这种形式意义上的平等反映在法律上就形成"法律面前人人平等"的原则，即"所有规则都平等地适用于所有人，包括执掌权力的人"⑤。公民参与法律能够明确平等的资格与地位，保障

① ［英］洛克：《政府论（下篇）》，叶启芳、瞿菊农译，商务印书馆 1964 年版，第 36 页。

② 本部分参考了李泽：《公民的法律参与与中国法治秩序的构建》，黑龙江大学 2004 年硕士学位论文。

③ 夏勇：《人权概念起源——权利的历史哲学》，中国政法大学出版社 2001 年版，第 104 页。

④ ［英］安东尼·吉登斯：《第三条道路》，郑戈译，北京大学出版社 2000 年版，第 70 页。

⑤ ［英］哈耶克：《自由宪章》，杨玉生等译，中国社会科学出版社 1999 年版，第 335 页。

平等的权利与自由免受他人或权力的不平等对待。

另外，公民参与法律不仅能够维护、保障形式意义上的平等，也有助于实质意义上的平等的实现。事实上，人类各种能力、特长和机遇的分配，从出生开始在许多方面就是不平等的，也即卢梭所谓的"自然的或生理上的不平等"①。而且，这种不平等随着日后环境、机遇的变化还有可能继续扩大。但是，现存的不平等必须切实有效地有利于最不利者的利益，否则这种不平等是不被允许的。② 因为现代社会中的某些特殊群体基于这种自然的不平等而处于弱势地位，如果仍以形式平等的原则对待他们，必定造成他们实际地位和待遇的不平等。而使他们受到真正平等对待的唯一途径是将他们区别对待。③"社会必须对那些拥有较少天然资产的人和出生于社会地位较为不利的家庭的人，予以更多的关心。"④ 法律对这种不平等的平等要求予以规定，对特殊利益给予特殊保护与照顾。从这种意义上而言，公民参与法律就意味着用法律维护与伸张实质平等。

2. 法律至上是公民参与法律的核心信念

作为西方法治的重要精神内核，"法律至上"是在西方公民不断参与法律、了解法律、利用法律维护权利与自由、限制权力滥用的历史过程中逐渐形成的。换言之，法律在西方世界获得至高无上的权威与公民积极地参与法律、伸张权利与利益、反对权力侵犯的不懈斗争有着密切的关系。"法律应在任何方面受到尊重而保持无上的权威，执政人员和公民团体只应在法律（规则）所不及的

---

① ［法］卢梭：《论人类不平等的起源和基础》，李常山译，商务印书馆1962 年版，70 页。

② ［美］罗尔斯：《作为公平的正义：正义新论》，姚大志译，上海三联书店 2002 年版，第 103 页。

③ ［英］哈耶克：《自由宪章》，杨玉生等译，中国社会科学出版社 1999 年版，第 127 ~ 128 页。

④ 罗尔斯语，转引自［美］阿瑟·奥肯：《平等与效率：重大的抉择》，王奔洲等译，华夏出版社 1999 年版，第 42 ~ 43 页。

'个别'事业有所选择,两者都不该侵犯法律。"① 法律至上精神的深层内涵即为当法律权威与个人权威、权力权威发生矛盾和冲突时,法律权威高于其他一切权威。虽然从法律产生之初来看,它源自一定的权威和权力,但法律一旦制定出来,任何权力与权威应无条件地服从这种法律的权威。②

在我国传统社会,儒家思想、价值观广泛而深刻地影响着统治阶级和社会群体。对于统治阶级而言,"法律始终在王权之下发挥其御用的工具性价值,没有自身的独立地位。"③ 对于社会群体而言,在利益与权利之间,权利与权力之间发生矛盾与冲突时,主要诉诸于儒家伦理观、义利观等,而不是以法律为主要的解决手段,形成以儒家伦理代替法律的传统。法律没有得到国家的充分肯定与社会的广泛认同,法律至上的理念也无从生成。④

改革开放后,随着民主法治进程的不断深入发展,社会主义法制体系得以建立,公民参与法律的状况也大有改观。不过,我国法律体系无论是制度架构设计还是具体规范的内容,在很大程度上都难脱移植的痕迹,且离不开政府力量自上而下推动。如此情况下,表面上法律得到了贯彻,但是,实质上法律并不是在公民法律信仰的基础上获得支持。很大程度上,面对国家的强制和威慑,公民只能被动地服从强权政治,逐渐钝化了其自主判断的思维,也逐渐泯灭了其参与的热情,这样其独立的人格丧失了,而顺从的、奴性的依附人格便形成了,权利本位意识在其心中就荡然无存,我们所倡导的法律至上理念也就无从谈起。因此,我们应大大提高公民参与法律的程度,使公民将法律至上作为参与法律的一种信念,积极参与到立法、司法的活动中,以期实现维护、争取权利和制约权力的最终目的。

---

① 〔古希腊〕亚里士多德:《政治学》,吴寿彭译,商务印书馆1965年版,第192页。

② 谢晖:《"法律至上"论析》,《求是学刊》1999年第6期。

③ 马长山:《公民意识与中国法治进程》,《载法理学问题研究》,黑龙江人民出版社2001年版,第128页。

④ 李泽:《公民的法律参与与中国法治秩序的构建》,黑龙江大学2004年硕士学位论文。

## 二、大众传媒与立法参与

### (一) 公民参与立法的原因

1. 代议制立法的有限性①

(1) 代议制下立法产品的有限性

代议制立法的有限性的直接表现，乃是这一立法活动的制度产品——法律规范本身的有限性，亦即代议制立法系统所创制的法律制度不能完全与一定社会的秩序化需求和发展需求相耦合。

首先，代议制立法的有限性归根结底就是法律的主观性与客观性的矛盾体现。马克思说："立法者应该把自己看做一个自然科学家。他不是在制造法律，不是在发明法律，而仅仅是在表述法律"；"立法权并不创立法律，它只揭示和表述法律"②。言下之意，国家立法为全社会创设的法律制度体系本应是这一社会的秩序化要求和发展要求的直接体现。然而遗憾的是，立法者不是"自然科学家"，作为代议制立法之产品的法律规范无一不是立法者主观意志的产物。也就是说，在一定社会的法权要求与国家立法之间，总是存在着立法者的立法目的这一中介环节。当立法目的被设定、被论证的时候，只是一种关于未来社会秩序的理想要求和愿望，是一种存在于立法者的主观意识中的本身不实的东西。它与一定社会的物质生活条件所决定的法权关系之间、与全体社会成员的法权要求之间究竟有多大的距离，很大程度上取决于立法者的认知水平和主观意志。当然，这里的讨论还不包括立法者的"偏私性"（马克思语）问题。其次，代议制立法产品的法律制度所表现出来的工具缺陷。众所周知，社会处于永恒的变动、发展之中，而法律则具有相对稳定性。稳定性是法律获得权威性信赖的必要条件，也是法治的内在要求。因此，法律调整机制的相对稳定性必然地决定了，即使最完善的法律制度体系也总是不能完全应对社会关系的变

---

① 本部分主要参考了庞正：《代议制立法的有限性及其补正》，《社会科学》2008 年第 2 期。

② 《马克思恩格斯全集》第 1 卷，人民出版社 1956 年版，第 183、316 页。

动进程。故而哈耶克说："即使拥有制定得最为完备的法典，亦不可能确保获得法治所要求的那种确定性。"① 在一个迅速变革、不断振荡的转型社会中尤其如此。

（2）代议制自身的有限性

毋庸置疑，代议制作为一种间接民主的政治组织方式比理想主义的直接民主更为科学和有效。民主之"多数的暴政"原本是近代政治思想家托克维尔对直接民主所做的批判。托克维尔说："假如民主国家把曾经过分妨碍或推迟个人理性飞速发展的各种强权推翻，而只受一个多数的专制权力的统治，那末，这只是换上了一个性质不同的邪恶而已。"②

但是，直接民主的立意却能成为我们检视间接民主之瑕疵的放大镜。直接民主对民主理论的最大贡献乃是它所包含的合法性观念，这种合法性观念构成了民主政治的合理性和可服从性。卢梭用他的"公意"理论表达直接民主的合法性观念。卢梭主张，主权在本质上是由公意所构成的，而组成公意的人民意志又是绝不可以被代表的；法律只不过是公意的宣告，所以在立法权上人民是不可以被代表的。在卢梭看来，"英国人民自以为是自由的；他们是大错特错了。他们只有在选举国会议员的期间，才是自由的；议员一旦选出之后，他们就是奴隶，他们就等于零了"③。由此可见，卢梭认为代议制下的立法不再是公意的体现，因为它不是真正的人民的意志。从卢梭对代议制间接民主的批判中，我们能够感悟到代议制立法的硬伤正是在于它的间接性。

以代议制形式出现的间接民主，的确无论在理论上还是在实践中都存在着形式合理性与实质合理性的偏差，也存在着精英政治的嫌疑，即政治权力被把持在少数政治精英手中，民众实际上被排除

① ［英］弗里德利希·冯·哈耶克：《自由秩序原理》（上），邓正来译，生活·读书·新知三联书店 1997 年版，第 251 页。

② ［法］托克维尔：《论美国的民主》（下卷），董果良译，商务印书馆 1988 年版，第 528 页。

③ ［法］卢梭：《社会契约论》，何兆武译，商务印书馆 2003 年修订版，第 121 页。

在政治决策和立法之外。公民对包括立法在内的政治参与不仅是间接的，而且是极其有限的。代议制机构本身成了政治精英们角逐的战场，他们获得的选票与投出这些选票的公民们的真实利益主张、政治意见之间很大程度上失去了内在的关联，而这个代议制本身又没有十分有效的机制去重新建立起这种必需的关联。因为浩瀚的市场经济海洋涌动出的愈益细密的分工使公民们变成了日渐原子化的细沙，他们每个人手中的同样是原子化的选票，不足以与那些精英们展开实质性的对话。故而当代著名的民主理论家罗伯特·达尔说："我们期望选举显示多数人对一系列问题的'意愿'或偏好。但这件事情极少由选举做到。"①

2. 公民参与立法对代议制立法有限性的补充

"代议制是一种国家管理得颇有效率的制度形式，但并非一种最好的制度形式，代议制民主也有其固有的困境与问题。但代议制作为国家管理的制度形式目前还无法被一种更好的制度形式所替代，因此，认识它的困境与问题并非没有意义，而是可为改善其困境和问题寻找有效途径。目前看，使代议制这种间接民主与直接民主相结合可能会在一定程度上缓解和减少代议制的弊端，因而推进公民直接的政治参与是可行的政治选择。"② 套用该观点，对于代议制立法的有限性，我们的选择就是通过扩大公民参与立法来克服和改善。为什么呢？在有关政府统治合法性的来源问题方面，曼宁（B. Manin）曾认为，合法性并不是来源于先定的个人意愿，而是个人意愿的形成过程，亦即话语过程本身……合法的决定并不代表所有人的意愿，而是所有人讨论的结果。赋予结果以合法性的，是意愿的形成过程，而不是已经形成的意愿的总和。讨论的原则既是个人的，也是民主的……哪怕冒着与长久传统相抗的危险，我们也

① ［美］罗伯特·达尔：《民主理论的前言》，顾昕、朱丹译，生活·读书·新知三联书店 1999 年版，第 181 页。

② 魏淑艳、王颖：《代议制的理论预设与实践困境》，《社会科学战线》2005 年第 6 期。

必须肯定，合法性原则是普遍讨论的结果，而不是普遍意愿的表达。① 由此生发，对于立法的合法性的来源问题，哈贝马斯指出，符合正当程序而产生的结果就是合理的结果，被当作合法的仅仅是这样的法律，它是可以在一个商谈性意见形成和意志形成过程中被所有法律同伴所合理地接受的。② 也就是说，赋予法律以合法地位，其渊源不在于该法律是社会主体意愿形成的总和，而在于该意愿平等对话和交流的形成过程；其渊源不在于该法律是否代表了所有人的意愿，而在于该法律是所有人广泛参与、讨论协商的结果。这也就说明了，在哈氏民主程序理论中，之所以强调立法过程中公民的交流与对话的重要性，是因为这个"交往"过程蕴含了所立之法的合法基础，即所有参与者都能平等地表达自己的利益愿望，平等地同他人进行精神上的交往，"不管他们所交流和融通的意志内容与其自身利益的直接相关程度如何，其达成的结果都在实质上摆脱了利益的个体性而具有了一般性的意义。对国家立法来说，这种交流和融通个体意志的过程本身具有首要的形式价值和程序价值，它为市场社会中原子化的个体提供了市场社会所不能提供的政治参与渠道，也为国家立法提供了代议制本身没有兼容的间接民主的'复合式'论辩程序"③。对于普通民众来说，他们亲身参与立法过程，平等交流思想意见，共同完成、共同创造了法律成果，参与过程的每个人都是该项法律成果的缔造者，参与其中的每个人都没有任何理由不去遵守、不受约束于自己与他人共同创造的法律规范。因此，扩大公民立法参与有利于促进法律规范的顺利实施。法律规范的生命力在于实施。通过让公民积极参与到法律制定过程中，将公民从法律规范的被动调整者转变为法律规范制定的主动参与者，使他们切身感受法律规范的积极价值取向，感受到法律规范

---

① 转引自［德］哈贝马斯：《公共领域的结构转型》，曹卫东等译，学林出版社 1999 年版，第 23 页。

② ［德］哈贝马斯：《在事实与规范之间——关于法律与民主法治国的商谈理论》，童世骏译，生活·读书·新知三联书店 2003 年版，第 181、168 页。

③ 庞正：《代议制立法的有限性及其补正》，《社会科学》2008 年第 2 期，第 120 页。

对于自身权利义务的调整和保护，从而增强他们对法律规范的认同感和用法的自觉性，促进法律规范的贯彻实施与遵守执行。

当然，基于我国当前所处的特殊历史阶段，推进立法活动中的公民参与还具有重要的实践意义和价值：有助于促进立法的科学性。首先，公民参与有助于立法项目的及时发现和确认。立法项目的发现和确认是立法的第一步，同时又是关键的一步。对立法机关而言，在复杂的社会问题中发现和确认一项立法项目并非易事。其中难度最大的莫过于获取立法项目确认时所必需的充分准确的信息，同时信息在传递的过程中由于种种主客观原因很容易失真。加强立法中的公民参与可以有效改善这种状况。其次，公民参与有助于避免立法失误。造成立法失误的原因有两种："立法无能"和"立法腐败"。"立法无能"是由于立法者的能力不足和立法机制的不健全而导致的立法失误。"立法腐败"则是一种主观上故意的"立法失误"，是立法主体利用决策机制上存在的缺陷而做出的显失公平、凸显部门私利的立法。为了降低上述立法失误的概率，公民参与立法提供智慧和监督就成为最好的选择。

**（二）大众传媒参与立法的制度化**

由于立法是一个程序性的活动，在不同的阶段会涉及不同的内容，所以，应将大众传媒参与立法制度化，我们遵循立法的这个特性，分为三个阶段对大众传媒参与立法制度化进行分析。

1. 第一阶段：立法的准备阶段

立法公开是指立法程序的全过程即每一阶段、每一步骤及其阶段性都应当以社会外界看得见的方式进行，向社会公开，公众有权知悉并取得立法的资料和信息。立法公开不仅是实现有效参与的前提，而且是贯穿于参与立法的每一个阶段，不仅使民众能够及时了解立法进程，适时表达自己的利益诉求，同时还可以为法律适用提供实际操作的依据，通过对立法信息的分析，可以探索立法者对条文的理解和追求，以决定该条文在现实情况下的合理适用形式。正基于立法公开的如此重要地位，有关立法公开的制度不言而喻也就成为一项极其重要的制度。

立法公开制度是指将立法活动的各个阶段以及各个阶段的成果

向社会公开，满足公众知悉权并保障公民取得立法的有关资料和信息的制度。但是，在我国立法过程中的公开性尚未达到现代法治的要求，尤其是行政立法程序基本上尚处于行政机关的内部工作程序阶段，缺少有效的公开、参与，有的规章尚处于内部掌握状态。所以，立法公开制度作为公众参与制度的前提制度待建立。建立立法公开制度，主要应包括以下几个方面：

第一，建立立法通告制度。在我国《立法法》中，规定了法律、常务委员会通过的法律、法律解释、行政法规、地方性法规、自治条例和单行条例、规章的公布和在报纸上的刊登。①。各地方人大制定的立法条例和各行政机关制定的规章制定办法也规定了刊登立法文本的具体的报纸名称。② 可以说我国已经建立了一套比较完整的法律公告体系。但是实践中仍存在一些不足，一是目前各种法律形式各自为政，分别公告，国家很难找到一种能够涵盖无遗的规范性文件汇编，也没有一个统一的、权威的专门刊登法律的报刊；二是现有的公报成本较高，还不适应普及的需要；三是国务院部门规章的公开载体范围过窄、覆盖面有限、周期长，有的甚至还以文件形式下发。正由于上述的这些不足，从而造成不能够以简

① 《立法法》第 62 条规定："行政法规签署公布后，及时在国务院公报和在全国范围内发行的报纸上刊登。在国务院公报上刊登的行政法规文本为标准文本。"第 70 条规定："地方性法规、自治区的自治条例和单行条例公布后，及时在本级人民代表大会常务委员会公报和在本行政区域范围内发行的报纸上刊登。在常务委员会公报上刊登的地方性法规、自治条例和单行条例文本为标准文本。"

② 《湖南省地方立法条例》（2001）第 52 条规定："省人民代表大会及其常务委员会通过的地方性法规，分别由大会主席团、常务委员会发布公告予以公布，于通过之日起七日内在《湖南日报》上全文刊登，并及时在《湖南省人民代表大会常务委员会公报》、《湖南政报》上刊登。"《河北省地方立法条例》（2001年）第 66 条规定："省人民代表大会及其常务委员会通过或者批准的地方性法规、自治条例和单行条例，应当自通过或者批准之日起十五日内在本级人民代表大会常务委员会公报和本行政区域范围内公开发行的报纸上刊登。"《江西省立法条例》（2009 年修订）第 40 条规定："列入常务委员会会议议程的法规案，除了不宜公开的以外，应当将法规草案在《江西日报》或者其他媒体上公布，征求意见。"

便、快捷、准确、权威的方式向公众传达立法信息。因此，我们有必要从已有的媒介体系中在制度层次确立专门的机构，并形成一个纵横交错的法律公告体系，来承担及时、全面、有效公告各种立法文件、征集立法项目以及公众的建议、公众的评议、立法听证会事项和评议结果等的责任。具体来说，可以从以下几个方面入手：①①用法律形式明确规定，通过指定媒体的公告是已表决通过但尚未生效的的法律、法规、条例、规章等规范性文件获得生效的必要条件；②设立能覆盖全国的、专门刊载法律的报纸，并免费派送；③成立全国和省级两级结构的法律法规信息计算机网络中心，作为全国专门的法律法规信息机构，充分利用网络资源。

第二，建立立法草案的先期公告制度。在立法准备阶段，应当建立立法草案的先期公告制度，除了法律有特别规定应予保密的外，立法机关应采取有效的措施使公民有机会、有条件了解与立法有关的情报资料，主要包括立法动议、立法的主要依据、背景资料、公布草案或征求意见稿，有关提案人对法案所作的说明，委员会的审查结果报告，以及其他与法案有关的文件、记录，都应当公开，以便公众了解立法的理由、背景、法的精神和主要原则。② 采取的"有效措施"就是通过大众传媒，如电台电视台、报纸期刊和网络，将有关信息向社会公布，且这种公布必须持续一段时间。

第三，建立立法会议公开和旁听规则。在近、现代民主政治的发展过程中，立法机关议事公开的重要性愈来愈为各国所关注，各国宪法和法律多对此作出了规定。据对亚洲和欧洲 61 个立有宪法的国家统计，有 34 个国家的立法机关设有议事公开制度，占这些国家的 55.73%。③ 但是，我国在立法会议公开和旁听规则方面很

---

. ① 陈爽:《公众立法参与若干问题研究》，武汉科技大学 2008 年硕士学位论文。

② 陈爽:《公众立法参与若干问题研究》，武汉科技大学 2008 年硕士学位论文。

③ 参见李林:《立法机关比较研究》，人民日报出版社 1991 年版，第 337 页。

是不完善,① 也正因为立法公开和旁听规则的不完善,实践中立法会议具有很大的随意性,使得公众参与立法权很难获得有效地落实。对此,我们可以从以下两方面对立法议事规则进行完善:1. 立法会议上都应该设置旁听席。只要属于立法公开范围的立法事项,公众都有权参与该立法会议进行旁听,目睹立法者的争论及其结果,有权取得会议的信息、文件和记录;同时,立法会议还必须为新闻记者设立专区旁听席,并备有传真机和电脑或网线终端。另外,由于会议场所大小的限制,也就决定了会议可容纳公众的名额是有限的,而会议组织者有责任通过上述法定的法律公告体系中的大众传媒将申请名额事项及时公布,并根据公民申请的先后顺序给予申请者参与身份的确认,提供在线打印旁听券。2. 在具体的规则方面,应尽量做到人性化和便民。尤其对于新闻记者,规则要体现出对新闻自由的尊重和对公民知情权的保障,取消对记者的过度限制,给记者全面、公正采集立法会议进程的机会,不能无端禁止记者的记录或录音、录像,更不能无端将记者驱赶出会议场所。例如,奥地利宪法规定,如实报道国家议会及其下设委员会公开会议的活动,一概不受追究;美国国会允许一家电视台对国会会议进行现场直播;在美国华盛顿州,公众可以通过上网收听收看议会辩论、委员会听证会和其他议会活动;密苏里州议会设立了免费电话,公众可以打进这个电话来收听议会会议进程;美国亚利桑那州众议院会出版包括"新闻界经常问及的问题"的年度报告。

第四,建立立法信息、资料和立法成果的公开制度。立法信息和资料的公开,是指除了法律有特别规定应予保密外,立法机关应采取有效措施使公民有机会、有条件了解与立法有关的情报资料,

---

① 《全国人民代表大会议事规则》第 18 条规定:"大会全体会议设旁听席。旁听办法另行规定。"实践中,从七届全国人大常委会第二次会议才开始设立旁听席,目前也只限于邀请工会、妇联、共青团等人民团体和群众组织的有关人员旁听,有的地方还规定,常委会会议可以邀请民主党派、人民团体、大专院校和其他单位派人到会旁听。但总的来说,由于种种原因,如场地大小、人员素质等,立法会议还不能做到对旁听不加以任何限制。

如立法的主要依据、背景资料、拟定之法案的主题和问题以及公众参与的途径与方式，等等；① 公开信息是原则，不公开是例外。立法成果的公开，即各种法律、法规、规章及普遍适用的解释，均须向社会公开，并以指定的媒介载体为合法生效文本。另外，在审议过程中，有关提案人对法案所作的说明、委员会的审查结果报告，以及其他与法案有关的文件、记录，都应当公开，以便公众了解立法的理由、背景，法的精神和重要原则。

第五，建立征集立法项目或法律法规草案制度。这就是实行立法预告制度，通过上述法律公告体系中的媒介公开立法项目规划草案或面向社会公开征集立法项目建议和法规草案稿。各级国家机关、团体、党派，各级人大代表、政协委员、企事业单位、公民、法人和组织可以单独或联合，以组织或个人名义提出原则性的立法意见和建议或法规草案文本，质量较高的，列入人大常委会立法规划草案。这就改变了过去立法项目大都是由政府行政部门提出的传统做法，使公民成为提出立法项目建议的主体之一，从立法源头奠定公民参与立法活动全过程的基础。比如，广西壮族自治区人大常委会从 2003 年 1 月 24 日至 4 月 30 日向社会公开征集今后五年立法项目，共收到地方立法项目建议 370 多件，其中以部门、单位名义提出 260 多件，以个人名义提出 110 多件。② 2006 年南京市首次通过互联网征集立法项目，22 位市民提出的 23 项立法建议被采纳或部分采纳，约占市民群众建议人数的 52% 。③

2. 第二阶段：由法案到法的阶段

首先，建立公布法律草案征求意见的制度。该制度对于我们并

---

① 苗连营：《论立法过程中的程序公开原则》，《人大研究》1999 年第 7 期。

② 艾志鸿：《关于地方人大公开征集立法项目建议的几点思考》，《海南人大》2004 年第 8 期。

③ 刘南：《畅通民众参与立法渠道》，《人民代表报》2006-03-21，第 005 版。

不陌生，通常说的"全民讨论"① 就是重要的制度形式之一。自新中国成立以来，我国共有 16 部法律通过大众传媒采取公开征集意见的形式：1954 年宪法、1982 年宪法、全民所有制工业企业法、行政诉讼法、集会游行示威法、香港特别行政区基本法、澳门特别行政区基本法、土地管理法、村民委员会组织法、合同法、婚姻法、宪法修正案、物权法、劳动合同法、就业促进法、水污染防治法、食品安全法等（如下表所示②）。其中，正是公众立法参与的利益博弈，使得历经 8 审的《物权法（草案）》创下国家立法机关单部法律审议次数之最。

对于全民讨论式的参与而言，虽然我们已积累了丰富的实践经验，但一直没有将其法制化，目前这方面的随意性仍然很大，比如，什么样的法律需要全民讨论、通过什么样的媒介公布、讨论的期限是多久、意见如何反馈、反馈的意见如何处理等等，都没有具体的规范指导。③ 不过，值得一提的是一些地方政府却取得了阶段性的成果，如青岛人大信息网上设立了"法规征询之窗"和专门信箱，实施法规草案上网工程，让公民直接参与立法；《天津市人大常委会公示地方性法规案办法》、《北京市人民政府规章制定办法》、《上海市人民政府规章制定程序条例》都规定凡是政府审议中的法规和规章草案，都要在有关网络上公布，以听取公民的意见和建议。

其次，完善立法听证制度。立法听证目前在国外已经成为较为成熟的程序性制度，"在国外议会立法中，虽然听证不是一个必经程序，也是一个基本程序，未经委员会听证就制定法案的情况是例

① 事关全国人民切身利益、有重大影响的立法，立法机构往往把立法草案全文在报刊上加以公布，在收集公众的意见以后，立法起草机构加以修改，再提交立法机关讨论、通过。这种全民讨论，是我国公众参与立法的主要形式。

② 资料来源：http：//npc. people. com. cn/GB/7164012. html。

③ 2008 年 4 月，全国人大常委会委员长会议决定，今后全国人大常委会审议的法律草案，一般都予以公开，向社会广泛征求意见。参见 http：//news. xinhuanet. com/newscenter/2008-04/20/content_ 8015406. htm。

外"，"未能听证拿到议员席上的议案极有可能成为尖锐批评的焦点"①。但是，立法听证在我国却是一个新生事物，在制度层面和实践层面都有很多尚待完善的地方。

在我国，立法听证是立法主体对公民政治和立法参与要求增加的一种积极回应，也是立法主体在探索立法民主化道路上迈出的坚实一步，充分体现了公民直接参与立法的本质和功能。1996 年 3 月 17 日《行政处罚法》的颁布，第一次在我国的法律中确立了听证制度（尽管还不是立法听证）；2000 年 3 月 15 日颁布的《立法法》，规定立法听证只是一种选择性程序，首次对立法听证制度作了较为原则的规定。目前立法听证在地方开展得如火如荼，但国家级的立法听证会举办的比较少。

立法听证作为公众立法参与的一种主要形式，在实践中理应发挥重要的作用，如协调部门矛盾、加强立法的民主化、实现程序科学化、加强政治沟通等等，但是，由于目前我国立法听证制度仍很不完善，有关立法听证的程序还不够规范，造成了上述作用的发挥很不理想。立法听证制度不完善主要表现为②：一是立法听证的范围不规范。一项法律草案是否举行听证，出席听证会人员的范围和人选，都由专门委员会根据情况确定，实践中具有较大的随意性，凸显部门利益难以避免。二是立法听证的程序不规范。三是立法听证会发言与发言记录不规范。在立法听证会的实践中，常常是受到该法律草案直接影响的部门，表达意见的积极性最高，发言的时间最多，致使听证会成了部门表达本部门意见的场合。立法听证会的发言记录也不规范。四是立法听证会的举办方式和名称不规范。一些基本法律的草案，不是由法律委员会举行立法听证会，而是由常务委员会法制工作委员会或者由法律委员会与法制工作委员会共同举办。立法听证会的名称也不规范，一般称为"座谈会"、"论证

---

①　蔡定剑：《国外议会立法听证及其特点》，载于蔡定剑主编：《国外公众参与立法》，法律出版社 2005 年版，第 172 页。

②　参见宋鹏举：《宪法视角下的公众参与立法问题研究》，贵州大学 2008 年硕士学位论文。

| 名称 | 公布日期 | 征求意见时间 | 收到意见 | 通过日期 |
|---|---|---|---|---|
| 食品安全法（草案） | 2008年4月20日 | 至2008年5月20日 | 2400多条群众意见，67封群众来信 |  |
| 水污染防治法 | 2007年9月5日 | 至当年10月10日 | 11020件意见，约70%来自基层群众 | 2008年2月28日 |
| 就业促进法 | 2007年3月25日 | 至当年4月25日 | 191849件，创人大立法史新纪录 | 2007年8月30日 |
| 劳动合同法 | 2006年3月20日 | 至当年4月20日 | 11543件意见，很多都得以采纳 | 2007年6月29日 |
| 物权法 | 2005年7月10日 | 至当年8月20日 | 草案根据征求意见作了许多修改 | 2007年3月16日 |
| 婚姻法 | 2001年1月11日 | 至当年2月28日 | 草案根据征求意见作了修改 | 2001年4月28日 |
| 合同法 | 1998年9月4日 | 至当年10月15日 | 草案根据征求意见作了修改 | 1999年3月15日 |
| 村民委员会组织法 | 1998年6月26日 | 至当年8月1日 | 仅第一次就作了100多处修改 | 1998年11月4日 |
| 土地管理法 | 1998年4月29日 |  | 多处修改和补充 | 1998年8月29日 |
| 香港特别行政区基本法 | 1988年4月、1989年2月 | 征求意见稿，5个月；基本法草案，8个月 | 仅第一次就作了100多处修改 | 1990年4月4日 |
| 澳门特别行政区基本法 | 1991年7月9日、1992年3月16日 | 征求意见稿，4个月；基本法草案，4个月 | 根据各方意见作了较多修改 | 1993年3月31日 |
| 集会游行示威法 | 1989年7月6日 | 至当年8月10日 | 根据各方意见作了修改和补充 | 1989年10月31日 |
| 行政诉讼法 | 1988年11月9日 | 至当年12月底 | 提出的许多建议被吸收 | 1989年4月4日 |
| 全民所有制工业企业法 | 1988年1月12日 | 至当年2月25日 | 许多意见被采纳，近百处补充修改 | 1988年4月13日 |
| 1982年宪法 | 1982年4月26日 | 至当年8月底 | 对原来的草案再度作了修改 | 1982年12月4日 |
| 1954年宪法 | 1954年6月15日 | 历时2个多月 | 对原来的草案再度作了修改 | 1954年9月20日 |

会"，有时又称为修改意见会，不符合立法听证会议的宗旨和目的，也与会议的内容和实际作用不相称。

对于前述立法听证制度不足的主要表现，很多学者都提出了自己的完善建议，有的建议借鉴日本的立法听证制度，有的建议借鉴美国的立法听证制度，但是无论采取谁家之言，突出大众传媒在立法听证制度中的特殊地位就成为大家共同的选择。尤其是在当今中国，确立立法听证具体操作方面的规范确实是势在必行，但是即使是在程序方面加以完善了，若没有大众传媒的参与，缺乏有关立法听证的信息的传播，缺乏对立法听证的舆论监督，立法听证能否真正发挥前述的诸多作用很值得怀疑。

3. 第三阶段：法的完善阶段

立法成果经过指定媒介的刊布，立法活动告一段落，但是这并不意味着公众参与立法的结束。因为，在法律法规颁布后，还存在解释、修改、废止等法的完善问题，对于这些问题的解决，公众的参与也是相当重要的。基于此，我国《立法法》第88条第2款规定，全国人大常委会有权撤销同宪法和法律相抵触的行政法规；第90条第2款规定，公民认为行政法规同宪法或法律相抵触的，可以向全国人大常委会书面提出进行审查的建议。该规定虽明确授予了公民具有监督现行法律法规"合宪性"的权利，但并没有对公民参与违宪审查进行具体规范，实践中基本上还是无章可循。故有很多学者提出要完善有中国特色的违宪审查制度，并在完善此制度之中来确立公众对法律审查的参与制度。

对此，我们表示赞同。但是，我们不能忽视大众传媒在法的完善阶段所发挥的体制性的作用。例如，"孙志刚事件"被认为开创了新闻舆论参与立法的历史新纪元。2003年3月17日，走在大街上的孙志刚忽然被收容，随后在广州市收容站被打死。"孙志刚事件"媒体披露后，迅速引起了社会空前关注，新闻舆论起了重要的推动作用。5月16日，北京大学三名博士上书全国人大常委会，要求对国务院制定的《城市流浪乞讨人员收容遣送办法》有关条款进行违宪审查。6月18日，国务院宣布废止1982年5月发布的《城市流浪乞讨人员收容遣送办法》，6月20日，国务院总理温家宝签署国务院第 381 号令，公布施行《城市生活无着的流浪乞讨人员救助办法》，自 2003 年 8 月 1 日施行。该事件中，形式上虽是三个公民申请违宪审查引发了新旧法规的更迭，但是，在这三名公民的背后却是新闻舆论对政府立法的巨大影响力。可以说，如果没有公民强烈的理性因素和参与热情，没有公民借助大众传媒对此充分发表自己的看法，旧的法规能否被废止、新的法规能否被颁布、新法规能否如此迅速地被颁布都是有疑问的。因此，我们以为，为了充分发挥大众传媒在法的实施过程中的监督作用，有必要对大众传媒在此过程中的行为制度化、将大众传媒的舆论影响作为修改现行法律的参考标准制度化。

### 三、大众传媒与司法参与

在我国法治进程中，公民通过大众传媒从事司法的社会监督，参与到司法活动中去的典型案例出现了不少，产生的效果有正反两方面：一方面是积极效果方面，如 20 世纪 70 年代末新疆生产建设兵团发生的蒋爱珍案①；2006 年发生于北京的崔英杰案②；2007 年

---

① 1978 年 9 月 29 日，新疆某兵团的女青年蒋爱珍被人造谣诬陷，蒋多次向组织请求处罚侵害者以保护自身名誉，未果，在走投无路的情况下，开枪杀死3 人。蒋爱珍一审被判处死刑。1979 年 10 月，《人民日报》以《蒋爱珍为什么会杀人》一文长篇报道了此案后，引起全国轰动，编辑部收到人民来信 15000 多件，从不同角度对蒋爱珍表示同情，希望从轻判处，并要求追究诬陷蒋爱珍的人的法律责任。1985 年，新疆维吾尔自治区高级人民法院对蒋爱珍杀人案开庭公审，终审判决蒋爱珍有期徒刑 15 年。不仅民意高度一致地同情蒋爱珍，支持终审判决，而且在北大法律系的多年刑法学课上，多位著名教授也论证过此案终审结果在刑法规范、法理上的合法性、正当性。参见：http://blog.sina.com.cn/s/blog_ 4e22288d0100axs5.html。
② 2006 年 8 月 11 日，河北来京人员崔英杰在北京市海淀区中关村科贸大厦附近卖烤肠，被现场执法的海淀城管大队队员查处，并要当场没收他的三轮车。崔英杰手持切烤肠的小刀刺入海淀城管大队海淀分队副队长李志强的脖子，后李志强因抢救无效死亡。崔英杰案也引起了广泛的关注，公众吁求法院对崔从轻处罚。2007 年 4 月 10 日，北京市第一中级人民法院以故意杀人罪判处崔英杰死刑，缓期两年执行。详见：http://zhidao.baidu.com/question/29384071.html。

发生于广州的许霆案①；另一方面是消极效果方面，如 1998 年发生于河南的张金柱案②；2001 年发生于四川省泸州市的"二奶继承案"③；2003 年发生于辽宁的刘涌案④，等等。

从积极方面来讲，让公民更多地参与到法治进程中来，使司法机关与公民在法治进程中形成互动关系，必定使司法裁决更加契合社会实际，全面反映各方利益，还能够使公民更好地树立起法律的信仰，使法律更具权威。同时，在对司法个案的各种不同观点的激

---

①　2006 年 4 月 21 日晚，许霆利用自动取款机的故障，超额刷卡取走了 17.5 万元。2007 年 11 月 20 日，广州市中院认定许霆盗窃金融机构罪成立，判处许霆无期徒刑，剥夺政治权利终身，并处没收个人全部财产。许霆一案在互联网上得以广泛传播，其定性和判决引发了社会各界包括众多法学界人士的激烈争论。后广东省高院以"事实不清证据不足"为由裁定发回重审。2008 年 3 月 31 日，广州市中院重审判决，以盗窃罪判处许霆有期徒刑 5 年，并处罚金、追缴违法所得。广东省高级人民法院终审维持了一审判决。

②　张金柱原河南省郑州市某区公安分局局长。1997 年 8 月 24 日，张金柱驾车撞死一人后，将另一名受害人挂在车下逃逸，致其重伤。该案由《焦点访谈》等主流媒体披露后，引发社会强烈反响。1998 年 1 月 12 日，郑州中院以故意伤害罪判处张金柱死刑。二审维持原判。

③　一名姓黄的男子将自己的全部遗产都留给情人张某而没有留给自己的结发妻子蒋某，但由于蒋某把持了所有的财产，张某将蒋某告上了法庭。新闻媒体全程报道了这一案件，但却一边倒地认为破坏他人家庭的张某无权继承黄某遗产。本案中强烈的道德义愤压过了司法本来应当具有的理性，法院最终做出判决，认定黄某的立遗嘱行为违反民法通则公序良俗原则，应为无效，张某不能继承黄某的遗产。参见：殷啸虎：《道德力量对宪法原则的挑战——"二奶继承案"的另类思考》，http://www.chinalawinfo.com/fldt/flzt_article.asp? id = {81965ADE-24D9-4BE4-901E-B8F214065130}。

④　2001 年 4 月，黑社会头目刘涌被辽宁省铁岭市中级人民法院以组织领导黑社会性质组织罪、故意伤害罪、非法经营罪、故意毁坏财物罪、行贿罪、妨碍公务罪、非法持有枪支罪等多项罪名一审判处死刑。2003 年 8 月 25 日，刘涌被辽宁省高级人民法院以近乎相同的罪名改判死刑，缓期两年执行。辽宁省高级人民法院改判的理由主要是"不能排除有刑讯逼供状况的存在"。判决发布之后舆论大哗，民众无法接受"刑讯逼供取得证据无效"这一理论，更不愿意将这一理论运用到这个黑社会头子身上。在重重社会压力下，最高院不得不提审刘涌案，重新判处刘涌死刑，立即执行。

烈碰撞过程中，公民在自主自愿的情况下通过大众传媒，尤其是开放的网络所提供的对话、沟通的环境，充分表达自己对案件事实和法律规范、法律适用的分析和概括，这都是哈贝马斯沟通交往理论在中国司法实践中的成功尝试，体现了人们为防范法官独断、肆意解释法律或枉法裁判所做的努力。公民参与司法在一定程度上推动了司法的民主化进程，增强了法官在解释、适用法律上的科学性、民主性与合法性。

从消极方面来讲，普通公民并不了解法律的专业概念和司法的逻辑推理，公民参与司法，尤其是通过大众传媒却都对司法施加了不太恰当的影响。狂热的道德激情、简单的是非判断和强烈的愤怒情绪，往往淹没了对问题的深入分析和对规则的尊重，公民参与权利的行使显然已经大大超越了应有的界限。在上述经典案例中，我们可以明显地看到公民通过媒体在事实的选取上往往是片面的、夸张的，只抓一点，不计其余，并再加上大量的、一边倒的评述，从而形成一种巨大的舆论狂潮，使得司法机关在做出裁判时放弃司法独立的原则，也不得不考虑对抗舆论所带来的巨大压力，最终使得司法公正遭到破坏并使得被告人无法依照法律的运行逻辑得到公正的裁判。

面对上述正反两方面的案例及其实践产生的正反两方面的效果，我们如何才能保证公民通过大众传媒参与司法活动起到的是促进司法民主、司法公正目标的实现而杜绝破坏司法独立、藐视司法尊严、损害当事人的公平受审权现象的发生呢？对于该问题的解决，我们首先应认识到该问题是一个系统工程，涉及多方面因素。

**（一）公民参与司法的原因**

1. 公民参与司法的客观原因

（1）利益冲突的存在

自改革开放以来，我国社会政治、经济结构都发生了很大的变化，尤其是市场经济体制的实行打破了传统凝固的、僵化的社会状态。经济活动均以市场为主导，人们的选择性增强了，随之自主性、独立性也在增强，人们开始成为主体。市场化以及经济结构和经济主体的多元化，使得各经济主体之间出现了差异和竞争。而这种差异和竞争给我国带来的是社会阶层、群体的日渐分化和多极化，社会成员的价值观念也趋于多元化，存在着不同的利益追求。在此背景之下，社会主体的独立性、自主性、差异性、竞争性，等等，为公民参与司法吁求各自利益的确认创造了社会条件和因素；司法个案也不再仅仅表现为当事人之间的权利义务矛盾与冲突，司法个案处理的过程与结果都还承载了当事人之外其他人的很多利益期许。即便不存有利益上的关联，亦会涉及价值观上的趋同或冲突。由此可知，司法活动对任何一个案件的处理结果所带来的利弊损益都不再仅限于当事人自身的承受，总会有案外利益主体出现感同身受的切肤之"痛"。因此，司法裁决的过程从本质上透射出的是阶层、群体以及其他利益主体之间利益或价值观的冲突与博弈。而公民参与司法进行自由发言、讨论的行为，实际上既是这种矛盾冲突与博弈的最直接的外化，也是这种矛盾在一定程度上得到解决、这种博弈在一定程度上得到展开的具体方式。

（2）政治参与方式的简便

随着我国政治生态的不断改善，主导政治力量的政治主张逐步趋合于公众的社会理想，同时，随着政治传导体制及机制的变化，公众对国家政治生活的关注点也有所变化，公众参与政治的方式更有异于先前。国家的重大政治事件固然会引发社会公众的关注，但公众情感投入的程度则有所减弱。公众更为关注的是与其生存及生活状态直接相关的那一部分政治活动。司法审判，既是国家政治活动的组成部分，也是国家实施社会管理的重要手段。更重要的是，司法审判活动所关涉的通常是与社会公众日常生活息息相关的内容。司法活动是国家与公众之间的连接点，是政治活动与社会生活相互交织的空间。因此，在社会公众不再热衷于对轰轰烈烈的"广场政治"的参与，同时对缺少直接感验的宏大叙事式的政治话语亦丧失兴趣的情况下，对关及广泛利益的司法个案的讨论，则成为他们参与政治、参与社会管理的一种实惠且简捷的方式。在这种讨论中表达他们的社会愿望与要求，表达他们对于社会秩序、社会利益分配的期冀与理想。① 正如诺内特等人所说："法律舞台成了一种特殊的政治论坛，法律参与具有了政治的一面。换言之，诉讼逐渐成为团体组织可能借以参与公共政策的一种工具。"②

（3）审判公开原则的确立

黑格尔指出："法律应予公布是属于主观意识的权利，同样，法律在特殊事件中的实现，即外部手续的历程以及法律理由等等也应有可能使人获悉，因为这种历程是自在地在历史上普遍有效的，又因为个别事件就其特殊内容来说诚然只涉及当事人的利益，但其普遍内容即其中的法和它的裁判是与一切人有利害关系的。这就是审判公开的原则。"③ 简单地说，公开审判指法院对诉讼案件的审理及判决，除有特别规定之外，都在法庭公开进行，允许公众旁听。其主要内容包括：第一，法院在开庭前公告当事人姓名、案由和开庭时间、地点，以便公众旁听；第二，除法律规定不公开进行审理的案件外，应当允许公众旁听和新闻记者采访报道，公众可以旁听审判的全过程，包括法庭调查、法庭辩论、宣判等。诉讼和审判的公开程度历来与社会、司法的民主化、文明化程度亦步亦趋。司法审判的民主化程度越高，诉讼的开放性程度也就越高；反之，司法审判越是具有专制的特征，则诉讼的封闭性也就越强。可以说，也正是公开审判原则确立后，所体现的民主性：公开性、接近司法、受民众监督，为公众对司法个案的评价提供了最基本的条件。

首先，公开性。公开审判实行的是几乎完全的公开，不仅审理过程要公开，而且判决过程也要公开；审判过程全面公开，从立案到结案的全过程都要公开；对所有的人公开，包括对当事人公开，也包括对社会公开，尤其是对媒体公开。公开审判要求审判过程必

---

① 顾培东：《公众判意的法理解析——对许霆案的延伸思考》，《中国法学》2008 年第 4 期。

② ［美］诺内特、塞尔兹尼克：《转变中的法律与社会：迈向回应型法》，张志铭译，中国政法大学出版社 1994 年版，第 107 页。

③ ［德］黑格尔：《法哲学原理》，范扬、张企泰译，商务印书馆 1982 年版，第 232 页。

须在公开的、可视的或者是能够了解的情形之下进行，并要求诉讼程序的每一个步骤、阶段都应当依法以当事人和社会公众看得见、听得着的方式展开。其次，接近司法。实行公开审判，使得审判场所"广场化"、开放化。公开审判形式的大众化，即向一般民众提供一种司法服务，能使民众有效接近法院（effective access to court）。公开审判更"被视为使司法裁判制度更贴近于人民的必要手段"①。司法贴近民众，民众接近司法，司法的效率提高了，民众更加乐于接受司法救济，诉诸诉讼程序。可以说，公开审判是作为一种效率的程序制度之现代要素出现的。换言之，即作为民主审理的现代要素出现，展示出司法的民主性。最后，受民众监督。实行公开审判，可使"国民或大众对于审判活动或裁判内容之评论或批判，系基于国民主权及保障人权等观点，就诉讼程序上行为之全部或一部，以说服法官尽力保障国民权利为目的，而主张其行为之可否，依循正当手段所采取之督促行动"②。公开审判不仅受民众的有效监督，而且增加了司法的透明度和可信度。程序运作的种种细节（控诉、辩论、审判、惩罚等等）全都露于外，皆诉诸民众的反映和置于众目睽睽之下，绝没有遮遮掩掩见不得人的地方，即所谓阳光下的司法，增强了透明度，更体现出司法的民主性。③

2. 公民司法参与的主观原因

（1）公众对法律适用中的"酌定情节"抱有独到认知

实践中，对个案处置的争议通常集中在法律酌定的某些问题上，如对被告人判处死刑或死缓、判处实刑或缓刑、是否从轻或减轻处罚甚而适用特别规定（如刑法第63条第2款），等等。由于我国立法留给司法机构酌定的空间很大（刑法尤为突出，其他立法亦如此），因而在酌定范围内所做出的个案处置可能会差异甚大。

---

① 崔英楠，刘风景：《公开审判制度的理论和实践》，中国社会科学院研究生院学报，2003年第3期。

② ［美］理查德·A. 波斯纳：《正义/司法的经济学》，苏力译，中国政法大学出版社2002年版，第181页。

③ 王晓：《论司法的民主性表现》，《河北科技大学学报（社会科学版）》，2005年第4期。

在立法上和司法中，酌定的依据往往被表述为"情节"、"社会危害性"、"主观恶性"、"后果"等法律概念，但无论如何，酌定必然是一个主观化判断，"酌"与"定"都依赖于主体的主观测度。虽然司法机构成员对诸如"情节"等概念有其专业化的理解，但社会公众在此方面的认知却更为独到，况且也正是"酌定情节"的主观化判断的大量存在，就为公众参与司法表达自己的认知提供了理论上的必要性和拓展空间。因为，无论立法规定如何详尽，也无论司法经验如何丰富，都难以应对社会生活的复杂性和社会事实的多样性。社会公众在认知诸如"情节"等问题时所参照的因素比立法规定及司法的视点往往更为全面。较之简单依照法律所做出判断，社会公众的某些直觉或印象或许更为准确，因为后者具有深厚的生活经验的积累。这也印证了霍尔姆斯那句著名论断"法律的生命从来就不是逻辑，而是经验"。① 况且，公众参与司法是一个"精神交往"的过程，通过沟通、探讨所形成的共识是集众人之智慧、纳众人之专长，因而比单独司法机构或少数的司法人员的判断更具有说服力。

（2）公众对司法处理结果抱有正当社会要求的期待

公众之所以对参与司法持有积极的态度，就因为该参与过程蕴含了公众丰富的利益和价值观的期待，其所寄托的不仅仅是公众对于司法机关能秉公执法的愿望，且还承载着公众从案件审理中所引申出的其他社会要求。虽然受制于群体、阶层等因素带来的立场差异性的局限，但从总体上来说，公众参与司法所表达的社会要求具有正当性和正义性，同时，也是司法裁决所不便明确表达而又须一定社会补充的方面。从实践看，公众在参与司法过程中所支持的或同情的，往往是现实生活中不被重视或顾及不到的"弱势"情形；而公众所厌恶或给予否定评价的，则通常是现实生活中需要矫正和杜绝的负面情形。比如在许霆一案中，许霆的行为固然理应受到法律和社会的谴责，而金融机构所应承担的责任以及金融机构在日常

---

① 参见顾培东：《公众判意的法理解析——对许霆案的延伸思考》，《中国法学》2008 年第 4 期。

生活中所表现的不良作风和在该案件中所表现不尽恰当的社会姿态，更遭到了公众通过大众传媒的广泛而尖锐的批评。还有，在崔英杰一案中，公众吁求司法机关对崔英杰从轻处罚的一个重大理由就是对城管人员"暴力"、"野蛮"执法的强烈不满，更有甚者认为，"崔英杰挥刀夺人性命是犯罪行为，可是，把崔英杰逼到犯罪深渊的'城市管理制度'，其罪孽更加深重！谁来审判这个罪孽的制度呢？"，"崔英杰案在某种程度上，比当年孙志刚被杀案，更尖锐、更残酷地触及乃至引爆了当代中国一系列深层的政治问题、经济问题和社会问题"[①]。由此再一次将城管部门执法所带来的冲突及其解决拽回到大众的视野。当然，也正是公众参与司法所从事的多视角的利益、观念表达，给司法部门处理案件提供了参照，上述案件都获得了很好的解决，既实现了司法活动贴近现实生活，又为司法社会效果的提升提供了空间。

### （二）大众传媒参与司法的规则

1. 大众传媒在参与司法过程中所应遵循的规则

首先，对大众传媒参与司法的时间的规制。探讨大众传媒参与司法的时间就是要探讨大众传媒可以在立案、侦查、起诉和审判等哪个阶段介入并对案件进行报道。一般而言，在立案、侦查、起诉和审判的任何阶段，大众传媒都可以、也应该对案件进行舆论监督，但法律规定不公开审理的案件除外。对此，一些国际区域性组织早已明确规定，如1994年在西班牙马德里制定的《关于新闻媒体与司法对立的基本原则》第1条规定："……媒体有职责和权利收集情况，向公众传达信息，并在不违反无罪推定原则之前提下，对司法活动进行评论，包括对庭审前、庭审中和庭审后的案件。"虽然该区际性条约由于中国没有签署，在中国没有法律效力，但这并不妨碍对舆论监督立法提供借鉴之处。

另外，对于已经生效的法院判决，传媒可以从事实认定和法律条款适用两个方面发表任何意见或评论，不存在限制。如果发现生效判决中所依据的事实不真实或适用法律有错误，传媒为了维护当

---

① 参见 http://zhidao.baidu.com/question/29384071.html。

事人的合法权益，为了维护法律的尊严，可以对该判决进行客观的评价，无情的批评。

其次，对大众传媒参与司法时所持器材的规制。我国《人民法院法庭规则》第 10 条规定："新闻记者旁听应遵守本规则。未经审判长或者独任审判员许可，不得在庭审过程中录音、录像和摄影。"录音、录像、摄影等活动离不开对器材的运用，而审判中器材的搬动是极有可能分散庭审法官的注意力，对正常的审判秩序造成不应有的干扰，使当事人的受公平审判权受到损害，因此，对此作出一定的限制是很有必要的。另外，对于摄像机的数量也要严加控制，多家媒体可以共享用一台摄像机；摄像机要以固定机位为原则，低照度、无闪亮为标准；镜头不要长时间对准某个诉讼参与人或审判人员（避免聚焦压力或作秀）。不过，需要注意的是，虽然《最高人民法院关于严格执行公开审判制度的若干规定》第 11 条规定"依法公开审理案件，经人民法院许可，新闻记者可以记录、录音、录相、摄影、转播庭审实况"，蕴含着法官对新闻记者是否可以做记录享有决定权，但是，由于记者用笔或电子笔或电脑等工具从事法庭记录时，基本上对周围的环境没有影响，对审判秩序的干扰是微乎其微的，更谈不上对当事人公平受审权的损害。所以，该条所规定的法院对记者记录的掌控是不应该的。

再次，对大众传媒报道司法的内容的规制。虽然大众传媒在立案后审结前任何阶段都可以参与司法，但是，在这些阶段中，大众传媒只能对司法人员的办案作风（如接受当事人的宴请或礼物）、违法违纪（如贪污受贿、徇私枉法）、办案程序违法（如超期羁押、未遵守回避原则、剥夺诉权、强制措施不符合法定手续等）等方面进行报道和评论，而对案件的实体方面不得加以定性或评论。不过，可以对公安机关信息公开下的侦破情况和已查明的案件事实部分进行报道。同时，对于涉及国家机密、商业秘密、个人隐私、未成年人犯罪等不公开审理的案件，对于合议庭对案件的评议情况、审判委员会对案件的讨论情况，记者都不得到庭采访，也不得查阅庭审记录或相关材料。

除此之外，对大众传媒报道司法的具体内容还应在以下几个方面受到约束：首先，对案件的审理情况的报道必须客观真实，不得发表任何带有倾向性的意见，不得超越法定程序提前对案件定性，如有罪或无罪、胜诉或败诉；其次，对案件当事人在不同阶段的称呼必须与法律规定相符，如在侦查阶段为犯罪嫌疑人、在起诉阶段为被告人，不得在审结前直呼罪犯、犯罪分子或人犯；再次，评论中应严格区分负责任的批评与纯属辱骂的文字，对司法人员不得进行人身攻击，避免挑起民众对法律、司法机关、司法人员的不信任甚至憎恨。

2. 人民法院在大众传媒参与下所应采取的措施

首先，诉讼延期或中止审理。为了避免新闻舆论监督对审判人员带来"先入为主"的不利影响，对于案件的审理可以做出延期或中止的决定，直到传媒报道所形成的舆论压力归于平淡后再重启审判程序。这种做法在美国司法实践中很是普遍。不过，由于被告不但享有公平审判权而且还有如期接受审判权，延期审理或中止诉讼必然会影响如期接受审判权的落实，如此情形下，选择公平审判还是如期审判，法院应尊重被告人所作出的取舍。我国三大诉讼法中并没有这方面的规定，笔者建议对此应加以明确。

其次，变更审判地点。当传媒对案件报道已达到可能影响法院独立、公正审判的程度时，将案件管辖权移送到尚未有被传媒报道过的地区同级法院，以确保该案件依法获得公正审判。通过易地审判以消弭传媒的不当影响是美国的通行做法。1996年，美国联邦法院的法官就决定将对俄克拉荷马市爆炸案的嫌疑犯蒂莫西·麦克维和特里·尼可斯的审判从俄克拉荷马市转移到丹佛市。虽说全国媒体都对俄市爆炸案作了大幅度的报道，但法官认为俄市媒体的报道更直接地牵涉到受害者，因此易地也许可以避免陪审员以个人的感情代替法律。① 我国三大诉讼法中都有移送管辖和指定管辖的规定，笔者以为，为了被告人的公正审判权得以实现，对于媒体"狂轰乱炸"过的案件，法院完全可以依据诉讼法变更审判管辖权。

---

① 张泽涛：《论新闻监督司法的制度设置》，《法律科学》2002年第5期。

　　再次，审判员、陪审员回避制。由于美国司法审判中设有陪审团制度，组成陪审团的成员都是来自社会的普通民众，为了避免这些普通民众在组成陪审团前或后从媒体报道中获取不当预断，影响案件的公正审理，所以，陪审团成员必须严格遵守回避制度，即只要在审前或审中收看或收听过媒体对该案件的报道，就必须放弃担任该案的陪审员资格。我国没有陪审团制度，但是有人民陪审员制度，为了保证审理的公正进行，我们完全可以借鉴美国的成功做法，将这一事由作为审判员、陪审员回避的条件。

　　最后，慎用简易程序。根据我国《民事诉讼法》第 142 条规定，对于事实清楚、权利义务关系明确、争议不大的简单的民事案件，基层人民法院和它派出的法庭审理可以采取简易程序；第 145 条规定，简单的民事案件由审判员一人独任审理。不过，对于被媒体广泛报道过的或正在审理的简单民事案件，为了慎重起见，笔者以为，就不再适宜简易程序，直接使用普通程序或依法改为普通程序。①

　　3. 对诉讼参与人的庭外言论作必要规制

　　1969 年，ABA（"全美律师协会"，由法官、检察官及律师所组成）通过一个"职业责任标准典范"，认为律师提供给媒体报道司法活动的言论"有合理理由认为可能造成妨害一个公平诉讼"，也就是对会使一个理智的人产生误解者，都在禁止之列。1983 年 ABA 对 1969 年规则进行了更改，内容主要有：一是把"抽象危害可能性"原则转化为较明确的措施，律师的庭外言论必须会对一个"理智的人"有造成"实质偏颇"的"绝大可能性"时，才能禁止。第二点是制定所谓的"安全港条款"。1994 年 ABA 又通过一个新的职业行为标准规定，一是新的规则条文比旧的简洁，在措辞上较为清晰。二是维持旧规则中的"绝大事实偏颇可能性"原则。三是改进了安全港条款，增加了"第二安全港"，即回答条款。内容为：当律师发现外界有对当事人及案件偏颇的报道，而该

---

　　① 比如当下的肖传国买凶伤害方舟子一案，案情简单，法院就采用了简易程序，但是，由于该案受到广大媒体及公众的关注，因此，就不适合再采取简易程序。

报道并非该律师或其当事人所传播时，若一个"理智的律师"认为有保障其当事人的权益时，可以对外发表辩护的言论。律师发表前述言论，应该仅限于反驳外界不当传言部分。①

上述美国"诉讼发表规则"为我们提供了思路，为诉讼参与人（如侦查人员、检察人员、辩护律师、审判人员等）的庭外言论的界限划定指明了方向，我国可以借鉴。

**（三）大众传媒参与司法的意义**

**1. 大众传媒参与司法是司法民主化的具体体现**

鉴于真正意义上的司法独立是强调司法独立于其他权力，尤其是独立于行政权力的干扰，而为了从根本上实现司法独立，排除行政权力的不当干涉，司法公开化、民主化就成为我国司法改革当仁不让的不二选择。因此，司法公开化、民主化就成为实现司法公正，矫正司法偏差，尤其是防止司法腐败的重要保证。而大众传媒参与司法无疑为司法公开化、民主化提供了一条新的路径。首先，大众传媒参与司法本身就需要司法个案及其审判过程具有更高程度的透明，在更大范围内公开司法信息，使其在某种程度上成为社会共知、共享的信息，最终实现司法同社会之间的隔膜逐步消除。其次，比公众旁听庭审等措施更有意义的是，大众传媒参与司法不仅包含了公众通过大众传媒对案情及处置过程的了解，还参与了其间的讨论，在大众传媒提供的公共论坛上对案件处置发表自己的意见或者建议。相关司法裁决中，也包含了对公众意见的考虑，这在一定程度上体现了司法民主。

对于大众传媒参与司法所表达的"民意"，最高人民法院副院长曹建明曾于 2007 年 7 月 24 日表示，"新闻舆论的导向、监督和帮助，对促进审判工作、改善执法环境、提高审判质量、效率和社会效果有着其他方面不可替代的作用"，"在依法审判的同时，切实做好新闻工作，不仅可以实现司法的公开和透明，满足公众对司法的知情权，回应公众的呼声、要求和愿望，推动司法活动的公正

① 简海燕：《媒体报道司法活动的法律限制》，中国政法大学 2006 年博士学位论文。

和高效，而且可以获得社会对司法活动的理解、认同和支持，树立人民法院的形象和权威"。① 2008 年 4 月 10 日下午，新任最高法院院长王胜俊在珠海指出，对待判不判死刑的问题要考虑三个依据："一是要以法律的规定为依据；二是要以治安总体状况为依据；三是要以社会和人民群众的感觉为依据。"② 该讲话立即在法学界引起轩然大波，也引起了舆论界的高度关注。有学者对此持积极态度，认为"以社会和人民群众的感觉为依据"，是有深刻的法理基础的，也是关于死刑司法与人道关系的具有中国特色的表达。司法尊重社会的感觉，法律才值得信仰，法官才令人尊敬。可如果法院的裁判让大多数人无法接受，这说明司法在一定程度上与"社会和群众的感觉"有距离。除了死刑案件以外，近年来在有些案件裁判中也体现了法官对群众感觉的麻木不仁。在"情色六月天"特大淫秽色情网站案中，"对主犯被告人陈辉判处无期徒刑，剥夺政治权利终身"，有 69% 的网友认为"判得太重了"。另外，西南民族大学学生教室接吻被开除案、重庆邮电学院学生因怀孕被开除案，法院都判处校方胜诉。这些"徒表安忍之怀"的刑罚，很容易教导人民冷漠残忍。③ 也有学者对此持否定态度，认为"我们判断国家是否法治的一个标准，恰是司法能否独立于民意。司法要是不独立于民意，那就成了群众审判大会了，大家举手表决，这非常可怕"，况且"民意更是难以衡量，现代社会是多元化的，国民对同一问题会有多种不同看法"，"民意对于司法本身的评价和判断是没有办法进行严格意义上的规范的，尤其是网络的出现，使这种规范更难以进行"。所以，"司法重要的是以法律为准则，法律不能适用于难以捕捉的、难以量化的因素。法官对于治安状况和民情的考量，不应该完全杜绝，但必须在法律范围内考量"。④ 对此我

---

① 参见 http：//news. sohu. com/20070725/n251243552. shtml。

② 参见 http：//news. sohu. com/s2008/dianji6/。

③ 高一飞：《群众感觉在死刑判决中地位很重要》，《东方早报》2008-04-14，评论专栏。

④ 贺卫方：引入陪审团制度为之过早，http：//news. sohu. com/20080422/n256451443. shtml。

们的态度是，司法公开化、民主化是世界的潮流，是任何民主国家都不能抗拒的先进体制，作为司法民主化具体体现的公民参与司法的形式，在我国是不应受到限制的，更不能加以杜绝。而鉴于司法本身的精英主义性及我国司法尚处专业化程度很低的阶段，过分强调"民意"对司法的影响会不可避免地对司法独立造成危险，影响司法公正，因此，我们以为既要继续扩大大众传媒参与司法的范围，又要防止大众传媒参与对司法的不利影响。

2. 大众传媒参与司法使法律资源获得平衡配置

法律是社会关系的调整器。法律资源就是司法者可用来平息纷争、司法活动的各方面参与者据以享受权利、承担义务的各种法律规范的总和。法律资源能否为诉讼参与各方所掌握，直接关系到最终的法律资源能否公平合理地分配到诉讼参与各方，诉讼经过能否充分体现法的要求，这既是现代法治建设的重要课题，也是实现司法公正的重要物质前提。但是，由于政治权力、物质财富以及其他社会势力在一定程度上主导或影响着法律资源的分配，且在我国当下政治权力结构不尽完善，物质财富的占有过度分化，社会势力的作用较为复杂的背景下，造成我国法律资源在立法中①、司法人员间②、当事人间③配置存在着明显的失衡现象。这不仅在一定程度

---

①　立法不公，会造成法律资源的配置先天不公。目前我国立法更多的是一种移植，主要是适应工商社会和都市生活，很少有足够细致地考虑到是否适合农民的需要。虽然，农民也拥有法律资源，却不一定拥有"好"的法律资源。"司法公正应以立法公正为前提"，根据法律资源与司法公正的关系，导致立法不公，法律资源配置就难以合理，亦有损司法公正。

②　法律资源在司法人员间的配置不平衡：由于历史的和现实的原因，我国司法人员素质不高，法律适用水平低，驾驭审判活动能力差，总体上还远不能适应现代司法的需要。司法裁判的依据是法律原则和规范，法官是否正确理解和运用法律，是公正裁判的重要前提。

③　当事人间的配置不均，当事人在诉讼中缺乏平衡对抗的能力，诉讼当事人事实上处于不平等的地位。一方面众多的民众对法律一无所知或知之甚少，他们并不清楚如何用法律程序保护自己的权利，也不很懂在法律程序中如何尊重他方权利；另一方面由于有些地方没有律师或当事人没钱请律师，请了律师的一方在法律资源的支配上就取得了优势，而未请律师方则处于劣势。

上扭曲了法律的应有功能，也使本已失衡的社会权益分配结构得以固化和扩大。而伴随着社会对司法审判制度的"公正、公开、公平"的呼唤，程序公正与司法资源的合理配置已是大势所趋，人心所向。这不仅是制度的革新，更是观念上的更新；我们不仅要与时俱进，还要与世俱进。因此，在如此宏大背景之下，大众传媒参与司法所蕴含的价值就产生了光芒四射的效果，其在矫正司法资源偏失方面产生了较大的影响。一般来说，通过大众传媒参与司法的社会主体涉及各行各业，从数量上普通人士在参与司法社会主体中占有绝对优势（虽然我们没办法对此进行量化调查，但在数量上社会精英毕竟是少数），该过程所产生的"民意"在很大程度上集中体现的是社会弱势群体的社会声音，并且，从多数案例的实例看，大众传媒参与司法所形成的主流声音表达的是对公众社会底层权益的维护。因此，通过大众传媒参与司法不仅能够"使决策层和司法机构直接感受到这一层面对于司法的实际要求，也在客观上对其他权力和力量形成一种有益的制衡，从而有助于使法律资源的配置与分享趋于合理。"①

3. 大众传媒参与司法成为司法机关获取"民意"的重要渠道

对司法机关获取"民意"的机制配置就是实行陪审制度，这也是当今世界大多数国家体制内的通常做法，其主要目的在于体现司法民主。以英美为代表的普通法系国家实行陪审团制②，以德法为代表的大陆法系国家实行参审制，而我国的陪审制度就是人民陪审员制度，即由依法定程序产生的人民陪审员依法参加人民法院审判活动并与法官具有同等权利的司法制度。让外行人参与司法程序的一个共同基本理念是，把陪审员制度当做国家民主制度的重要组

---

① 顾培东：《公众判意的法理解析——对许霆案的延伸思考》，《中国法学》2008 年第 4 期。

② 陪审团的功能在于，它"可以将普通公民带入法庭的专业世界，他们可以在司法程序的核心领域代表公众发出决定性的声音。这种参与会把对司法制度的信赖感在参加陪审团的人以及一般社会公众中逐渐传递"。参见：〔英〕麦高伟、杰弗里·威尔逊：《英国刑事司法程序》，姚永吉等译，法律出版社 2003 年版，第 347 页。

成部分。因为近现代国家都以人民主权的理念来证实国家权力来源和行使的合法性与正当性，司法权力也被视为一种当然的国家权力，所以应由作为主权者的人民来分享。上述制度建立合理性因素还有：在许多艰难的法律案件中，证据不能还原或者确证案件事实时，由与当事人有大致相同生活背景的人进行判断，可能更接近事理和情理本身；普通公民经常参与司法过程，于耳濡目染之中会潜移默化地受到法律专业人士分析问题的思路、方法以及语言表达的影响，从而实现法治精神向社会的渗透；陪审员的确立过程一定程度上体现了当事人的自由选择，正如一句流行的西方法谚所说："每个人都必须服从自己选择的法官所做出的裁决"，因此有陪审员参加的司法过程一旦结束并形成决定，无论当事人一方多么不喜欢，但只要程序是正当的，当事人就得老老实实地执行。但是，由于我国现行的人民法院组织法等有关法律关于人民陪审员制度的规定过于笼统，严重影响了这项制度的实行。在司法实践中，出现了人民陪审员"陪而不审"、"审而不议"的现象，某种程度上可以说人民陪审员制度形同虚设，很难起到保障司法公正、抑制司法腐败的应有作用。

体制内保障司法机关获取"民意"的制度配置在一定程度上出现失灵后，我们就应该将眼光转向体制外，体制外能起到保障司法机关获取民意的一个非常重要的渠道就是公民通过大众传媒提供的公共论坛对司法活动进行自由表达所形成的公民参与司法的机制。虽然大众传媒参与司法不具有制度上的效力，但公民通过这种体制外的民主形式所形成的民意与陪审团意见相似，有时甚至比陪审制度所发挥的作用还强烈，能够将社会价值引入到个案审判，从而引入到法律体系之中。

## 第三节　大众传媒与公民的公共政策参与

### 一、公共政策及传媒参与的含义

公共政策问题是带有全局性、方向性的问题，是以政府为主的公共机构制定各项具体计划时必须首先考虑的问题。因此，公共政策是现代政府输出的主要产品，是联结政府和社会的基本纽带，政府正是通过一系列的公共政策，实现其对社会各领域事务的管理，塑造良好的社会经济、政治秩序。在对大众传媒参与公共政策进行分析之前，有必要对公共政策的内涵作简要论述。

（一）公共政策

公共政策的内涵是什么？对于这一问题目前理论界尚未形成共识。学者们多从行政学或政治学的角度对这一概念进行界定，如，行政学的鼻祖美国学者伍德罗·威尔逊认为，公共政策是由政治家，即具有立法权者制定的，而由行政人员执行的法规。美籍加拿大学者戴维·伊斯顿也从传统政治学利益分配原理的角度对公共政策进行了界定，他认为，"公共政策是对全社会的价值作权威性的分配"①。美国的政治学家哈罗德·D. 拉斯维尔则认为，公共政策是"一种含有目标、价值和策略的大型计划"②。美国学者托马斯·戴伊更为宽泛地将公共政策定义为"凡是政府决定做的或决定不做的事情就是公共政策"③。

而对于公共政策的理解，中国学者的观点也不尽相同。如张金马认为，公共政策是"党和政府用以规范、引导有关机构团体和个人行为的准则或指南。其表达形式有法律规章、行政命令、政府首脑的书面或口头声明和指示以及行动计划与策略，等等"④。陈振明等认为"公共政策是国家机关、政党及其他特定政治团体在特定时期为实现一定社会政治、经济和文化目标而采取的政治行动或所规定的行为准则，它是一系列谋略、法令、措施、办法、方法、条列等的总称"⑤。陈庆云则强调，"公共政策是政府依据特定

① 伍启元：《公共政策》，台湾商务印书馆 1985 年版，第 4 页。
② 林水波等：《公共政策》，台湾五南出版社 1982 年版，第 8 页。
③ [美] 托马斯·戴伊：《理解公共政策》，华夏出版社 2004 年版，第 2 页。
④ 张金马：《政策科学导论》，中国人民大学出版社 1992 年版，第 19 ~ 20 页。
⑤ 陈振明：《政策科学》，中国人民大学出版社 2002 年版，第 59 页。

时期的目标，在对社会公共利益进行选择、综合、分配和落实的过程中所制定的行为准则"①。

尽管对于公共政策的具体涵义仁者见仁、智者见智，但从诸多的定义中，我们仍然能够提炼出符合公共政策特征的一些共性：

首先，公共政策的制定主体主要是政府。台湾学者朱志宏认为，"公共政策是由伊斯顿所谓之政治体系中的'当局'——即政府——所制定的"②。大陆学者李成智界定：在政策科学研究中，有时把由政府部门制定的政策独立出来进行研究和分析，从而形成了公共政策的概念。公共政策是政策的一个主要方面，是由政府机关和政府官员制定的政策。③ 虽然在整个公共政策周期中所有能够参与的组织或个人，包括公共政策的制定者、执行人、利益相对人等都可以是主体，但由于公共政策的特殊性，其主体主要是政府，因为只有政府才具有这样的权威：将一项确定的公共政策在某一特定区域或是整个国家范围内施行。

其次，公共政策的客体是社会公众利益的价值分配或利益调整。在理论上，哈罗德·拉斯韦尔和亚伯拉罕·卡普兰定义公共政策为"一种含有目标、价值和策略的大型计划"④，明确价值是公共政策的主要构成要素之一。戴维·伊斯顿认为公共政策是"对一个社会进行的权威性价值分配"，他解释，"一项政策的实质在于通过那项政策不让一部分人享有某些东西而允许另一部分人享有他们。换句话说……一项政策包含着一系列分配价值的决定和行动"⑤。这些定义中的"价值"，在中国学者给公共政策下的定义中常常被替换为"利益"，如"公共政策是政府为解决特定社会问题，以及调整相关利益关系而采取的政治行动，是与谋略、法令、

① 陈庆云：《公共政策分析》，中国经济出版社 1996 年版，第 9 页。
② 朱志宏：《公共政策概论》，三民书局 1983 年版，第 7 页。
③ 李成智：《公共政策》，团结出版社 2000 年版，第 5 页。
④ H. D. Lasswell, A. Kaplan (1970), Power and Socity, NH: Yale University Press, p. 71.
⑤ ［美］戴维·伊斯顿：《政治体系——政治学状况研究》，马清槐译，商务印书馆 1993 年版，第 123 页。

措施、办法、规定等密切相关的政治行为"①，"公共政策以规划结果形式呈现，指向特定的利益关系状况，并对该集体内部成员具有普遍性的意义"②，等等。

再次，公共政策包含竞争和选择。有国外学者认为，"公共政策就是各团体之间为争取自身利益而相互竞争并达成妥协的产物，是在任何既定的时间内，经由团体竞争达成的一种均衡"③，体现了公共政策过程中的博弈特性。也有许多学者把公共政策看成是"选择"的结果，如美国学者丹尼尔·W. 布罗姆利定义"公共政策本质上是关于个体和集体选择的制度安排结构"④。

第四，公共政策是系统的过程。伍德罗·威尔逊认为，公共政策是由政治家即具有立法权者制定的，而由行政人员执行的法律和法规⑤，在这里，"制定和执行"是对公共政策活动过程的概括。英国学者理查德·罗斯在《英国的政策制定》一书中提出，不该把公共政策只看做某个孤立的决定，而应把它看成是由"或多或少有联系的活动所组成的一个较长的过程，以及这些活动对有关事物的影响"⑥。中国学者孙光也曾在《政策科学》中表述，"政策是国家和政党为了实现一定的总目标而确定的行动准则，它表现为对人们的利益进行分配和调节的政策措施和复杂过程"⑦。

不过，在上述中外学者的不同阐述中，我们以为，戴维·伊斯顿所做的概括"公共政策是对全社会的价值作权威性分配"影响

---

① 林志红：《社会主义市场经济条件下的价值取向与公共政策》，《理论月刊》2001 年第 8 期。

② 杨正联：《公共政策文本分析：一个理论框架》，《理论与改革》2006 年第 1 期。

③ E. Latham（eds.）（1956），The Groups Basis of Politics，Political Behavior，New York：The Free Press，p. 239.

④ ［美］丹尼尔·W. 布罗姆利：《经济利益与经济制度》，陈郁、郭宇锋、汪春译，上海三联出版社，上海人民出版社 1996 年版，第 292 页。

⑤ 伍启元：《公共政策》（上册），台湾商务印书馆 1985 年版，第 4 页。

⑥ 转引自谢明：《公共政策导论》，中国人民大学出版社 2002 年版，第 4 页。

⑦ 孙光：《政策科学》，浙江教育出版社 1988 年版，第 3～28 页。

最大。从功能或目的来说，公共政策是在全社会范围内进行的价值分配。该含义"暗含这样一个基本的政治学假设，即利益及利益关系是人类社会活动的基础，而政府的基本职能，就是对利益进行社会性的分配。公共政策就是政府进行社会性利益分配的主要形式"①。

### （二）大众传媒参与

在当代社会现实中，大规模的公民参与何以可能？这是所有强调公民参与的民主理论不得不面对的首要问题。实践早已证明，传统的直接民主的方式虽然最大限度地彰显了民主的目的价值，但也将导致社会的划一性、非理性及不容异端性，整体主义最终会吞噬个体、少数甚至多数的权利。而普通公民对于国家层次的所有决定，是否永远会像对于自己邻近的有关事宜那样感兴趣，也是值得怀疑的。因而，当代社会的公民参与需要在直接民主与自由主义民主之间寻找某个平衡点，既能弥补自由主义民主的既有缺陷，又能避免陷入直接民主的暴政窠臼。为此，大众传播的参与及目前的蓬勃发展就成为规避上述不足的不二选择。

具体到公共政策的制定方面，我们强调公共政策的制定只有坚持公共利益取向才能实现公共价值的权威性分配，但这一原则并不总能得到很好的落实。在实际的公共政策制定过程当中，众多利益主体和利益取向的博弈使得自身亦具有自利性的政府很难做到公正、公平，这就需要从制度设计上为公共政策的制定提供一个良好的制度框架和公共政策决策机制，以维护公共政策的公共利益取向，进而建立公共政策的公众认同性权威。② 这个决策机制的核心就在于利益表达机制的完善。在不同的政治系统中，利益表达有着不同的路径和方式，包括正式管道的表达，如投票选举、人民代表大会议案、政协提案等；非正式表达则指通过大众传媒、中介组织等进行的表达。公共政策学研究认为，在民主制度下大众传媒一向

① 张国庆：《现代公共政策导论》，北京大学出版社 1997 年版，第 7 页。

② 参见何志武：《大众媒介与公共政策》，武汉大学出版社 2008 年版，第 45 页。

是利益表达的一种重要工具。一方面，它是潜在利益诉求的催化剂，微弱的利益诉求经过大众传媒的渲染会成为响亮的呼声，甚至会触发为行动，引起公众及政策制定主体的注意；另一方面，大众传媒作为信息传播的有效工具，具有议程设置的功能、"沉默的螺旋"等传播效果，是实现各种利益主体互动的重要工具。

因此，从某种程度上来说，利益表达机制的完善很大程度上取决于大众传媒的参与程度。从国内外媒介政治实践情况来看，大众传媒的参与应该做到也能够做到全程参与，即从社会问题的发掘到媒介议题的设置，从媒介议题的设置到政府议题的转换，从政府议题的确立到公共政策的转化，从公共政策的颁布到公共政策的执行等一系列的过程，都应该有大众传媒的积极参与。大众传媒不仅是各利益群体了解决策信息、表达利益需求的有效渠道，而且也是提高公民民主参与决策程度、监督政策遵循公共利益原则的重要保障。大众传媒的积极、充分、有效参与，不仅能够保证各种利益群体的利益需求的有效表达，并实现利益需求体现于政策，也能够监督决策过程、杜绝决策权的异化，以实现公平、公正的公共利益价值取向，还能够帮助人们实现对政策内容的认识、沟通和理解，确立政策的权威性、合法性，最终达到公共政策在社会中被顺利、高效执行的目的。

大众传媒之所以参与公共政策是历史的一种必然选择。因为，大众传媒自诞生起，其公共领域的本质属性就已具备，不过由于"生不逢时"，报纸产生于人类的专制社会中，传媒的这种公共领域属性受到了权力的阉割。而随着人类政治文明的逐步建立，新闻自由也得到了不同程度的法律保护，公共领域的本质属性在大众传媒身上得以回归。同时，鉴于大众传媒的开放性，人人可以在其提供的公共论坛上发表自己的观点、意见，相互交流最终达成共识，这也正与民主社会中处理公共事务的"协商"精神不谋而合。随着传媒技术的突飞猛进，人类社会进入信息时代。在这个时代里，我们知道了比物质、能源更为重要的还有信息，而信息自身价值的实现离不开无孔不入的、天罗地网的大众传媒的存在。大众传媒不仅仅在传递信息，而且还通过对信息的取舍为公众"建构现实"，设定话题，形成舆论场，实现直接或间接参与公共政策的功能。

另外，大众传媒参与公共政策具有深厚的理论基础，如公共领域理论、协商民主理论、议程设置和框架理论，等等，由于篇幅有限就不再赘述。

二、大众传媒参与公共政策的实践

社会问题是公共政策的起点。但是，社会中存在的"问题"很多，并不是所有的"问题"都能被政府主动注意到并及时转化为政府动用公共资源加以解决的政策问题，再加上政府用来应对挑战的资源非常有限，如财政资源、人力资源、信息资源、时间资源等。在具体决策之前，政府就不得不做出选择，对社会问题进行取舍；在具体决策之中，政府还要倾听民众的声音，平衡各方面的利益要求；在具体政策颁布后，政府尚需监督政策执行情况的落实，回馈实践中发现的不足。在这些过程中，大众传媒的作用都不可替代。大众传媒可以把少数人遇到的问题引向公共问题，使政府政策系统因为媒介的报道而意识到将社会问题转化为政策问题的必要，使一些分散的、潜在的社会意愿和要求转化为明确、集中的政策要求；大众传媒可以唤起和牵动人们对某一社会问题的关注和讨论，形成政策诉求的舆论环境，引起决策层重视并为公共政策制定主体提供各方面对政策目标、政策方案、政策评估的需求信息和多种政策目标、政策方案、政策评估类型信息，还可以为公共政策制定主体的最终决断提供"外脑"信息帮助。在这一阶段，大众媒介为政策系统提供了多方面的信息参考，充分发挥着政策系统"外脑"的作用；大众传媒可以通过公开决策过程规避"权力异化"，通过提供沟通和交流的信息平台提高公共政策的公平性、公正性、合法性，有效促进科学决策和民主决策，推动政策有效运行、改善社会环境、解决公众困难；大众传媒还可以传播政策、扩大影响、提高公众对公共政策的知晓度和认同度，并关注政策执行情况和社会现实反应，通过舆论监督促进政府不断调整和改进政策。在这一阶段，大众媒介的作用主要体现在公共政策社会化和公共政策评估调整上。

**（一）构建政策动议中的媒介参与**

1. 议程间的互动机制

议程通常可以分为三种：传媒议程、公众议程和政策（政府）议程。议程设置既存在于大众传媒的运行中，也存在于政府的工作中，还存在于社会公众的吁求中。其要义是特定主体通过所选择的话题和设定的议程，引起广大公众的关注并吸引公众讨论议题、议程所涉及的问题，从而对其认知、思维及行为过程产生相应的影响。成功的议程设置，是大众传媒实现信息的有效传播、保持和扩大自身影响力的重要途径，也是政府传播自己的理念、主张、决策和大政方针的一种重要的工作方式，更是公众为保护自身权利或者公共利益，向政府提出启动政策动议要求的一种间接途径。

议程设置理论从本质上看是对公众议程、媒介议程、政策（政府）议程之间关系的一种描述。我们知道，政策议程是指公共部门将政策问题提到议事日程，决定正式进行讨论和研究，并准备制定行之有效的政策加以解决的过程。广义的公共部门包括立法、行政、司法和其他有关的政策部门。狭义的公共部门则指政府。为便于阐述，本书取狭义的公共部门，即"政府"。按照过程研究的方法，政策议程涉及公众议程、媒介议程和政府议程三个密切相连的阶段。公众议程是指某个社会问题引起了社会公众的普遍关注和共同讨论，并联合向政府部门提出政策诉求，要求采取措施或制定政策加以解决的议程阶段。媒介议程是指媒介通过反复播出某类新闻报道，将新闻报道中所反映的社会问题长时间、高频率地呈现在公众面前，强化该问题在公众心目中的重要程度，营造强大的舆论场，促使政府议程的早日启动。政府议程则指政府部门从自身的立场、观点出发，根据公众需要、国家需要以及政治运作过程的需要，认识到公众广泛讨论并提出的社会问题确实有解决的必要，并把它列入政府的议事日程进而准备采取行动来研究和处理的过程。①

传统议程设置理论认为，大众传媒一般不能决定人们对某件事

① 参见张国庆：《公共政策分析》，复旦大学出版社 2004 年版，第 172～173 页。

或观点的具体看法，但可以通过提供信息和安排相关议题来有效地左右人们关注哪些事实和观点及其谈论的顺序。通俗地讲就是，大众传媒可能无法改变人们怎么想，但可以影响人们去想什么。"大众传媒经过连续的新闻选择与发布，影响着公众对什么是当前重要问题或事件的感觉；在媒体的议程和公众的议程之间，存在着一种因果关系，即经过一段时间，媒介的优先议题将成为公众的优先议题"①。由此得出"媒介议程→公众议程→政府议程"这样一个线性发展过程。

在"国家—社会"理论观照下，当代中国决策过程中的利益表达与综合的主导形式是"权力精英的政治折中"②，而不是多元决策下的社会互动过程。由此得出"政府议程→媒介议程→公众议程"这样一个线性发展过程。

因此，在传统认识中，设置议程的工作主要由专门的新闻传播机构或政府有关部门承担。然而，一方面，这些机构由于受到不同的传播宗旨或利益集团的影响，往往严格控制着议程的设置。公众意见是否被反映以及如何被反映，何种议题可以被提到日程上来，以何种程度表现出来，这些往往由专门的传播者所决定。另一方面，大众传播作为反映与引导社会舆论的工具，同时也是统治阶级管理国家的重要手段，承担着作为政府的喉舌和传声筒的政治功能。由于政府掌握重要信息的垄断权，可以决定提供信息的对象、程度与时机，这在一定程度上达到了控制传媒的目的。由此可知，传播何种信息、何时传播的权力实际上集中在少数人手中，这也意味着知悉重要信息的权力与传播重要情报的权力仅由社会当中的部分成员掌控。

但是，随着转型时期传统媒体在功能上的转变，以及新媒体、网络媒体的兴起与迅速发展，公民的参与性、主动性获得了增强，他们甚至开始自己反映社会议题，并根据各自对新闻价值的理解设置议程。因为，在网络媒体议程设置中，公众拥有了前所未有的主

---

① 郭镇之：《议程设置研究第一人》，《新闻与传播研究》1996 年第 3 期。

② 胡伟：《政府过程》，浙江人民出版社 1998 年版，第 284 页。

动权，每一个普通的网民既是信息的接受方，也可以成为信息的发布方。网络的参与性、互动性、开放性等特点使传统的议程设置权力转移到社会公众手中。特别是网络中各大论坛（bbs）、博客（blog）的涌现，公众利用网络陈述事实或发表意见，以各种不同的传播形式，引起广泛的社会舆论关注。他们通过网络赋予某一事件以显著性，塑造"拟态环境"影响公众的认知，然后通过对该事件较长时间的关注而形成公众大致相似的看法，并且，传统媒介也会对此给予关注。此时，网络媒体不仅使社会议题形成，而且在一定程度上开始让公众自己反映社会议题，并依据各自对新闻价值的理解设置议程，可以说在传统媒体与网络媒体的互动交流中，议题得以向纵深发展，公众议题得以呈现，并最终引发政策议题①。由此得出"公众议程→媒介议程→政府议程"这一线性发展过程。

议程间互动机制的提出，重点在对于"互动"现实的确认和对于"互动"作用的重视。传统理论已经注意到处于强势地位的媒介议程和政府议程之间的相互影响和作用，以及二者对于公众议程所发挥的决定性影响和作用。而提出议程互动机制，强调的则还有处于弱势地位的公众议程对于政府议程和媒介议程所产生的重大影响和作用。

2. 媒介建构政策动议的具体表现

（1）公众议程→媒介议程→政府议程

公众议程是指某个社会问题引起了社会公众的普遍关注和共同讨论，并联合向政府部门提出政策诉求，要求采取措施或制定政策加以解决的议程阶段。由此可知，能够进入公众议程的问题只能是社会问题（所谓社会问题，是由社会内部矛盾引发的人与人的关系或人与环境的关系的失调，对社会造成广泛的影响，由此产生的现实状态和期望状态的差距）而非个人问题，而且是公众性的社会问题，是人们的价值、利益或生存条件受到某种威胁而出现的问题，有时泛指人类社会普遍存在的某种危机和困境。只有进入公众

① 我国 2003 年发生的"孙志刚事件"及其带来收容遣送制度的废止，就是两者互动的一个典型。

议程的公众性社会问题才有可能受到政府的关注，才能进入政府议程，即社会问题只有上升为公共问题后才有可能转化为政策问题。因此可以说，社会问题虽不能全部构成政策问题，但其却是公共政策的起点。

当某个社会问题涉及的地域越广阔、人员越多，产生的影响越大，就越会成为广大社会成员共同关注的焦点。对于具有巨大影响的社会问题的解决，除了各级政府机关外，个人或社会组织都没能力，也不具备合法地位，因此，公众会随着对焦点问题认识的深入，越来越清楚地意识到只有借助政府制定或修改公共政策才能解决该社会问题。这时社会问题也就转化为政策问题。那么，如何才能使社会问题转化为政策问题呢？一个问题能否最后上升为公共政策问题，既取决于客观情势的性质和严重程度，也取决于政策问题确认的标准。一般说来，判断一个问题是否为公共政策问题，一是要看这个问题是否具有一定的代表性；二是要看是否为客观存在的情势；三是要看公众是否普遍关注并且有强烈解决这个问题的政策诉求；四是要看这个问题是否属于政府及有关政策部门职权范围，并且已经到了非解决不可的程度。对于上述四个判断标准，我们还可以凝炼成一条，就是有关该问题的信息传播、扩散的程度如何。虽然信息传播扩散的途径和方式有很多种，但不可否认信息传播扩散的范围很大程度上要依赖于大众传媒的介入，从某种程度上说，传媒议程就是公众议程进入政府议程的中介。比如，近些年来，政府陆续出台了一系列有关环境污染、土地非法拆迁、矿工安全生产、乙肝患者就业歧视等方面的政策。上述诸问题早在政府决策之前就已存在很长时间了，它们之所以没在一开始就成为政府的政策议题，一个非常重要的原因就是此前大众传媒没有像如今这样对这些问题进行"狂轰滥炸"，政府没有像如今这么清晰地感知社会中早已存在的迫切的政策需求。传媒政治的实践说明，大众传媒的表达与扩散功能在某些问题上的发挥不足，直接带来的就是政府对这些问题的"冷处理"。

大众传媒对于公众议题的传播与扩散，既符合新闻活动的基本规律要求，又是比较客观、及时和全面地提供原生态的信息，便于公众与政府对公众议题背后的真相有一个"高保真"的把握。这不仅对科学地确定政策议题提供了充分的智力支持，而且还为下一步选定政策方案，有效地推进决策进程打下坚实的民意基础。首先，大众传媒的参与可以聚焦公民对社会问题的讨论。公众的问题的讨论，因个人理解不同，利益侧重不同，表达也会不同，其所形成的公众舆论有时也很难界定。它往往既是真实的，又是模糊的；既是生动的，又是粗糙的；既是流变的，又是相对稳定的，有时甚至有某种偏激与盲目。而较之公众议题所形成的舆论，大众传媒对问题的报道往往抓住最为核心的问题形成一种比较成熟、明晰的意识形态，是在公众舆论基础上的集约化的结晶，具有较为合理的科学性以及可掌握的规律性。因此，在表达公众意见方面，传媒报道更多地体现了思辨优势，经过大量进入舆论领地的泥沙俱下的意见信息的"筛选"与"过滤"，去掉了渣滓，提高了纯度；在评价是非的分寸把握上，较之一般的公众舆论，显得更为客观、理性；在其权威性、引导性、前瞻性方面，比一般的公众舆论具有更明确的价值指向，因而更具有监督"权力"的实质内容。其次，大众传媒的参与可以扩大公众议题的支持范围和支持强度。大众传媒所具有的无处不在的信息触角可以把公众议题迅速地、频繁地输送到社会的每一个角落，让每一个潜在的支持者都能获得相关的信息，并源源不断地把这些支持者的意见汇集后再次扩散，并获得更大范围内公众的支持，循环往复一段时间后，一个少数人的社会问题就会变成一个绝大多数人的利益诉求，并构成一个巨大的舆论场或舆论压力。也正因为大众传媒的参与扩大了公众议程的影响范围，并提高了利益诉求的强度，从而推动了公众议题进入政府政策议程的进程。正如斯科滋·可奈林所言："传媒之有用在于，不仅对公共事务问题起了发现机制的作用，更重要的在于它具有使冲突社会化的催化作用。传媒把一度是私人的问题转化为了公共问题，扩大了知情者的数量，改变了政策议程设置过程的动力。"①

---

① ［美］斯科滋·可奈林：《半殖民地国家》(英文版)，惠林斯顿，1960 年版，第 7 页。

（2）媒介议程→公众议程→政府议程

首先，大众传媒建构公众议程。

大众传媒建构公众议程可以从两方面来加以认识，一方面是内容。议程设置下的新闻报道是对常规的"一事一报、一事一因"的报道模式的突破，其特点是由某一社会问题入手，积极挖掘其背景材料，深入社会生活发现深藏于纷繁复杂的社会问题背后的问题，通过报道问题，分析问题形成的原因，促成问题的解决。实践中很多社会问题的形成，都源自于制度、政策的不完善，对它们的解决也只能从制度、政策的调整和完善入手。大众传媒对社会问题的关注，最终也要落实到社会问题发生的社会环境、社会制度、政策等方面。因此，大众传媒一旦发现某一个值得深挖的报道题材，就会不遗余力地连续报道该社会问题，凸显该社会问题的严重程度，以期形成公众和政府关注和议论的焦点，从而推进媒介议程进入公众议程。从某种程度上来说，大众传媒的业务活动对于公众议题起到的是一种发现机制的作用。正像罗杰·柯比（Roger Cobb）和查尔斯·艾德（Charles Elder）所言："拜传媒之赐，将（问题）传播到更广大的公众之中，使冲突的范围变得更广。……'唤醒'本身是自足的，容易滚成雪球。当传媒对一个情况感兴趣时，它们通常盯住不放，使越来越多的重视和关注产生。"[1]

托马斯·R.戴伊更是激进，他指出："在政策制定过程中，媒体的权力体现在'制造'问题，并将这些问题进行装扮，使之变成'危机'问题，使人们开始关注并谈论这些问题，最终迫使政府官员不得不采取措施解决这些问题。""媒体不关注的问题绝不会成为政府加以解决的问题。换句话说，媒体不关心的问题也就是政府可以忽略不计的问题。"[2] 虽说该观点略失偏颇，但从某种意

---

① ［美］拉雷·N.格斯顿：《公共政策制定——程序和原理》，重庆出版社2001年版，第60页。转引自何志武：《大众媒介与公共政策》，武汉大学出版社2008年版，第141页。

② ［美］托马斯·R.戴伊：《自上而下的政策制定》，中国人民大学出版社2002年版，第136页。

义上说明了大众传媒对公众议程的构建作用。

另一方面是形式。大众传媒不仅通过有选择地对某些社会问题进行凸显性报道，而且还可以通过重点设计该社会问题在媒介上的"位置"如是否头版、是否被连续报道、新闻稿件的长度、标题的大小、是否多种媒体同时报道等具体方式来建构公众议题。除此之外，新闻采编人员还可按照某种目的进行选题规划，设计报道的进程、时机和规模，选择采访的方式、采访的对象，确立报道呈现的形式等等，以此来实现最大限度地彰显社会问题的价值和引人之处。这种"形式"方面的议程设置，就是大众传媒在报道的形式方面进行有意识的谋划、设计和包装，通过一些表达手段或元素建构量方面的规模，最终左右民众对社会问题的关注程度，影响人们对当前何种社会问题最为重要的判断。

其次，大众传媒引导公众议程。

大众传媒不仅建构公众议程，而且还引导公众议程。"传媒被发现对公共议事日程和政策优先考虑的问题有深远的影响。大量的新闻报道引起公众对某些问题的关注。研究还显示媒介信息能影响或'预先支配'个人价值判断的标准或准则。"① 美国传播学家麦库姆斯和肖恩曾指出，"大量不容忽视的证据已经逐步表明，在编辑和广播员们每天选放新闻时，他们在塑造我们的社会现实中起着主要的作用……大众传媒的这一作用……影响个人认知变化、构造他们思维的能力……已经被认作是大众传播的议程设置功能。这里可能还有大众传播最重要的影响力，即在头脑里为我们安排和组织世界的能力。简言之，大众媒介在教导我们怎样思考上可能并不成功，但在告诉我们思考的内容上惊人地成功"②。

我们以为，大众传媒具有普遍性、累积性、雷同性等特点，造成传媒的意见常常被认为是主流意见、有发展前途的意见、可以公

---

① 〔美〕雅各布斯，夏皮罗：《政治传播、公共舆论和政策制定过程的一体化研究趋向》，《现代外国哲学社会科学文摘》，1996 年第 12 期。

② Maxwell McCmbs，Donald Shaw（1972），The Agenda-Setting Function of Mass Media，Public Opinion Quarterly，pp. 67-89。

开发表而不会受到孤立的意见，颇具引导功能也就不无道理了。以更加开放、自由、快捷、草根的网络舆论为例，中央政府和地方政府均对网络舆论越来越重视，网络舆论已经成为了政府了解民情民意的重要渠道：胡锦涛总书记和温家宝总理不止一次地对网络民意给予充分肯定和高度评价，并且多次参与网络与网民直接对话；①原河南省委书记徐光春多次表示，要把网络民意作为"工作的重要参考"；原深圳市委书记李鸿忠不但在网上阅读了一位青年发表的对该市工作提出批评的 1 万多字的长篇文章，还和这位青年会面交流看法；原国务院新闻办主任赵启正经常上网浏览网站的评论栏目，甚至记住了一些评论文章的题目，并坦言自己从这些评论文章中受到了启发……②这些都说明，网络在政治文明进程中日益受到政府和网民的重视，号称第四媒体的网络在引导公众议题方面的作用日益显现。而网络媒体与传统媒体在引导公众议题方面的互动交流，更显示了大众传媒的巨大能量。2009 年 5 月 7 日，杭州市文二西路西城广场附近，在飙车的一辆红色赛车撞死一个路人，随后网络上就出现事发后的照片及目击证人的描述，还有"人肉搜索"后查出肇事司机是某学院在读学生胡斌及其显赫的家庭背景，被害人是某公司职员、浙江大学毕业生谭卓。事发第二天交警大队召开事故通报会，声称"肇事车辆车速为 70 公里/小时"、"没有飙车这一说法，只是你超我，我超你的追逐"，现场一片哗然。该事件很快就在网络上发展成群议汹汹的"70 码"事件。随后，新华社、《南方周末》、《浙江工人日报》、《杭州早日报》、央视《朝闻天下》、央视《今日观察》、杭州电视台等传统媒体纷纷对该事件给予极大的关注，并探讨将该事件的公正处理（是普通肇事罪还是危害公共安全罪）引申到惩处监管部门的失职和对飙车行为的规

---

①　2009 年 2 月 28 日，在中国政府访谈室，温家宝总理与广大网友进行了一次倾心交谈。两个小时内，提问的帖子超过 30 万个，页面访问量达 1.5 亿人次，100 多万人同时在线观看视频。参见《政府需要问政于——温家宝总理与网友在线交流侧记》，http：//news. xinhuanet. com/newscenter/2009-02/28/content_10918737_ 1. htm。

②　高福生：《喜见政府决策青睐网络民意》，《中国青年报》，2006-08-11。

范问题①。至此，大众传媒成功地将民众对一个普通交通事件的处理所引发的舆论引导到更深层次的制度规范探讨方面，引导了公众议程，为政府议程奠定了基础。

（3）政府议程→媒介议程→公众议程

在决策的过程中，政府议程的建立是关系决策科学与民主的至关重要的方面，任何决策都必然经过政府议程的建立环节，即对决策者而言，什么事情需要先来关注，什么问题需要先来讨论解决，依据什么样的标准来选择。一般来说，在专制体制下，公共政策是由政府决策层一家垄断，公众既无参与政策制定的合法资格，又无参与政策制定的途径，政府决策层只需将决策方案向社会公布即可，大家就要严格遵守。然而，在民主体制下，虽仍须由政府主持并颁布公共政策，但跟专制体制下公共政策的制定相比，却有本质的不同，即吸纳了广大公众的参与。政府为了提高政策议题的合法性、科学性，需要将该政策议题传递给广大公众；广大公众为了实现公共利益的有效配置，需要将各自的诉求和智慧反馈给政府。在这个往返过程中，大众传媒的作用不可替代，并得以彰显。

首先，媒介议程对政府议程的延伸。政府提出的政策议题之所以能成为大众传媒竞相追逐的对象，是因为政策议题关涉到广大公众的切身利益，具有重大的新闻价值。大众传媒对政府提出的政策议题进行广泛报道，从一定意义上就是对政府议程的一种延伸。一方面，根据政治学家戴维·伊斯顿所言，政策就是政府对全社会的价值作有权威的分配，确立政策议题就是政府希望采取一定措施重新对公共利益进行"近似公平"的配置。强调"近似公平"，就是强调这种配置不可能做到绝对公平，不可能使社会所有的公民都由此均衡受益，总会出现一部分人受益多而另一部分人受益少，或无受益，或受损。利益总能牵动人心，人们对政策议题的关注也就不言而喻了。因此，大众传媒对颇具重大新闻价值的政策议题进行报道，其实就是对新闻规律的尊重。另一方面，政策议题本身所具有

---

① 详情参见吕明合：《70码？"欺实马"？》，《南方周末》2009-05-14，A8版。

的属性与新闻价值所要求的属性不谋而合。政策议题的提出往往不具有最终的性质，其本身只是公共政策初级阶段，往往显示出与人们利益期待的现实差距性，或冲突性。而这种差距性是广大公众的共同兴趣所在，其必然会导致人们积极谋求弥补措施。极具吸引力的新闻所要追求的"卖点"也正是这种差距性及其所带来的人们的积极行为。例如，2004 年 9 月劳动与社会保障部提出"延长退休年龄"的政策议题，结果与社会就业压力反差太大，立即引来公众的热烈反响，网上新闻反馈激增，各类媒体评论云集，反对声占据绝对优势。几天后，部长郑斯林正式表态，"延长退休年龄并不是当前中国立即需要实行的政策"。

其次，决策层通过大众传媒公布政策议题吸纳民意与民智。由于公共政策是对社会公共利益进行选择、综合、分配和落实的过程中所制定的行为准则，整个政策议程就是利益表达、利益综合、利益分配、利益调整的过程，所以公众的利益需求有没有表达的渠道、能否有效表达，直接关系到决策层制定政策时是否会考虑这些利益主体的要求，也直接关系到决策层制定的公共政策能否得到广泛的支持和有效地执行。正基于此，政府提出政策议题后，必然要广为传播，而大众传媒就是政府传播政策议题的首选途径。政府借助大众传媒公布政策议题的功能有下列几方面①：第一，信息告知。政府决策层通过大众传媒发布政策议题，预示着政府将政策制定的全过程从一开始就公开在公众的视线之内。这种公开为政策赢得公众信任奠定了基础；第二，引导参与。大众传媒公告政策议题，目的并不仅仅在于使公众知晓，更重要的在于引导公众参与讨论，在讨论中表达自己的利益要求。公众通过大众传媒对政策议题进行讨论和发表看法，形成互动，从而实现对政策制定的参与；第三，获得支持。政策议题大多都是政府决策部门历经广泛调查和充分论证后提出的，一般都会代表广泛的民意。而政策议题的公开和允许公众就政策问题进行讨论，实现了政策问题的信息沟通和对公

① 参见何志武：《大众媒介与公共政策》，武汉大学出版社 2008 年版，第 119 ～ 126 页。

众参与政策制定权利的尊重，进一步扩大了政策议题赢得公众支持的力度；第四，获得民智。现代公共政策因其涉及利益相关群体越来越广泛、利益指向越来越多元化、政策问题及政策环境越来越复杂、可参照因素越来越多，同时由于人的认知局限性，政府决策部门不可能穷尽所有方面，总有可能出现考虑不周之处，这些都决定了政策制定的难度也随之增大，也决定了政府决策部门广开言路、广求善策、广纳群言的必要性。广大公众通过大众传媒不仅向决策层提供了大量事实，而且贡献他们的智慧，建言献策，为决策层提供可选择的政策方案。

### （二）政策议程孵化阶段的媒介参与

#### 1. 大众传媒参与公共政策是程序正义的具体表现

公共政策的制定过程是权力运行的一项重要内容，因此，政策制定所体现的政治文明的核心问题就是解决国家权力在决策行使中的正当性，而国家权力的正当性必须通过程序正义体现出来。

在《正义论》中，罗尔斯认为，程序正义是指规则在制定和适用中的程序具有正当性，主要体现于程序的运作过程中，是评价程序本身正义与否的价值标准。程序正义源于人们对权力行使的理性化意愿，表达了人类对社会正义的崇尚。正义作为人类社会的基本价值，不仅表现为结果的正义，还表现为一定的过程或程序的正义，而且实体正义必须依赖程序正义的保障，甚至当实体正义无法确定或实现时，程序正义仍然可以被人们把握和实现，这也是程序正义本身存在的价值之所在。

罗尔斯指出，"正义的主要问题是社会的基本结构"①，即设计一个社会的基本结构，从而对基本权利和义务做出合理的分配，对社会和经济的不平等以及以此为基础的合法期望进行合理的调节。那么，如何才能设计出这样一个理想的社会结构呢？答案便是，在社会结构的建构过程中遵循"正确的或公平的程序"，因为"这种

---

① 约翰·罗尔斯：《正义论》，何怀宏等译，中国社会科学出版社 1988 年版，第 5 页。

程序若被人们恰当地遵守，其结果也会是正确的或公平的，无论它们可能会是一些什么样的结果"①。公共政策与此具有相通之处。从政治社会学角度看，作为一种对由全体社会成员组成的社会集合体具有普遍影响的行动取向，一项政策要取得预期效果，其首要条件便是它必须具有合法性，而公共政策合法性的取得，则是由政策过程中的程序正义来实现的。

从公共政策的本身来说，其合法性主要包括两个方面。一是形式的合法性。它是指公共政策的来源与制定程序的合法性；二是内容的合法性，是指公共政策内容是否反映大多数人的利益和事物的发展方向。作为一种形式上的合法性要求，公共政策不仅要合乎法律程序，而且这种法律程序本身还要合乎整个社会的价值取向标准。另一方面，作为一种内容上的合法性，公共政策是对社会利益的权威性分配，因而其本质是社会利益的集中反映，这一本质也决定了公共政策必须反映大多数人的利益，才能使其具有内容的合法性。公共政策对于大多数人利益的反映，离不开社会公众的程序参与，而这正是程序正义的基本要求。

那么，大众传媒参与公共政策实现程序正义主要包括哪些方面呢？

一方面，政策议程孵化阶段大众传媒的参与，目的主要在于公开相关信息。其一，公布拟选政策方案。民主制度下的公共政策制定过程本身就是一个价值选择的过程。"比较和选择是政策规划最突出的特征，追求优化是政策规划当然的目标。"② 政策议题确定后，政府及其"智库"肯定要经过多方调查、深入研究之后，提出多套政策方案，以供决策层与公众探讨选择。之所以要提出多套方案，是因为社会的复杂、多元决定了任何一种方案都不可能必然达到尽善尽美、所有人赞同的地步。比较中找差距，政策的优化离不开比较，因此只有从不同的角度提出多种不同的方案，公布给社

---

① 约翰·罗尔斯：《正义论》，何怀宏等译，中国社会科学出版社 1988 年版，第 86 页。

② 谢明：《公共政策导论》，中国人民大学出版社 2002 年版，第 137 页。

会，才有利于公众在比较中进行选择。当然，即使政府公布的多套方案没有一个符合公众的心意，提供多套方案的行为本身也可以给民众起到开拓思路、树立不足的作用。在决策科学中，人们习惯把只有一个备选方案、没有其他选择余地的决策条件称为"霍布森选择"①。

其二，公布决策相关信息及其过程。虽说公共政策程序正义取决于公民参与性的广度、深度以及这种程序所允许的政治权力使用的正当性，但决策层的人员构成对公共政策程序正义的作用也是非常巨大的。因为决策层人员的年龄结构、专业知识结构、与政策目标对象是否存在重大利害关系等情况都直接关系到决策的科学性和公正性。② 因此，这类信息应该属于公民知情权范畴之内，应该受到监督。另外，决策过程也是最值得关注的部分。作为一个竞争与妥协的过程，决策过程的每一个细节都会成为大众传媒竞相报道的对象，如参与各方的态度、动机和理由；政策方案最终确定时的标准等。因为，大众传媒的报道既可以使参与各方在表达观点时更加谨慎，还可以使抉择的程序规则更加民主，避免出现依靠领导拍板的情况。但是实践中，很多政府决策部门出于种种考虑总会以种种理由拒绝大众传媒对政策制定过程的介入，以维护所谓的政策和政府部门的权威，这种行为既侵犯了记者的采访报道权，又侵害了公民的知情权，还侵害了公民的参政权，最终使政府及其政策的威信受到危害。

---

① 参见何志武：《大众媒介与公共政策》，武汉大学出版社 2008 年版，第183 页。

② 深圳市委组织部文件深宣通［2004］42 号文件要求（该文件由深圳市委宣传部、深圳市教育局、深圳市文化局、共青团深圳市委、深圳市关心下一代工作委员会等五部委联合颁发）深圳各中、小学要组织学生自费观看影片《时差七小时》。后经网络披露，该片由深圳市主管文化教育的市委副书记李意珍女儿妞妞（真名李倩妮）出资 2100 万元投拍，并出演女主角。由于该片在深圳的硬性推销，引起了深圳家长的反感，也引发了众多媒体的质疑。最后，深圳市政府撤销该文件，并对李意珍做出警告处理。参见 http://www.zjol.com.cn/gb/node2/node138665/node140579/userobject15ai3473494.html。

其三，公布政策文件。政策是用来规范人们行为的，所以，政策方案在历经多次讨论、协商、完善并最终确定之后，就要面向全社会公布。虽然政策文件的传播拥有体制内的组织传播方式，但是这种方式已远远不能满足信息社会民众对于时效性的要求，而大众传媒自身具备的及时性、广泛性的特点恰恰弥补了这方面的不足，成为公布政策文件的最佳渠道。

其四，公布听证会的相关信息。民主宪政国家中，政府为了能在决策过程中听取专家意见及社会各界的声音，几乎都会设计一套规范性程序加以约束，这套规范性程序就是决策听证程序。虽不能说大众传媒介入政策听证程序，会对听证程序的公正性起绝对决定作用，但是我国实践中大众传媒的参与对保障听证程序的公正性实现却是有目共睹的。从程序过程看，首先受到传媒关注的是举行听证会的主题、时间、地点，听证陈述人及旁听人的报名时间、程序以及挑选原则和办法；其次是听证代表的产生过程和结果，特别是这种结果是否体现了利益代表性和群体分布的均衡性；再次就是听证过程中的具体情况，如各陈述人座位安排、发言顺序和发言长短有无身份差异，等等；最后是听证纪要的信息。

另一方面，政策议程孵化阶段大众传媒的参与功能还在于意见平台的搭建、舆论的生成。由于政策涉及利益分配的问题，所以政策议题一旦公布，必然会引起社会各界的反响，或支持，或反对，或协商等。不过，由于种种原因，我国民众对政策议题的反响在大众传媒中的反映却是不充分的，很多人由于没有有效的表达渠道，包括利用大众传媒，而表现出对决策事项的"政治冷漠"。基于此，作为公众与政府之间的信息交互的桥梁，大众传媒充分发挥公众代言人的职能就成了政治文明建设的必然要求。政策议题发布后，传媒工作人员就应深入基层、步入普通民众当中，通过调查、采访将缺乏重点的、分散的、零碎的、原子化的意见或建议予以收集、归纳，最终提炼出能够代表某一群体的观点并加以广为传播，以期形成影响广泛的舆论。同时，还要注意在"意见平台"上新闻平衡手法的运用，既要刊登持支持态度民众的意见，还要关注持反对态度民众的意见，更要考虑持有限修改态度的建议，不可偏废，否则就会有脱离新闻报道的全面、真实原则之嫌。尤其是，公众对政策议题所提的建议，对补充完善政策方案会有非常大的作用，更应成为大众传媒争相报道的重点。另外，大众传媒除了呈现民众言论表达外，对民众的其他表达形式，如静坐、游行等表达反对之意的形式，也应给予一定的关注。不过，由于我国政府对新闻媒体的政策规制，这类信息很少能够通过媒体传播。

2. 大众传媒参与公共政策是协商民主的现实要求

在公共决策制定过程中，运用协商民主理论进行自由、平等地讨论，无论对于政策的制定者、执行者还是被执行者都是有益的。而对公共政策本身而言，协商民主本身所具有的先天优势可以在其决策过程中发挥重要的作用。

（1）协商民主促进公共决策的科学性

公共决策的科学性无非包括决策的过程符合科学的规范、决策的结果符合客观事物发展的规律、决策的实施能带来预期的效果等内容，而这些内容都可以通过加强决策中的协商讨论得到实现。首先，通过协商民主方式，公共决策者可以最大限度地获取决策所需要的各类信息。公共决策是否具有科学性，在很大程度上取决于决策者对事实和信息的把握程度。公共协商中的参与主体（作为公共权威机构的政府、多元利益格局中的个体、不同文化背景中的族群，以及治理过程中的机构或团体参与者）就某项公共事务决策展开政策论辩，广开言路、广求良策、广谋善举，能充分显示公民或社会各群体的真实偏好和利益诉求。在讨论过程中政府可以不断完善决策，不断补充官方汇报材料上所没有的原始信息，使公民和社会各群体中个别分散的意见、愿望和要求，通过协商渠道得到系统综合反映，使公共决策者更科学地了解民意，更准确地体察民情，更全面地倾听民声，更有效地集中民智，使公共决策建立在全面准确的信息基础之上。其次，协商民主减少或克服了决策过程中的"有限理性"。人的行为"即是有意识地理性的，但这种理性又是有限的"。① 人的有限理性决定了人对于某件事情的了解只能获取信息的一部分，不可能全面掌握。因此，任何决策者在作决定时，与他人沟通，对话和讨论，以弥补自身"有限性"的不足，对形成科学的公共决策至关重要。

（2）协商民主提升公共决策的公开性

在集权制决策模式中，公共政策的制定权被垄断在系统内的政治精英手中，这种具有神秘色彩的决策模式，造成了公民对政府的疏离感和不信任感，同时也加大了政府公共决策的失误概率。协商民主的特征之一就是公开性，"公开性能够使公民仔细审视协商过程。通过使支持政策的各种理由公开化，人民就能够对这些政策的前提和含义提出疑问，就有机会评论这种协商并指出可能的矛盾或事实的疏忽"②，而这正是公共决策所需要的一种优秀品质。协商民主通过审视公共决策的各种依据，公开提出政策的各种背景材料，相关利益团体平等地进行博弈，有利于打破传统决策模式固有的封闭神秘色彩，增强决策过程透明度和公开化，满足公民的参与权和知情权，从而阻止秘密的、幕后的政策协议的产生。

（3）协商民主赋予公共决策以合法性

"如果决策不是强加给公民的话，他们之间的协商肯定是必不可少的。"大多数协商民主的支持者认为，只有当公共政策是通过协商和讨论的方式制定出来，并且参与协商的公民和公民代表超越了单纯的自身利益和局限，反映公共利益时，决策才是合法的。③也就是说公共决策合法性的来源，不是来自于个人已经决定的意志，而是来自于意志的形成过程，也就是公共协商的过程。

不过，必须强调，实践中协商民主下的公共政策如想获得上述

———————

①　［英］西蒙：《现代决策理论的基石：有限理性说》，北京经济学院出版社 1989 年版，第 6 页。

②　陈家刚：《协商民主：民主范式的复兴与超越》，http://www.governance.cn/governance_ceshi/1226/browarticle.php?wz_id=70.

③　［美］詹姆斯·博曼：《公共协商：多元主义、复杂性与民主》，黄相怀译，中央编译出版社 2006 年版，第 4 页。

效果，大众传媒的参与是必不可少的。同时，"要实现理想的协商民主，就要改变大众传媒发挥作用的方式"（哈贝马斯语）。因为，从技术层面说，让13亿民众采用集会形式实现民主协商是不可思议的事情，而具有开放性、广泛性的大众传媒却可以满足广大民众一起从事民主协商：媒体能够传递信息；分析、解释、评价社会现象；收集、梳理和过滤公众意见。

另外，大众传媒社会功能的发挥是协商民主实践过程中必不可少的一环节。因为，它已成为公众与政府、公众与政府工作人员之间进行理性对话，促进政治决策形成的工具或平台。如此看来，大众传媒还是公共领域的重要组成部分。不过，为了使大众传媒更好地实现公共领域这个民主实践平台，除了上述保持批判性、公平性、独立性和中立性外，大众传媒还必须具备主动性，即大众传媒参与公共政策功能不仅仅在于为公众搭建了一个多元的公共论坛，使不同阶层的意见都能够在这个论坛上得以充分表达，而且还应在意见的生成、引领，形成不同意见"交往"的格局方面发挥更大更主动的作用。换言之，强调大众传媒的主动性，不仅意味着传媒要拓宽对社会中存在的各种意见冲突的呈现空间，积极发挥舆论工具的被动性作用，更为重要的是传媒要以意见"交往"的发起者、组织者和引领者的角色发挥功效，积极发现不同群体的利益期待并积极调动他们发表意见，充分实现协商，使得政策在充分的意见交往中不断完善。

当然，我们这里强调大众传媒的主动性，并不否认或干扰政府的主导作用，因为在现代社会中，除了政府之外任何组织或部门都没有调动政策活动中所需要的各种公共资源的权力。因此，在公共政策制定中，政府的主导地位毋庸置疑。但是，上述协商民主理论显示公共政策的科学性和合法性离不开广大民众的参与和意见的交换，且在决策过程中能够成为广泛调动社会舆论资源和智力资源的主体并非仅有政府能够胜任。这样的情形下，大众传媒所具备的先天优势在这方面所表现的主动需求也就呼之欲出。况且，随着我国民主化进程的加快，党的十六大、十七大、十届全国人大一次会议等重大会议中不仅强调决策的科学化、民主化，还将合理决策问题提升到党的执政能力建设的高度，并作为评价政府效能的一个重要指标，由此，大众传媒所要求的主动性获得了极为广阔的政策保障空间。实践中，大众传媒在公共政策制定中所发挥的主体意识也渐渐显现，如在医保、医改、房改、个税调整等诸多政策的制定中除了政府的政治意识发挥主导作用外，大众传媒对各种设想、意见的充分交锋、沟通和多种利益主张的妥协、综合的主动性功能都获得了一定程度的发挥，也取得了有目共睹的积极效果，即各种政策方案都获得了逐步完善和广泛的支持，完全避免了体制内政策主体因掌握的信息不充分、论证不周全、设想不尽合理或因忽视不特定的多数人利益使得政策的利益配置显失公平的发生。

### （三）政策执行阶段的媒介参与

制定政策的目的就是要对社会现实产生规范的作用，所以，政策制定后就要加以执行，也只有执行才能将政策内容落实到现实中去。大众传媒对政策执行的参与主要表现在宣传政策营造认同的舆论环境、寻找执行中偏差、收集公民对政策的意见等等，其目的在于推进政策的有效落实及政策将来的修订与完善。任何一项公共政策，不管论证得如何完善，民主参与得如何广泛，都不可能十全十美，都有可能或不可避免地在具体执行过程中出现意想不到的与设想或现实脱节现象。造成这种脱节现象的原因很多，最为主要的有两种，要么是政策本身的缺陷，要么是政府机构的执行不力。关注脱节现象及探究脱节现象背后的原因，都为大众传媒监督政策执行提供了广阔的空间。

1. 大众传媒是传播公共政策的主渠道

大众传媒之所以能成为传播公共政策的主渠道是历史的选择。在大众传媒匮乏的年代，政策组织化的传播具有无比的优越性，政府制定的政策都能通过内部行政系统的上传下达实现贯彻、执行。但是，自人类进入信息时代，大众传媒的触角延伸到了社会的每一个角落，人们都生活在这个无处不在、无时不在的信息网络之中。这时，政府组织系统传播的不足就暴露无遗，如时效差、信息损耗大、范围窄、单向度等。而大众传媒对公共政策的传播的优点恰恰体现在速度快、范围广、意见交往、高保真等方面。况且，"诸多的媒体受众状况调查统计数据也一再表明，通过新闻媒体了解党和国家重要政策是受众接触媒体最主要的目的之一"①。如此一来，对于公共政策的传播必然出现由组织传播转向大众传播的历史变迁。

首先，传播技术的发展和竞争的激烈，都为各家传媒力争"先声夺人"奠定了基础。尤其是网络的出现，更是把新闻报道时效提到用秒来计算时差的程度，点燃了大众传媒间的时效大战，如广播电视增加了整点播报、滚动播报、新闻频道等项目；报纸纷纷开办网络版。这些措施基本上都弥补了各自在时效方面的差距。况且，大众传播与公众间没有中介，政策信息是从媒介直接到达目标受众，完全摆脱了组织传播层层传达的不便，如时间很长、信息损耗等。其次，人是社会的人，具有结构性，即每个人都生活在社会结构之中，具有不同的社会身份和地位。组织系统传播是按照组织结构层层扩散进行的，一旦一个人脱离原来的社会定位，就有可能成为系统传播的"漏网之鱼"。尤其是目前我国的人口流动性的剧增，更加剧了组织系统传播不到位的情况，如国家对农村的惠农政策，若仅仅依靠政府组织传达而不采取大众传播，就很难让远在他方的农民工及时了解。大众传媒的无处不在，决定了一个人无论走到哪里都可以很方便地获取公共政策信息，一定程度上弥补了组织传播狭窄的缺陷。再次，组织传播属于权力系统的传播，层层组织是有行政级别的，上下级政府组织间的关系就是命令与服从的关系。这样的传播肯定是以政策颁布者为中心、自上而下的单向度的传播，没有商量的余地，不管满不满意，向下传播就是服从命令。尤其在我国计划经济时代，传媒秉承了组织传播这方面的"霸道"，以媒介为本位，生硬传播，仅限于政策条款的简单罗列。但

① 陈堂发：《新闻媒体与微观政治：传媒在政府政策过程中的作用研究》，复旦大学出版社 2008 年版，第 180 页。

是，市场经济的到来完全改变这一切，传媒改弦易张以受众为本位，充分体现"全心全意为人民"的宗旨，将受众的需求作为唯一的需求，与公众进行充分的交流与沟通，为公众提供社会不详知的政策制定背景、条款的依据，并约请政策专家详解政策的原则、精神、目的、难点、重点或采访实践中贯彻政策比较到位的单位和个人，最终收到深化政策传播内容的效果。最后，大众传媒与生俱来的开放性，决定了大众传媒不仅承担着上情下达的宣传政策信息责任，同时还承担着下情上达的舆情反映的责任，即将公众对政策执行的意见或看法通过记者调查、收集、报道，使政府决策部门倾听社会各界的声音。这种政策反馈机制的发挥，完全弥补了单向度的组织传播所不具有的向上传递公众对政策议论的功能。政策制定是一件很复杂的事项，政策执行也是一项复杂的工程。政策执行中不可避免地会出现各种意料之外的情况，民众会对此表达出不同的认识，这些信息对于政策的合理性、可执行性及其废止、修改、补充和完善都具有非常重要的影响。①

不过需要特别指出，对于我国担负党政喉舌功能的大众传媒来说，不仅要用公众的视角对政策解读，同时还必须要准确地向公众传达和解释政策的内涵，因为"由于现代人的利益多元化、价值

---

① 2003 年 7 月 30 日，上海市卫生局制订了《2003—2004 年本市餐饮业等食品卫生专项整治行动计划的通知》，规定上海市餐饮业经营场所面积不得小于50 平方米，厨房面积不得小于经营场所总面积的 1/3，并限定在 2004 年 6 月底之前将不符合要求的餐厅全部关闭。政策制定者的初衷是为了加强对食品卫生的监督管理，目的在于减少危害事件的发生，保障广大市民的饮食安全。然而，该政策引起了广泛争议，政策的相关群体对政策多有抗拒。敏锐的大众传媒很快将这项面临颇多微词的政策上升为公共话题。上海的一家报纸率先以"餐馆是否卫生要看面积？——上海卫生新条例遭到质疑"为题在头版头条进行报道。其后，《人民日报》开出专版讨论"上海 50 平方米以下餐馆该不该都关门"的问题；《中国青年报》、《检察日报》等媒体纷纷发表了学者们的相关时评；众多网民在人民网、新华网、青岛新闻网等论坛留言，发表见解。2003 年 9 月 28 日，在上海市政府新闻发布会上，市政府发言人表示，该通知只是一个指导性文件，本身不具有强制性。这样该项政策等于被取消。

多元化，所以，如果新闻媒体不对政策进行准确、主动地把握和解读，极有可能使人们对政策存在各种各样可能的误读、不理解乃至对抗情绪，影响政策影响力、执行力、效力"①。有的可能还会带来不良的国际影响。2009年1月20日上午，中国政府发表《2008年中国的国防》白皮书。我国相当多的传媒当天和第二天报道这条新闻时，对其中关于核武器问题的表述做了不正确报道。例如，中央电视台四频道新闻节目该条的标题是"中国停止研发新型核武器"；人民网国内新闻的标题是："国防部：中国停止研发新型核武器"。中国新闻网、中国网的新闻标题也是"中国停止研发新型核武器"。第二天《北京日报》9版"今日关注"头条，用半个版面报道了这则新闻，标题仍是《中国停止研发新型核武器》。这些新闻均是对《2008年中国的国防》的解读。只有二三家传媒的标题，使用了"中国主张各国承诺停止研发"这样的正确表述。同日，外国传媒也较多地根据中国传媒的报道，发表了这一惊人的消息。新加坡时差晚于北京时间1小时，《联合早报》网站20日将"中国国防白皮书承诺停止研发新型核武器"作为文章的大标题；英国的时差晚于北京时间8小时，BBC的报道则将"停研新核武器"作为一个小标题，报道说："白皮书还表示，中国已承诺停止研发新型核武器"。在多数媒体第一时间一边倒的错误报道后，国防部的专家纷纷出面，指责这是媒体对国防白皮书"断章取义"的误读。环球网源引自《环球时报》的消息，以《媒体断章取义，专家：中国没承诺停止研发新核武器》为题，对媒体的误读进行了指责和批评。②

2. 大众传媒是监督公共政策执行的重要主体

政策的核心在于对公共利益的合理配置，政策的制定必然会使一部分人的利益得到维护和加强，而使另外一部分人的局部或暂时利益受到损害。这样，政策的执行就会充满变数，既可能带来决策

①　杨兴锋：《政策解读的意义和原则》，《中国记者》2006年第1期。

②　详情可参见陈力丹、丁飞：《我国的传媒为什么会误读国防白皮书》，《新闻记者》2009年第4期。

者所期望的正面效果，也可能带来他们所不愿看到的负面效果；既有容易被察觉的显性效果，也有不易意识和觉察的潜在影响；既有可能预测到的作用，也可能带来人们始料不及的后果；既有政策本身存在的不合理，也有政策执行部门的不作为、少作为、寻租行为。因此，在政策执行过程中必须全面了解执行过程并细致把握其中可能出现的问题。① 尤其是，当那些利益受损的人本身就是政策的执行者时，维护既得利益和自身利益的愿望和政策执行不可避免地会发生冲突，况且，我国的一些政策执行部门也存在着严重的自利性倾向，若对其缺少有力监督，肯定会发生从政策所规范的利益中追求私利最大化的现象：一是为地方政府谋地方一己之利；二是为行政部门谋利；三是领导人自身利益，包括政绩和实际收入，也包括决策者贪污受贿后滥用职权故意进行错误决策与执行。

在民主法治国家中，体制内的人大监督、行政监督是政策执行监督的主要形式。但是，人大监督、行政监督在我国政治实践中并没有充分发挥出应有的作用，主要原因有以下几方面②：对于人大监督来说，一是从代表构成上看，各级人大代表有1/3多是党政官员，他们难以做到自己监督自己或者监督上级；另有1/3是劳模、名人、企业家等，缺乏监督所需要的专业知识与精神；还有1/3的人大代表是兼职的，没有时间和精力进行专门的监督工作。二是了解情况的少数基层民众即使当选为代表，由于文化素质相对较低，履职能力有限，他们反映的问题容易被忽略。三是缺乏公示制度，如人大代表的联系方式选民知之甚少；提案都有哪些、未通过的原因选民也是知之甚少。对于行政监督来说，一方面，行政监督是自我监督，权力行使主体自己监督自己或下属，监督效能难以正常发挥；另一方面，垂直领导与下级领导不在一个地方工作，时空距离导致上级对下级的有关信息无法真正了解，政策执行的欺上瞒下的

① 参见刘华蓉：《大众传媒与政治》，北京大学出版社2001年版，第126页。

② 参见陈堂发：《新闻媒体与微观政治：传媒在政府政策过程中的作用研究》，复旦大学出版社2008年版，第193~194页。

现象时有发生。

正是体制内人大监督、行政监督的"疲软",才使得"上有政策,下有对策"、"曲解政策,为我所用"等种种歪曲政策宗旨、背离政策初衷的现象不断涌现。体制内权力监督的退缩,就给体制外权力监督的发挥提供了广阔的空间,其中大众传媒的政策监督的效果很是明显和高效。例如,西方政策活动的实践及其研究表明:在影响政策执行的六种主要的非政策因素中,"媒体对政策执行问题注意的持续"排在第二位序,仅次于"社会经济因素和科技发展程度"影响因素,其影响力在"公众支持"因素之前。其他影响因素还包括"利益集团的态度、立场与影响能力"、"高层的重视程度"、"政策执行人员的决心和能力"。① 大众传媒凭借敏锐的信息嗅觉能力,通过对政策执行中的不正常现象的收集与报道,产生巨大的舆论压力,政府有关部门就会回应民意、高调介入,采取超常规的措施促使问题迅速得到解决,比体制内监督下遵循正常程序按部就班地解决问题具有更高的效率。

但是,当政府在公共政策方面因为不作为、执行扭曲或行为损害公共利益而被大众传媒揭露时,政府的公众形象必然大打折扣。因此,政府总是试图通过政策限制、利益诱导、批评表态等多种措施②对媒体的舆论监督进行控制。但是,维护党和政府的形象和政策的权威,最根本的途径不在于杜绝对政策的讨论和监督,而在于政策所要实现的利益能否以社会普遍利益的形式表现,在于政策执行中是否存在"政策截流"现象,政策是否成为少数人获利的手段。因为"虽然我们无法证实某项政策方案绝对正确,但这并不

---

① 〔美〕斯图亚特·S. 那格尔:《政策研究百科全书》,林明译,科学技术文献出版社 1990 年版,第 112 页。

② 如 2002 年 7 月,兰州市公安局向《兰州晨报》、《西部商报》、《甘肃青年报》、《兰州晚报》等新闻媒体发出了《关于个别记者涉警曝光失实的函》,称有 16 位记者的报道"经调查完全失实",故以后公安机关各分、县局和市局机关部门将不予接待上述记者的采访;2003 年,江西省定南县因为《人民日报》刊登了一篇"如此拆房,为谁谋利"的批评稿件,而将在该县的 8 月 28 日《人民日报》全部扣压。

等于说无法证实它比另一项政策方案更好。越经得起批评的政策就越好，越经不起批评的政策就越差"①。所以，只要政策讨论不具有反党、反四项基本原则的性质和内容，即使是通过大众传媒对政策进行广泛讨论，党和国家的形象并不一定会遭到破坏；若通过讨论、监督后发现政策所追求的目标确实是为了增进全社会的福祉，在政策执行中不存在违法、违纪的行为，党和国家的形象不但不会受损，而且还会因此产生塑造权威的效果。也正基于此，各级政府在政策执行阶段中出现问题后完全没必要采取那些妨碍新闻自由的行为，只要虚心接受以媒介为代表的公众的批评，严肃、认真、负责地解决问题，并将处理结果公告天下，完全可以重获民众的尊重与支持。

### 三、大众传媒参与公共政策的本质意义

#### （一）媒介功能实现

公民参与公共政策的行为是一种政治行为，代表民意的大众传媒参与公共政策的行为肯定也属于政治行为。既然大众传媒参与公共政策的行为是政治行为，那么大众传媒在参与公共政策的过程中所发挥的功能应该主要是政治功能。

1. 大众传媒的政治功能

在现代信息社会，政治的运作和发展离开大众传媒是不可想象的。占社会统治地位或主导地位的政党和组织，都不会放弃利用大众传媒提出鲜明的政治观点，阐明既定的政治主张，表达自己的政治立场。大众传媒多方位表现社会政治的最终目的，在于激起公众产生同传播主体立场一致的反响，激发他们关注和参与的政治热情，形成较为普遍的政治倾向和社会舆论。一言以蔽之，大众传媒以其不可替代的特点和优势，对现代社会政治产生着巨大的影响。大众传媒在现代社会政治生活中的广泛参与和影响，使其政治性质

---

① 谢明：《公共政策导论》，中国人民大学出版社 2002 年版，第 100 页。转引自陈堂发：《新闻媒体与微观政治：传媒在政府政策过程中的作用研究》，复旦大学出版社 2008 年版，第 123 页。

和政治功能日渐凸显。

有关大众传媒的政治功能，学者们归纳的不尽相同。布赖恩·麦克奈尔把媒体在民主政治中的功能概括为五项：第一，媒体必须告知民众在他们身边发生了什么，这是媒体的"侦察"或"监控"功能；第二，媒体必须教育民众，让他们知晓发生了的"事实"的意义和重要性；第三，媒体必须为政治讨论提供一个公共平台，促进公共舆论的形成，并把舆论回馈给公众，而且这个平台必须为反对意见预留空间，做不到这一点，谈任何民主共识都毫无意义；第四，给予政府和政治机构曝光率，让执掌权力的人的行为被公开监督，公共舆论才有意义；第五，媒体作为鼓吹政治观点的一个渠道，向需要对公众公开自己政策和纲领的政党开放，媒体的鼓吹功能也可以视作劝服的一种。① 詹文雄认为大众传播的政治功能有：看门人功能、守望犬功能、反对者功能、调查或选举候选人功能、政府施政之试探性气球功能。② 邵培仁先生将政治传播社会层次的职能按照逻辑顺序归纳为：报道的职能、表达的职能、解释的职能、教育的职能、控制的职能。③ 张昆先生把大众媒介的政治功能归纳为五条：政治参与功能、议程设置功能、舆论监督功能、政治沟通功能、政治控制功能。④ 何志武先生将大众媒介的政治功能概括为：政治信息的告知功能、政府决策的宣传功能、培养公民的教育功能、公共舆论的建构功能、政治权力的监督功能⑤，等等。详述请参阅本书第一章第三节中的有关内容。

---

① ［英］布赖恩·麦克奈尔：《政治传播学引论》，新华出版社 2005 年版，第 21～22 页。

② 詹文雄：《政治学导论》，台湾联鸣文化有限公司 1982 年版，第 187～188 页。

③ 参见邵培仁主编：《政治传播学》，江苏人民出版社 1991 年版，第 44～61 页。

④ 张昆：《大众媒介的政治社会化功能》，武汉大学出版社 2003 年版，第 129～140 页。

⑤ 何志武：《大众媒介与公共政策》，武汉大学出版社 2008 年版，第 50～52 页。

2. 在参与公共政策过程中大众传媒功能的实现

大众传媒的政治功能只有在大众传媒参与具体的政治活动中才能发挥。因此，在参与公共政策过程中，大众传媒政治功能需要通过大众传媒的具体业务实践才能实现。

其一，政策信息的传播。

政策信息包括政策制定过程中所有的信息，从政策议题的选定到政策议题的讨论，再到政策结果的公布，最后还有政策执行情况，都属于政策信息的范畴。不过，这里只探讨决策前的有关信息对于公众的传达问题。政策议题确立后政府希望快速将其传达到政策对象目标当中去，而政策议题方面的信息对大众传媒具有天然的吸引力，两者的互补需求就促进了政策信息的传播。这方面的政策信息包括非常广泛，比如政策动议、背景、目的、条件、初拟条款、国外经验与教训等等，只要是有关政策议题来龙去脉、前因后果、配套环境方面的信息都属于公布范畴。公布的目的就在于既满足公众的知情权又引起充分的讨论，给政策决策层提供最为原生态的民意。

其二，焦点问题的确立。

无孔不入的信息触角，使大众传媒对社会的真实状况具有最为全面的把握，它们可以及时发现社会深层次问题，触摸到社会的脉搏，所以大众传媒在通过调查发现问题并公开报道确立焦点问题，使其迅速在全社会形成巨大的舆论场方面具有独特而又非常有效的功能。换言之，大众传媒在把"私人"性质的问题或话题迅速转化为公共领域的话题，使"冲突社会化"方面具有特别的功效。其实，这种功效就是人们常说的媒介议程设置功能的一种表现或者是媒介对公众议程的一种回应，或者是媒介对政府政策"试探性气球"的反应。如"中国首例教案著作权案"：重庆市南岸区四公里小学校将 44 册记载原告教案的教案本作为废品私自处理，教师高丽娅于 2002 年 5 月 30 日向重庆市南岸区人民法院起诉要求被告返还教案本并赔偿经济损失，该院以并未侵犯原告所有权为由驳回了原告的诉讼请求。原告提出上诉，二审法院维持了原判。后重庆市人民检察院提起抗诉，再审法院仍维持了原判。其间，媒体介入，从而把一个普通的纠纷转换为公共话题，把原被告之间的争议转化成对案件持不同看法的公众之间的讨论。又如，关于"延迟退休年龄"的争论。①

其三，构建平台。

公民参与公共政策是公民参与政治活动中最为核心的一部分，其最终目的就是要通过自己的吁求影响公共政策中利益的分配。虽然政府为民众的利益表达提供了一些制度内的途径，如听证会、信访、人大等等，但是目前最能调动公共情趣、最能扩大参与容量的途径或设施却是体制外的大众传媒。其实，自公共政策议程设置开始，大众传媒提供给民众的不仅仅是信息，最为难得的是为公众提供了一个畅所欲言的公共表达场所、平台或"意见市场"。在这个平台上或"意见市场"中，每一种意见都有表达的机会，"传媒应当努力呈现一切重要观点，而不仅仅是出版商或传媒经营者赞同的观点"②。各种观点共同遵循协商民主的规则，自由交流和沟通，自由组合与分离，通过摆事实讲道理说服异己，最终获得价值的整合，实现政策目标的统一。比如，公众可以通过作为"交流评论和批评的论坛"的大众传媒对自己的现实遭遇或媒体披露的社会问题，发表自己的看法和建议，呼吁并推进该问题的政策化；可以对各级政府提出的政策议题发表不同的意见，或支持，或反对，提供理论知识与实践经验，充分表达各个不同利益群体的政策需求；可以对政策决策过程中违反程序的不规范或者违法的行为提出质疑

①　2004年9月8日，北京晨报最先报道，称劳动和社会保障部新闻发言人胡晓义在接受记者采访时说，他们正在考虑延长职工的法定退休年龄，首要是女性的退休年龄（由于与公众切身利益相关）。这则新闻一石激起千层浪，反响强烈，绝大部分人持否定态度。9月13日晚，在中央台的"经济信息联播"中，劳动和社会保障部副部长刘永富表示，"退休年龄，在研究，这个问题很敏感，涉及方方面面，没有最后的抉择。"随后几天，讨论仍在进行，9月17日，劳动与社会保障部长郑斯林对此正式表态说："延长退休年龄并不是当前中国立即需要实行的政策"。

②　［美］弗雷德里克·S. 西伯特、西奥多·彼得森、威尔伯·施拉姆：《传媒的四种理论》，戴鑫译，中国人民大学出版社2008年版，第78页。

或反对，力促民主、科学、规范化的决策程序获得各方尊重与遵守；可以对颁布的政策及其执行情况进行评论，为政策的完善提供反馈意见，等等。

其四，引导公众关注和参与政策过程。

虽说当代中国已步入民主法治轨道，获得了健康有序的发展，但我国公民普遍缺乏民主参与的意识，即使某些公众具备了政治参与的激情，但在一定程度上政治素养、议事能力、规则意识等方面表现出很多不尽如人意的地方。所以，对于公共政策，并非人人都是有责任意识、理性、政策知识而希望积极参与的人。然而，民主的发达，虽有制度保障但没有"政治适格"的民众积极而广泛的参与也是枉然。因此，面对我国如此现状，大众传媒还担负起了通过报道国内外已有的鲜活的决策实例、对话专家化解公共政策专业理论知识、评说现实各级政府的政策制定、宣传生活中那些积极参与政策制定的普通人物的"典型事迹"，最终实现传授公共政策知识、引导公众关注和参与公共政策过程、教育与培养公众的公共政策责任意识、提高公众政治素质的重大责任。况且，在传统政策参与实践下，需要公众付出很多时间、精力、财力，也正因为这种成本支出，造成很多人"搭便车"的心理，总寄希望于他人代表自己参与政策的制定，为自己所属的群体争得更多的利益。而公众通过大众传媒参与到公共政策过程中所花费的却只是一种心情、一点时间、一个电话、一封邮件而已，尤其是网络的出现，花费的往往是鼠标的一点，这种成本的大幅降低、政府关注传媒民意的意识提高恰恰弥补了传统政策参与实践中所遇到的"民众冷漠"的尴尬，极大地激发了公众对公共政策积极参与的热情。

另外，公共政策是通过权衡利益的分配来达到指导人们行为的各种规范。所以，政策确定后，民众迫切想知道，政府迫切想传达，大众传媒就成为大众与政府共同的选择，建构起了他们之间政策传播的桥梁。不过，我们并不否认政府体系传统的那种层层组织传达信息的功能，但鉴于这种组织传播的低速度与信息磨损性，使得大众传媒的"及时性"、"高保真性"在传播政策信息时彰显了无与伦比和不可替代的优势。政策的宣传功能也就天然地落到了大众传媒的身上。需要注意的是，除了前述所特有的"及时性"、"高保真性"等特性外，大众传媒还具有体制内组织层层传达政策所不具有的"开放性"，即大众传媒在传达政策信息的同时还可以配有专家、学者、专业人士对政策的大众化解读，扩大了政策信息量，提高了政策信息易接受性。

其五，政策执行情况的反馈。

大众传媒参与公共政策制定过程固然重要，但对于公共政策的执行情况的监督也必不可少。社会利益的多元化、现实情况的易变性都提升了当代社会的复杂程度。政策制定过程，虽有广大民众和大众传播的积极参与，各种意见也进行了交流，形成了相对公平的政策，但是鉴于社会的复杂性，出台的政策极有可能出现不适应性，或者具体执行部门及其工作人员的权力异化后对政策的扭曲执行。对此，大众传媒可以充分发挥自身的雷达特性，并充分吸纳民众的各种意见和建议，既包括民众对政策本身条款的异议，也包括民众对政策执行中出现的偏差和违法行为提出的批评和建设性的建议。大众传媒对政策执行情况的反馈，对政策制定部门来说至关重要，因为这些反馈的信息对将来完善政策会起到很大的帮助作用，为权力制约部门提供政策执行中出现的不规范或非法行为的线索，有助于权力制约部门规范或打击任何破坏政策权威、损害人民利益的行为，确保政策的有效执行。

（二）公民参政权的实现

公民参与公共政策作为公民参与政治的一部分，其权利也是公民参与权中的一种，本书以下所要探讨的公民参与权仅限于公民参与公共政策所体现的权利。公民在参与公共政策过程中的政治权利包括实体权利和程序权利两个方面的内容，这两方面的权利的运行都离不开大众传媒的广泛参与，或者说，只有借助大众传媒的参与，公民在公共政策问题上的政治权利才能得以很好的落实。

1. 大众传媒与公共政策中公民参与的实体性权利的实现

政府公共决策中公民参与的实体性权利，从本源上看首先是一种宪法性权利，体现在我国宪法对公民基本权利的相关规定中。在我国现行宪法中，为了体现社会主义国家人民当家作主的宪法原则，公民参与权获得了明确的实体意义上的规定，并体现为参政权、监督权、言论自由、结社自由等基本权利。不过，纵观上述这几个权利，它们的实质或者说精神价值在于表达自由的实现，不论参政权、监督权还是结社自由，若离开了言论表达自由都会成为无本之木、无源之水。因此，我们对公共政策中公民参与的实体性权利的探讨，也就转化为对公共政策中公民的表达自由的分析。这里的公民表达权的具体表现就是公民对公共政策享有平等、自由的表达赞同、反对、批评、建议的权利。虽然民主国家都为公民行使这种权利配置了很多制度内的途径，如投票选举、议会制度等，公民理论上可以通过这些制度内的途径来表达自己的意见或建议，但是，由于制度内途径本身的局限性，如名额有限、场地大小，以及公民自身的局限性都制约着公民参与公共政策表达权的有效发挥。而大众传媒的介入，恰恰能够弥补上述局限性，因为大众媒介是有史以来公认的最方便、最快捷、最广泛、最丰富的信息交流途径，也可以说，大众媒介提供了政策系统中各种利益吁求的表达和聚合的公共平台。

这个公共平台为每一种利益诉求都提供了平等的参与表达的机会，通过协商和对话促使公共利益的实现。该公共平台的出现对于公共政策的制定具有非常重要的意义，具体表现在以下两个方面：（1）是促进了不同利益的聚合与均衡。从利益分析的视角看，公共政策实质上是各个利益主体进行利益博弈的结果。在公共政策系统中，政策资源具有稀缺性，群体利益具有一定的排他性，因此，公共政策过程体现为利益博弈。在大众传媒这个公共平台上，政策辩论为各利益主体提供了相互了解和实现交易的基础，各利益主体可根据目标需要的程度和选择的强度，通过多次的自由辩论实现利益的妥协和均衡，从而达成公共利益的实现。（2）是体现了对各种不同利益诉求的尊重和包容。政策辩论实际上就是利益主体各方从自己利益出发，运用言辞互相争议的过程，为了在争议中获得优势，争议各方通常都力呈事实依据，以求证明自己，反驳对方，在这个过程中，政策论辩各方实现了相互沟通，使分歧的观点得以剖析和论证，冲突的利益能够折中与妥协，体现了对不同利益的包容。

对于上述意义的实现，一个非常重要的前提就是这个公共平台落实了公民的表达自由。随着公民权利意识和政治素质的提高，越来越多的公民喜欢或习惯通过大众传媒表达自己对公共事务的意见和建议，包括参与公共政策的制定。大众传媒为适应公众表达的现实需要及时提供了保护公民自由表达的常设机制，如报纸纷纷开设评论专栏、来信摘编甚至专版；广播电视纷纷开设评论专栏、谈话类节目、读报节目，等等①；网络开设的各种论坛和博客。尤其是网络，为普通公众表达意见提供了更为充足的空间。因为，每一个会利用网络的人都可以在网络上对各种现实情况或者新闻信息表达自己的观点和意见，长则可以写成华美的檄文，短则可以写一句俗语，完全凭网民各自的喜乐爱好。也正是网络的空间无限、自由超前，才使网络上的言论无比兴旺。一条重要的时政信息闪现网络，尤其是在知名的论坛，很短时间之内就可能喷涌出成千上万条评论或形成链接。传统媒体也会对网络上出现的焦点问题积极跟进，深入实际，调查核实，充分报道，形成与网络媒体的有效互动。

2. 大众传媒与公共决策中公民参与的程序性权利的实现

当公民拥有某种实体性权利时，意味着公民存在着某种受法律保护的利益和资格，意味着公民对某种特定的结果具有一种"期

---

① 2004年开展的江苏省"公推公选"，是江苏省推进民主政治进程的一大重要举措，开全国风气之先河，也同时引起了世界的关注。《1860新闻眼》创造性地将这次"公推公选"的全过程进行了现场直播，并且在观众中开展了"投我一票"的活动，不仅大大提高了这次"公推公选"的透明度，还因为公众的广泛参与，大大推进了江苏民主政治的改革进程。在PX事件中，从6月份的"PX风波"到12月份"公众参与"环节，PX事件最终走向良性轨道，正是市民广泛参与、媒体充分讨论、知识分子负责任地发言、地方政府兼听则明的结果。

待权"。但是，仅仅具有资格和"期待权"，却不能通过特定的过程、采取必要的行为实现其利益期待，则实体性权利就不能存在。从这个意义上讲，公民的实体性权利是目的，程序性权利是手段。宪法和基本法律赋予公民在公共决策中具有的实体性权利，最终要通过程序化的方式保障其实现。从我国行政法律法规的相关规定看，公民享有的程序性权利主要有：了解权、提出申请的权利、获得通知的权利、评论权、申请回避权、举证权、辩论权、程序抵抗权。具体到公民通过大众传媒参与公共政策所享有的程序性权利，我们以为，主要包括知情权和接近权。这两种权利的权利主体都是公民，而义务主体分别是政府机关和大众传媒。虽然知情权的实现主要在于法律对其确认以及政府机关履行该法的情况，但是若没有大众传媒对相关信息的报道与披露，公民知情权的实现只能说是残缺的、不彻底的。另外，公民接近权的实现将矛头直指大众传媒，即公民有权接近和利用大众传媒表达自己的观点和意见，而大众传媒有责任和义务帮助公民信息传递的实现。

（1）大众传媒参与公共政策与公民知情权的实现

"二战"后，西方新闻界在反思法西斯主义之所以猖獗的原因时认为，由于新闻业和公民被剥夺了知悉政治情况的权利，一小撮独裁者便能够欺骗人民，为所欲为。因此，对知情权的理解从一开始就主要定位在公众与政府的关系上，它指的是人民享有通过新闻媒介了解其政府工作情况的法定权利。① 如加利福尼亚州知情权法的序言部分所写："本州人民并没有将自己的主权交给为他们服务的机构。人民在授权时，并没有授权他们的公仆决定人民适宜于了解何种情况。人民坚持有权了解实情，这样他们才可以对他们建立的机构保持控制。"②

1945 年，美国记者肯特·库珀提出了一个新的权利——知情

① 汪凯：《转型中国：媒体、民意与公共政策》，复旦大学出版社 2005 年版，第 57 页。

② 理查德·巴姆斯特德：《知情权》，载《交流》1993 年第 4 期，转引自丛日云：《当代世界的民主化浪潮》，天津人民出版社 1999 年版。

权，强调公民有权知道他们应该知道的事情，国家应最大限度地确认和保障公民知悉、获取信息，尤其是政务信息的权利。10 年后，美国民主党议员约翰·莫斯就致力于推动立法，以迫使联邦政府向新闻界和公众开放更多的信息。1966 年，《信息自由法》(Freedom of Information Act) 最终由约翰逊总统签署生效。该项法律规定，公民有权申请使用政府的文件、记录和政策声明等档案材料。申请遭到拒绝，可向法院起诉。法院如认为该材料不应保密，有权判决政府向申诉人提供所需要的材料。① 此后，知情权作为公民的一种基本的民主自由权利在许多国家得到了确认。

知情权往往被认为是表达权的一个隐含权利。因为要想对政治事务表达出有质量、有见地的意见或建议，必然需要一个前提就是，对该政治事务的有关信息要么熟烂于心要么做到掌握尽可能多的信息。如若一个人在对某政治事务毫不知情的情况下，即使令其参与该项政治事务的活动，也只能是民主的花饰；严重情况下还可能做出造成重大损失的决策来。② 因此，为了提高参与公共政策的公平、正义和效率，公民的首要选择就是要求政策新闻的提供和传递必须及时、准确、全面。信息发布的及时与否直接影响着公民每一步的参与态度和参与质量。信息发布的任何迟缓都可能让公众在一段时间里因信息缺失而出现猜测和流言，进而出现不参与或随便参与的态度和行为。信息的准确性往往与信息的真实性存在必然的联系，真实性是信息的生命，准确性也是信息的立命之本。缺失准确性的政策信息不足以成为公民身体力行的依据。任何脱离准确性的政策信息，都可能误导公众，损害公民表达权的实现，进而损害民主参与制度。另外，公共政策信息的发布和传递还要求全面性，从程序上看，全面性包括从政策议题的确定、讨论到政策产生、发布的全部过程；从内容上看，全面性包括上述全过程中出现的各种

① 张隆栋、傅显明：《外国新闻事业史简编》，中国人民大学出版社 1988 年版，第 300 页。

② 参见帕金森：《官场病：帕金森定律》，陈休征译，三联书店 1982 年版，第 57～62 页。

观点，既有支持方的观点和理由，又有反对方的观点和理由，争论的焦点，等等。

然而，现实中我们政府部门往往遵循"闭门造车"的传统思维，封闭各种有关政策制定的消息，尤其是决策内幕、决策争议。尽管随着我国政治文明建设的提出，各政府部门在制定公共政策时也进行了一定程度的公开，接纳了一定程度上的公民的参与，但我们不得不承认，公民在目前体制内接近政策制定部门的途径还是非常有限的，政府常常"通过一些法规和程序进行信息封闭，也强化决策者和决策过程的神秘性。而这种神秘性一方面加深了普通公众对政府的隔膜感和盲从，另一方面也使政府和决策者自身的专断和随意性得到保护"①。况且，现代社会的高度信息化，使得人们不可能仅靠个人力量来收集广泛传播的政策信息资源，更不可能建立合理的政策信息流通渠道和信息处理系统。这一切都在客观上要求以大众传媒为主要手段的信息搜集系统承担起满足公众信息知情权的义务，使民众了解政府决策过程，并使民众的意志和要求体现在政府决策中。同时，由于自身所具有的公开性、灵活性、快捷性、社会性等特点，报纸、广播、电视、网络等大众传媒在现代社会被作为政府信息公开的主流渠道。例如早在 1983 年我国中央人民政府就建立了新闻发言人制度，2003 年 SARS 事件以后，各地方政府都建立了新闻发言人制度。新闻发言人制度要求新闻发言人面向大众传媒传播政府的政策，通报某个事件的真实情况，说明就某个事件某个问题政府所采取的立场和措施，并回答媒体的提问。由此可见，一方面，大众传媒业已成为我国政府实行政务公开，与社会公众进行沟通，引导社会公共舆论的重要通道；另一方面，大众传媒公开传播最新政策信息的活动，是履行或完善公民知情权的具体而有效的体现，可以说，在实现公众知情权的手段和途径中，新闻媒体是最有效和最便捷的选择。只要不是超出法律规定范围的、不是泄露或损害国家安全机密的政策信息，就该及时、公开报道。

---

① 周向红：《公共政策过程中信息不对称成因的分析》，《理论探讨》2004年第 2 期。

（2）大众传媒参与公共政策与公民接近权的实现

大众传媒在公民知情权的实现方面功不可没，但由于种种原因，大众传媒在公民表达权的落实方面却屡遭人们的诟病，即公民接近媒体实现表达权的机会逐渐减少。

首先，公民接近权的来源及其定性。

由于西方传媒的垄断化导致"观点的自由市场"理想破灭，公众意见的表达机会被大大削弱，本应属于公众的言论出版自由（表达意见的自由），变成了仅仅是媒介的自由。更确切地说，随着社会的发展和技术的进步，传统媒介作为民主与自由的堡垒已经开始受到西方一些学者的质疑。代表性人物美国学者罗伯特·W.麦克切斯尼认为，"媒体已经成为一股明显的反民主的力量，这种现象不仅发生在美国，它甚至蔓延到全世界。联合性媒体越富有、影响力越大，参与性民主的前景就越黯淡。……我不认为媒体是使民主衰落的唯一或主要的原因。但是，它们是问题的一部分，而且与其他导致民主衰落的很多因素联系紧密。在新科技光芒夺目、电子术语晦涩难懂的背后，媒介体系已经逐渐集中到少数联合公司手中。这种集中强调追逐利润、媒介体系支持广告的核心趋势：唯利是图、玷污新闻和公共机构的正统精神。对民主而言，这是一剂毒药"①。阿特休尔对于"大众媒介的商业属性决定了它有可能为了私利而滥用其权力"的现象打了个非常形象的比喻："新闻媒介好比吹笛手，而给吹笛手乐曲定调的是那些付钱给吹笛手的人。"②

其实，早在 20 世纪 40 年代一般公民难有在公共媒体上表达机会的现象就被越来越多的人所发现。1947 年，美国报刊自由委员会在报告《自由而又负责任的报刊》中指出，必须恢复一般公众作为发言者的地位，为此必须保障一般公民对于媒体的接近权。1967 年，美国学者 J. 巴伦明确提出"接近权"的概念，指出古典

---

① ［美］罗伯特·W.麦克切斯尼：《富媒体穷民主：不确定时代的传播政治》，谢岳译，新华出版社 2004 年版，第 8 页。

② ［美］阿特休尔：《权力的媒介》，黄煜，裘志康译，华夏出版社 1989 年版，第 287 页。

自由主义对于"意见自由市场"的浪漫主义理想已经过时，为了确保普通公众的言论自由，必须由宪法确认公众"接近"媒介的权利。1973 年巴伦还出版了《接近权：为谁的言论自由》一书，在书中指出："本书的基本主张是：宪法修正第一条必须重新回归其真正的所有者——读者、视听者，新闻自由的目的必须高于保障媒体所有者财产权。"① 70 年代以后，日本的新闻传播学者掘部政男、浦郭法惠等人发表的《接近权论》等文章，对接近权进行了大规模的讨论，并使之在 80 年代被一些媒介采纳。1980 年，联合国国际交流问题研究委员会发表报告指出，不要把读者、听众和观众当作消息情报的被动接收者。大众媒介负责人应拨出更多的篇幅和更多的广播时间，供公众或有组织的集团的个别成员发表意见和看法。由此可知，"接近权"就是社会公众有自由接近并利用新闻媒介阐述主张和发表自己意见的权利。要恢复普通公众作为发言者的地位，赋予公众广泛参与传媒的自由，必须保障普通公众对于媒体的"接近权"，这项权利设定了传媒向社会公众开放的义务和责任。按照媒介所有权的不同，接近权可以划分为两大类，即媒介所有者接近权（Ownership access）和信息生产者接近权（Producer access）②，本书探讨的是后者。

　　不过，我们不敢苟同有些学者将"接近权"定性为"表达权"的观点。③ 尽管表达权中含有公民享有利用媒介发表意见的自由，但我们以为，表达权的侧重点在于表达内容的自由，若将接近权看做表达权的话，那么如何看待知情权呢？从理论上说，表达权也含有一个前提就是知情，我们就没必要对知情权另起炉灶加以命名、确认，但现实情况却并非如此。因此，知情、接近媒介、表达是一

---

　　① 转引自李衍玲：《论公民对媒体的接近权》，《当代传播》2006 年第 1 期。

　　② See Monroe E. Price. An Access Taxonomy. A. Sajó（ed）. Rights of Access to the Media, Kluwer Law International, 1996：3。

　　③ 参见刘荣忠：《关于媒介接近权的研究》，《新闻大学》2001 年（春）；尹冠男、孔祥武：《市民新闻的兴起与媒介接近权的演进》，《青年记者》2007 年第 10 期；甄树清：《论表达自由》，社会科学文献出版社 2000 年版，第 22 页。

个人行使新闻自由的完整过程，不能偏废，更不能统而论之。学者李树忠曾将传媒接近权称为表达渠道权，是指"公民或社会组织享有的，由法律规定、认可和保障的，为公开发表、传递自己的意见、主张、观点、情感等内容而使用各种媒介手段与方式，不受任何他人或组织非法干涉、限制或侵犯的权利"[1]。我们比较认同该观点。接近权强调的是"利用媒介"而不是"在媒介上表达的内容"，换言之，接近权是程序性的权利而非实体性的权利。因为，脱离接近权而给予个人言论自由以使他们对公众讨论做出有意义的贡献的想法很大程度上可以说是一纸空文，就像实体法所规定的财产权、人身权，若没有诉讼法规定的诉讼权利加以保护同样是一纸空文一样。给公众提供有效的渠道去影响人们的唯一方式就是开放通讯权利给那些缺乏渠道广泛传播他们观点的人们。缺少这种权利，公众讨论的范围和主旨将会是苍白的，民主进程也将会深受其害。接近权将通过为人们提供机会以表达不太可能被广泛传播的信息和意见而实现价值目标，从而使公众讨论更加丰富、更加见多识广和有思想性。

公民接近权的义务主体是大众传媒，因此，公民接近权的有效落实离不开大众传媒的积极配合和责任履行。而我们上述探讨的大众传媒的广泛参与公共政策就是大众传媒承担配合公民实现接近权的具体体现。

其次，公民接近权的实现的民主价值。

接近权是现代民主政治的必然要求。民主是现代社会的核心理念和人类文明进步的重要标志之一。尽管不同国家对民主都有不同的认识，但不可否认的是大家都将民主作为理想来追求。"民主参与"媒介理论认为，媒介首先应该为公众的社会参与而存在，公众有根据自身的需要接近媒介的权利，媒介应该为公众实现政治参与和社会参与提供充分条件。接近媒介是现代社会公民实现民主政治参与的最重要、最主要的途径之一。民主政治参与有直接参与和间接参与两种方式。在现代社会，依靠亲身和人际传播实现的直接

---

① 李树忠：《表达渠道权与民主政治》，《中国法学》2003 年第 5 期。

民主日益减少，依靠大众传播实现的间接民主日益占据主导地位，因此，接近权实质上是保证民意能够有效地传达到政府，以实现民主的目标。①

　　另外，我们从言论自由制度的设置来看，也能获得以下认识：言论自由制度无论是为了培养什么样的根本价值，这种价值都将通过增加社会公众以有效方式传达其观点的机会而被进一步增加。无论是菲斯（Fiss）② 教授和麦克雷约翰（Meiklejohn）③ 教授将保护言论自由的主要价值目标定为有助于推进公民自我治理进程（个人拥有广泛影响选民的表达机会越多，选民在做出自我治理的决定时越会有更强大的根据），还是斯蒂芬·伽得鲍姆（Stephen A. Gardbaum）教授认为表达渠道权的正当性不在于对社会整体发展的关注而在于有用信息和意见的传播对公民自我实现的促进④，他们都在说明一个问题，就是人们越有机会以有意义的方式表达自己，就越会有更多的由保护言论自由所产生的价值被提升。具体来说，在民主政体下，给予人们以充分的接近权，能够有力地保证民众对政治的广泛参与，而参政程度的提高又会加强公共政策的统治基础和权威，促进国家与公民个人之间的良性关系。政策的贯彻和执行固然重要，但是政策形成过程同样不容忽视。接近权不仅影响到决策的准确性和有效性，而且关系到国家与公民个人之间关系能否健康与良性化，关乎社会的稳定。公众能够通过媒介畅所欲言地对公共政策发表意见，能够增强对政策的认同感和责任感，也能增加对政府的信任感。⑤ 反之，缺乏接近权，政府机构与公民个人之间的交流很容易造成断裂，人民的积怨长期得不到表达，会造成他们对政府及其出台的政策充满不信任，甚至会带来社会动荡。当代美国著名政治学家塞缪尔·亨廷顿曾指出："由于国家政治制度化

---

　　① 参见刘荣忠：《关于媒介接近权的研究》，《新闻大学》2001 年（春）。

　　② See OWENM. FISS, LIBERALISM DIVIDED 9-20 (1996).

　　③ See ALEXANDERMEIKLEJOHN, POLITICAL FREEDOM (1960).

　　④ See Stephen A. Gardbaum, Broadcasting, Democracy and the Market, 82 GEO. L. J. 373 (1993).

　　⑤ 李树忠：《表达渠道权与民主政治》，《中国法学》2003 年第 5 期。

程度很低，对政府提出的要求很难或不可能通过合法渠道予以表达，也很难在政治体系内得以减缓与聚合。因此，政治参与的急剧增长会引起政治不安定。"①

---

① ［美］塞缪尔·亨廷顿：《变革社会中的政治秩序》，华夏出版社 1988 年版，第 55 ~ 56 页。

# 结　语

政治文明是人类政治生活的进步状态，可以说，缺失政治文明的社会主义是不完善、不充分的社会主义。社会主义政治文明同其他政治文明一样，都要遵循政治活动发展的内在规律，历经产生、发展、完善的过程，尤其是我国目前社会正处在整体转型时期，社会主义政治文明建设既要充分利用当前经济繁荣所创造的物质基础、文化繁荣所带来的人文环境、先进技术所提供的便利工具，又要充分重视和化解转型期所带来的各种深层次矛盾和冲突。大众传媒的蓬勃发展一定程度上可以说是雄厚经济基础、先进文化、尖端技术共谋的结果，同时，大众传媒的良性、繁荣发展又可以为化解社会矛盾和冲突提供技术和心理方面的强大支持。不过，由于种种原因在我国目前依然存在大众传媒的法制不健全①、行政管理充斥着浓厚的"人治"色彩、不利于传媒发展的司法实践②，等等，而这些问题一时得不到彻底的解决，一时都会制约着大众传媒的快速发展

---

① 参见魏永征：《新闻传播法教程》，中国人民大学出版社 2006 年版，第 20～26 页。

② 从我国一项实证研究看，当中国的新闻媒体被企业和个人以名誉侵权起诉时，媒体在一审的败诉率是 69.27%，这还不包括由于行政干预而没有走完一审的案件以及庭外达成和解的案件。如果原告是代表国家权力的行政人员，媒体败诉的频率为 71.79%，平均与中值赔偿额分别是 34952 元和 15000 元。这不仅表明媒体具有较高的败诉率，而且还表明法院更偏重保护行政人员和其他行使国家权力者。因此，我们由此看到中国媒体所处的环境有多糟：一方面记者作采访调查时到处遇到障碍和阻力；写完报道后又要受到各种行政干预和约束；另一方面，等你的报道终于发表了，被负面曝光的企业又要对你起诉。这时，法院本应该保护你的言论自由权，可是上面的统计数据告诉你，在法院你的败诉概率很高。详情请参阅陈志武：《媒体、法律与市场》，中国政法大学出版社 2005 年版，第 23、96 页。

和政治文明的相应发展。对此,我们可以通过以下两个图①对政府效率、腐败水平与大众传媒言论自由程度的关系有更直观的了解。

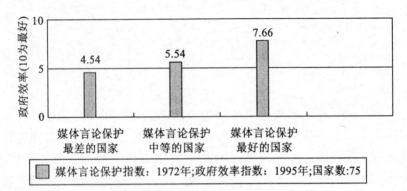

图 1　政府效率与媒体监督的关系

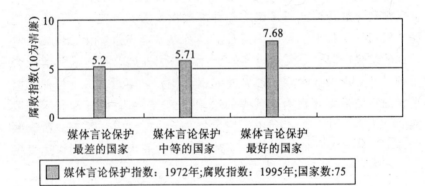

图 2　腐败水平与媒体监督的关系

————————

① 政府效率指数和腐败水平指数都是从"各国风险指南"（International Country Risk Guide, ICRG）得到的,这是一个跨国投资公司、业务公司等提供咨询服务,以便它们了解各国的政治、经济、文化等风险指标的非营利企业。图 1 和图 2 表明,1972 年媒体言论自由保护的最好的国家,到 1995 年其政府的办事效率最好（指数平均为 7.66）、腐败水平最低（腐败指数平均为 7.68）。相比之下,那些对媒体言论自由保护的最差的国家,两指数平均值分别为 4.54 和 5.2。这充分说明,由于信息透明度的高低不同,腐败水平相差很大。上述两图转引自陈志武:《媒体、法律与市场》,中国政法大学出版社 2005 年版,第 28 ~ 29 页。

　　因此，建立完善的大众传媒体制，促进大众传媒的法治化既是社会主义政治文明发展的必要条件，也是社会主义政治文明完善的明显标志。具体而言，从政治文明的最终指向和落脚点来看，政治文明就是权力运行的文明，就是对权力现象和权力控制进行法哲学思考和实证研究，不仅是建设社会主义法治国家、推进政治现代化的需要，而且也是建立社会主义市场经济体制、推进经济现代化的需要，没有对权力的制约就不会有文明的政治。所以，社会主义政治文明的发展，离不开行之有效的权力监督和制约，离不开充分透明的政府信息公开，离不开积极充分的公民参与，正确有效的权力监督、详细完备的信息公开、井然有序的公民参与是社会主义政治文明建设战略目标和发展的重要内容，也是社会主义政治文明实现理性发展的内在要求和必由之路。作为民主法治建设的重要组成部分，新闻舆论监督权、知情权、参与权都是一种普遍的、平等的民主权利，新闻舆论监督功能及其权利的形成、传媒搜集政府信息与参与决策的功能及其权利的形成都是与政治文明的发展过程相一致的，是政治文明建设的必要环节。法治作为人类文明的成果，是千百年来人类政治管理的经验体现，其程度最直接体现着社会主义民主政治的制度化、规范化、程序化水平，是社会主义政治文明建设的必然要求和显著标志。法治精神的要旨在于法律至上、民主、自由、平等和保障人权、依法行政和监督制约权力、司法独立和司法公正等。但是，由于我国是"后发外生型"法治国家，移植国外先进的法治理念后，必须经过长期的"磨合"才能适应中国的国情，而目前我国就处在这个尴尬的"磨合期"，在大众传媒领域的具体体现就是新闻立法迟迟未能出台，新闻单位所从事的舆论监督活动深受政策或者管理部门的临时指示的制约，造成新闻自由的疲软，舆论监督权的缺失。虽然《政府信息公开条例》早已生效，但其上位法《档案法》、《保密法》的存在以及"公开为原则、不公开为例外"条款的缺失，使我国的政府信息公开工作很难彻底落到实处，人民的知情权很难高质量地实现。因此，进一步加强大众传媒的法制化研究、推动大众传媒法治化进程对建设社会主义政治文明具有理论和实践的双重现实价值。

而大众传媒法治建设的主要内容与政治文明战略目标的主要内容的不谋而合,支撑起了本研究项目的庞大架构。首先,关于舆论监督权的确立。现代政治文明无不以民主为基石,以法治为保障,以制度为载体,以人民主权、权力制约、人权保障、宪法至上为基本内容和特征。可以说,社会主义政治文明的伟大工程既为权力制约提出了新的要求又为其提供了指南。当然,为了政治能够文明,尤其是宪政国家出现后,人类设计出了较为科学的国家政权结构形式,西方各国有分权制衡理论指导下的三权分立权力结构,中国有人民代表大会制度条件下国家权力结构,两种权力结构都在各自的国家发挥着防止权力的恣意扩张与滥用的重要作用,但是,不论人类将国家机器的组织架构设计得如何精妙、怎样完美,在运行过程中权力总会出现这样或那样的问题。目前我国腐败问题已经成为影响我党执政能力建设的一项重要因素。如此情况下,人们不再迷信"权力制约权力"的唯一性,开始尝试和倡导自下而上的"权利制约权力"的形式,例如大众传媒的舆论监督。舆论监督之所以能够对公共权力发挥制约的作用,首先在于能够通过揭露、批评权力腐败,降低被揭露、被批评者的社会评价,阻止其当选或连任某职位,最终对国家权力机关和政府官员起到威慑、制约的作用;其次在于舆论监督报道对"对国家权力机关和政府官员起到威慑、制约的作用"不仅仅表现在权力机关和政府官员因此而不敢"以身试法",而且还表现在他们积极应对大众传媒所揭露出来的问题,快速启动公共权力内部监督机制,以免落下行政不作为的"口实"而影响到自己在新一轮选举中的命运。另外,作为社会组织的维系纽带和人类迈向文明的助推器,舆论监督不仅对监督客体产生积极作用,而且对舆论监督的主体实现个人价值、健全公民人格,产生积极意义。正基于此,舆论监督权也就获得了坚实的立论基础或充分的合法性。

不过,我们论证舆论监督权获得法律层面上的确认并不是最终目的,我们的最终目的在于把舆论监督权放置于政治文明建设的背景下，将舆论监督权与党的领导、舆论监督权与国家权力、舆论监督权与人格权等三组关系进行平衡，消除内在的冲突，为舆论监督权的有效运用提供良好的法治环境。

其次，关于知情权的宪法确认。知情权的宪法确认和信息公开制度的发展，在理论层面和实践层面上都是以现代政治文明为背景的，体现了人类社会对民主政治理解的深化和民主要求的提高，也是公民在法律范围内享有的民主权利不断扩大的一种表现。信息公开在实质上是民主政治制度的本质要求，它通过政府管理表现形式的公开性，将国家政治权力的公开、公正、透明、规范行使和公民政治参与权、知情权的实现两个方面结合起来，即通过制度正义和程序正义，将"权力制约"和"权利保障"相结合，实现现代国家政府管理应当具有的社会正义价值并提高政府的公信力。政府信息公开制度的确立，有利于广大公民参政议政，促进政府依法行政，提高政府的公信力、控制力和科学决策水平，实现民主政治和防止腐败，推动政治体制改革和市场经济健康发展，奠定政府职能转变和树立良好的政府形象的基础。换言之，政府的依法行政、公民参政、治理腐败三方面的需要，共同决定了政府信息公开成为政治文明建设的必然要求。另外，政府信息公开在政治文明方面的作用，既包括提高公众参与度，保障人民当家作主的民主权利，又包括使政务公开法制化，有效保障公民知情权及其个人权利与自由，还包括促进信息流动、维护秩序稳定和防治腐败、提高行政效率。

随着我国《政府信息公开条例》的颁布与实施，表明了我国信息公开制度已达到相当高的水平，各级政府的信息公开工作都在有条不紊地依法开展着。但是，这并不能说当前我国信息公开制度没有缺陷，实际上，当前我国的信息公开制度距法治文明的实质要求尚有一段差距。具体表现在：《政府信息公开条例》的位阶是法规、信息公开制度体系中的不协调、知情权制度的宪法缺失。尤其是知情权的宪法缺失，在一定程度上确实制约着公民其他宪法权利，如选举权与被选举权、批评建议权、申诉控告权、国家赔偿请求权等的有效行使。对此，我们的建议是在未来的修宪或宪法解释活动中，将知情权加以人权确认是符合世界宪政制度发展的历史趋势。

最后，关于参与权的有效利用。民主政治不仅意味着公民有权选举出代表并通过其选出的代表掌管国家权力、管理国家和社会事务，而且还意味着公民有权亲自或通过其他任何合法形式参与到国家管理事务之中。如我国《宪法》第 2 条规定："中华人民共和国的一切权力属于人民。""人民依照法律规定，通过各种途径和形式，管理国家事务，管理经济和文化事业，管理社会事务。"不过，由于我国实行的是"间接民主"而非"直接民主"，直接参与到政治活动中的公民毕竟是少数，多数情况下，不可能所有公民都能直接参与决策、立法、司法等政治活动。因此，在我国强调公民的政治参与具有特别重要的意义，我国很多民众把选举代表作为自己一生中唯一的一项政治活动来从事，以为除了选举外没有其他再劳自己费心的政治事务了。对此，政治参与意识的培养和政治参与信息的传递就成为民主社会中必须加以解决的问题，而大众传媒的存在与应用恰恰可以满足这方面的要求。当然，对于那些关心政治、关注民生反而却没有恰当、充分的信息渠道加以利用的普通民众来说，大众传媒为其提供了畅所欲言、针砭时弊的论坛或平台，尤其是网络平台的出现，极大地提高了他们参政议政的热情。为了回应大众传媒所代表的民意，政府机构既可以通过实际的执政行为体现民意，也可以充分利用大众传媒这个无孔不入的信息渠道传播党的声音、政府的立场和措施。因此，在民主政治中，大众传媒不仅是最为重要的信息中介和最为便利的参政议政平台，还是维系政府与民众的重要桥梁、鼓励民众有序参与民主管理和推进依法治国的重要手段。正是基于大众传媒在政治参与中的如此重大作用，我们将公民的政治参与分为三个方面：立法参与、司法参与和政策制定参与，分别加以分析。对于立法，大众可以针对法律草案、现行法律组织讨论，集中民间的意见、建议和要求，以达到法律草案、现行法律更加科学、民主和完善的最终目的；对于司法，大众传媒在尊重"司法独立"原则的情况下可以针对冤假错案、徇私舞弊、司法官员的不良行为进行报道揭露或组织讨论，以净化司法环境，构建公平、公正、公开的司法体系。对于政策制定参与，我们强调只有坚持公共利益取向才能实现公共价值的权威性分配，但这一原则并不总能得到很好的落实。在实际的公共政策制定过程当中，众多利益主体和利益取向的博弈使得自身亦具有自利性的政府很难做到公正、公平，这就需要从制度设计上为公共政策的制定提供一个良好的制度框架和公共政策决策机制。而大众传媒以其"不仅能够保证各种利益群体的利益需求的有效表达，并实现利益需求体现于政策，也能够监督决策过程、杜绝决策权的异化，以实现公平、公正的公共利益价值取向，还能够帮助人们实现对政策内容的认识、沟通和理解，确立政策的权威性、合法性，最终达到公共政策在社会中被顺利、高效执行的结果"的作用，恰恰可以弥补上述公共政策决策机制上的欠缺。当然，若想长期保持或增强大众传媒在公共决策方面的作用，离不开有关公共政策制定的制度规则对大众传媒参与的确认。

其实，大众传媒对民主参与的促进作用还集中体现在选举制度和选举实践上。因为，在直接选举的国家里，为了扩大自己的影响和阐明自己及其政党的政治主张，候选人要在大众传媒上做广告；民众也基本上是通过大众传媒对各个候选人的简历及其政治主张加以了解。况且，大众传媒具有"议程设置"的功能，大众传媒的舆论导向对选民也有很大的影响。但是，由于我国是间接选举的国家，大众传媒在选举制度实践方面的影响鉴于现行制度和观念方面的障碍发挥得非常有限。虽然实践中也曾出现过零星的政治广告的个案，但都没有产生大的影响，所以本项研究对此忍痛割爱，未加以探讨。

总而言之，由于我国正处在各行各业日新月异的蓬勃发展时期，新事物、新观念、新情况都在不断地涌现，国家为了适应经济社会的迅猛发展必然会在制度层面（宏观方面的是政治制度，微观方面的是各行业或某部门制度，如传媒制度）作出适当的调整，对大众传媒与社会主义政治文明建设之间关系的研究也必将被推向深入。本研究项目只是针对当下的实际情况作了一些探讨，具有一定的历史局限性。不过，本项研究只要能为社会主义政治文明的建设和大众传媒的发展增一砖添一瓦，能为未来此方面的研究充当一块垫脚石，足矣！